rowohlt
BERLIN

Harald Jähner

WUNDERLAND

Die Gründerzeit der Bundesrepublik 1955–1967

Rowohlt · Berlin

1. Auflage

Originalausgabe
Veröffentlicht im Rowohlt · Berlin Verlag,
Kreuzbergstraße 30, 10965 Berlin, Oktober 2025

Innengestaltung Daniel Sauthoff
Satz Adobe Aldine bei Pinkuin Satz und Datentechnik, Berlin
Druck und Bindung GGP Media GmbH, Pößneck
ISBN 978-3-7371-0190-5

Kontaktadresse nach EU-Produktsicherheitsverordnung:
produktsicherheit@rowohlt.de

Inhalt

Vorwort: Die große Beschleunigung

Willy Reichel aus München erblickte im Dezember 1957 den Bundespräsidenten Theodor Heuss auf der Titelseite der Illustrierten «Quick». Was er da sah, gefiel ihm nicht. Er setzte sich an seine Schreibmaschine und schrieb Heuss einen Brief: «Eine sehr wichtige Einzelheit Ihres Titelbildes missfällt mir sehr. Die Ärmel Ihres Fracks sind zu lang und die Manschetten des Hemdes zu kurz. Bei einem Frack besonders darf der Ärmel nie so lang sein, dass er auf den Handrücken aufstößt. Es müssen ca. 1½ cm von der weißen Hemdmanschette zu sehen sein. Ich will meinen Bundespräsidenten, den ich sehr verehre, sehr korrekt angezogen sehen. Mit freundlichen Grüßen, der Ihre Willy Robert Reichel». Er fügte noch die Empfehlung hinzu, künftig «in der Außenbrusttasche des Fracks ein weißes Taschentuch oder aber eine weiße Nelke im Knopfloch zu tragen».[1] Eine weiße Nelke wirke immer frisch und elegant.

Fünf Tage später traf die Antwort aus dem Bundespräsidialamt ein, unterzeichnet vom persönlichen Referenten Hans Bott, nach Absprache und Diktat von Heuss: «Sehr geehrter Herr Reichel! Der Herr Bundespräsident hat Ihren Brief mit Vergnügen gelesen und war leicht gerührt über die Sorge, die Sie sich mit seinem Anzug gemacht haben. Es ist die gleiche Sorge, die sich auch manche Menschen seiner näheren Umgebung machen, nur er selber (leider?!?) gar nicht. Er hat ja schon einmal in einer veröffentlichten Rede gesagt, dass es nicht sein Ehrgeiz sei, der ‹Mannequin der Bundesrepublik› zu sein. Und nun gar das weiße Taschentuch in dem, was Sie ‹Außenbrusttasche› nennen, werden Sie ihm nicht beibringen können. Das haben schon zahllose Leute versucht. Dr. Heuss aber pflegt in solchen Fällen zu behaupten, dass er nicht schwitze, und den Wunsch, ‹sehr elegant› zu wirken, hat er noch nicht in seine Weltanschauung aufgenommen. Ich fürchte, Sie müssen resignieren!»[2]

Dieser Briefwechsel passt zu dem geläufigen Bild, das wir uns von den fünfziger Jahren machen, insofern hier jemand ganz genau weiß, was korrekt ist und was nicht, und das Korrekte ihm offensichtlich das Allerwichtigste ist. Andererseits verblüfft, wie frank und frei er «seinem» Bundespräsidenten Ratschläge zur angemessenen Kleidung erteilt. Auch dass er diese gewisse Unverfrorenheit mit der Bedeutung rechtfertigt, die der Bundespräsident nun einmal für ihn habe, passt nicht unbedingt zur politischen Lethargie, die man den Aufschwungsjahren nachsagt. Sieht so Untertanengeist aus?

Die Antwort aus dem Bundespräsidialamt wiederum verblüfft durch ihre heitere Gelassenheit, ihre vornehme Ironie und ihren warmen, lebensnahen Ton. Von steifem Amtsdeutsch keine Spur.

Die Jahre zwischen 1955 und 1967 bilden das sogenannte Wirtschaftswunder. Nie zuvor wurden so viele Menschen in so kurzer Zeit so wohlhabend. Nie wieder wurden so viele Kinder geboren. Aber es wurden auch nie wieder so viele Überstunden gemacht, so viele Doppelschichten gefahren, so viel Alkohol getrunken, um herunterzukommen. «Wer wird denn gleich in die Luft gehen?» war einer der bekanntesten Werbeslogans dieser Zeit allumfassender Beschleunigung. Nervosität war ihr Preis, Gemütlichkeit ihr selten erreichtes Ideal.

Zu Beginn dieses hier erzählten langen Jahrzehnts trugen fast alle Männer Hüte, am Ende kaum noch einer. Begegneten sich Männer auf der Straße, lupften sie den Hut zur Begrüßung. Wie hoch, hing von der Herzlichkeit und Bedeutung ab, die man der Begegnung zubilligte. Unwürdigen Personen gegenüber blieb der Hut auf dem Kopf; bei entfernten Bekannten reichte eine angedeutete Berührung der Krempe, Vorgesetzten und Würdenträgern gegenüber wurden die Hüte deutlicher gen Himmel gehoben. Eine ganze Palette von Gefühlen war mit dem Hut-Signal auszudrücken, ähnlich dem, was der Hund mit seinem Schwanz macht. Im Hutziehen schwang noch die ritterliche Etikette mit, den Helm abzunehmen, um Friedfertigkeit zu bekunden und seinen Mitmenschen ein ungeschütztes Haupt zu präsentieren.

Gegen Ende der sechziger Jahre blieben die Häupter unbedeckt, der Hut wurde eher peinlich. Zwar trugen nur modebewusste junge Männer die Haare wirklich lang, aber auch die Älteren wollten zumindest nicht mehr verstecken, was sie an Stoppeln und Strähnen zu bieten hatten. Das Männerhaar wurde zu einem herausragenden Medium der Selbstdarstellung, signalisierte unterschiedliche Lebenseinstellungen und war entsprechend umkämpft. Ungezählte Prügel und Beschimpfungen setzte es wegen der langen Jungenmähnen.

Man mag solche Details für nebensächlich halten, aber sie markieren, dass sich Fundamentales änderte in einer Zeit, die doch nur geradlinig voranzuschreiten schien.

Das Jahr 1955 beendete in vieler Hinsicht die unmittelbare Nachkriegszeit. Das Besatzungsstatut wurde aufgehoben, die Bundesrepublik Deutschland erlangte Souveränität. Nur für Notstandszeiten behielten sich die Alliierten vertraglich vor, wieder die Kontrolle zu übernehmen. Die Bundeswehr wurde gegründet, die Bundesrepublik trat der Nato bei und nahm diplomatische Beziehungen mit der Sowjetunion auf; mit der Heimkehr der letzten zehntausend Kriegsgefangenen aus Sibirien und dem Ural beginnt dieses Buch. Die Lufthansa nahm ihren Verkehr wieder auf. Erstmals wurde wieder mehr Butter als Margarine gegessen, mehr Bohnenkaffee als Surrogat getrunken, für viele Westdeutsche eine entscheidende Wendemarke.

«Wir freuen uns, die Nachricht bringen zu können, die Welt wird heiter!», schrieb das Zeitgeistmagazin «magnum» 1955 und verkündete einen «Wechsel in der Signatur der Zeit». Dieses Jahr war das wachstumsstärkste der deutschen Geschichte. Um heute sagenhaft wirkende zwölf Prozent stieg die Wirtschaftskraft, um fast zwanzig Prozent der Kraftfahrzeugbestand. Der Ausdruck «Wirtschaftswunder» verrät die beträchtliche Dosis Ungläubigkeit, die damit einherging. Aber unbeirrt ging es weiter, mit durchschnittlichen Jahreswachstumsraten von 6,4 Prozent. Das Wunder wurde selbstverständlich. Erst 1967 machte ein vorübergehender Konjunktureinbruch den Menschen deutlich, dass ihre inzwischen erworbene Sorglosigkeit auf Illusionen beruhen könnte.

Die Aufschwungsjahre prägen das Selbstverständnis der Bundesrepublik bis heute. Sie bleiben, so außerordentlich sie auch waren, Wegmarken des Möglichen. Sie leben, wenn nicht in unseren Erfolgen, so doch in unseren Ansprüchen weiter. Die berauschenden Einnahmen sind weg, die Erwartungen an den Wohlfahrtsstaat aber geblieben. Allein die Sorge über die damit einhergehende chronische Staatsverschuldung macht die Erinnerung an das vermeintliche Wirtschaftswunder zu einer erhellenden Erfahrung. Dieses Buch erzählt, wie der Wohlstand erarbeitet wurde; es führt in die Welt der Bergleute und der Stahlindustrie, in die Schwefelschwaden des Ruhrgebiets und die Mythologie der fossilen Energieträger Kohle und Erdöl. Kosten und Nutzen hielten unerbittlich die Balance und fallen uns noch heute zur Last. Dass die Emissionen des einzigartigen Booms wortwörtlich den Atem raubten, nahm man als unabwendbar in Kauf. Zu erleben ist die Entstehungsgeschichte eines fatalen Achselzuckens.

Die Gründerzeit der Bundesrepublik war geprägt durch den Genuss, aber auch von der Verdammung der Konsumgesellschaft. Zu den eigenartigen Phänomenen des Aufschwungs gehörte, wie rasch man des Wohlstands überdrüssig wurde, den eigenen ausgenommen. Der «satte Wohlstandsbürger» wurde zur Zielscheibe des Grolls von links und rechts, so als wäre Hunger eine moralische Kategorie. Ein Gefühl der inneren Leere lastete auf der jungen Republik, zu der die Wonnen des Verzehrens nicht recht passen mochten. Die Teilung des Landes, die im Nationalsozialismus begangenen Verbrechen, der verlorene Nationalstolz – wie brachte man das zusammen mit der heiteren Wohlstandswelt und einer Wirtschaftsdynamik, die ständig neue Wünsche, neues Begehren entfachte?

Sogar Ludwig Erhards Redenschreiber Rüdiger Altmann empfand die Bundesrepublik zunächst als einen «Staat ohne geistigen Schatten»[3], als ein «Land, das vom Nichts angeweht ist» und dringend «geistige Deutung» brauche. Es gebe «wenige moderne Länder, deren Menschen ähnlich ratlos vor der Gesellschaft stehen, zu der sie selbst gehören», schrieb Ralf Dahrendorf noch 1965.[4] Die Jahre des Aufschwungs lassen sich auch als solche eines Landes auf der Suche nach sich selbst beschreiben. Was war das für ein seltsames Volk, das nicht mehr an den Kaiser und den Führer glaubte, sich selbst aber auch nicht recht trauen konnte?

Der Soziologe Helmut Schelsky sprach in den fünfziger Jahren von der «nivellierten Mittelstandsgesellschaft» – ein Begriff, in dem sich weite Teile derselben wiederfanden. Hatte die «soziale Marktwirtschaft» auf friedlichem Weg die klassenlose Gesellschaft geschaffen, wie ihr erfolgreichster Einkleider, der Versandhaushändler Josef Neckermann, behauptete? Die alten Bildungseliten machten da zunächst nicht mit. Gut angezogen seien die einfachen Leute zwar jetzt, aber dafür vorlaut und anmaßend, hieß es unter Journalisten, Pfarrern und Professoren. Besorgt beobachteten sie eine «wachsende Herrschaft der Halbbildung» und eine «Zerbröckelung der Kulturpyramide»[5], auf der sie bislang ganz oben gestanden hatten. Doch binnen weniger Jahre wurde Standesdünkel unfein. Kulturell passten sich das Oben und Unten der Republik aneinander an; der Ton der Eliten verlor seine Geschraubtheit, der von unten seine Primitivität. Die Nivellierung schritt voran. Wie viel wurde dadurch gewonnen, wie viel aber auch verloren?

Das Abenteuer des Fernsehens begann und hielt die Menschen in ihren Wohnungen. Radio und Fernsehen standardisierten die Umgangsformen und ebneten die Unterschiede zwischen den Regionen ein, verfeinerten aber auch die Kunst des Gesprächs und des Streitens. Der Jugend gab der deutsche Rundfunk allerdings nichts. Weil die Redakteure sich als Erzieher begriffen und sich weigerten, die Musik zu spielen, die die Leute hören wollten, flüchteten die Jungen zu den alliierten Soldatensendern. AFN und BFBS schlossen Deutschland an den Popkosmos an, der von Elvis Presley, Chuck Berry und Dionne Warwick belebt wurde. Was bedeutete es, wenn ausgerechnet Besatzungssender eine Musik lieferten, die als Rebellion und Befreiung empfunden wurde?

Westdeutschland, und in gewisser Weise auch die DDR, wurden eingebettet in einen internationalen Strom popkultureller Erregungen, die immer neue Ansprüche an die Lebensintensität, an die Selbsterfahrung, ans eigene Ich und an die Moral stellten. Das Konsumangebot differenzierte die Palette möglicher Lebensstile immer mehr aus. Die Welt der grauen Mäuse wurde bunt, schrill, vielfältig und widersprüchlich.

Eine konformistisch geprägte Gesellschaft des Mangels wandelte sich in nur wenigen Jahren in eine des Überflusses, bestimmt von Individualismus und Hedonismus. Demokratie wurde zu einem Begriff, der zunehmend auch in der Schule, am Arbeitsplatz, in der Familie und in der Universität eingefordert wurde. Gegen- und Subkulturen entstanden, die auf ihre Jugend pochten und sich schließlich auf Basis der allgemeinen Sorglosigkeit die längste Pubertät der Geschichte genehmigten. Als Willy Brandt 1969 mit dem Slogan «Mehr Demokratie wagen» Kanzler wurde, läutete er weniger eine neue Ära ein, sondern fasste die Energien und Bedürfnisse der vergangenen Jahre zusammen: «Wir stehen nicht am Ende der Demokratie, wir fangen erst richtig an.»[6]

Und heute? Die Gründerzeit der Bundesrepublik hat in rasanter Dynamik die Phänomene geschaffen, die uns noch immer beschäftigen und bedrängen. Wie in einem Brennglas zeigen sich im großen Boom die Stressfaktoren und Glücksmomente von Wachstum und Wohlstand. Damals stank und qualmte es zwar mehr als heute, die Folgen der Emissionen sind uns aber auf viel beklemmendere

Weise bewusst. Arbeiten im Akkord und «Überstundenkloppen ohne Ende» bildeten eine weitverbreitete Haltung, die uns zu unserem Glück inzwischen fremd geworden ist. Aber wie realitätstüchtig ist das? Für die Debatten über die Work-Life-Balance ist das «Wirtschaftswunder» mitsamt seiner Ausfallerscheinungen ein erhellendes Anschauungsobjekt. Der Staat gewöhnte sich in der langen Periode des exorbitanten Aufschwungs an finanzielle Handlungsspielräume zur Sicherung des sozialen Ausgleichs, der Renten und der Kultur, die zu reduzieren enorm schwerfällt.

Auch die Feindbilder zwischen Ost- und Westdeutschen, die während der Teilung entstanden, liegen noch immer auf der Seele. Und der Kalte Krieg zwang den nach zwei Weltkriegen endlich restlos friedfertig gewordenen Deutschen Fragen der Selbstverteidigung auf, die heute wieder ganz ähnlich – und ähnlich erbittert – diskutiert werden. Selbst die Drohung der USA, sich aus Europa zurückzuziehen, falls man sich dort nicht stärker an den Rüstungskosten beteilige, schwebte schon damals über der Bundesrepublik. Und die im Guten wie im Beklemmenden zentrale Rolle der Familie in der frühen Nachkriegszeit wirft ein helles Licht auf die sozialen Bindekräfte heute und die Kraft, die es abverlangt, allein zu leben. Was taten unsere Eltern und Großeltern, damit wir so wurden, wie wir sind?

Die verbreiteten Sorgen über die Zukunftsfähigkeit der Republik lassen mit neuem, geschärftem Blick auf die Kinderjahre schauen, die ihren Charakter formten. Sie waren so, wie Kinderjahre sein sollen: sorglos und schon deshalb voller Konflikte.

ERSTES KAPITEL

Die Heimkehr der letzten Zehntausend: Ankunft in einem fremden Land

«Das Gemeinsame kann zwar nicht aus dem Boden gestampft werden, aber an seinem Entstehen ist der Wille nicht unbeteiligt.»

FRIEDRICH SIEBURG, 1954

Herleshausen

Ein eigenartiger Güterzug fuhr am 12. Oktober 1955 quer durch die DDR, Waggons verschiedener Bauart, beladen mit vierhundertzwölf unruhigen Männern, aufgeregt vor Sorge, Vorfreude, Ungewissheit und Angst. Ganz vorn, hinter der Lok, ein komfortabler Schnellzugwagen mit bewaffneten russischen Transportoffizieren. Seit sie am frühen Morgen die polnische Grenze bei Frankfurt an der Oder überquert und Deutschland erreicht hatten, waren die Gedanken in den Güterwaggons finsterer, die Stimmung gedrückter. In Russland und Polen waren die Gefangenen bei den kurzen Aufenthalten noch gut versorgt und freundlich behandelt worden, im sozialistischen Ostdeutschland aber empfingen sie Kälte und Schikanen. Essen und Trinken gab es nicht mehr, die primitiven Schiebetüren mussten auch bei den Pausen auf Abstellgleisen geschlossen bleiben, es wurde geschnauzt und gehöhnt. «Die kommen sowieso wieder in ein Arbeitslager», rief einer so laut, dass man es in den Waggons deutlich hörte. Dumpfe Verzweiflung brach unter den Leichtgläubigeren aus. Hatten die Russen sie etwa doch belogen, und es sollte nach zehn, zwölf Jahren sowjetischer Lagerhaft in erneute Gefangenschaft gehen, diesmal in der DDR?

Nach quälend langen Zwischenstopps rollte der Zug endlich am frühen Morgen in den Bahnhof Herleshausen ein. Es war für Oktober ziemlich kalt, minus fünf Grad. Herleshausen, ein typisches Fachwerkdorf im armen Nordhessen, hatte eine gewisse Bedeutung erlangt, weil es den einzigen Grenzübergang von Hessen nach Thüringen bot, einen tristen Posten mit wenigen Baracken, schlecht asphaltiert, auf offener, zugiger Flur. Zwei primitive Schlagbäume und ein weißer Strich trennten den Westen vom Ostblock, trennte die Truppen der Nato von denen des feindlichen

Warschauer Pakts. Dramatisch ging es am Grenzübergang allerdings selten zu, deprimierend fast immer: Lustlos, misstrauisch, patzig und auf angespannte Weise überkorrekt versahen die Grenzbeamten ihren Dienst. An diesem Tag allerdings war der Bahnhofsvorsteher von Herleshausen außer sich vor Freude. Nach zehn Jahren Langeweile ohne regulären Zugverkehr hatte er endlich mal wieder eine richtige «Zugbehandlung» durchzuführen.

Ein Legationsrat des Auswärtigen Amtes aus Bonn stand bereit, um die erste Begrüßung der Heimkehrer vorzunehmen. Das Rote Kreuz hatte belegte Brote und Tee auf Campingtischen drapiert, ein rasch zusammengezimmertes Holztor, blumengeschmückt, sollte das Tor zur Freiheit symbolisieren. Der Schustermeister Wenk, in Herleshausen nebenbei für das Glockenläuten zuständig, war in den Kirchturm gestiegen und ließ es unablässig tönen.[1] Die sowjetischen Offiziere kontrollierten ein letztes Mal die Entlassungsscheine, dann konnten die Männer die elenden Wagen endlich verlassen und kamen zögernd heran; sie schüttelten die Hände des Herleshausener Pfarrers, des Bonner Legationsrats, der vielen Sanitätsschwestern. Manche fielen ihnen sogar um den Hals. Die meisten fühlten sich dazu allerdings zu schmutzig in ihren wattierten Lagerjacken; sie waren in der Lagerhaft ängstlich und weltscheu geworden. Unsicher bestiegen sie die bereitgestellten Busse, die in langer Reihe auf den Weitertransport ins Aufnahmelager Friedland warteten, wo der Hauptakt der Empfangszeremonie stattfinden sollte.

Bis gestern waren sie «Plennis» gewesen, wie sie sich selber nannten – nach dem Begriff *Wojna Plenni* für Kriegsgefangene. Noch ein paar Stunden, dann sollten aus den Plennis Bürger der Bundesrepublik werden. Zehn Jahre und mehr waren sie zu einer rechtlosen grauen Masse zusammengeschmolzen, gewohnt, hin und her geschubst zu werden, beim Gehen kräftesparend zu schlurfen und nicht aufzufallen. Sie kamen aus Lagern wie Workuta, Stalinogorsk oder der Stadt Asbest, aus Kohlegruben, Aluminiumhütten, Papiermühlen und Steinbrüchen. Überlebende von Ausbeutung

Empfang der letzten Kriegsheimkehrer an der Grenze in Herleshausen, 1955. Krankenschwestern stehen mit heißem Tee und belegten Broten bereit. Sogar der Schlagbaum ist festlich geschmückt.

und von Hungersnöten, aus denen sich die Sowjetunion Jahr um Jahr herausgearbeitet hatte, auch dank der Lagerhäftlinge. Tags im Moor oder Kohleflöz, nachts eng nebeneinanderliegend in langen Reihen, Körper an Körper, dazu noch übereinander in drei Pritschenetagen, ausgesaugt von Wanzen und Läusen. Was nach so vielen abstumpfenden Jahren vom Individuum übrig geblieben war, hatte sich in den ausgezehrten Körpern versteckt, in den Erinnerungen zumeist, weniger in den Hoffnungen.

Die Bundesrepublik hatte den Einzug dieser 412 «Spätestheimkehrer», wie sie offiziell genannt wurden, gut vorbereitet. 412 von 9624, die in den nächsten Wochen Zug um Zug noch kommen sollten. «Die letzten Zehntausend», wie sie überall genannt wurden – die letzten von rund zwei Millionen Menschen, die die Kriegsgefangenschaft in der Sowjetunion überstanden hatten.[2] Einem Drittel der Gefangenen hatte die Lagerhaft das Leben gekostet.[3] Die Heimkehrer kamen aus einem Krieg, der weltweit ungefähr sechzig Millionen Opfer gefordert hatte, eine schier unfassbare Menge, allein achtundzwanzig Millionen in der Sowjetunion. Das überschaubare, sauber durchgezählte Häuflein von Herleshausen hatte also eine Zeit überlebt, in der man die Zahl ihrer toten Schicksalsgenossen nur sehr grob überschlagen konnte, tausend Tote mehr oder weniger galten 1945 nicht viel. Inzwischen hatte man das einzelne Leben wieder schätzen gelernt. Und anders als die Millionen Heimkehrer vor ihnen, die kurz nach Kriegsende repatriiert worden waren, kamen «die letzten Zehntausend» nicht in ein zerbombtes Land, das kaum wusste, wie es sie ernähren sollte, sondern in eine perfekt organisierte Willkommensmaschinerie. In allen Dörfern an der vierundsechzig Kilometer langen Strecke zwischen Herleshausen und Friedland säumten Hunderte von Menschen die Straße. Jeder Ort, den die Busse durchfuhren, ließ seine Kirchenglocken läuten, seine Kinder jubeln, die Einwohner winken. Die Heimkehrer, noch eingeschüchtert von der abweisenden Behandlung in der DDR, trauten ihren Augen nicht. Mit allem hatten sie nach Jahren der schikanösen Zwangsarbeit gerechnet, aber nicht mit diesem triumphalen Empfang.

Radio und Zeitungen hatten die Westdeutschen schon Wochen vorher instruiert und die Begrüßung der Heimkehrenden zu einer nationalen Ehrensache gemacht. «All unser Hoffen und unsere Freude auf diese Heimkehrer trägt einen berechtigten nationalen Charakter», hatte «Die Zeit» gemahnt: «Eine Tatsache, deren Erkenntnis uns gerade in dieser an echter Gemeinsamkeit so armen Zeit nicht deutlich und wichtig genug sein kann.»[4] Vielen Heimkehrern war es in den ersten Nachkriegsjahren nicht gelungen, in der Heimat Fuß zu fassen. Verbittert und traumatisiert waren sie Sonderlinge am Rande der Gesellschaft geblieben. Nun, zehn Jahre nach Kriegsende, sollte es besser gelingen: Aus vielen Städten waren die Menschen angereist, um ihren Beitrag zum würdigen Empfang zu leisten. In einem Dankesbrief erinnerte sich einer der Heimkehrer später an seine Rückkehr wie an einen Triumphzug: «Der Jubel aller ist unser Begleiter. (...) Es ist, als ob uns eine Woge deutscher Treue empfängt, in der wir sicher ruhen. (...) Wie sie zu uns sprechen! Ja – hier sind wir frei. Das Schandmal des Verbrechers ist von uns abgefallen.»[5] Sarkastisch kommentierte eine britische Wochenschau: «Eine Grenze wird überquert, und aus 9000 Kriegsverbrechern werden 9000 Helden.»[6]

Moskau

Diesem glücklichen Tag waren dramatische Verhandlungen zwischen Bonn und Moskau vorangegangen. Stalin war seit zwei Jahren tot, die Sowjets strebten die Aufnahme diplomatischer Beziehungen und den Abschluss eines Handelsvertrags mit der Bundesrepublik an. Die Bundesrepublik traute den russischen Friedensofferten aber nicht. Sie sah in der Sowjetunion einen unberechenbaren Aggressor, einen «Bären», wie es immer wieder hieß, der sich West-Berlin jederzeit einverleiben und nicht zögern würde, weiter nach Westen vorzudringen, sobald die USA nachließen, die Bestie einzuschüchtern. Als Adenauer im Frühherbst 1955 zu Verhandlungen in die russische Hauptstadt reiste, um die letzten Kriegsgefangenen freizubekommen, fürchtete er angeblich sogar um sein Leben.[7] Die Sorge um den Kanzler machte die Heldenverehrung, die aus dieser Reise erwachsen sollte, nur umso größer. Mit hundertvierzig Begleitpersonen traf Adenauer am 8. September 1955 in Moskau ein, er selbst mit den engsten Vertrauten im Flugzeug, der Rest der riesigen Delegation in einem deutschen Sonderzug, der mit einem abhörsicheren Salon, zwei Mercedes-Dienstwagen sowie einer Küche ausgerüstet war, in der vertrauenswürdige deutsche Köche die Speisen zubereiteten. Der Kanzler hatte Angst, während seines Aufenthalts in Russland vergiftet zu werden.

Der Erwartungsdruck, der auf dieser Reise lastete, war groß. In Deutschland glaubte man, dass in den sibirischen Lagern noch hundert- bis zweihunderttausend Kriegsgefangene ausharrten. Weit gefehlt: Die Sowjets hatten eine präzise Liste verbliebener Gefangener vorgelegt, eben jene 9624, die Adenauer nun freizubekommen hoffte. Mehr waren nicht mehr am Leben. Für die riesige Menge an Menschen, die auf eine Rückkehr ihrer Angehörigen warteten, würde es nach dem Tag der letzten Freilassung keine Hoffnung mehr geben. Wer dann nicht dabei war, blieb voraussichtlich für immer vermisst. Irgendwo in einem Massengrab verscharrt oder von Detonationen so zerfetzt, dass es nichts zu begraben gab. Nach 1957 erreichten noch vierhundertfünfzigtausend Suchmeldungen des Roten Kreuzes die Sowjetunion.

Sechs zermürbende Verhandlungstage standen bevor, um die Entlassung der Gefangenen zu erzielen. Auf russischer Seite führten Ministerpräsident Nikolai Bulganin und Parteichef Nikita Chruschtschow die Verhandlungen. Ihnen gegenüber Konrad Adenauer: nicht mehr der zerknirschte Nachlassverwalter des besiegten Nazireichs, über dessen Schicksal die Sowjets mit den übrigen drei Alliierten einmütig zu befinden hatten, sondern das selbstbewusste Oberhaupt eines Landes, das aus den Trümmern des geteilten NS-Deutschlands auf verblüffende Weise erstarkt war. Nur zehn Jahre nach Kriegsende hatte die Bundesrepublik ihre fast vollständige Souveränität wiedererlangt, war seit vier Monaten Mitglied der Nato, war Teil der europäischen Montanunion und der sich in Gründung befindlichen europäischen Wirtschaftsallianz, fest eingebunden in die westliche Gemeinschaft, die der Sowjetunion im Kalten Krieg bedrohlich gegenüberstand. Aus den einstigen Verbündeten des Weltkriegs – Sowjetunion, USA, Großbritannien und Frankreich – waren Gegner im Kalten Krieg geworden und aus dem zwischen ihnen aufgeteilten Deutschland ein Konfliktherd mit großem Explosionspotenzial. Daran, dass er sich wirklich entzündete, war niemandem ernstlich gelegen, auch der sowjetischen Führung nicht. Chruschtschow brauchte Zeit und Ruhe für die weitere wirtschaftliche Entwicklung. In Moskau standen die Zeichen bereits auf Tauwetter.

Deshalb hatte auch die Sowjetunion Anfang des Jahres den Kriegszustand mit Deutschland für beendet erklärt, drei Jahre nach den Westalliierten. Eigentlich war damit die Sachlage klar: Ohne Krieg dürfe es auch keine Kriegsgefangenen geben; sie einzubehalten, würde schon seit Jahren gegen Völker- und Kriegsrecht verstoßen – so die deutsche Position. Die angeblichen Kriegsgefangenen seien aber gar keine, erklärte Chruschtschow, die letzten seien 1950 entlassen worden. In russischem Gewahrsam befänden sich lediglich noch verurteilte Kriegsverbrecher, die ihre Strafe zu Recht absäßen. Als Gegenleistung für ihre Freilassung verlangte die sowjetische Regierung zumindest die Aufnahme normaler diplomatischer Beziehungen mit Bonn. Keine allzu forsche Forderung, sollte man meinen, aber sie erschien in westdeutschen Augen unmöglich zu erfüllen: Mit der Aufnahme diplomatischer Beziehungen zur Sowjetunion würde fast zwangsläufig eine gewisse Normalisierung im Verhältnis zur DDR einhergehen; die Nichtanerkennung der DDR gehörte aber zu den höchsten Prinzipien der westdeutschen Außenpolitik. Aus Sicht der Sowjetunion erschien dagegen die staatsrechtliche Ignorierung «ihres» Deutschlandanteils als eine kleinliche, groteske Realitätsverleugnung, unerhört angesichts des unfassbaren Blutzolls, den die Russen im Weltkrieg hatten entrichten müssen, bis sie die deutschen Soldaten endlich wieder nach Westen zurückgedrängt und besiegt hatten.

Zehn Jahre waren für die Russen eine viel zu kurze Zeit, um über die unvorstellbaren Verluste der sowjetischen Bevölkerung nicht immer wieder die Fassung zu verlieren. Stundenlang referierte die russische Delegation Details der Tötung von insgesamt zwölf Millionen Zivilisten. Als Adenauer in einer Replik davon sprach, es habe schließlich auch russische Gräueltaten gegeben, kam es zum Eklat. Das Wort «Gräueltaten» war durch einen Übersetzungsfehler in die Runde gekommen, wörtlich hatte Adenauer von «entsetzlichen Dingen» gesprochen.[8] Aber zu spät: Adenauer erlebte einen der berüchtigten Wutanfälle Chruschtschows, der den Abbruch der Gespräche einzuleiten schien. Vier Tage zähen Verhandelns schienen umsonst gewesen zu sein.

Aber man verhandelte weiter, erschöpft und erbittert, durchlitt weitere Tage voller emotionaler Höhen und Tiefen, Bluffs und Tricks, bis beide Seiten hatten, was sie wollten: Chruschtschow die Aufnahme normaler diplomatischer Beziehungen zwischen Moskau und Bonn, Adenauer die – allerdings nur mündliche – Zusicherung, alle verbliebenen Gefangenen würden freigelassen. Gegen den Rat seiner gesamten Delegation ließ sich der Kanzler darauf ein. Mit fast leeren Händen, mit nichts als Chruschtschows Wort, kehrte er nach Bonn zurück. Und behielt recht: Die bald darauf eingeleitete «Heimkehr der Zehntausend» führte Adenauers Anerkennung in Deutschland auf ihren Höhepunkt. Inzwischen spricht viel dafür, dass Chruschtschow ohnehin vorhatte, die letzten Internierten freizulassen,[9] und sie nur als Faustpfand für seine weiteren Ziele benutzte, aber der neunundsiebzigjährige Adenauer war mit der Heimführung der verlorenen Söhne zum Helden einer nationalen Heilsgeschichte geworden. Als eine von Dankbarkeit hingerissene alte Dame, vermutlich die Mutter eines Heimgekehrten, dem Kanzler während einer Rede beharrlich die Hand zu küssen versuchte, sodass er sie immer wieder wegziehen musste, war es selbst ihm, der tiefe Verehrung genoss und wohl auch beanspruchte, dann doch ein bisschen peinlich.

Das «Wunder von Friedland» rückte im Kalender der bundesdeutschen Mythen neben das «Wunder von Bern», den Sieg bei der Fußballweltmeisterschaft, mit dem sich das soeben noch verfemte Land ein Jahr zuvor, 1954, wieder an die Weltspitze gekämpft hatte. Beide Ereignisse markieren das Ende der unmittelbaren Nachkriegszeit, eine vielleicht etwas voreilige Zäsur, aber ein Markstein der Geschichte gewiss. Die Rückkehr der Zehntausend zementierte den Ruf des Kanzlers derart, dass er noch weitere acht Jahre im Amt bleiben konnte, bis er 1963 im Alter von siebenundachtzig Jahren widerstrebend zurücktrat.

Friedland

Zurück in den Oktober 1955, als die ersten der von Adenauer Heimgeholten in ihren Bussen auf Friedland zurollten. Ausgerechnet jetzt, da das ausgehandelte Wunder sich planmäßig vollziehen sollte, lag der Kanzler mit einer schweren Erkältung im Bett. Statt seiner musste Bundespräsident Theodor Heuss die Heimkehrer empfangen, zusammen mit rund zehntausend Menschen, die sich zwischen den Baracken und Nissenhütten drängelten: Angehörige, Schaulustige, unzählige Journalisten und Pressefotografen waren herbeigereist. Ihren Hunger konnten sie an Würstchenbuden stillen, ambulante Händler verkauften «Friedlandplaketten» zur bleibenden Erinnerung. Verzweifelte Menschen hielten Plakate mit den Namen und Fotos ihrer noch immer vermissten Angehörigen in die Höhe. Als sich der erste Aufruhr gelegt hatte, begann Heuss zu sprechen. Wer seinen eigentümlich tiefen, sehr langsamen und dabei so melodischen Tonfall je gehört hat, und sei es als Youtube-Dokument, wird ihn so schnell nicht wieder vergessen. Der liberale Heuss, Bundespräsident seit 1949, verkörperte ein in höchsten Kreisen ungewöhnliches Maß an Umgänglichkeit, Besonnenheit und Wärme. «Liebe Landsleute», sagte er, «das Grußwort, das ich für das deutsche Volk zu sprechen habe, kann ganz einfach sein: Ein herzliches Willkommen!»[10]

Den Heimkehrern muss Heuss vorgekommen sein wie ein Staatsoberhaupt von einem anderen Stern, der nichts gemein hatte mit dem Deutschland, für das sie in den Krieg gezogen waren. Von Hitler zu Heuss, das war schon klanglich ein weiter Weg. Das Deutschland, das diese Landser zuletzt gekannt und in Erinnerung behalten hatten, war das Land der gebrüllten Hasstiraden, des irrlichternden Führerpathos und der verächtlichen Kommandos der SS, die die Soldaten zum längst verlorenen Kampf getrieben hatte. Und nun dieser freundliche Herr, der die Würde des höchsten Amtes mit der ganzen Behaglichkeit auskleidete, zu der der deutsche Sprachklang fähig ist. Die Plennis waren in ein gründlich verändertes Land gekommen; der Präsident, der da zu ihnen sprach, war ein Ausbund an bürgerlicher Zivilität. Kein Wort von Opfer, Vaterland, Pflichtgefühl, Heldentod und Volkes Dank.

Nach Heuss trat der Sprecher der Heimgekehrten an die Mikrofone und bat mit seltsam bellender, gehetzter Stimme um Verständnis, dass man sich noch ganz fremd fühle: «Wundern Sie sich nicht, dass Sie hier nur ernste Gesichter sehen. Es muss sich etwas lösen, bevor wir froh sein können, dass wir diesen Moment erleben, auf den wir zehn, elf, zwölf, ja dreizehn Jahre warteten, etliche sogar länger.»

Tatsächlich war manches Wiedersehen schwer durchzustehen. Ungläubig starrten sich einige Paare an, die einander vorgestellt worden waren. Sie hatten Mühe, sich wiederzuerkennen, Mühe auch, ihre Enttäuschung zu verbergen. Sie waren jung auseinandergerissen worden und hatten sich so jung in Erinnerung behalten. Nun waren sie alt, viel älter noch, als sie es der Zahl der Jahre nach waren. Steif standen sie voreinander, stumm, verlegen, unschlüssig.

Andere fielen sich stürmisch in die Arme, alle Fremdheitsgefühle erst einmal niederreißend, der Rest würde sich schon irgendwie ergeben. Bei einigen war die Mutter gekommen oder die Schwester; der Rest der Familie war über die Jahre auseinandergebrochen, die Frauen längst anders verheiratet. Viele hatten niemanden mehr, sie drückten sich möglichst weit hinten herum und schauten sich das Spektakel der familiären Wiedervereinigungen aus der Distanz an. Eine alte Frau streifte durch die Reihen der Einsamen und musterte die Männer mit peinlicher Intensität. Zweifelnd, bohrend blickte sie allen ins Gesicht, die auch nur entfernt an ihren seit Jahren vermissten Sohn erinnerten.

Als die letzte Rede gehalten war, die Freiheitsglocke von Friedland erklang und die Heimgekehrten, Angehörigen und Zuschauer den Choral «Nun lobet alle Gott» anstimmten, gab es kein Halten mehr. Noch den Hartgesottensten standen Tränen in den Augen, die Pressefotografen ließen die Kameras sinken und weinten hemmungslos.

Ankunft im Lager Friedland. Das Paar hält sich nach mehr als zehn Jahren Trennung wieder in den Armen.

Wieder und wieder wurden diese Szenen in den Kinowochenschauen und im Radio gebracht. Da sich die weiteren Transporte in der Folge über viele Wochen hinzogen, wiederholten sich die Willkommensfeiern. Stets aufs Neue bekamen die Kinder schulfrei, stand der Bonner Legationsrat, der inzwischen ein Zimmer im nahe gelegenen Hotel «St. Georg» bezogen hatte, an der Zonengrenze zur Begrüßung bereit, säumten die jubelnden Menschen die Bundesstraße nach Friedland, ertönte die Freiheitsglocke mächtig über dem tristen Platz. Und stets aufs Neue machten die Reporter ihre Heimkehrer-Interviews, die sich inzwischen zu einem eigenen Genre gemausert hatten. «Wie ein massenmedialer Kirchturm verbreitete das Radio die Erlösung der Kriegsgefangenen», schrieb der Rundfunkhistoriker Michael Stolle, der die zahllosen Reportagen aus Friedland untersucht hat: «Die Glocke von Friedland kann als mediales Erlösungs- oder Auferstehungsmuster (...) gedeutet werden, als ein Moment, in dem der Tod überwunden war und sich die überlebende Gemeinschaft zur Auferstehungsfeier trifft.»[11]

Gerade unter den Bessergestellten gehörte es in diesen Monaten zum guten Ton, sich um Heimkehrer zu kümmern. Kamen diese aus dem Lager Friedland in ihre Heimatorte, ging deshalb der Begrüßungstaumel noch einmal los, wurden auf dem Marktplatz Reden gehalten, Blumengebinde überreicht, Warengutscheine der örtlichen Einzelhändler übergeben. Es war, als ob die Bundesrepublik zugleich feierte, was sie in den zehn Jahren seit Kriegsende erreicht hatte und welche Großzügigkeit sie sich nun leisten konnte. Nach den Veranstaltungen wurden die Umarmten allerdings umso rascher vergessen und fielen der üblichen Gleichgültigkeit anheim. Deshalb mahnte der hessische Innenminister, das Mitgefühl für die Heimkehrer «dürfe nicht in großen und kleinen Empfängen verlodern»[12].

Bundespräsident Heuss dagegen fand schon bei dem Ereignis an sich, der Zeremonie in Friedland, nicht die rechte Lust; er hatte sich regelrecht zwingen müssen, ins Lager zu fahren, um die Entlassenen zu begrüßen. «Da ich glaube, dass mancherlei unerfreuliches Volk unter den Entlassenen sein mag, wollte ich lieber die Heimkehr verschleppter Frauen abwarten», schrieb er an seine langjährige enge Freundin Toni Stolper.[13] Er wusste, dass eine Menge Ungesühntes und Unausgestandenes mit den Transporten nach Deutschland rollte und der Rausch, mit dem die Begrüßung zelebriert wurde, nicht nur hehren Motiven diente. Unbequeme Fragen, die sich fast von selbst hätten ergeben müssen, half der Freudentaumel im Keim zu ersticken. «Wir haben eine ungerechte Strafe mannhaft ertragen», reklamierte der Sprecher der Heimkehrer pauschal für alle. Und der «Münchner Merkur» assistierte: «Lasst uns heute nicht rechten, ob dieser oder jener falsch gehandelt hat.»[14] Mit keinem Wort berührten die Journalisten in ihren Friedland-Reportagen die Frage, mit welchen Begründungen genau die Spätheimkehrer so lange in Gefangenschaft gehalten worden waren und ob an den Haftstrafen nicht in Einzelfällen doch etwas Gerechtes war. Keine Schulddiskussion sollte die mitreißend formulierten Heimkehrgeschichten stören.

Die führenden Politiker allerdings wussten, dass eine Menge unangenehmer Fragen die Freude bald trüben könnte. Die Plennis selbst hatten während der Haft wenig Neigung verspürt, sich nach Tätern, Haupttätern und Schuldlosen auseinanderzudividieren. Sie waren zu einer schikanierten Gefangenenmasse zusammengewachsen, deren Hass sich vor allem gegen die kommunistischen deutschen Helfershelfer der sowjetischen Lagerleiter richtete, weniger gegen die führenden Nazis unter ihnen, die ihnen den Schlamassel erst eingebrockt hatten. Aber das Prinzip «Schwamm drüber», unter Lagerbedingungen verständlich, würde einer genaueren Beobachtung nicht lange standhalten. Was da in abgewetztem Feldgrau als armselige, kaum unterscheidbare Menge daherkam, war in Wirklichkeit so verschieden, wie eine Gruppe nur sein kann. Massenmörder waren darunter, aber auch ehemalige Studenten, die nur wegen des Verteilens von ein paar Flugblättern in der Nachkriegszeit verhaftet worden waren. Nur etwa zwei Drittel unter ihnen waren ehemalige Soldaten, die anderen waren unmittelbar nach Kriegsende verschleppt worden. Darunter willkürlich wegen Spionage Verurteilte, wegen Diebstahls an Volkseigentum (oftmals nur Jacke und Hose) oder wegen antisozialistischer Stimmungsmache (ein Brief in die Westzone reichte).

Die Sowjets hatten schon vorsortiert: Da waren die sogenannten vierhundertzweiundfünfzig «Nichtamnestierten», schwere Fälle, für die Moskau ausdrücklich eine weitere juristische Prüfung verlangt hatte. Diese kamen gar nicht erst in Friedland an, sondern in der Bundesgrenzschutzkaserne Hannoversch-Münden, wo sie durchs Auswärtige Amt und alliierte Geheimdienste verhört wurden, bevor man sie vorläufig in die Freiheit entließ. Unter den

Zurückgekehrten befanden sich auch Kriegsverbrecher und Massenmörder, für die kaum ein Urteil zu hart war. Zum Beispiel Carl Clauberg, Gynäkologe im Dienst der SS, verantwortlich für grausame Sterilisationsexperimente in Auschwitz und Ravensbrück. Er hatte dort mit äußerst schmerzhaften Massensterilisierungen durch das Einspritzen ätzender Chemikalien experimentiert. Himmler gegenüber prahlte er damit, auf diese Weise ganz allein eintausend Frauen am Tag sterilisieren zu können, um den Nachwuchs «missliebiger Völker» effektiv zu unterdrücken. Oder die KZ-Blockführer Wilhelm Schubert und Gustav Sorge aus Sachsenhausen, verantwortlich für unsägliche Quälereien und Dutzende Morde von eigener Hand; auch an der Tötung von mindestens zehntausend russischen Kriegsgefangenen in der Genickschussbaracke von Sachsenhausen waren sie beteiligt.

Sie alle ließ man, um den allgemeinen Freudentaumel über die Massenrückkehr nicht zu stören, zunächst einmal unerwähnt und unbeschadet in ihre Familien zurückkehren. Clauberg fand wieder eine Anstellung an seiner alten Universität Kiel und wurde dort als eine Art Märtyrer empfangen. Drei Monate später, im Januar 1956, drängte Adenauer in einer Kabinettssitzung auf die Strafverfolgung von besonders schweren NS-Tätern unter den Spätheimkehrern, sei es aus Rücksicht aufs «Ausland», wie es in der Sitzung hieß, sei es aufgrund der traumatischen Erfahrung seiner eigenen KZ-Haft. Wer ein KZ erlebt habe, wisse, dass diese Leute zu allen Verbrechen bereit gewesen seien, sagte Adenauer im Kabinett.[15] Seine Minister reagierten darauf hinhaltend und ausweichend, typisch für die schleppende Aufarbeitung der NS-Verbrechen in der frühen Bundesrepublik. Carl Clauberg jedoch wurde im Februar 1956 in der Psychiatrischen Klinik Neustadt in Holstein verhaftet. Dorthin war er eingeliefert worden, weil er seine Frau mit Morddrohungen tyrannisiert hatte. 1957 starb er in der Untersuchungshaft. Die KZ-Schergen Schubert und Sorge wurden vom Landgericht Bonn 1959 zu lebenslanger Haft verurteilt.

Selbstverständlich konnten die bisweilen haarsträubend willkürlichen Urteile der sowjetischen Gerichte nicht einfach ungeprüft übernommen werden. Hatte in manchen Fällen die bloße Zugehörigkeit zur SS für das Pauschalurteil von fünfundzwanzig Jahren Besserungslager gereicht, ohne dass man konkrete Verbrechen mit individueller Tatbeteiligung nachgewiesen hatte, waren andere Verurteilte bloß ihrer Prominenz zum Opfer gefallen: Erich Hartmann, mit dreihundertzweiundfünfzig anerkannten Abschüssen der erfolgreichste Jagdflieger des Zweiten Weltkriegs, war zu zwanzig Jahren Zwangsarbeit verurteilt worden, obwohl er nur an Luftkämpfen teilgenommen und nie gegen das internationale Kriegsrecht verstoßen hatte. Der Dreiunddreißigjährige gehörte zu den in Friedland Angekommenen, denen man das Grauen der Lagerhaft schon von weitem ansah. Andere hatten Mühe, ihre einigermaßen stabile Verfassung zu erklären, denn die letzten Lagerjahre waren trotz aller grausamen Härten nicht mehr von dem Hunger bestimmt, der die ersten Nachkriegsjahre geprägt hatte. Erich Hartmann aber sah erschreckend aus: die Wangen eingefallen, das Gebiss zeichnete sich unter der Haut ab, die Augen lagen in tiefen Knochenhöhlen. Er hatte bis zum Schluss gegen das Unrechtsurteil aufbegehrt und war dafür mit Nahrungsentzug, Folter und Karzer bestraft worden. Immer wieder hatte er protestiert, war mehrfach in den Hungerstreik getreten, hatte die Arbeit verweigert und inständig verlangt, erschossen zu werden – eine Qual, die sich tief in seine Erscheinung eingegraben hatte.

Bei seiner Ankunft in Friedland wurde Hartmann von seinem einstigen Vorgesetzten, dem ehemaligen Luftwaffenkommandeur Hans Hahn, in die Arme genommen. Hahn war inzwischen ein erfolgreicher Geschäftsmann, ein Selfmademan wie aus dem Bilderbuch der jungen Bundesrepublik. Er sah ganz nach Borgward Coupé aus, nach Villa mit Garten, Italienurlaub, nach dem ganzen Chic der fünfziger Jahre. Wie die beiden so unterschiedlichen Menschen sich gegenüberstanden, arriviert und wohlgemut der eine, geschunden und existenziell überfordert der andere, beide unendlich glücklich über das Wiedersehen, ergab sich ein seltsames Bild, eine Art Zeitriss. Das Gesicht des Krieges war wieder erschienen, mitten in der komfortabel gewordenen Gegenwart, ein Gesicht, in das sich das Entsetzen dauerhaft eingezeichnet hatte, als wolle es niemals weichen. Wie viele Menschen hatten vor zehn, zwölf Jahren noch genau so ausgesehen, in ganz Europa. Und jetzt standen einige Hundert von ihnen wieder da, mitten im Wohlstand, wie ausgespien aus der Vergangenheit.

«Heimkehren ist schwerer als Weggehen»

Dass die junge Bundesrepublik ein seltsames Land war, lernten die Entlassenen schnell. Sechstausend Mark Eingliederungsgeld erhielten die soldatischen Heimkehrer, die als echte Kriegsgefangene eingestuft wurden, eine Menge Geld für den Anfang. Die sogenannten «Politischen» aber, auch «Zivilinternierte» genannt, die wegen ihres Ungehorsams und ihrer Auflehnung eingekerkert worden waren, erhielten nichts.[16] Unschuldig in der Ostzone in die Mühlen der Verfolgung geraten zu sein, galt als Privatschicksal, für die der westdeutsche Staat keine Verantwortung übernahm. Diese Unterscheidung zwischen Soldatischen und Politischen gehörte zu den vielen neuen Distinktionen, an die sich die Heimkehrer erst gewöhnen mussten. Andere waren konfessioneller Natur: In Friedland bekamen die Protestanten ein einfaches Hemd, Hose und Pullover; die Katholiken aber einen richtigen Sonntagsanzug. Die Kirchen hatten bei der Spendenauswahl verschiedene Prioritäten gesetzt.

Als sie Friedland verließen, entlaust, gewaschen, neu eingekleidet, gingen die Heimgekehrten auseinander in ein Land, das wiederzuerkennen ihnen große Mühe machte. In rosafarbenen Milchbars tranken junge Leute kreischend bunte Mixgetränke. Eine filigrane Architektur aus Beton und Glas ragte kühn in die Höhe. In den großen Städten kurvten junge Frauen auf Vespas herum. Die feindlichen Soldaten von einst – Franzosen, Amerikaner und Briten – spazierten durch Deutschland, um es zu beschützen. Die Jugend

Einkaufsbummel in einem gründlich geänderten Land. Am Münchner Stachus, zehn Jahre nach Kriegsende.

hörte begeistert deren Soldatensender, klinkte aus zur Musik von Bill Haley und den Chordettes, trauerte um James Dean und Charlie Parker. Caterina Valente sang: «Komm ein bisschen mit nach Italien». Aus den Musikboxen klang ihr Lied «Nur ein Zigeuner hat soviel Sehnsucht nach den Sternen», und die Menschen summten mit, so beseelt, als hätte es die Ermordung der Roma und Sinti nie gegeben. Ein gewisser Jerry Lewis beherrschte die Kinoleinwände. Und ein junges Mädchen namens Romy Schneider, die die österreichische Kaiserin als einen süßen Fratz spielte: «Sissi» brach alle Zuschauerrekorde. Das europäische Kernforschungslabor Cern war soeben gegründet worden, der millionste Käfer vom Band gerollt. Auch frische deutsche Soldaten gab es wieder. In dem Jahr, als «die letzten Zehntausend» aus Russland zurückkehrten, wurden die ersten Bundeswehrsoldaten vereidigt. Seit Juli des Jahres hatte die junge Republik ein eigenes Verteidigungsministerium, zuvor fünf Jahre lang kleinlaut «Dienststelle Blank» genannt und in vollem Wortlaut: «Dienststelle des Bevollmächtigten des Bundeskanzlers für die mit der Vermehrung der alliierten Truppen zusammenhängenden Fragen». So klang der Kalte Krieg auf Bonner Beamtendeutsch.

An zwölf Prozent Wirtschaftswachstum erfreute sich die Bundesrepublik 1955, ein nie wieder erreichter Wert, und verspürte doch ein Vakuum. Ein Land ohne Idee, sagten seine Kritiker. Ein Land der Ohnemichels – ohne Gemeinschaftsgefühl, ohne Zusammenhalt, eine Erfindung der Alliierten. Ein Land, in dem man zehn Jahre nach Kriegsende und den schlimmsten Hungerwintern schon wieder mit dem Wohlstand haderte: «diesem schlaraffenland, wo es aufwärts geht, aber nicht vorwärts», schrieb Hans Magnus Enzensberger in seinem berühmten Gedicht «Landessprache», «wo in den delikatessgeschäften die armut (...) aus dem schlagrahm röchelt».[17] Dass man das Wort «satt» schon wieder als Schimpfwort gebrauchte wie in der beliebten Wendung vom «satten Wohlstandsbürger», muss den notdürftig ernährten Spätheimkehrern mehr als bizarr vorgekommen sein.

«Heimkehren ist schwerer als Weggehen», stand am Schwarzen Brett im Lager Friedland. Die Bundesrepublik war ein seltsames Land, die DDR nicht minder. Unfassbar, wie sehr sich die Heimat in nur zehn Jahren verändert hatte. War sie überhaupt noch wiederzuerkennen? «Wir sind wieder wer», hörte man 1955 oft. Aber wer? Das war die entscheidende Frage, die man vor sich herschob. Die Fähigkeit der Deutschen zu grübeln sei augenblicklich fast erschöpft, gestand der konservative Schöngeist Friedrich Sieburg seinen Landsleuten zu.[18] Eines jedoch machte den Heimkehrern das Eingewöhnen leichter: Es gab viel zu tun. In Nachkriegsdeutschland wurde gearbeitet bis zum Umfallen. Diesmal allerdings freiwillig.

ZWEITES KAPITEL

Unter vollem Dampf – Kohle, Öl und Gastarbeiter: die Zutaten des Wirtschaftswunders

«Das Öl ist über den Zaun gestiegen,
es will im Garten der Kohle ernten.»

WALTER KÖPPING, IG BERGBAU UND ENERGIE

Wie der Wohlstand klingt

Wer in den fünfziger Jahren auf das Ruhrgebiet zufuhr, sah es schon eine Stunde, bevor er dort ankam. In der Ferne verdüsterte sich ein Teil des Himmels. Schlechtes Wetter war das nicht, was sich hier zusammenbraute; es war unheimlicher, statischer, nicht so leicht aufzulösen wie ein Tiefdruckgebiet. Näher herangekommen, sah man, dass die Verfinsterung des Firmaments menschengemacht war. Aus Hunderten von Schloten stiegen Schwaden von Rauch und Dreck auf. Weißer, gelber, orangeroter Qualm bis hin zu fast schwarzem. Eine giftige Farbpalette, nuancenreich wie ein Bild von Monet, wenn auch fahler. Die Sonne drang nur schwach durch den Dunst, der alle paar Kilometer anders roch: nach feuchter Kohle, nach beißendem Schwefel, nach Öl, nach geheimnisvollen Gasen, die unzähligen Leitungen entwichen, welche die Städte durchzogen – Zutaten für eine alchimistische Hexenküche, deren wichtigste «Schwarzes Gold» hieß. Kein Zufall, dass Kohle heute noch ein Synonym für Geld darstellt: Zaster, Asche, Kohle.

Unter dem düsteren Himmel war man im Herzen des deutschen Wirtschaftswunders angekommen, einem unaufhörlich arbeitenden Organismus aus Zechen, Hochöfen, Kokereien und Teerdestillen. Viele Tausend emsige Betriebe, die ein magisches, ökonomisches Dreieck bildeten: Kohle, Stahl, Chemie. Sich über einhundert Kilometer von Ost nach West ausdehnend, sechzig Kilometer breit, war das Ruhrgebiet die größte Industrieregion Europas. «Die Vorstellung, dass hier Menschen leben (...), mag dem Fremden phantastisch vorkommen», schrieb Heinrich Böll 1958 aus der Sicht eines Mannes, der mit dem Zug hindurchfuhr. Schier unglaublich, «obwohl er die Menschen sieht: auf Bahnsteigen, Straßen, auf Schulhöfen, am Küchenherd; er glaubt nicht an diese Menschen, hält sie für Phantome, Verlorene, Verdammte; Pathos, Mitleid, ein wenig Verachtung mischen sich zu einem Gefühl, das sich in einem Seufzer ausdrückt.»[1] Fünf Millionen Menschen, in Städten lebend, die formlos ineinander übergingen. Ihren einstigen Charakter als kompakte, fest umrissene Ortschaften hatten Dortmund, Duisburg, Essen und Bochum längst eingebüßt. Man siedelte, wo die Industrie Platz ließ, zwischen Hütten, Fabriken und Fördertürmen, zwischen Abraumhalden und Industriebahnlinien, umgeben von kümmerlichem Grün, das mit der Lichtknappheit kämpfte. Das Wichtigste spielte sich unter der Erde ab. Allein eine halbe Million Menschen arbeiteten daran, dem durchlöcherten Boden die Kohle zu entreißen, eine weitere halbe Million, um mit ihrer Hilfe Stahl herzustellen.

Wirklich schön war das Ganze des Nachts, wenn die Feuer der Hochöfen den Horizont illuminierten, es aus den Schloten loderte und der Himmel erfüllt war von unzähligen flackernden Flammen. Weithin kündeten sie davon, welch unvorstellbare Energien ringsum entfacht und gebändigt wurden. Der Lärm hunderttausendfacher Industriearbeit erfüllte die Nacht und verdichtete sich zu einem unaufhörlich pulsierenden Klangteppich, der sanft durch die geschlossenen Fenster drang. Man hörte das Fauchen der Stahlöfen, das Verpuffen der Gase, das beständige Auskippen der Loren, das Prasseln von ausgeschütteter Kohle, das Tuckern der Schiffsmotoren.

Viele Kinder schliefen wunderbar, wenn sie spürten, dass rundherum alles am Wohlstand werkelte. Im Heimatkundeunterricht lernten sie, wie die Kohle gefördert und wie daraus Koks und Gas gemacht, wie Stahl hergestellt wird und wie die Bleche für die Autos gewalzt werden. Dem Krach vertrauten sie, er hatte, da waren sie sich sicher, seinen guten Sinn und Zweck. Eine Sinfonie der Geschäftigkeit, in der man irgendwann einmal selbst seinen Platz finden würde.

Ein Wunder, das keines war

Vom Wirtschaftswunder sprach man im Ruhrgebiet nicht, man wusste ja, wo der Wohlstand herkam. Wunderlich war daran wenig. Man sah es am Schwarz der Häuser, erkannte es an den Bergleuten, die mit fünfzig kaum noch Luft bekamen wegen des Staubs in ihren Lungen, spürte es bei jedem Schichtwechsel, der dreimal täglich die Straßen mit Heerscharen erschöpfter Leute füllte.

Aber die Innenstädte begannen wieder zu strahlen. Bei der Essener Lichtwoche im Dezember 1956 zeigte eine stolze Stadt, dass sie wieder Energie im Überfluss hatte und glitzerte mit vielen Tausend Glühbirnen und Leuchtstoffröhren ins eisige All. Man hatte die erste Dekade des Wiederaufbaus hinter sich, trotzdem bot das Land zehn Jahre nach Kriegsende noch immer ein befremdliches Bild. Zwar waren die meisten Trümmer weggeräumt, aber Neues war oft noch nicht entstanden. Zerbombte Wohnviertel waren verschwunden und hatten gespenstisch leeren Flächen Platz gemacht, die auf ihre Bebauung warteten – weite Mondlandschaften mitten in den belebten Städten. Ein Nebeneinander von oft kühnen, aber seltsam steril wirkenden Neubauten und diesen kahlen Wüsteneien prägte vielfach das Bild. Grau war es; Deutschlands Städte sahen aus wie nach einem rätselhaften Baumsterben, war doch der letzte Baum, der zu verfeuern war, spätestens im Hungerwinter 1947 gefällt worden. Nur ein paar neu gepflanzte Kümmerlinge brachten etwas Grün zwischen den grauen Beton. Noch immer hausten Menschen in provisorischen Nissenhütten und ehemaligen Zwangsarbeiterlagern, bewohnten rasch zusammengezimmerte Kleinhäuser und Behelfshütten. Gleich daneben wuchsen die standardisierten, immergleichen Bauten des Aufbauprogramms aus dem Boden.

Nach zehn Jahren ungeheurer Anstrengungen für den ersten Wiederaufbau war 1955 Gelegenheit, Luft zu holen und Forderungen zu stellen. Noch immer herrschte im Arbeitsleben die 48-Stunden-Woche, gearbeitet wurde an sechs Tagen. Die Gewerkschaften kämpften für eine Begrenzung auf vierzig Stunden und mithin für die Einführung des freien Samstags. «Samstags gehört Vati mir» – diese Gewerkschaftsparole war 1956 in aller Munde, aber es war kein Zufall, dass man die Forderung nach weniger Arbeitszeit einem Kind in den Mund legte. Für die meisten Deutschen gehörte es sich damals nicht, für weniger Arbeitszeit zu kämpfen. Nach 1945 schien ihr Arbeitsethos geradezu pathologisch geworden zu sein, gab es doch nach dem verlorenen Krieg und dem Holocaust nichts mehr, auf das man sonst hätte stolz sein können außer auf das Tempo des Wiederaufbaus.

Als die Philosophin Hannah Arendt 1949 für einen Besuch erstmals wieder aus ihrem amerikanischen Exil nach Deutschland zurückkehrte, beobachtete sie befremdet den Arbeitseifer der Deutschen, den sie als Verdrängungsmethode empfand: «Die alte Tugend, unabhängig von den Arbeitsbedingungen ein möglichst vortreffliches Endprodukt zu erzielen, hat einem blinden Zwang Platz gemacht, dauernd beschäftigt zu sein, einem gierigen Verlangen, den ganzen Tag pausenlos an etwas zu hantieren.»[2] Arbeiten, um zu verdrängen – aus dieser Perspektive schienen Wirtschaftswunder und deutsche Schuld miteinander verknüpft. Die rund fünfundzwanzig Millionen deutschen Beschäftigten hielten 1955 mit einer Wochenarbeitszeit von fünfzig Stunden (einschließlich der Überstunden) den Fleißrekord aller Industrieländer der Welt.[3] Viele Unternehmen warben um Facharbeiter mit der Versicherung, man dürfe bei ihnen arbeiten, bis man nicht mehr könne: Wer wolle, könne zwölf Stunden pro Tag schuften, mindestens.[4]

Der Wirtschaftsaufschwung war allerdings kein exklusiv deutsches Phänomen. Ab 1949 wurde fast ganz Europa von einer Hochkonjunktur erfasst, die beinah ungetrübt bis 1969 anhielt. In Frankreich kennt man das Wirtschaftswunder als «Trente Glorieuses»; es reichte dort von 1945 bis 1975, in Spanien spricht man vom «Milagro español», in Italien vom «Miracolo economico italiano». Nach den Verheerungen des Zweiten Weltkriegs sorgten überall sogenannte «Nachholeffekte» für einen anhaltenden Aufschwung.

Der Boom war jedoch nirgends so turbulent wie in Deutschland. Zwar begann der Anstieg verzögert, dafür jedoch ging es ab 1950 unerwartet steil bergauf.[5] Die Arbeitslosenquote, 1950 noch bei über elf Prozent, sank innerhalb von elf Jahren unter ein Prozent. Das durchschnittliche Realeinkommen hatte sich unterdessen verdoppelt. Fuhren 1950 nur eine halbe Million Autos über die Landstraßen, waren es 1965 schon mehr als zwölf Millionen. Nie zuvor war eine Gesellschaft derart schnell um so vieles reicher geworden wie die der jungen Bundesrepublik.

Ein Grund für den rasanten Aufschwung war ein neuer Krieg. Am 25. Juni 1950 drangen zweihunderttausend nordkoreanische Soldaten in Südkorea ein mit dem Ziel, das geteilte Land gewaltsam wieder zu vereinen. In die Auseinandersetzungen waren auch China und die USA verwickelt, und aus dem Waffengang wurde schließlich ein erbittert geführter, dreieinhalb Jahre dauernder Krieg mit vier Millionen Toten. Der gestiegene Bedarf an Waffen führte zu einem Aufschwung, der als Koreaboom in die Wirtschaftsgeschichte einging. Von ihm profitierte vor allem die Bundesrepublik. Die Schwerindustrie der großen Nato-Staaten war durch die Rüstungsaufträge ausgelastet, für zivile Zwecke waren keine Kapazitäten mehr vorhanden. In diese Lücke sprang die Bundesrepublik. Die Westalliierten hoben viele der Deutschland nach Kriegsende auferlegten Produktions- und Exportbeschränkungen auf, weil sie die westdeutschen Industriewaren brauchten.

Vor allem die Amerikaner drängten darauf, die westdeutsche Montanindustrie wieder von den Fesseln zu befreien, die sie ihr nach dem Zweiten Weltkrieg angelegt hatten. Gezähmt werden sollte das teutonische Stahlmonster nun durch eine wirksame Kontrolle von innen, durch die Arbeiter. Sie sollten die Krupps und Thyssens, die Schlotbarone, die man zu Recht als Hitlers Kriegsvasallen begriffen hatte, in Zukunft in die Schranken weisen. So waren es ausgerechnet die kapitalistischen USA, die der deutschen Stahlindustrie ein modernes Mitbestimmungsgesetz bescherten, das einen Teil der Unternehmungsführung in die Hände der

Gewerkschaften legte. Diese sorgten dafür, dass sich die steigenden Gewinne auch als steigende Löhne niederschlugen und wachsende Konsumlaune die Wirtschaft weiter ankurbelte. So stabilisierte der Koreaboom, entfacht durch einen fürchterlichen Stellvertreterkrieg im Fernen Osten, den ökonomischen Höhenflug in Deutschland, der sogar «die wildesten Träume und Hoffnungen der 1940er Jahre übertraf»[6] und dem besiegten Land eine ungeahnt schnelle Rückkehr auf den Weltmarkt ermöglichte.

Auch die DDR profitierte vom Kalten Krieg. Die Sowjetunion brauchte die Ostdeutschen ebenfalls als Bündnispartner und erklärte den verhassten Feind von gestern zum Brudervolk. Auch sie behandelte die DDR weit pfleglicher, als es ihre Demontagegelüste der ersten Nachkriegsjahre hatten erwarten lassen. Bald wurde die DDR zur führenden Industrienation unter den Comecon-Staaten; ihr Lebensstandard übertraf den der osteuropäischen Länder bei weitem. Dennoch verließen Millionen DDR-Bürger ihren Staat, was wiederum den Aufschwung im Westen steigerte, Ostdeutschland aber mehr als hundert Milliarden Mark an Produktionsausfällen kostete.[7] Fast drei Millionen Menschen kehrten von 1949 bis zum Mauerbau 1961 dem Sozialismus den Rücken, fünfundzwanzig Prozent von ihnen waren «unbegleitete Jugendliche», deren Kreativität und Unternehmungsgeist fortan der DDR-Wirtschaft fehlten. Viele DDR-Bürger waren enttäuscht von der Planwirtschaft und durch unsinnige bürokratische Maßnahmen in ihrem Arbeitseifer frustriert. Der Westen versprach Arbeitsmöglichkeiten, die sich unmittelbar in Erfolgen auszahlen würden, während man im Osten auf morgen vertröstet wurde: «Wie wir heute arbeiten, werden wir morgen leben», hieß die Losung, die die gerechte Entlohnung in die Zukunft verschob. Ein bisschen schneller wollte man das bessere Leben schon genießen.

Unter Tage: Josef Stefaniak geht ins Gebirge

Zu den Millionen von Menschen, denen Deutschland nach dem Krieg seinen verblüffenden Aufschwung verdankte, gehörte der Bergmann Josef Stefaniak, geboren 1915 in Duisburg, genannt Jupp. Er stammte, wenn auch in zweiter Generation, aus dem Osten. Seine polnischen Eltern waren noch vor dem Ersten Weltkrieg aus den preußischen Ostprovinzen ins Ruhrgebiet gekommen. Etwa eine halbe Million Polen waren zwischen 1870 und 1918 ins Ruhrgebiet eingewandert. Als Untertanen des deutschen Kaisers konnten sie sich frei im Reich bewegen und Wohnsitz nehmen, wo immer es Arbeit gab. So wurde das Ruhrgebiet zur Heimat der Kaczmareks, Dombrowskis, Podolskis und Schimanskis. Die Familie Stefaniak hatte eigentlich vor, bald zurückzukehren und am Aufbau der 1918 gegründeten polnischen Republik mitzuwirken, aber die Inflation von 1923 hatte ihre Ersparnisse zunichtegemacht, sodass an eine Rückkehr nicht mehr zu denken war.

1929, mit vierzehn Jahren, wurde Josef Stefaniak genau wie sein Vater «Hauer vor Kohle», wie man damals sagte. In einem Alter, in dem man heute gerade mal reif genug ist für «Age of Empires III», fuhr er täglich fünfhundert Meter herunter in einen düsteren Schacht, tief hinein in das angsteinflößend knackende und knisternde Gestein, dem er, bäuchlings liegend, hineingezwängt in einen engen Streb, mit einem schweren Presslufthammer Kohle entriss. Heiß war es dort unten, stickig, voller Energie in den verschiedensten Erscheinungsformen.

Um Jupps Umgebung zu verstehen, müssen wir dreihundert Millionen Jahre zurückgehen in die feuchte Hitze der Karbonzeit. Damals lag das, was einmal das Ruhrgebiet wurde, wegen der Kontinentalverschiebung noch am Äquator. Bewaldete Sümpfe prägten die Tiefebene, das Treibhausklima ließ bizarre Pflanzen wuchern. Schuppen- und Siegelbäume wurden vierzig Meter hoch. Farne und schwankende Schachtelhalme, zwischen denen riesige Insekten lebten, ragten zehn Meter in die Höhe. Sümpfe verschlangen,

Bergmann «vor Ort» und «unter Tage».

was sie hervorbrachten, im steten Wechsel von Gedeih und Verderben; die Pflanzen starben ab, versanken im Wasser, wo sie aber nicht einfach verfaulten, sondern, abgeschlossen von Sauerstoff, Torf bildeten. Auch die Torfschicht sank ab, wurde von Ozeanen überflutet, von Geröll und Sand bedeckt, bis wieder neue Sümpfe und neue Torfschichten entstanden. Der Druck der Gesteinsmassen presste das Wasser aus dem Torf, und über die Zeit wurde daraus Braunkohle. Vergingen noch weitere viele Millionen Jahre und lastete noch mehr Druck von oben auf den unteren Schichten, so wurde aus der Braunkohle die wertvollere, energiereichere Steinkohle.

Wohlstand basiert auf Prozessen unterschiedlichster Dauer. Was Millionen Jahre brauchte, um zu entstehen, wurde und wird in Minuten verfeuert. Dazwischen lagen die zähen Stunden, die Josef Stefaniak ein Arbeitsleben lang unter Tage verbrachte.

Wenn er einfuhr, erst im Förderkorb, dann in der engen Förderbahn kauernd, durch den Stollen auf der fünften Sohle laufend und schließlich den Rest des Weges kriechend, schleppte er jede Menge Gezähe mit sich. So nennen die Bergleute ihr Werkzeug. Hinzu kam die Grubenlampe, die allein sechs Pfund wog, die Thermoskanne Kaffee und der Henkelmann mit den zwei Butterbroten, die ihm seine Frau Wanda gemacht hatte. Den Henkelmann mit den «Dubbeln» musste er gut sichern, denn die Ratten waren unter Tage immer hungrig. Es war unsäglich heiß unten, viele Hauer arbeiteten fast nackt, woran man sich gewöhnen musste. An der Abbaufront des Strebs angekommen, arbeitete er sich mit dem Abbruchhammer in die Kohle vor. Ständig drohte die Gefahr, dass sich Gesteinsbrocken über ihm lösten und herabstürzten. Die herausgebrochene Kohle wurde auf eine mobile Rutsche zum Abtransport geworfen. Pro Schicht förderte jeder Bergmann unglaubliche eintausendfünfhundert Kilo Kohle.[8]

Um das sogenannte «Hangende» notdürftig gegen Einsturz zu sichern, wurden Holzstempel gesetzt, die die Decke des frischen Strebs von unten abstützten. Die Geräusche, die das «Gebirge» von sich gab, waren Quell ständiger Unruhe und wurden instinktiv überwacht. Der Hauer Herbert Berger erinnerte sich an einen besonders verwegenen Kumpel namens Neunauge, so gerufen, weil er ein leidenschaftlicher Angler war: «Manchmal stand nur noch ein Stempel, während alle anderen im Umkreis schon geraubt worden waren. Geraubt heißt, sie waren schon wieder nach vorn an die Kohlenwand gesetzt, also wieder verwendet worden. (...) Mit der linken Hand hielt sich Neunauge an einem Stempel fest, in der rechten schwang er den dicken Hammer, mit der er genau auf den Keil des alleinstehenden Stempels zielte. Manchmal kam der Bruch sofort. Dann lösten sich Steinbrocken, so groß wie Kleiderschränke, und krachten herunter. Der Luftdruck warf mich fast um. Eine gewaltige Staubwolke hüllte uns ein. Blitzschnell sprang Neunauge zurück. Eine Sekunde zu spät oder zu weit heraus konnte den Tod bedeuten. Und das mehrere Male in jeder Schicht, an jedem Tag, in jeder Woche.»[9] Die leergeräumten Abschnitte eines Strebs nannten die Bergleute «alten Mann». Um einen «alten Mann» gegen Einsturz zu sichern, wurde er mit «taubem Gestein» gefüllt.

Josef Stefaniak stieg 1955, als er vierzig wurde, zum Rutschenmeister auf, auch Rutschenbär genannt. Als Vorarbeiter ganz vorn für die Schüttelrutsche verantwortlich, die die abgebaute Kohle zu den Förderbändern brachte, bewahrte ihn der Aufstieg vor der lebenslangen Arbeit mit dem Presslufthammer, die das Hirn so schädigt, als würde man acht Stunden täglich boxen. Josef Stefaniak war stolz auf seine Arbeit, trotz, vielleicht auch wegen des Drecks, den er nach Schicht abwusch, bis die Haut wieder weiß war und seine Augen und seine Zähne nicht mehr so strahlend aus dem schwarzen Gesicht leuchteten, was er liebte an sich und seinen Kumpels. In der dampfenden Waschkaue herrschte nach Schicht ein dichtes Gedränge nackter Männer. Wenn der Vordermann wortlos vor einem buckelte, nahm man ebenso wortlos die Seife und wusch ihm den Rücken.

Die Arbeit unter Tage und die ständige Gefahr schweißten die Bergleute zusammen wie ihre Kollegen im Märchen, die sieben Zwerge, die sich allesamt in ein und dasselbe Mädchen verguckten, das, wen wundert's, blütenweiße Schneewittchen.[10]

Sich tief unten zurechtfinden in den Stollen und Streben im ächzenden, knackenden und hallenden Gestein, das kann nicht jeder. Es gab den Bergmännern einen Hauch von Exklusivität, den Navigationskünsten der Seeleute verwandt in deren so ganz anderem Element, aber ähnlich weit weg vom Leben der normalen Leute. An den Flözwänden war ja nicht alles schwarz. Wer sehen konnte, dem erzählte das Gestein seine eigene Geschichte und offenbarte eine faszinierende Vielfalt. Werner Bräunig, Bergmann und Schriftsteller aus Chemnitz, beschrieb in den fünfziger Jahren in seinem erst posthum erschienenen Roman «Rummelplatz», woran man tief unter den Feldern Thüringens vorbeikam, wenn man durch den Stollen ging: «Im Berg war es still geworden. Berg, der in Gängen Erz führt: Kobalt, Nickelblüte, Wismut, Silber, Uran. Bleiglanz und Zinkblende weiter östlich, Wolfram und Molybdänit, natürlich Zinn. Entgasungsprodukt granitischen Magmas aus der Tiefe, reichend von Oberkarbon bis ins Unterrotliegende, Granit, der aus Glimmerschiefer aufsteigt, Schwerspat und Flußspat, der farblose, milchweiße, der graue Quarz. Wer aber Glück hat, kann vielleicht einen Topas finden. Er kann den messinggelben Pyrit finden und den bleigrauen Antimonglanz, gediegen Wismut und vielleicht noch Silber. Wenn einer Glück hat.»[11]

Josef Stefaniak liebte das Singen im Knappenchor. «Glück auf, Glück auf, Glück auf, Glück auf!», schmetterten die Bergleute a cappella, gekleidet im traditionellen schwarzen Kittel, auf dem Kopf der Schachthut mit dem roten Federbusch. Die Stimmen, mit Milch oder Schnaps gespült, klangen so rein, wie man es diesen harten Kerlen niemals zugetraut hätte. Und Stefaniak war, wie fast alle Bergleute, tiefreligiös. Als katholischer Pole war er es besonders. Über dem Bett seiner Tochter hing ein kleines Gefäß mit Weihwasser, in das ihre Mutter den Finger tauchte, um jeden Abend vor dem Einschlafen ein unsichtbares Kreuz auf ihre Stirn zu zeichnen. Der Kittel der feierlichen Bergmannstracht, den Stefaniak beim Singen trug, hatte sechs Knöpfe an jedem Ärmel, zwölf auf der Brust und fünf zum Zuknöpfen. Diese insgesamt neunundzwanzig Knöpfe symbolisierten das Alter der heiligen Barbara, die von ihrem Vater enthauptet wurde. Seit dem Spätmittelalter ist sie die Schutzpatronin aller Bergleute.

Zweiundvierzig Jahre arbeitete Josef Stefaniak unter Tage, erst in der Zeche Haniel in Duisburg-Neumühl, dann in der Rheinpreußen in Moers. Je nach Schichtbeginn stellte er sich morgens, mittags oder abends an die Neumühler Straße, Ecke Eugenstraße, und wartete auf den Werksbus, der ihn zur Zeche fuhr. Neun Stunden später spuckte der Bus ihn todmüde an derselben Stelle wieder aus. Von dort aus ging es erst mal kurz in die Kneipe «Bei Otto». Seine Frau Wanda führte den Haushalt, entschied über alle Einkäufe, kümmerte sich um die Kinder, sorgte dafür, dass die Tochter aufs

Gymnasium kam, der Sohn auf die Realschule. Wanda, die nebenbei als Stationshilfe im Krankenhaus arbeitete, schmiss den Laden. Jupp sorgte fürs Einkommen. Über Tage kannte er sich kaum aus. Tief in der Erde sicherten seine wachen Sinne das Überleben. Für die Welt oben war er zu erschöpft. Als er nach den zweiundvierzig Berufsjahren in der Duisburger Stadthalle feierlich verabschiedet werden sollte, fand er den Weg mit der Straßenbahn ins Zentrum nicht. Jupp verpasste die Ansprachen, den Dank von Rheinpreußen und die Junghans-Uhr, die es zum Abschied gab.

Später, als Rentner, arbeitete er noch einmal als Waschkauenwärter im Stahlwerk Thyssen. Er empfand die Stelle als tiefen Abstieg, wollte aber seinem Sohn mit dem Lohn das nachgeholte Abitur und das Studium der Zahnmedizin ermöglichen. Solcherart waren die Menschen, die das Wirtschaftswunder möglich machten.

In dreihundert Millionen Jahren entstanden, in drei Minuten verfeuert – miese Luft und beste Laune

Rund einhundert Millionen Jahre hatte die in den «unterirdischen Wäldern» eingelagerte Sonnenenergie Zeit, um sich in der überaus praktischen Darreichungsform Steinkohle abzuspeichern. Wer diese konzentrierte Reserve binnen weniger Jahrzehnte verheizt, setzt gewaltige Kräfte frei – produktive wie destruktive. Über die destruktiven machte man sich in den Fünfzigern wenig Gedanken. «Einmal geschnäuzt: Brikett in der Hand»[12] – mit solchen Überschriften berichtete man eher heiter über den Dreck, der auf die Menschen an der Ruhr herniedersank und das Alltagsleben vor besondere Aufgaben stellte. Viel gescherzt wurde über die Probleme mit sauberer Wäsche. Oft war sie schon wieder schmutzig, bevor sie auf der Leine getrocknet war.

1,5 Millionen Tonnen Staub, Ruß und Asche rieselten pro Jahr auf das Ruhrgebiet herab, dazu vier Millionen Tonnen Schwefeldioxid. Zu dieser Standardbelastung kamen ungezählte Austritte giftiger

Gase aufgrund von kleineren, alltäglichen Betriebsunfällen. Sie wurden gar nicht erst gezählt, weil sie niemanden aufregten. 1964 kamen in Duisburg-Hamborn ganze Schulklassen kreidebleich vom Unterricht nach Hause. Die Kinder krümmten und übergaben sich, weil sie auf dem Schulweg unter einer giftigen Wolke gelaufen waren, aus einer Zinkhütte entwichen. Weder die Schulleitung noch die Elternvertretung kam auf die Idee, bei der Werksleitung mal nachzufragen, was da eigentlich so giftig war. «Et hätt noch immer joot jejange» – nach dieser Devise ihres ehemaligen Bundeskanzlers nahmen die Leute die Körperverletzung achselzuckend hin. Der Schmutz gehörte zur Industrie wie der Misthaufen zum Bauernhof.

Fünfzehn Prozent der im Ruhrgebiet geborenen Säuglinge wiesen rachitische Symptome auf, mehr als doppelt so viele wie die Neugeborenen vom nahen Niederrhein. Viermal mehr Ruhrgebietskinder litten an Augenentzündungen, als es bei den Kindern vom Land der Fall war. Sie wogen weniger und blieben kleiner als die Vergleichskinder.[13] Dabei war das Ruhrgebiet ja selbst in weiten Teilen noch ein ländlicher Raum. Zwar war die ganze Gegend bis zu einem Kilometer tief durch den Bergbau unterhöhlt, aber über Tage gab es noch überraschend viel Bauernland: Kühe, Pferde, Felder und Gewächshäuser prägten das Gelände zwischen den Fördertürmen. Als hätten sich zwei grundverschiedene Landschaften ineinander verschachtelt, herrschten groteske Kontraste. Kuh vor Schornstein, Schafherde zwischen Kühltürmen – dies gehörte zum Standardbildrepertoire der Ruhrgebietsromantik.

Wer bei dem Ineinander von Landwirtschaft und Industrie den Kürzeren zog, ist leicht zu erraten. Es lohnte kaum noch, die Felder zu bearbeiten, der Roggen war um ein Drittel kleiner als andernorts. Dass man ihn überhaupt erntete, zeugte von erschreckender Bedenkenlosigkeit. Die Kälber, die den Roggen fraßen, blieben Kümmerlinge im Vergleich zu ihren Artgenossen aus Bayern oder Friesland. Das Brot, das man aus ihm buk, wäre besser nie gegessen worden.

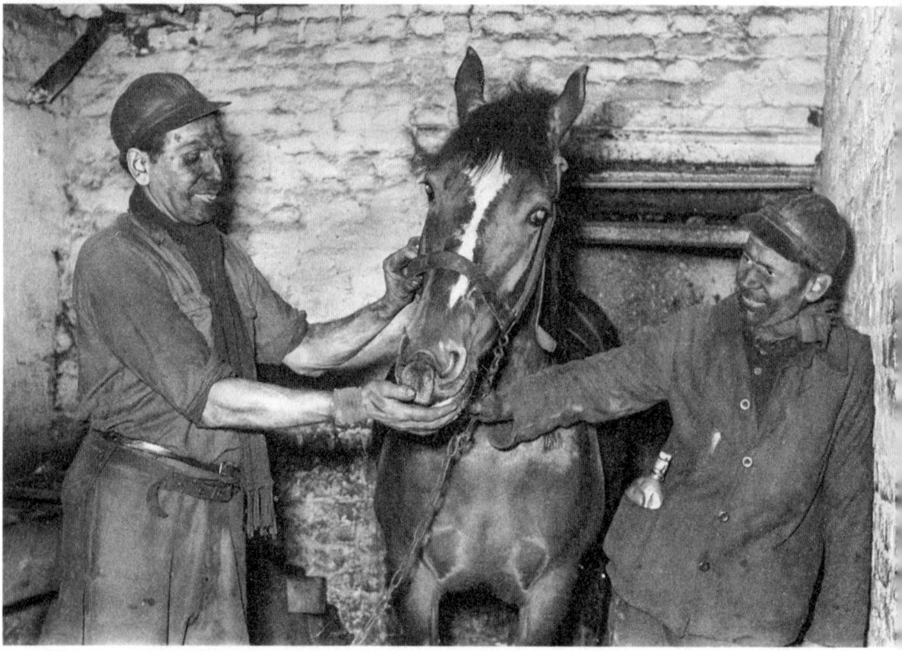

Grubenpferd auf der Zeche Zollverein, Essen 1957. Die Pferde zogen unter Tage Förderwagen, die Grubenhunde genannt wurden.

Es gab in den fünfziger Jahren nur sehr wenige Menschen, die sich gegen die Versehrung des Lebensraumes wandten. 1959 stellte der homöopathische Arzt Clemens Schmeck Strafanzeige gegen die Hüttenwerk Oberhausen AG, weil die Kinder, die in der Nähe ihrer Stahlkonverter aufwuchsen, auffällig häufig an Augenverletzungen litten. Diese und ähnliche Klagen wurden stets abgewiesen mit dem Hinweis, dass die Belastungen als «ortsüblich» hinzunehmen seien. Dass gerade die Ortsüblichkeit das eigentlich Beunruhigende war, tat dabei nichts zur Sache. Wirksame Filter einzubauen, war teuer, stattdessen wurden die Schlote nur immer höher gebaut, um den giftigen Dreck weiträumiger zu verteilen.

Das Tolerieren der Dauerkatastrophe im Ruhrgebiet gehört zu den Schlüsselphänomenen der Zeit. Es liefert ein beinah groteskes Beispiel für die Weigerung, ökonomisch schmerzhafte Schlüsse zur Vermeidung katastrophaler Entwicklungen zu ziehen. Sicher, die Auswirkungen des enormen Schwefeldioxid-Ausstoßes waren noch nicht bekannt. Um die weitreichenden und langfristigen Folgen der Emissionen auf Klima und Umwelt zu erfassen, fehlte beides, die Wissenschaft und die Phantasie. Dass man heute vom «1950er-Syndrom»[14] spricht und die Dekade als Beginn einer globalen Umweltversehrung begreift, die die ganze Welt besorgt, hätte sich damals kaum jemand träumen lassen.

Heute sehen Umwelthistoriker die fünfziger Jahre als Epochenschwelle, von der an das Verhältnis zwischen menschlichem Wirtschaften und Natur aus der Balance geriet.[15] Die Folgen der Industrialisierung, die mit der ersten Gründerzeit im 19. Jahrhundert einherging, waren harmlos gegen das, was nun emittiert und an Müll hinterlassen wurde. Damals jedoch kamen nur einzelne Symptome und wenige Regionen in den Blick. So prangerte Willy Brandt im Wahlkampf 1961 zwar erstmals die Luftverschmutzung vor einem großem Publikum an und prägte den berühmten Slogan «Der Himmel über der Ruhr muss wieder blau werden». Seine Mahnungen, so ungewöhnlich sie damals waren, zielten aber lediglich auf partiellen Gesundheitsschutz der Lungen und der Augen, der durch mehr Filtereinbau leicht zu erreichen sei. Erst in den siebziger Jahren begann es vielen zu dämmern, dass ein so stark anhaltendes Wachstum wie in den Boomjahren die Lebensgrundlagen ruinieren und vielleicht den gesamten Planeten gefährden könnte. Der Bericht des Club of Rome von 1972, «Die Grenzen des Wachstums», leitete wenigstens gedanklich eine ökologische Wende ein und eröffnete auf internationaler Ebene die Diskussion über den Zusammenhang von Wirtschaftswachstum und verbauten Zukunftschancen.

Aber hätten verbreitete Atemnot und entzündete Augen nicht schon ausreichen müssen, um energischer gegen den Industrieauswurf vorzugehen? Schwarze Flüsse, tote Fische, verkümmerte Bäume, beißender Nebel – wie kann man in dieser apokalyptischen Szenerie an etwas anderes denken als an schnellstmögliche Besserung oder Flucht? Wie können Menschen hier ein Heimatgefühl entwickeln, das dem von Bewohnern idyllischer Bilderbuchlandschaften in nichts nachsteht?

Eine Antwort liegt im Elend, aus dem der Fünfziger-Jahre-Boom herausstürmte. Was waren ein paar röchelnde Lungen gegen die Ausbombung der Städte, die verheerenden Schlachtfelder und die Hungersnot der ersten Nachkriegsjahre? Verglichen damit ging es den Menschen prächtig, und wo gehobelt wird, dachte man sich, da fallen eben Späne. Ausgerechnet im hochbelasteten Ruhrgebiet war die Fähigkeit, es sich in schleichenden Katastrophen gemütlich zu machen, besonders ausgeprägt. So trostlos es aussah, so unerschütterlich war die Zuversicht, wenn auch mit schwarzem Humor durchsetzt wie die Kohle mit taubem Gestein. Ein gewitzter Fatalismus gehörte zum Charme der Gegend, der zur Besserung der Lage zwar nichts beitrug, das Trübe aber erträglich machte. Man saß am Tresen in der wohligen Überzeugung: «Woanders ist auch scheiße.» Für den Publizisten Wolfram Eilenberger ist dieser «Wappenspruch einer ganzen Region» der «Ausdruck einer heimatbejahenden Binnensolidarität, die in ihrer abwärts drehenden Eigenliebe von aktiver Zukunftsverweigerung allzu oft ununterscheidbar bleibt».[16]

Wenn im Winter wärmere Luftschichten den giftigen Ausstoß aus den Schloten einschlossen wie ein gerissenes Ofenrohr bei geschlossenen Fenstern, litt man zwar Atemnot, aber schön war es doch: Unvergesslich, wie die Luft stofflich wurde, das Licht materiell, aufgesogen von einem schmutzigen, schier undurchdringlichen Nebel. Zugleich ein Natur- und ein Industrieereignis, beklemmend, aber auch ausnehmend fotogen. Michelangelo Antonioni machte in seinem Film «Rote Wüste» 1964 die Industrielandschaft von Ravenna mit ihren roten Smogschwaden zur giftig-schönen Kulisse für den Fatalismus seiner Gesellschaft. Wie schlafwandelnd streift Monica Vitti um die Hochöfen in einer Farbdramaturgie, die das betörend Dämonische der Fabriklandschaft noch übersteigert.

Antonionis Film ist der ästhetisch avancierteste Ausdruck einer

Ob da noch etwas Essbares herauszuangeln ist? Zuversicht und Geduld bildeten die vorherrschende Gefühlslage im Ruhrgebiet. Gelsenkirchen, Rhein-Herne-Kanal, 1958.

umfassenden Einwilligung in die Umweltzerstörung, die diese Jahre kennzeichnete und in Teilen heute noch anhält. «Smog entsteht, wenn der Himmel sich weigert, die Abgase einer aufgeblähten Zivilisation aufzunehmen», erklärte der Sprecher der WDR-Nachrichtensendung «Hier und heute»[17] ungewohnt wachstumskritisch für das Jahr 1962, um dann aber doch den notorisch lächelnden Direktor des Dortmunder Hygieneinstituts erklären zu lassen, dass die Schadstoffwerte des infernalischen Smogs «allenfalls in die Nähe des Bedenklichen» kämen und selbst Kranke und Alte nichts zu befürchten hätten, sofern sie nur zu Hause blieben, wo es ja schön warm und trocken sei.[18]

Nicht einmal während extremer Inversionswetterlagen wurde die Industrieproduktion gedrosselt. 6,5 Prozent Wachstum pro Jahr erzeugten eine Dynamik, die durch nichts zu stoppen war. Immer mehr kaufen zu können, hieß, immer mehr arbeiten zu wollen, hieß, immer mehr Produktion zu steigern, hieß, immer mehr Energie zu verbrauchen. Während die Gewerkschaften die Vierzigstundenwoche ins Spiel brachten, wollten viele Menschen lieber fünfundfünfzig Stunden arbeiten als achtundvierzig, mit Lohnaufschlägen natürlich.

Das Land, das doch so gern auf Gemütlichkeit setzte, änderte sich rasend. Die Wirtschaft wuchs, dass einem Hören und Sehen verging, und stieß bald an die Grenzen der in Deutschland vorhandenen Ressourcen. Mit der Kohle allein war diese Dynamik längst nicht mehr zu befeuern. Damit es weiter so steil aufwärtsgehen konnte, fehlten zwei Elemente: zusätzliche Energie und zusätzliche Menschen. Beides musste importiert werden. Die Energie kam als Erdöl, die benötigten Arbeitskräfte als Gastarbeiter ins Land. Beides konnte auf bequeme Weise abgeholt werden, das Erdöl am Seehafen, die Gastarbeiter am Bahnhof.

Aus für die «Morgensonne» – Zechensterben mitten im Boom

Um die weitere Entwicklung Deutschlands nach 1955 zu verstehen, muss man vierundfünfzig Jahre zurückgehen und 8100 Kilometer Luftlinie nach Westen. Dort, in Texas, lag ein Nest namens Beaumont inmitten einer ziemlich gottverlassenen Gegend, die noch ganz dem Wilden Westen entsprach, wie man ihn aus den Filmen kennt. An einem Punkt, den man Spindletop Hill nannte, erhob sich aus der Grasprärie ein hölzerner, grob zusammengezimmerter Bohrturm. Obenauf arbeiteten seit Oktober 1900 die Brüder Allen und Curt Hamill, zwei halsstarrige Abenteurertypen, die davon überzeugt waren, hier allen Rückschlägen zum Trotz doch noch das Öl zu finden, nach dem es in der Gegend bisweilen roch. Wie aus dem Nirgendwo bildeten sich immer wieder rätselhafte Öllachen auf Flüssen und Bächen, die sie zuversichtlich stimmten.

Inzwischen waren sie zweihundertzehn Meter tief gekommen, und noch immer förderten sie nichts nach oben als taube Sand- und Steinschichten. Am 10. Januar 1901 aber stieg plötzlich brodelnder Schlamm das Bohrloch hoch. Wenig später begann das Bohrgestänge, das sie über Wochen ins Erdreich getrieben hatten, auf- und abzusteigen, als würde tief unten etwas pumpen. Das erste Rohr schoss in die Höhe und knallte durch den Turm in den Himmel. Dann flog das ganze Gestänge Abschnitt für Abschnitt nach oben und zerbrach «wie trockene Makkaroni»[19]. Fluchtartig verließen die Männer den Holzturm und beobachteten aus sicherer Entfernung, wie unter höllischem Gebrüll eine blaue Gasfontäne aus dem Loch herausschoss, gefolgt von Gesteinsbrocken. Es wurde wieder still, nur ein beängstigendes Grollen entwich noch dem Boden und verstummte. Fast waren die Brüder froh, dass sich die Elemente beruhigt zu haben schienen. Doch plötzlich schoss das Öl ans Tageslicht, stieg in einer fünfzig Meter hohen Fontäne in den Himmel, prasselte auf den sandigen Boden hinunter und tränkte die Luft mit einem düsteren Sprühnebel. Unmöglich, den Ölstrahl mit herkömmlichen Mitteln unter Kontrolle zu bringen. Sechzehn Millionen Liter spritzten pro Tag aus dem Bohrloch und verseuchten den Boden. Ein beißender Schwefelgeruch lag bald überall in der Luft, sogar die weit entfernten Bretterbuden von Beaumont wurden von einem penetranten Ölfilm benetzt.

Neun Tage dauerte es, bis es den Brüdern Hamill gelang, das Bohrloch zu verschließen, ein Ventil einzubauen und das Öl kontrolliert austreten zu lassen. Ein Jahr später konnten, nachdem die ersten Pipelines verlegt waren, bereits 15,5 Millionen Barrel Öl gefördert werden.

Der so desaströse wie segensreiche Vorgang gab das Muster ab, nach dem fortan die weltweite Ölförderung funktionierte. Es war das bis dahin ertragreichste Bohrloch der Pionierjahre, finanziert und ausgebeutet – wie fast alle Ölfelder – von John D. Rockefeller und seiner 1870 gegründeten Standard Oil Company.[20] Bald sollten 285 Bohrtürme das Erdreich rings um Spindletop Hill perforieren, so viele, dass der Druck in der unterirdischen Ölblase bedenklich nachließ. Rasch wurden immer neue Ölfelder erschlossen. Das Öl aus Texas wurde wie das aus New Mexico und Colorado zum Rohstoff für Amerikas Vormachtstellung in der Welt.

Die USA förderten in den ersten Jahrzehnten des 20. Jahrhunderts über siebzig Prozent des weltweiten Ölbedarfs. In Konkurrenz dazu, aber mit zunächst weit schlechteren Ausgangsbedingungen, wurde auch im Zarenreich und in der späteren Sowjetunion Öl gefördert. Die riesigen Ölfelder von Baku am Kaspischen Meer wurden sogar noch eher als die großen amerikanischen entdeckt. Hier waren es die schwedischen Brüder Nobel, die die Ölförderung betrieben und damit unermesslich reich wurden. Tief zu bohren hatten sie nicht, das Öl lag dicht unter der Erdoberfläche und hinterließ, an unzähligen Stellen angezapft, eine weiträumig zerstörte Landschaft, ein Inferno aus brennenden Gasfackeln und schwarzen Ölseen. Baku wurde das Eldorado des Ostens, geprägt von den weißen Villen der Ölmagnaten und ihrer Ingenieure, von Spielhöllen und Bordellen und den Slums, in denen die Öl- und Lagerarbeiter hausten. Unter ihnen schuftete und agitierte ab 1904 ein Mann, den die Welt bald näher kennenlernen würde: Josef Stalin.

Im Vergleich zum russischen traf das amerikanische Öl auf eine innovativere und stabilere Umgebung; es wurde zum Rohstoff einer international Trends setzenden Konsumgüterindustrie, vom Ford T bis zum Nylonfaden. Vorneweg das Auto; in den Fünfzigern wurde es zum Inbegriff allen Sehnens und verschlang Diesel und Benzin in ungeahnten Mengen. Bald wurde für die Mobilität der Menschen an einem Tag so viel Energie aufgewendet wie zuvor nicht in zehn Jahren. Das Öl revolutionierte in fast jeder Hinsicht die Welt, auch in ihrem Aussehen: Mit immer neuen Kunststoffen, die aus ihm hergestellt wurden, veränderte es das Warendesign grundlegend. Die bunte Plastikzeit brach an, machte Materie ungeahnt flexibel, elastisch, zäh und unzerbrechlich – eine Kunstwelt, die alle natürlichen Hemmnisse hinter sich ließ und die Fifties und Sixties zur Ära der gekurvten und gebauchten Dinge machte.

Erdgeschichtlich war das Öl in einem der Kohle verwandten Prozess entstanden, mit dem Unterschied, dass nicht Pflanzen das wichtigste Ausgangsmaterial bildeten, sondern Tiere: Fische und Plankton, jene in Gewässern allgegenwärtige Mischung aus Bakterien, Algenarten und Kleinlebewesen, deren sterbliche Hüllen den Rohstoff für den Reichtum des 20. Jahrhunderts lieferten. Öl wie Kohle sind Wunder an gestauchter Zeit, brauchten Hunderte von Millionen Jahre, um Energie derart konzentriert zu speichern, dass sie binnen Sekunden freigesetzt werden kann. Doch Öl ist energiereicher als Kohle, verbrennt sauberer, man kann mehr daraus machen, und es ist bequemer zu transportieren. In Rohrleitungen fließt es fast von selbst, wenige Pumpenhiebe genügen, um Öl über Hunderte von Kilometern hinweg in Bewegung zu setzen. Und es ist billiger. Nach der Erschließung immer neuer Felder im Nahen Osten sank der Ölpreis rapide – und damit die Attraktivität der Kohle. Wo immer möglich, wurde sie durch Öl ersetzt. 1957 wurden nur acht Millionen Tonnen Rohöl nach Deutschland exportiert, 1969 waren es schon neunzig Millionen.

Der Schock traf das Ruhrgebiet 1958. Mitten im Aufschwung ereilte die Kohle eine Absatzkrise. Auf den Zechengeländen wuchsen Halden unverkaufter Kohle. Alles schrie nach mehr Energie, die Kohle aber blieb liegen. Bald wurden die ersten Feierschichten eingelegt. 1959 schlossen die Zechen Lieselotte in Bochum und

Thyssen 4/8 in Duisburg. 1963 machten Centrum, Carolus Magnus, Pluto Thiess und Fröhliche Morgensonne dicht. Fassungslos bekamen die Bergleute mit, dass die Gruben, in denen sie eben noch gearbeitet hatten, unter Wasser gesetzt wurden und dabei Millionenwerte einfach unten blieben. Weil die Kosten der Ausräumung höher gewesen wären als der Ertrag beim Verkauf des Materials, übergaben die Gesellschaften alles Gerät dem Zahn der Zeit: «Lokomotiven, elektrische Anlagen, Schienen, Eisen, Stahl, Wagen. Mein Gott, diese Werte auf eigene Rechnung nach oben bringen dürfen, was das Geld geben würde!», schrieb Max von der Grün im Bergbauroman «Irrlicht und Feuer» 1963. Bis 1964 wurden von den hundertfünfundachtzig Schachtanlagen siebenunddreißig stillgelegt. Rund zweihunderttausend Bergleute wechselten ihren Beruf oder wurden vorzeitig in Rente geschickt.[21] Wegen der boomenden Wirtschaftslage verlief der Wechsel zunächst relativ glatt. Viele Bergleute kamen bei Opel und Ford unter, die Automobilfabriken auf den alten Zechen bauten.

Aber nicht nur ans Erdöl, auch an die billigere Kohle aus dem Ausland verlor die deutsche Kohle Marktanteile. In Deutschland lag die Kohle tiefer als anderswo, die Löhne aber waren höher. In der Folge wurde Kohle aus Übersee in Hamburg angeliefert, während sie in Essen auf Halde lag.

Es war nicht leicht zu fassen: Während alles boomte, begann ausgerechnet der Bergbau zu stocken. Walter Köpping, der Bildungsfunktionär der IG Bergbau, suchte bei dem britischen Dandy Oscar Wilde Trost, um mit den Härten des weltweiten Energiemarkts fertigzuwerden: «Idealisten kennen sich in den Werten aus, Zyniker in den Preisen.»[22] Den Konkurrenten Öl kommentierte der literarisch versierte Gewerkschafter mit den Worten: «Das Öl ist über den Zaun gestiegen, es will im Garten der Kohle ernten.»[23] Das Ruhrgebiet bekam eine erste Ahnung davon, was einmal Strukturwandel heißen würde.

In einem wahnwitzigen Kraftakt versuchte der Staat, die deutschen Zechen rentabler zu machen, und zahlte Milliardenhilfen zu ihrer Modernisierung. Riesige Vortriebsmaschinen frästen sich in den Flözen vor, in denen bis vor kurzem noch die Bergleute gebückt mit dem Presslufthammer geackert hatten. Gesteuert wurden die Kolosse aus sicherer Entfernung hoch über Tage in Grubenwarten, die wie die Kommandozentrale des Raumschiffs Orion aussahen. Doch auch der Versuch, den Bergbau fast ohne Bergleute zu betreiben, rettete ihn auf Dauer nicht. Von den 607 000 Beschäftigten im Jahr 1957 blieben 1970 weit weniger als die Hälfte. 1989, im Jahr der Wende, werden es sogar nur noch 139 000 sein.

Die Verrohrung der Welt

Energiepolitisch glitt Deutschland Ende der fünfziger Jahre in ein anderes Zeitalter. Erstmals gewann das Land seinen bald wichtigsten Energieträger nicht mehr aus eigenem Boden, sondern wurde abhängig von fremder Energie. Zwar wurde auch in Deutschland, hauptsächlich im Emsland, Öl gefunden, aber nur in bescheidenen Mengen, von der Öffentlichkeit kaum wahrgenommen.[24] Die Abhängigkeit von fremden Mächten änderte sich dadurch nicht. Wo das Öl herkam, war den Menschen der fünfziger Jahre zwar bekannt, aber es blieb schwer, das genau zu realisieren. Das Heizöl wurde sauber mit dem Tankwagen geliefert, das Benzin kam aus der Zapfsäule. Nach dem Motto späterer Debatten – «Bei uns kommt der Strom aus der Steckdose» – rückte die Energiegewinnung in der Vorstellung ins Land hinter den sieben Bergen. Anders als im Fall der heimischen Stein- und Braunkohle, die schon wegen des Drecks unübersehbar war, konnte sich kaum jemand ein Bild von den Ölfeldern Saudi-Arabiens oder Kasachstans machen. Wer wusste schon, dass am Kaspischen Meer die Erde tief getränkt von ständigen Öllecks war, dass das Grundwasser vergiftet, die Luft vom Rauch brennender Erdgasfackeln verseucht, die Tier- und Pflanzenwelt vernichtet war? Dass es dort aussah, als hätte sich die Erde erbrochen und ihr düsteres Inneres zuoberst gekehrt? Das

Öl, das Tausende gleichgültig nickende Pumpen, die sogenannten Pferdeköpfe, aus der Erde saugten, kam per Schiff über die Meere nach Europa, wurde in Triest oder Rotterdam gelöscht und per Rohrleitung in die Raffinerien von Ingolstadt, Leverkusen oder Brunsbüttel gepumpt.

Viel Öl wurde allein dadurch verbraucht, es herbeizuschaffen. Die Flotte der Tankschiffe wuchs, die Tanker wurden immer größer. Die Ära des griechischen Reeders Aristoteles Onassis begann. Onassis besaß in den Fünfzigern mehr als neunhundert Schiffe, die meisten davon Tanker, unermüdlich unterwegs zwischen den Küsten der erdölfördernden und der erdölverbrauchenden Länder. Am liebsten ließ er in der Bundesrepublik bauen; Hamburg, Bremen und Kiel verdanken ihm und dem Öl den Wiederaufstieg der großen Werften. In Hamburg lief 1954 mit Onassis' «Al-Malik Saud Al-Awal» der bis dahin größte Tanker der Welt vom Stapel. Die Hamburger Howaldtswerke bauten für ihn eine Fregatte der kanadischen Marine zu einem schwimmenden Palast um, der bald nicht nur seiner Geliebten Maria Callas, sondern Prominenten wie Grace Kelly, Frank Sinatra, Marilyn Monroe und Winston Churchill als Treffpunkt diente. Die überladene Inneneinrichtung der Onassis-Yacht hatte der Hamburger Architekt Cäsar Pinnau entworfen, der ehemalige Ausstatter von Hitlers Reichskanzlei. Die Ära des *Jet Set* begann, auch er, wie der Name sagt, öl- beziehungsweise kerosinbetrieben.

Ende der fünfziger Jahre entstanden auch die ersten Pipelines, die sich rasch zum Venensystem der Weltwirtschaft entwickelten. Die Pionierrolle spielte die Sowjetunion. Gebaut auf Initiative Chruschtschows, entstand eine fast sechstausend Kilometer lange Rohrleitung zwischen den Erdölfeldern von Tatarstan jenseits der Wolga und dem Oderstädtchen Schwedt in der DDR, inklusive eines Abzweigs in die Ukraine, Ungarn und die Tschechoslowakei. Mit dem Bau der russischen Pipeline machte auch Westdeutschland ein Geschäft: Thyssen und Mannesmann lieferten zwischen 1959 und 1962 Stahlrohre in einer Menge von 660 000 Tonnen, eine unmittelbare Folge der Annäherung, die Adenauer und Chruschtschow 1955 bei den Verhandlungen über die letzten zehntausend Kriegsgefangenen erzielt hatten. Gestoppt werden sollten die Lieferungen erst durch ein Veto der USA, die die Handelsbeziehungen zur Sowjetunion schon damals mit Misstrauen verfolgten[25] – ein Vorspiel zu den Querelen um Nordstream 2.

Die Bundesrepublik wurde im Norden über den Ölkai Wilhelmshaven versorgt. Um von Onassis' Supertanker angelaufen werden zu können, wurde das Fahrwasser durch den Jadebusen vertieft und ein Terminal mit großem Abstand zum Ufer errichtet. 1958 wurden von dort aus Pipelines ins Ruhrgebiet und nach Hamburg verlegt. Der spektakulärste Pipelinebau verlief transalpin. Der *Oleodotto del Reno* führte vom Hafen Genua zu den Raffinerien von Ingolstadt, quer über die Alpen. Der Name sollte an die Aquädukte der alten Römer erinnern, im Italienischen *Acquedotto* genannt. Und so kühn wie die Aquädukte der Antike war der *Oleodotto del Reno* tatsächlich, am Splügenpass in 2100 Meter Höhe erreichte er seinen Scheitelpunkt.[26] Bald wurde eine zweite Pipeline über die Alpen gebaut, diesmal vom Ölhafen Triest aus, an Kitzbühel vorbei ebenfalls nach Ingolstadt.

Erstaunlich ist, dass die Durchrohrung der Landschaft trotz der mitunter heroischen Ingenieursleistungen im öffentlichen Bewusstsein nicht präsenter sind, zumindest im Westen. Während im Osten die Erdölleitung «Druschba», «Freundschaft», getauft und als «stählerner Händedruck zwischen den Völkern» gefeiert wurde, machte der Westen um seine Pipelines wenig Aufheben. Verständlich wird das durch die Beklommenheit, die der Gedanke an das Ausmaß der unterirdischen Verrohrung zu bewirken vermag. Das Netz der Ölleitungen, inzwischen dreimal länger als das der Eisenbahnlinien,[27] vergegenständlichte die internationale Verflechtung der Weltwirtschaft. Aus energetischer Sicht bildeten die Pipelines Schlagadern eines verflochtenen Wirtschaftskörpers, auf dessen Haut die nationalen Grenzen nur noch als bloße Tattoos prangten, während es unter der Oberfläche in viel vitaleren

Die Anfang der fünfziger Jahre in Betrieb genommene Trans-Arabian Pipeline zwischen Saudi-Arabien und Libanon. Von hier aus wurde ein Teil des Öls nach Genua verschifft und floss dann durch eine weitere Pipeline über die Alpen nach Ingolstadt.

TAPLINE
PIX260

Dimensionen pulste. Das Öl unterminierte das Nationalgeschick und verschränkte es mit denkbar fernen Machtzentren. Dass beispielsweise der saudische König Ibn Saud 1950 in einem prächtigen Zelt mit der Aramco, der Arabian-American Oil Company, eine Vereinbarung aushandelte, nach der das Königshaus und die Amerikaner sich die Öleinnahmen fortan teilen sollten, hatte nicht weniger Auswirkungen auf Deutschland als die Wiedervereinigung der Bundesrepublik mit dem Saarland sechs Jahre später. Der Preis pro Barrel Öl ist seither eine Größe, die die Nachrichtensendungen häufig beschäftigt.

Mit dem Öl verlor Deutschland die wirtschaftliche Autonomie, die es vor dem Weltkrieg noch besessen hatte, so verflochten die internationale Finanzwirtschaft und der Handel auch schon damals gewesen waren. Die existenzielle Abhängigkeit von fremden Energiequellen musste zwangsläufig Auswirkungen auf die Stimmung haben. «Man lebt verzweifelt irreal», schrieb der Schriftsteller Wolfgang Koeppen 1960, wobei er die Verzweiflung durch den Wohlstand bestens ausbalanciert sah.[28] Die ständige Befragung des Staatsgebildes, die zur Lieblingsübung der politischen Kommentatoren dieser Zeit gehörte, die Unsicherheit, ob man noch eine Nation sei, eine Nation sein wolle oder überhaupt sein dürfe, hatte zwar viele Ursachen, deren wichtigste im verlorenen Krieg und der deutschen Teilung begründet lagen, aber die internationale Vernetzung der Nachkriegswirtschaft kam verunsichernd hinzu.

Wie wenig hatte die energetisch vernetzte Bundesrepublik noch gemein mit dem aggressiv seine Autarkie betonenden Deutschland der Stahlbarone, das seinen wichtigsten Industrierohstoff aus der eigenen Erde gewühlt hatte! Der Weg zum Erdöl bedeutete auch den Abschied vom teutonischen Nationalismus des Kaiserreichs und der späten Weimarer Republik, der sich von Stahl und Kohle ernährt hatte und in den Thyssens und Krupps die treibenden Kräfte für die entfesselte Hochrüstung des Nationalsozialismus besaß. Ihr historisches Sinnbild, die Dicke Berta, die mächtige

Kanone aus dem Hause Krupp, lag ausgemustert auf den Halden der Geschichte.

Mitte der sechziger Jahre machte der Name Krupp Schlagzeilen, die verdeutlichten, wie sehr sich die Zeiten geändert hatten: Arndt von Bohlen und Halbach, der einzige Krupp-Sohn, verzichtete 1966 gegen eine stattliche Apanage auf sein Erbe, zog sich aus dem Geschäft zurück und empfing fortan als homosexueller Hippie-Playboy mit anrührend weichen Gesichtszügen und dunkel geschminkten Augen den internationalen Jetset in seiner Villa in Marrakesch. Die Gäste des letzten Krupp dankten es ihm nicht immer, so großzügig er das Erbe des Ruhrgebiets auch mit ihnen verprasste. «Eine verkommene Figur, selbst nach meinen bescheidenen Maßstäben», lästerte Rolling-Stones-Gitarrist Keith Richards in seiner Autobiographie über den «lasziven Paradiesvogel», ausgehalten von Stahl und Kohle.

Mythologie der Tankstelle

Verkaufsfertig wurde der Treibstoff des Wirtschaftswunders in Gebilden mit einem faszinierenden Namen gemacht: Raffinerie. Wie erhaben das klang! Die Ölraffinerien hatten nichts gemein mit den baulichen Ungeheuern der Kohle- und Stahlwirtschaft. Gigantisch waren sie zwar auch, aber mit ihren feinen Rohrsystemen und raffinierten Leitungsbündeln sahen sie eher aus wie die Apotheken der Industriegesellschaft, nicht wie ihre schmutzigen Schmieden. Hier arbeiteten keine dreckigen, halbnackten Kerle, sondern Laboranten in weißen Kitteln an der Erzeugung eines Stoffes, den die Benzinwerbung inszenierte, als handele es sich um Heilwasser. Bei Öl, insbesondere bei Benzin und Diesel, war peinlichste Sauberkeit gefordert. Nicht das kleinste Gran Schmutz durfte die empfindlichen Vergaser der Motoren verärgern, die der Jargon der Autoenthusiasten gern «hochgezüchtet» nannte, als handele es sich um Araberhengste.[29]

Aus Öl wird Kraftstoff: Raffinerie der Gelsenberg Benzin AG, Gelsenkirchen 1958. Ein glitzerndes, weithin leuchtendes Wahrzeichen energetischen Wohlstands.

Zum Eindruck bezaubernder Sauberkeit trug auch der Umstand bei, dass man Erdöl kaum je zu Gesicht bekam. Unterirdisch gelagert und unterirdisch transportiert, blieb es versteckt; oberirdisch wurde es hinter einer betont geleckten Oberfläche verborgen. Raffinerien und Öltanker bestachen durch ein penibel gepflegtes Hochglanzdesign, das bewusst den Kontrast zum schmutzigen Kohlezeitalter suchte. Benzin war nicht einmal beim Tanken zu sehen, sondern verschwand gleich wieder im Tank des Automobils.

Tanken ist eine Urszene der Moderne, die jedes Mal aufs Neue etwas Phantastisches, auch Therapeutisches hat. Nicht von ungefähr dient es als Metapher für Erholungsprozesse: die Seele auftanken. Man fuhr an die Tankstelle wie an eine Art Energiequelle. Im Kleinen wiederholte sich symbolisch das Wunder, das ein erstmals sprudelndes Bohrloch bedeutete. Es war ein mythischer Akt, in dem man, wie gedankenlos auch immer, die Pioniertaten von Ölkundschaftern wie Allen und Curt Hamill wiederholte.

Hinzu kam die Herrschaft über elementare Urgewalten, triumphal genossen in einem ganz alltäglichen Vorgang. Das hochkonzentrierte Ölprodukt Benzin ist ein aggressiver Stoff, mit dem niemandes Haut in Berührung kommen möchte. Benzin ist, jeder weiß das, brandgefährlich. Schon die Dämpfe flößen Respekt ein. Der ausgeklügelt konstruierte Zapfhahn hielt die flüchtigen Gase zurück, ein wütender Flaschengeist, vom Tankwart souverän gebändigt. «Pack den Tiger in den Tank», lautete eine der unvergesslichen Werbeparolen der sechziger Jahre, schelmisch auf die aggressive Kraft und den exotischen Ursprung des Stoffs anspielend: «Esso Extra gibt Ihrem Motor die Energie des Tigers, die Geschmeidigkeit des Tigers, das Temperament des Tigers.» Zu den Clous der Esso-Werbung gehörte, dass sie sichtbar machte, was aus guten Gründen sonst unsichtbar blieb: Man sah, aus dem Inneren des Tanks gefilmt, wie der Sprit hineinströmte. Es sah faszinierend gesund aus. Anschließend startete der gemütliche Herr aus der Werbung seinen Wagen, dankte grüßend dem Tankwart zum Abschied und los ging's mit tierischem Motorgebrüll.

Die Mineralölkonzerne spürten rasch, dass ihre Tankstellen das Zeug dazu hatten, zu Ikonen des Fortschritts zu werden, und investierten beträchtlichen Ehrgeiz in deren Architektur. Mit ihren kühn auskragenden Dachkonstruktionen, Reklame und Funktion untrennbar vereinend, signalisierten sie weithin Gastfreundschaft. Breite Leuchtbänder längs der eleganten Dachkanten strahlten in die Finsternis. Die hoch aufragenden Markenlogos verkündeten in alle Richtungen die Namen der neuen Energiegötter: Shell, Aral

Der Tankwart war in den Fünfzigern auch in Deutschland ein Traumberuf; ein Mann, der viele Sorgen nahm. Er packte den Tiger in den Tank und verstand sich auf störrische Motoren.

und Esso, nicht zu vergessen die untergegangenen Marken, Ölgötzen wie Castrol, Gasolin, Eller-Montan, Goldin, Caltex, Boron, Minol. Wer je bei Nacht und Wind mit dem Auto und einem sich bedrohlich leerenden Tank auf unwirtlichen Landstraßen unterwegs war, kennt die selige Erleichterung, die das endlich auftauchende Licht einer Tankstelle spenden kann. Edward Hopper hat es 1940 in seinem berühmten Gemälde «Gas» gemalt, eine einsame Tankstelle in der heraufziehenden Nacht, mit einem Tankwart, der gar nicht ahnt, wie viel Trost er ausströmt. Nicht ohne Grund zog das Bild in der populären Malerei ein ganzes Genre nach sich.[30]

Tankstellen prägten die Landschaft bald flächendeckend.[31] Das Geflecht von Raststätten, Motels, Werkstätten und Notrufsäulen nahm den Menschen einen großen Teil der Sorge ab, die bis dahin jede größere Reise begleitet hatte. Selbst weite Fahrten konnten nun gedankenlos unternommen werden, der Raum, gegliedert durch eine Vielzahl von Stützpunkten, war fortan eine vernachlässigbare Größe. Der Tankwart wurde in der Mythologie des Alltags zum Trivialheiligen der Mobilität, unzählige Male inszeniert in Werbung und Spielfilm. Gutmütig beugte er sich zur geöffneten Autoscheibe hinunter und fragte, woran es denn fehle. Er putzte die Scheiben, prüfte den Ölstand und schmierte notfalls ab, wie man das Einfetten der vielen neuralgischen Lager nannte, die damals noch ständiger Pflege bedurften.

Es fehlte nicht viel, und der Tankwart hätte sogar dem Nikolaus den Rang abgelaufen. Um Kinder als künftige Kunden an sich zu binden, ließen sich die Mineralölkonzerne die seltsamsten Dinge einfallen. Sie druckten Hefte, in denen die Kleinen die Nummernschilder eintragen konnten, die sie zuvor ausgespäht und notiert hatten. Hatte das Kind gewissenhaft Seite um Seite mit Autokennzeichen gefüllt, konnte es mit dem Heftchen zur Tankstelle gehen, wo der Tankwart es sorgfältig prüfte und anschließend abstempelte. Stolz empfing das Kind das Siegel des heiligen Mannes als süßen Lohn für das Sammeln der Autokennzeichen; die Oblate, die man beim Abendmahl im Kindergottesdienst empfing, konnte nicht köstlicher sein.

Gastarbeiter – geballte Kraft aus dem Süden

Dem Personalmangel begegnete Westdeutschland, indem es Arbeitsamt-Filialen im Ausland eröffnete. 1955 schloss die Bundesrepublik das erste Anwerbeabkommen mit Italien ab, fünf Jahre später folgten Griechenland und Spanien, 1961 die Türkei. An den Verhandlungstischen der Minister gab es beim Abschluss der Verträge stets freudestrahlende Gesichter: Die Entsendeländer wurden einen Teil ihrer Arbeitslosen los, die Bundesrepublik bekam mehr Spielraum auf dem Arbeitsmarkt. Bequemer ging es nicht: Die Arbeitgeber konnten von nun an bei der deutschen Anwerbekommission in Verona genau bestellen, wie viele und wen sie brauchten. In einem Anforderungsbogen wurde Arbeitskraft nach Maß geordert: Wird eher grobe Kraft benötigt oder feinmotorische Geschicklichkeit, sind Rechenvermögen und Sprachkenntnisse gefordert oder ein möglichst gewandtes Auftreten? Gewünschte Größe der Arbeiter (Minimum / Maximum), Höchstgewicht – alles konnte bestellt werden; unter 1,65 Meter zum Beispiel hatte man bei VW keine Chance. Auch Frauen waren begehrt, weil man bei den fremden Dörflerinnen, die meist auch sticken, nähen und flechten konnten, die Fingerfertigkeit vermutete, die man für die Bandmontage winziger Bauteile in der Elektroindustrie brauchte.

Die italienische Arbeitsbehörde traf aus den Bewerbern, zumeist Landarbeitern aus den armen Dörfern Kalabriens oder Siziliens, eine grobe Vorauswahl; anschließend siebten die deutschen Inspektoren noch einmal genauer aus. Eine charakterliche und körperliche Beschau war zu bestehen, die einer militärischen Musterung ähnelte, einschließlich Bücken ohne Unterhose und eingehender Inspektion der Genitalien. Menschen mit Karies und Parodontose oder «wenig kaufähigem Gebiss» wurden zurückgewiesen.

Auf dem Höhepunkt des deutschen Arbeitsbedarfs 1961 wurden täglich bis zu tausend Menschen im deutschen Emigrationszentrum Verona abgefertigt. Wären wir nur besser ausgestattet, klagte ein nach Italien entsandter «Anwerbebeamter», könnten «wir mindestens das Doppelte an Kräften durchpressen»[32]. Allein in der Provinz Lecce seien «rund 2000 abmarschbereite Kräfte gemeldet worden», die «leider nur in kleinen Raten abgerufen» werden könnten. Der militärische Ton lässt vermuten, dass der Sachbearbeiter über Routine verfügte, waren doch gerade erst zehn Jahre vergangen, seit der Einsatz von Fremdarbeiterkolonnen durch die Kriegsniederlage beendet worden war. Sicher war es ein entscheidender Unterschied, dass sich die Angeworbenen, wenn auch getrieben von der großen Not in ihren Heimatorten, freiwillig nach Deutschland begaben. Und doch waren die Umstände ihrer Anwerbung bedrückend. Die Erinnerung an die NS-Zwangsarbeiter ist nicht etwa eine boshafte Idee des Autors, sie wurde von vielen Beteiligten ganz ähnlich empfunden. «Der ganze Komplex erweckt fast den Eindruck eines Gefangenendurchgangs- oder -entlassungslagers»[33], berichtete ein deutscher Diplomat irritiert aus Verona.

Ähnlich deprimierend verlief oft die eigentliche Reise. «Ein Zug ohne Sitzplätze, ein Wagen wie ein Viehtransporter», erzählte die junge Türkin Evser Y.: «Die Toiletten waren am zweiten Tag voll mit allen möglichen unangenehmen Flüssigkeiten. Es gab nichts zu essen, also musste sich jeder Essen mitnehmen.»[34] Die Zustände beim Transport, für die das jeweilige Entsendeland verantwortlich war, wurden von der Bundesanstalt für Arbeit bestätigt: «Die Züge verfügen bei einer Reisedauer von über 50 Stunden über kein Wasser und teilweise auch über kein Licht. Besonders nachteilig wirkt es sich jedoch aus, wenn dazu über lange Strecken die Heizung ausfällt.»[35]

Angestellte der Arbeitsämter oder Mitarbeiter der Großbetriebe nahmen die Migranten in Empfang, wenn die Sonderzüge in den deutschen Bahnhöfen eintrafen. Sie brachten die Neuankömmlinge in ihre Unterkünfte, wo sie die nächste Enttäuschung erlebten. In München etwa war es stets das Gleis 11, an dem die Gastarbeitertransporte ankamen, weil es in unmittelbarer Nähe des ehemaligen Luftschutzbunkers lag. In dessen trostlosem Ambiente wurde die Verteilung der Arbeiter organisiert. «Jede andere Lösung würde einen Abmarsch in großen Gruppen mit viel Gepäck über belebte Straßen erfordern, der nicht nur unpraktisch ist, sondern psychologisch auch ein wenig günstiges Bild böte», erklärte das Arbeitsamt bei einer Behördenbesprechung.[36] Mit der Bunkerlösung wollte man eine Erinnerung an die NS-Vergangenheit vermeiden, in der lange Kolonnen ausländischer Arbeiter durch die Städte und Dörfer gezogen waren. «Wir können es nicht wagen, objektiv ein Bild in Erscheinung treten zu lassen, wonach Transporte mit Arbeitern in heruntergekommenem Zustand über die Straßen ziehen. (...) Die Leute müssen möglichst schnell vom Bahnsteig verschwinden, um nicht den Eindruck eines ‹Sklavenhandels› zu schaffen.»[37]

Eine Verdrängungsaktion par excellence: Man verschob die Neuankömmlinge in den Bunker, um keine unliebsamen Erinnerungen an die Schuld zu wecken, die man sich mit der Versklavung von 13,5 Millionen Zwangsarbeitern aufgeladen hatte, obwohl von Zwang diesmal gar keine Rede sein konnte. Das bedrückende Schuldgefühl aber saß tief: Bei Kriegsende waren noch elf Millionen Verschleppte, die die Sklavenarbeit überlebt hatten, in menschenunwürdigen Lagern untergebracht und mussten in mühevollen Repatriierungsaktionen von den Alliierten in ihre Heimatländer zurückgebracht werden. Verglichen damit bildeten die dreihundertdreißigtausend Gastarbeiter, die 1960, fünf Jahre nach den ersten Anwerbungen, in Deutschland lebten, eine winzige Menge. Dreizehn Jahre später, 1973, war sie bereits auf 2,6 Millionen angewachsen, aber im Vergleich mit den Zwangsarbeitern, die die Nazis ins Land verschleppt hatten, war das immer noch eine bescheidene Zahl.

Auch die Unterbringung der ausländischen Arbeiter in firmeneigenen Baracken und Wohnheimen, teilweise sogar tatsächlich in alten Zwangsarbeiterlagern, ließ unliebsame Erinnerungen an vergangene Zeiten aufkommen.[38] Vier oder sechs Personen teilten sich ein Zimmer, das oft so eng war, dass nicht einmal jeder Bewoh-

Ankunft italienischer Arbeitsmigranten auf dem Münchner Hauptbahnhof 1959.

ner einen Stuhl zur Verfügung hatte. Morgens bildeten sich lange Schlangen vor den Toiletten; man musste deshalb viel früher aufstehen, als eigentlich nötig gewesen wäre.

«Zwei kleine Italiener», zu Hause am Bahngleis

Um den Erinnerungen an die Zeit der NS-Fremdarbeiter entgegenzuwirken, hatte die Bundesrepublik den Begriff «Gastarbeiter» gewählt. Er sollte die Freiwilligkeit des Aufenthalts betonen und zugleich eine Wertschätzung ausdrücken, wie man sie Gästen entgegenbringt, sofern sie die Gastfreundschaft nicht ausnutzen. Das aber machte die Höflichkeit zweischneidig. Ein würdiger Gast erweist sich schließlich nur dadurch als solcher, dass er wieder geht, wenn es an der Zeit ist. Tatsächlich wurde die maximale Aufenthaltsdauer zunächst auf ein Jahr begrenzt; die Arbeiter sollten durch immer wieder neue ersetzt werden, auch wenn die Betriebe einwandten, dass es doch unrentabel sei, ständig Neulinge anlernen zu müssen.

Der Begriff «Gastarbeiter» sollte jede Hoffnung zunichtemachen, sich in Deutschland auf Dauer niederlassen zu können. Gastarbeiter waren als Puffer auf dem launischen Arbeitsmarkt vorgesehen, nicht als Mitbürger. Rechtssicherheit gab es nicht, weil Gäste nun einmal vom Wohlwollen des Gastgebers abhängig sind. Ein Grieche wurde von einem Hamburger Richter des Landes verwiesen, weil er es versäumt hatte, seinen Pass rechtzeitig verlängern zu lassen – dabei war die Frist nur um wenige Tage überschritten. Als Begründung benutzte das Gericht eine Formel, die in ähnlichen Fällen immer wieder angewandt wurde: «Sie bieten Ihrer Persönlichkeit nach nicht mehr die Gewähr, dass Sie der Ihnen entgegengebrachten Gastfreundschaft würdig sind.»[39]

Zur Wahrheit gehört aber auch, dass der Gastarbeiterstatus vielen Migranten der ersten Jahre ganz recht war. Sie dachten gar nicht daran, sich fest niederzulassen. Sicher wären ihnen komfortablere Heime und eine freundlichere Aufnahme lieb gewesen, aber mit der Vorläufigkeit ihres Aufenthaltes hatten sie wenig Probleme. Sie waren froh, nicht gleich auswandern zu müssen wie die Migranten vor ihnen, deren Ausreise, zumal die nach Amerika, schon der Kosten wegen eine für immer sein musste. Die Möglichkeit, umsonst mit einem organisierten Transport nach Deutschland zu kommen, billig untergebracht und in Kantinen beköstigt zu werden, bedeutete auch die Chance, es einfach mal ausprobieren zu können: «Ich kam sowieso mit der Haltung: Wenn es mir nicht passt, gehe ich wieder zurück. Wir sind nicht gekommen, um zu bleiben», erzählt ein türkischer Migrant der ersten Generation.[40]

Die meisten wollten nur kurz viel Geld verdienen und dann so schnell wie möglich wieder nach Hause zurückkehren. Im unwirtlichen Wolfsburg, das erst seit 1939 existierte und nichts von einer historischen Stadt, aber noch viel von einer NS-Barackensiedlung[41] an sich hatte, war die Fluktuation besonders hoch. Von den italienischen VW-Arbeitern blieben zum Leidwesen der Personalabteilung fast zwanzig Prozent nur drei Monate in der Stadt, mehr als die Hälfte verließen noch vor Ablauf des Vertragsjahres die Fabrik und wurden durch Neuankömmlinge ersetzt. Nur zwei Prozent blieben auf Dauer bei Volkswagen.[42]

Integrationsaussichten waren im Konzept der Gastarbeit nicht vorgesehen. Deutschkurse wurden allenfalls von großen Betrieben angeboten; dort lernte man, was man in der Fabrik oder auf dem Bau so braucht: Beißzange – *tenaglia*, Wasserwaage – *livella*, Hobel – *pialletto*, Säge – *sega*. Die Ausländer sollten arbeiten, weiter nichts, aber auch das nicht zu viel; Überstunden waren auf Drängen der Gewerkschaften nur Deutschen vorbehalten. Diese fürchteten, dass die Gastarbeiter in kurzer Zeit möglichst viel Geld nach Hause schicken wollten und ihnen deshalb die begehrten Akkordschichten wegnehmen würden. Also war nach acht Stunden Schluss für die Gastarbeiter, und sie waren nach Schichtende gezwungen, untätig auf dem ungastlichen Bett herumzuliegen oder spazieren zu gehen.

Es dauerte viele Jahre und etliche rechtliche Änderungen, bis sie eine eigene Infrastruktur für die Freizeitgestaltung aufbauen konnten, eigene Cafés, Veranstaltungsorte und Sozialzentren. Bis dahin blieb neben der Arbeit meist nur der Bahnhof als Lebensmittelpunkt. Die Bahnhofshalle war der Ersatz für die heimatliche Piazza, an der man abends zusammenkam und in kleinen Gruppen lautstark debattierte. Beliebter machten sich die Gastarbeiter dadurch nicht. Das italienische Sozialverhalten, das auf die Deutschen im Urlaub, wenn sie es auf der toskanischen Piazza beobachteten, stets so idyllisch wirkte, erschien im eigenen Land, im heimatlichen Bahnhof, als bedrohliches «Herumlungern». Die Gastarbeiter aber liebten die Bahnhöfe und ließen sich von der Polizei nur kurzfristig vertreiben. Für sie fing mit den Schienen ein Stück Heimat an. Sie genossen das stete Kommen und Gehen der Menschen, das Ineinander von Warten und Geschäftigkeit, die soziale Dichte, die sie an zu Hause erinnerte, wo man flugs zwischen dem Inneren der Cafés und dem Draußen des Dorfplatzes hin- und herwechselte, wohingegen man sich in deutschen Kneipen hinter zwei Türen und einem dicken Vorhang einigelte, als wollte man für immer dort sitzen bleiben.

Die Gastarbeiter der ersten Jahre führten eine Schattenexistenz in der deutschen Öffentlichkeit, weil sie gleichsam ihr Privatleben zu Hause lassen mussten und nur als bloße Arbeitskraft vorhanden waren. Noch gab es nichts im Stadtbild, was ihre Gesellschaft und Kultur markiert und sie als Mitbürger sichtbar gemacht hätte. Es gab so gut wie keine italienischen Pizzerien,[43] keine türkischen Kebab-Buden, keine mediterranen Gemüsehändler, keine griechischen Tavernen, keine türkischen Werkstätten. Die Gastarbeiter der frühen Jahre gab es nicht als Bürger und nicht als Väter; sie kamen nicht auf eigene Faust als stolze Mieter in die Stadt, sondern als Kasernierte, die neben dem Koffer schliefen wie Ausreißer. Alle sahen merkwürdig ähnlich aus in ihren dunklen Anzügen und mit hohlen Wangen, gleich verloren so fern ihrer Frauen, die erst Jahre später kamen, was die Atmosphäre grundlegend ändern sollte.

Aber gut waren die angeblich «heißblütigen» Männer für erotische Projektionen. Camillo aus Neapel zauberte einen merkwürdig festlichen Blick in Mutters Augen – so steht es in Ralf Rothmanns Roman «Milch und Kohle», einer Erinnerung an das Ruhrgebiet der sechziger Jahre. Camillo wusste, wie man das Herz einer Bergarbeiterfrau erobert. Es gäbe zwar kein Strom in seinem Dorf, erzählte er, aber Glühbirnen hätten sie trotzdem. «‹Und manchmal, besonders wenn wir verliebt sind, drehen wir sie in die Rosen.› Camillo machte eine Handbewegung. ‹Ganz langsam, ganz sacht …› Er blickte in die Runde. ‹Und sie leuchten!›»[44] Der italienische Charme wurde zum Sehnsuchtsmythos unter Frauen, die ihrer Teutonen müde waren. So erzählt der Spielfilm «Blond muß man sein auf Capri» 1961 erstaunlich freisinnig von einer Art Sextourismus deutscher Sekretärinnen am Mittelmeer.

Es gab verschiedene Bemühungen, Ausländer und Deutsche einander näherzubringen. Manche Stadtverwaltungen kamen auf die Idee, Gastarbeiter als Besucher in Altersheime zu schicken. Man addierte Einsamkeit mit Einsamkeit im Glauben, sie damit lindern zu können. Das Gegenteil trat ein. Die Alten, ausnahmslos Frauen, wurden vor dem Altersheim aufgereiht, um die Gastarbeiter zu begrüßen. Dann kam der Bus und entließ zwei Dutzend Türken. Unsicher lächelnd, allesamt in dunklen Anzügen und anständig mit Krawatte gekleidet, zwängten sie sich durch das Spalier der alten Damen. Man hatte jedem zuvor ein Sträußchen mitgegeben, das sie nun überreichten. Eine Seniorin kramte in ihrer Handtasche, öffnete ihr Portemonnaie und wollte dem Fremdling ein paar Groschen für die Blumen in die Hand drücken. Erschrocken wehrte der ab. Nach dem schweigsamen Verzehr von Kaffee und Kuchen sollten gemeinsam Weihnachtslieder gesungen werden, was die muslimischen Arbeiter sichtlich überforderte.[45]

Die Traurigkeit der ausländischen Arbeiter war so offensichtlich, dass sie Eingang in die Schlager fand. In dem Song «Zwei kleine Italiener» machte sich Conny Froboess 1960 über ihr Heimweh lustig:

> Eine Reise in den Süden
> Ist für andre schick und fein
> Doch zwei kleine Italiener
> Möchten gern zu Hause sein

Zwei kleine Italiener
Am Bahnhof, da kennt man sie
Sie kommen jeden Abend
Zum D-Zug nach Napoli

Den gegenteiligen Ton traf mehr als ein Jahrzehnt später, nach einem kräftigen Schluck aus der Schwermutpulle, Udo Jürgens, den es in eine Gastarbeiterkneipe verschlagen hatte, wo er sich mit den Fremden verbrüderte und Fern- und Heimweh sich mischten:

Da saßen Männer mit braunen
Augen und mit schwarzem Haar
Und aus der Jukebox erklang Musik
Die fremd und südlich war
Als man mich sah
Stand einer auf und lud mich ein

Griechischer Wein ist
So wie das Blut der Erde
Komm', schenk dir ein
Und wenn ich dann traurig werde
Liegt es daran
Dass ich immer träume von daheim
Du musst verzeihen

Die ausländischen Arbeiter selbst kamen selten in den Medien zu Wort. Eine von wenigen Ausnahmen ist Emine Özdamar, die 1965 ohne jegliche Deutschkenntnisse aus Istanbul nach Berlin kam, um Schauspielerin zu werden, zunächst aber bei Osram kleine Lampen für Radios herstellte. Später schrieb sie Bücher auf Deutsch, die zeigen, welche Kraft eine «Sprache ohne Kindheit» haben kann, eine also, die als Fremdsprache gelernt wird. In ihrem Roman «Die Brücke vom Goldenen Horn» beschrieb sie, wie die türkischen Männer in den Sechzigern verloren durch Berlin spazierten, an der Ruine des Anhalter Bahnhofs vorbei, den sie den «beleidigten Bahnhof» nannten, weil das türkische Wort für «zerbrochen» auch «beleidigt» heißt: «Die Männer liefen zusammen durch die Berliner Straßen und sprachen laut ihre Sprache, es sah so aus, als ob sie hinter ihren Wörtern hergingen, die sie laut sprachen, als ob ihre laute Sprache ihnen den Weg frei machte. Wenn sie eine Straße überquerten, überquerten sie sie nicht, um in eine andere Straße zu gehen, sondern, weil ihre lauten Wörter in der Luft vor ihnen hergingen. So gingen sie hinter ihren Wörtern her und sahen für die Menschen, die diese Wörter nicht verstanden, so aus, als ob sie mit ihren Eseln oder Truthähnen durch ein anderes Land gingen.»[46]

Entscheidungszwang – aus Arbeitskräften werden Mitbürger

Wie unbeholfen das Verhältnis zwischen den Arbeitsmigranten und ihren «Gastgebern» in den Aufschwungsjahren noch war, zeigte sich, als die Stadt Köln gegen Ende der sechziger Jahre eine Studie in Auftrag gab, um die Fremden in ihren Mauern näher zu erkunden. Eine Gruppe von Sozialwissenschaftlern um die Psychoanalytikerin und Hochschullehrerin Edeltrud Meistermann-Seeger machte sich daran, die Gastarbeiter umfassend zu analysieren. Empirische Tests per Fragebogen, tiefenpsychologische Intensivuntersuchungen und Persönlichkeitstests nach Hermann Rorschach («Tintenklecksstest») sollten den je eigenen Charakter der Italiener, Spanier, Griechen und Türken und ihre Eignung für bestimmte Berufstätigkeiten auskundschaften.

Auch die Geschichte wurde herangezogen: Zur Erforschung der Spanier ging es beispielsweise zurück zu den Westgoten, der Reconquista und der Kolonisierung Lateinamerikas – historische Etappen, die nach Meinung der Autoren den Spaniern ein nationales Alleinstellungsmerkmal hinterlassen hatten: ihren überentwickelten Stolz. Allerdings mit zwiespältigen Folgen, denn der Stolz mache, so die Untersuchungskommission, dumm. Deshalb seien die Spanier im Vergleich mit den übrigen Völkern zwar am wenigsten kriminell, aber auch geistig am unflexibelsten: «Ein für allemal etablierte Einstellungen verhindern eine lebendige Beweglichkeit, die Leistung der Intelligenz ist gehemmt und auch die praktische Intelligenz eingeschränkt.»[47] Aufgrund seiner «Person- und Triebstruktur» umrissen die Kölner Wissenschaftler den «Charakter der Spanier» mit folgenden Stichworten: «Egozentrik, Formliebe, Monotonie, Starrsinn, Ordnungs- und Absonderungsdrang, schematisches Denken, Rang- und Standesgefühl, Selbstunterschätzung, Vorsicht, Misstrauen, Neigung zur Querulanz.»[48] Das seien «ungünstige Voraussetzungen zur interaktionistischen Integration» im Berufsleben. Dennoch wären spanische Gastarbeiter für manche Posten geeignet, zum Beispiel für «Postbeamte und alle Tätigkeiten in Lagern, Nachtwächter, Hausmeister, Liftführer, Portier. (...) Auch eine Aufsichts- und Ordnungstätigkeit in Schulen und sonstigen Organisationen, sogar eine Lehrtätigkeit dürfte durchaus für Spanier möglich sein.»[49]

Den Türken hingegen attestierte die leitende Forscherin Edeltrud Meistermann-Seeger eine «vordergründige Vaterergebenheit mit dem in dieser Konstellation häufig zu findenden Tötungswunsch gegen Vater, Mutter oder deren Vertreter», der zu «furibunden Tobsuchtsanfällen» führe. Ein alarmierender Befund, denn kurz zuvor hatte sie berichtet, dass die Türken ihren Aufenthalt in Deutschland in familiären Wahrnehmungsmustern als Söhne erlebten, die mit «kindlicher, anspruchsvoller Liebe» nach Deutschland gekommen wären und vom Gastland «väterliche Gegenliebe» erwarteten. Enttäuschungen führten «zur fast zwanghaften Lösung durch Gewalt». Trotzdem könnten Türken vor allem für folgende Berufe empfohlen werden: «Alle Verkehrsberufe, vom Laufburschen über den Eisenbahnangestellten und Chauffeur bis zum Piloten. Heizer, Bergmann, Schmied, Goldschmied, Schornsteinfeger, Feuerwehr, Pyrotechniker, alle Berufe, die mit Explosion zu tun haben.»[50]

Der sozialpsychologische Geist der sechziger Jahre, der auch die kommenden zwei Dekaden prägen sollte – hier ist er in abstruser, bizarrer Zuspitzung zu erleben: viel Sigmund Freud, auf die Massen projiziert, als läge ein ganzes Volk auf der Couch, etwas amerikanische Soziologie im Stil von David Riesman («Die einsame Masse») und schließlich das Erbe der Volkskunde alter Prägung. Wer würde heute noch so pauschal über «Nationalcharaktere» urteilen? Besonders grob wirkt der Bericht aber durch seine funktionalistische Orientierung am Arbeitsmarkt. «Wir haben Arbeitskräfte gerufen, und es kommen Menschen», schrieb treffend der Schriftsteller Max Frisch 1965.[51]

Aufstiegschancen gab es für die Migranten kaum. Die Einheimischen strebten von den unbeliebten Jobs zu den besseren, ganz unten stiegen die Gastarbeiter ein und machten die Drecksarbeit. Ohne die Menschen aus dem Süden wäre der atemberaubende Aufschwung kaum möglich gewesen. Die Deutschen hatten allen Grund, dankbar zu sein, und zeigten es bisweilen auch. «Da kommen die dunkelhaarigen und tief braunen Männer herausgesprungen», jubelte das «Darmstädter Echo» im April 1956 über die Ankunft von italienischen Arbeitern, die für die hessischen Steinbrüche vorgesehen waren: «Es sind alles kleine, zähe Bergbewohner aus der Gegend um den Iseosee, die schon in Steinbrüchen gearbeitet haben.»[52] Und das «Darmstädter Tageblatt» beobachtete: «durchweg Leute mittlerer Statur mit kräftigen Händen»[53]. Außerdem «Arbeitskräfte in den besten Jahren», wie es immer wieder hieß.

Die Unternehmerperspektive erwies sich als rabiat eindimensional: In den meist überdurchschnittlich gesunden Neuankömmlingen sahen sie den Vorteil, dass «nur in seltensten Fällen ein nicht mehr voll arbeitsfähiger ausländischer Mitarbeiter aus sozialen Gründen mit durchgezogen werden muss»[54]. Die Gastarbeiter zahlten zwar in die Sozialkassen ein, nahmen aber nichts heraus; sie gingen nicht in die Kur und kamen nicht «in Betracht bei Sonderzuwendungen bei Arbeitsjubiläen»[55] – aus Firmensicht ein Traum.

Am 10. September 1964, rund acht Jahre nach der beschriebenen Szene in Darmstadt, traf der millionste Gastarbeiter auf dem Bahnhof Köln-Deutz ein. Der Arbeitgeberverband hatte einen festlichen Empfang mit vielen Ehrengästen ausgerichtet und eine Geste der Dankbarkeit in Szene gesetzt, die ihren festen Platz im Bildgedächtnis der Bundesrepublik bekommen sollte: Der schmächtige Portugiese Armando Rodrigues de Sá aus dem Vale de Madeiros sitzt verstört im Blitzlichtgewitter auf einem Moped. Man hatte ihm eine zweisitzige Zündapp Combinette zusammen mit einem riesigen Blumenstrauß als Gastgeschenk überreicht. Blasmusik ertönte zu Freibier, Reden wurden gehalten, die der Geehrte, kein Wort Deutsch sprechend, erschöpft von der langen Fahrt und verwirrt von dem unerwarteten Rummel, nicht verstand. Unentwegt drückten ihm offiziell aussehende Menschen die Hand und redeten aufmunternd auf ihn ein. «Großer Bahnhof für einen kleinen Menschen», tönte die Wochenschau und interpretierte das verdutzte Gesicht des Mannes mit den Worten: «Offenbar hat der Neuling noch nicht begriffen, dass er und seinesgleichen für den deutschen Wohlstand unentbehrlich geworden sind.»[56]

Nur ein weiteres knappes Jahrzehnt später zeigt sich ein ganz anderes Bild, wird mit dem Ende des Wirtschaftswunders auch die Zeit der Gastarbeiter vorbei sein. Wieder wird das Öl die entscheidende Rolle spielen: Am 6. Oktober 1973 greifen Truppen aus Ägypten und Syrien Israel an. Israel feiert Jom Kippur, den Versöhnungstag, der dem anschließenden Krieg den Namen geben wird. Die erdölfördernden Länder Arabiens verhängen ein Ölembargo gegen die westlichen Staaten, die Israel unterstützen, mit der Folge, dass der Ölpreis zunächst um siebzig Prozent steigt, später sogar um das Vierfache. Die Spannungen im Nahen Osten nehmen zwar bald wieder ab, das Öl aber wird teuer bleiben und die Wirtschaft in eine schwere Krise stürzen. Die erzwungenen autofreien Sonntage mit ihren gespenstisch leeren Autobahnen, auf denen die Bürger irritiert spazieren gehen, werden sich tief in die Erinnerung eingraben.

Der Portugiese Armando Rodrigues de Sá trifft 1964 in Köln ein und wird überraschend als millionster Gastarbeiter empfangen. Das Bild des vom Trubel verunsicherten Mannes ist im Bildgedächtnis der Bundesrepublik lebendig geblieben.

Die Bundesregierung fürchtet einen Anstieg der Arbeitslosigkeit und verkündet einen sofortigen Stopp der Anwerbung aus dem Süden.[57] Das erwartete Ende der Vollbeschäftigung würde die Gastarbeit für den Staat zu einem «Minusgeschäft»[58] machen, sobald womöglich dauerhaft sich niederlassende Ausländer begännen, Sozialhilfeleistungen in Anspruch zu nehmen. Zwar haben sie bisher überproportional in die Sozialkassen eingezahlt, aber das heißt im kalten Kalkül der Staatsfinanzen noch lange nicht, dass sie nun auch daraus entnehmen sollen. Also werden die Einreise- und Aufenthaltsbedingungen drastisch verschärft. Der Effekt, den der Staat mit dem Anwerbestopp erzielt, läuft jedoch auf das Gegenteil des Beabsichtigten hinaus. Die Zahl der Migranten wird durch die Beschränkung nicht sinken, sondern steigen. Denn alle in Deutschland lebenden Erwerbsmigranten, die nicht aus der EU stammen,[59] vor allem die Türken, die inzwischen größte Gruppe, sehen sich zur Entscheidung gezwungen, für immer zu bleiben oder zu gehen. Mit der bisherigen Praxis, mal hier, mal dort zu leben, auszureisen und sich wieder anwerben zu lassen, ist es nun vorbei.

Viele Türken entscheiden sich fest für eine Zukunft in Deutschland und lassen ihre Familien nachkommen. Aus Gastarbeitern werden Mitbürger mit einer festen Bleibeperspektive. Da sie nicht mehr flexibel auf das Auf und Ab des Arbeitsmarktes reagieren können, steigt die Zahl derer, die Arbeitslosenhilfe empfangen müssen. Vor dem Anwerbestopp war die Beschäftigungsquote unter Türken extrem hoch, nun aber wird sie von Rezession zu Rezession noch unter die der Bevölkerungsmehrheit fallen. Dafür wird sich die migrantische Infrastruktur weiter entfalten und Deutschland multikulturell verwandeln. Das Wort «Gastarbeiter» wird nun zu Recht als beleidigend empfunden, weil es Bleibe- und Bürgerrechte in Frage stellt.

Viele der ehemaligen türkischen Gastarbeiter werden sich selbständig machen, werden Taxiunternehmen und Werkstätten gründen, Einzelhandelsunternehmen und Dienstleistungsbetriebe. Sie werden – mit Italienern, Griechen, Portugiesen und Spaniern – das Ernährungsniveau ihrer deutschen Mitbürger auf ein ungeahntes Niveau heben und deren Chancen, ein gesundes Alter zu erleben, verbessern. Sie werden Häuser bauen und Kleingärten pachten, Deutschland vielfältiger und mediterraner machen. Ganz Mutige werden sich hier, in ihrer neuen Heimat, auch beerdigen lassen. Jahrzehnte nach den ersten Anwerbeabkommen wird in Deutschland endlich die gesetzliche Sargpflicht gelockert, damit Muslime so bestattet werden können, wie sie es traditionell möchten: in einem Leinentuch und gen Mekka ausgerichtet. Wir wollen, sagen sie, so aus dem Leben gehen, wie wir gekommen sind.

DRITTES KAPITEL

Habenichtse im Supermarkt: Deutschland lernt einkaufen – und über seine Verhältnisse zu leben

«Es ist erstaunlich, was der Mann alles essen kann, wenn er verheiratet ist.»

AUS EINEM DR.-OETKER-WERBESPOT, MITTE DER FÜNFZIGER

Im Laden von Wilhelmine Musekamp kostete der Knöterich wie überall einen halben Pfennig. Der Knöterich war eine wunderbar aromatische Pastille, nach der die Kinder ganz verrückt waren. Man legte Frau Musekamp neun Pfennig auf den Zahlteller, sie holte achtzehn Knöteriche mit der Schaufel aus einem großen Glas und verstaute sie sorgfältig in einer Papiertüte. Dann noch einen Salino aus Lakritz, weil man noch fünf weitere Pfennige in der Tasche entdeckt hatte. Wieder öffnete Frau Musekamp ein Glas, angelte den Salino geschickt heraus und packte ihn in eine neue Tüte. Freundlich verabschiedete man sich.

Frau Musekamp, von den Kindern Tante Mine genannt, führte ein kleines Lebensmittelgeschäft in Lingen an der Ems, eines von vielen Zehntausenden, die es in Deutschland gab, mit wenigen Schritten zu erreichen in fast jedem Wohnviertel. 1955 war ihr Laden schon zu klein geworden für das seit der Währungsreform immer unübersichtlichere Angebot. Aber noch ging es. Sie musste eben enger stapeln und höher. Es gab in ihrem Geschäft keinen ungenutzten Quadratzentimeter mehr. In den Regalen drängten sich Konservendosen und -gläser, Zwieback neben Fruchtwaffeln, Tee neben Kondensmilch, Weinbrandbohnen neben Waschpulver. Auch die gläserne Theke war vollgestapelt: Mayonnaise, Kapern, Rotkohl im Glas, eingedoste Heringe mit zwei verschiedenen Soßen, nämlich Tomate und Senf. Ananasbüchsen standen bei der Ahoj-Brause und den Schokoladenherzen. Daneben der gute Wein: «Rubinetta voll Feuer und Musik» als bester roter und für die Freunde des Weißweins die unvermeidliche Liebfrauenmilch. Der dunkle Laden barst fast vor Flaschen, Büchsen, Schachteln, Tüten, Säcken und Schütten, und immer fürchtete man, gleich würde alles umfallen, wenn die nicht gerade schlanke Frau Musekamp sich durch die Stapel hindurchzwängte oder gar auf die Klappleiter stieg und aus der zweiten Reihe die gewünschte Kernseife fischte.

Überall standen Pappaufsteller und warben für Sonderangebote: «Jacobs Kaffee wunderbar» in den Sorten Grün, Blau, Braun und Koffeinfrei. Brandneu der Majala-Pudding, der mit dem Eselchen, das einen Wagen voller Orangen und Zitronen zog. Im Zentrum des Geschehens die Waage mit dem großen Zeiger, mit der Frau Musekamp alles abwog, was sie lose verkaufte: Zucker, Mehl, Hülsenfrüchte, Kartoffeln, Sauerkraut – sogar Senf und Essig wurden aus Bottichen abgefüllt. Die nötigen Gefäße brachten die Kunden mit. Ein Kühlregal gab es bis in die späten Fünfziger nicht, deshalb hatte der Laden nur Dauerwurst und Schmelzkäse im Angebot. Für Milch hatte die Molkerei einen Kühlautomaten gestellt. Frisches Obst und Brot führten die Tante-Emma-Läden selten, das kaufte man auf dem Markt, Wurst und Fleisch beim Metzger. Läden wie der von Frau Musekamp waren im Kern auf Konserven spezialisiert, deren Rohware oft aus den früheren Kolonien kam, weshalb man noch immer von Kolonialwarenhandel sprach – eine vor hundert Jahren hochmoderne Institution.

Im Rückblick erscheinen die Tante-Emma-Läden im milden Licht einer Idylle, die mit der Realität wenig zu tun hat. Wer damals Kind war, behielt sie gern in Erinnerung; der Kaufmann war eine Art *Anchorman* in der Anonymität der städtischen Umgebung. Kinder spielten mit dem Kinderkaufmannsladen Urszenen elementarer Versorgung nach. Sie konnten nicht ahnen, wie froh ihre Eltern waren, dass es endlich eine Alternative zum Regime der kleinen Läden gab: den Supermarkt, bei dem die Barriere wegfiel zwischen den Kunden und den Vorräten an Milch und Honig.

Das Glück der Wahlfreiheit

Während man im Kaufmannsladen an der Theke warten musste, an der sich der Händler aufgebaut hatte und die Wünsche der Kundschaft entgegennahm, konnte man im Supermarkt ungehindert durch das Reich der Angebote spazieren. Mochte der kleine Ladenbesitzer noch so freundlich liebedienern, der gnädigen Frau einen Gruß an den Gatten mitgeben und stets dieselben Witze machen («Sollen es dickere Scheiben sein, oder ist es für den Besuch?»), so blieb er doch immer auch ein Stück Herrschaftsperson, einer, der die begehrten Waren abschirmte und in einem umständlichen Akt herausgab, was den Kunden Zeit und Geld kostete und manchmal sogar ein bisschen Würde, dann nämlich, wenn man anschreiben lassen und um Stundung bitten musste.

Zudem waren die Erinnerungen an die Zwangswirtschaft wach geblieben, als die kleinen Händler große Macht bekommen und sich entsprechend aufgespielt hatten. Unter dem Regime der Lebensmittelrationierung konnte man von Kriegsbeginn bis 1948 nur dann etwas kaufen, wenn man dem Händler außer Geld auch die nötigen Marken auf der behördlich zugeteilten Lebensmittelkarte vorlegen konnte. Mehr als einem laut Karte zustand, durfte der Händler nicht herausgeben. Er war nur dem Namen nach noch «Händler», fungierte in Wahrheit als Vollstrecker eines Zuteilungssystems, das den Kunden nur jene berühmte Menge Lebensmittel herausrückte, die zum Leben zu wenig und zum Sterben zu viel war. Fett beispielsweise gab es zuletzt gerade mal in der Größe eines Fingernagels pro Tag. So sollten Hungersnöte verhindert werden, indem man die Wohlhabenden daran hinderte, den Ärmeren alles wegzuessen. Nicht wenige Händler hatten das System der Zwangsbewirtschaftung zum Anlass genommen, sich als Amtspersonen aufzuspielen, und genossen das Privileg, als Zerberus vor dem Futter zu stehen. Manche betätigten sich nebenbei auf dem Schwarzmarkt, kamen später sogar «hauptberuflich» von dort, bevor sie in

Der Tante-Emma-Laden war oft ein Onkel-Erich-Geschäft. Wer an die Ware kommen wollte, kam um ein Gespräch mit dem Kaufmann nicht herum. Anders im Supermarkt.

den Ruinen einen Laden eröffneten und sich nach dem Krieg einen Platz in der Legalität eroberten.

Den Zauber, den viele Deutsche empfanden, als sie erstmals einen Selbstbedienungsladen betraten, kann man nur vor dem Hintergrund dieser vielen Qualen und Demütigungen während der Lebensmittelrationierung ermessen. 1957 eröffnete der Unternehmer Herbert Eklöh in der Rheinlandhalle, einer ehemaligen Reithalle in Köln, den ersten echten deutschen Supermarkt mit Selbstbedienung. Hier spazierte der Kunde als Souverän durch den Überfluss, durfte die abgepackte Wurst anfassen, den Käse drücken, den Honig prüfend gegen das Licht halten. Er musste nicht fragen, nicht bitten, er hatte auf eine sinnlich ganz neue Weise die «Freiheit der Wahl». Viele empfanden erst jetzt die Demokratie als verwirklicht, andere sahen zumindest die Analogie zur politischen

Wahlfreiheit, fühlten beim Essen die Freiheit auf der Zunge. Ein beglückend großes Angebot für die Käufer, fast bestürzend für die Mängelwesen und Hungerleider von gestern, aber doch auf betörende Weise reizvoll.

Binnen kürzester Zeit revolutionierte der Supermarkt den Einzelhandel – hinsichtlich der Verpackung, der Transportwege, der Warenästhetik, des Marketings, der Werbung und der Angestelltenverhältnisse. Dass der Verkaufsvorgang nun viel distanzierter geworden war, nahm der Kunde gern in Kauf, dafür trennte ihn umso weniger von den begehrten Waren. Das Ladenpersonal kannte er zwar oft nicht mehr mit Namen, umso prominenter waren aber nun die Dinge.

Die Selbstbedienung funktionierte nur, weil die lose Ware durch verpackte ersetzt wurde. Neue Erdölprodukte wie die Plastikfolie machten es im großen Stil möglich. Ein explosiver Zuwachs an Verpackung war die Folge und zugleich Voraussetzung für das Funktionieren des Supermarkts. Das Verkaufsgespräch übernahmen die Waren selbst, indem ihre Verpackung immer eloquenter wurde. Liebigs Brühwürfel starb aus, da er zu klein war, um ausreichend für sich werben zu können – die Tütensuppe warf ihn aus dem Regal, weil ihre Verpackung mehr Platz bot für effektives Markendesign. Ohne den Kaufmann hinter der Theke mussten die Waren selbst an den Kunden appellieren und boten sich ihm durch gelungene Gestaltung und vorangegangene Werbung als Markenartikel an, also als wiedererkennbare, vertrauenswürdige Charaktere. In Gestalt des Markenartikels wurde das Produkt zu einem «Subjekt», schrieb der Soziologe Ernest Zahn 1960, «das sich selber anmeldet und präsentiert, das für sich selbst spricht und sich selbst verkauft».[1] Als «leuchtender Stern am Firmament des Überflusses» mache es den beratenden Verkäufer überflüssig.

Dieses enge Bündnis zwischen ihnen und den Waren wollten die Menschen nicht mehr missen. Überall schossen die Supermärkte aus dem Boden, zogen den kleinen Händlern die Kundschaft ab. Der Dreizehnjährige ging, von der Mutter zum Einkaufen geschickt, immer häufiger am Kaufmann vorbei und lief bereitwillig einen Kilometer weiter zum Supermarkt. Dort studierte er ein überwältigendes Käseangebot. Beim Krämer gab es nur zwei Sorten Schmelzkäse, vor den langen Kühlregalen im Kaufhaus Horten hingegen entwickelte sich das Kind zum Käsekenner, verblüffte seine Familie mit immer neuen Sorten, mit Roquefort, Gorgonzola, Provolone, Gruyère, Géramont, Saint Agur, klangvolle Namen und ungeahnte Geschmacksnoten, die die Phantasie des Kindes beflügelten. Von Mal zu Mal brachte er immer weniger Wechselgeld nach Hause, alles ging für Käse drauf.

Wollten sie überleben, mussten die kleinen Einzelhändler reagieren. Die dunklen Läden mussten umgebaut, der neuen Verkaufsästhetik Rechnung getragen werden. Die Investitionen waren hochriskant und sorgten überall im Land für schlaflose Nächte der kleinen Kaufleute. Die Einkaufsgenossenschaft Edeka, die noch 1955 ausgeschlossen hatte, die Selbstbedienung einzuführen, forderte zwei Jahre später ihre Händler genau dazu auf. Wer in solchen Korporationen Mitglied war, hatte zwar bessere Chancen, sich den neuen Bedürfnissen anpassen zu können, allerdings um den Verlust liebgewonnener Freiheiten.

Besonders rigide verfuhr die Handelskette Spar. Um das Image der Spar-Geschäfte zu halten, drängte sie die angeschlossenen vierzigtausend Einzelhändler zu einer durchgreifenden Modernisierung, für die sie sich bei Spar mit sechs Prozent Verzinsung verschulden mussten. Spar-Architekten bauten dann die Läden selbstbedienungsgerecht um. Die Organisation verriet dem «Spiegel» 1960, wo es künftig langging für seine Kleinhändler: «Wer 100 Quadratmeter hat, muss Kurs auf 200 Quadratmeter nehmen. Wir sorgen schon dafür, dass er nicht mehr zur Ruhe kommt.»[2] Im Nu sahen sich die eben noch Selbständigen als Befehlsempfänger einer Organisation, die gerne einen zackigen Ton anschlug. Spar-Vorsitzender Werner Hagen, nach sieben Jahren Wehrmacht ans Befehlen gewöhnt, erklärte: «Die Front ist an der Theke. Viele Leute hinter dem Ladentisch mussten erst einmal aus ihrem Dau-

Fühlen, Prüfen und Betasten. Der Kontakt zwischen Kunden und Geflügel ist im Supermarkt schrankenlos, wie hier 1963 in Frankfurt. Die Schattenseiten: ein sprunghafter Anstieg von Verpackungsmaterial.

erschlaf geweckt werden. Vater ging auf Zeche, Mutter versah den Kramladen – von Rationalisierung nie etwas gehört.»[3] Der Münchener Lebensmittelhändler Alfred Detscher quittierte seine Mitgliedschaft: «Für einen, der nicht denkt, nur spurt, ist die Spar gerade das Richtige», resümierte er und beschloss, fortan lieber wieder als Einzelkämpfer die erbarmungslosen Schlachten zu schlagen, die man Wirtschaftswunder nannte.

Zwischen 1950 und 1960 blieben fast hunderttausend Lebensmittelhändler auf der Strecke. Ihr Schicksal steht stellvertretend für weitere Heerscharen von selbständigen Drogisten, Foto-, Fahrrad-, Mode-, Elektro- oder Autohändlern, die mitten im Boom zu Verlierern wurden. Während alles den Aufschwung feierte, machten sie Pleite. «Es regnet Brei, aber uns fehlt der Löffel»[4], dieses bittere

Wort über die Abgehängten im Wirtschaftswunder galt auch für die kleinen Ladenbesitzer, die mit zusammengebissenen Zähnen zusahen, wie die Kunden an ihnen vorbei zur besser gerüsteten Konkurrenz spazierten. Zwölf Stunden täglich buhlten sie um die Kundschaft, danach hieß es Laden putzen und Buch führen.

«Es ist eigentlich ganz einfach. Du musst nur so einen Ton in der Stimme haben, als wärst du ein Freund von den Leuten», erklärte der Obsthändler Hans Epp in Rainer Werner Fassbinders Melodram «Händler der vier Jahreszeiten». Im 1955 erschienenen Handbuch «So verkauft man Lebensmittel und Kolonialwaren» gab der Autor Ratschläge für die Kundenbetörung: «Sie müssen bei jeder Ware alle aufzählbaren Annehmlichkeiten schildern und plastisch ausmalen. Regen Sie die Phantasie an! Wenn Sie Südfrüchte oder Gewürze verkaufen, müssen Sie das südliche Land oder die exotischen Gefilde so schildern, dass im Kunden die Sehnsucht nach der Ferne geweckt wird! Wenn Sie noch nicht selbst in Griechenland waren, dann studieren Sie die Reiseprospekte. (...) Wenn Ihnen die richtigen Ausdrücke fehlen, wenn Ihr Wortschatz noch zu gering ist, dann schauen Sie den Fachleuten auf den Mund!»[5]

Ob viele rhetorisch weniger versierte Ladenbesitzer wohl nachts geübt haben, den Kunden die Reize des Südens auszumalen? Und wenn, was nützte es ihnen? Der Trend zum Superstore schickte den Großteil kleiner Selbständiger in die Insolvenz. Sie gaben irgendwann ihre Existenz auf und gingen zur siegreichen Konkurrenz in die Lohnabhängigkeit. Das war, wenn der Verlust von Stolz und Würde erst einmal bewältigt war, oft gar nicht so schlecht. Arbeit gab es in den meisten Regionen genug, die Löhne waren hoch und das Auskommen oft sogar besser als zuvor. Die Freiheit aber, die war weg.

Die ihre Läden noch besaßen, warnten unverblümt mit der Erinnerung ans Ende der Weimarer Republik. Auch damals sei es die Warenhausexpansion gewesen, die den Mittelstand ruiniert und in Hitlers Arme getrieben habe.[6] In Düsseldorf versammelten sich im Januar 1956 zweitausend aufgebrachte Einzelhändler, bedrängten und bedrohten den nordrhein-westfälischen Ministerpräsidenten Karl Arnold, verlangten die Schaffung eines Mittelstandsministeriums zu ihrem Schutz und prophezeiten der Bundesrepublik eine Entwicklung nach der Art Weimars. Doch die weitere Radikalisierung der Händler blieb aus. Ein paar halbherzige Schutzmaßnahmen der CDU-Regierung, die beschwichtigende Mittelstandsrhetorik von Ludwig Erhard und dessen Antikartellbildungspolitik sorgten für eine gewisse Beruhigung. Vor allem aber war es die blendende Konjunktur, die die Probleme der kleinen Ladenbesitzer marginal erscheinen ließ und ihren einsamen Zorn überstrahlte.

Josef Neckermann, Konfektionär der Volksgemeinschaft

Zweimal jährlich, im Frühling und im Herbst, kam in einer Auflage bis zu drei Millionen Exemplaren eine Art Buch heraus, das auf seinen Seiten alles bot, was an Wohlstand bestellbar war. Es war nicht das Schickste des Jahres, sondern das Massentaugliche, das Allernormalste vom sehnlich Erträumten. Der Neckermann-Katalog – der erste erschien 1948 in einem Umfang von zwölf Seiten und einer Auflage von hunderttausend – war das Ausstattungsbrevier der kleinen Leute. «Schritt für Schritt» werde der Wohlstand ins Haus kommen, versprach er 1961 und zeigte eine kleine Familie, die fröhlich die neue Waschmaschine umringt. «Drei sind glücklich», stand darüber, «Millionen können es werden. Neckermann macht's möglich.»

Der Autor Georg Seeßlen erinnert sich: «In meiner Kindheit war der Neckermann-Katalog etwas, das Generationen zuvor eine Hausbibel gewesen war und zwischendrin vielleicht für einige Jahre ‹Mein Kampf›: Für jedermann gut sichtbar lag er, schwer und groß, an prominentem Platz im Wohnzimmer, auf einem Beistelltisch, und wurde bei allen schwerwiegenden Entscheidungen zu Rate gezogen.»[7]

Wie die der meisten großen Versand- und Kaufhauskönige hatte auch Josef Neckermanns steile Karriere mit der Aneignung fremden Eigentums begonnen. Er profitierte von den NS-Staatsverbrechen, indem er sich mithilfe der Behörden den Besitz jüdischer Kaufleute, die zur Auswanderung gezwungen wurden, zu einem Spottpreis unter den Nagel riss, und stieg so auf bequeme Weise in bestens eingeführte Geschäfte ein. 1935 verschaffte er sich durch die erzwungene Arisierung des Würzburger Textilkaufhauses Ruschkewitz und des Kaufhauses Merkur die Möglichkeit, vom väterlichen Kohlengroßhandel wegzukommen und höhere Gefilde zu betreten. Der NS-Staat regelte den perfiden «Verkauf». «Ich blieb, rührte die Milch im Kaffee sorgfältig um und wurde so zum Ariseur»[8], schrieb Neckermann in seinen Erinnerungen, um deutlich zu machen, dass er sich nicht viel vorzuwerfen gedachte.

1938 übernahm er den Berliner Versandhandel «Wäschemanufaktur Karl Joel», den viertgrößten Textilversandhandel des Landes, den er sogleich in «Wäsche- und Kleiderfabrik Josef Neckermann» umtaufte. Karl Amson Joel, übrigens Großvater des amerikanischen Sängers Billy Joel, gelang noch rechtzeitig die Flucht in die USA. Das 1938 vereinbarte Geld für die Arisierung seines Unternehmens, ohnehin nur die Hälfte des nominellen Wertes, wurde Joel nicht ausgezahlt; einen Teil davon – zwei Millionen Mark – konnte er sich 1957 in einem langwierigen Prozess erstreiten. Allerdings veranschlagte Neckermann im Prozess sein Vermögen mit einer lächerlich geringen Summe, was die Entschädigungszahlung zu seinen Gunsten beeinflusste.[9]

Der Kaufhausmagnat Helmut Horten hatte seine Karriere mit der Arisierung des Warenhauses der jüdischen Gebrüder Alsberg in Duisburg begonnen. In ganzseitigen Zeitungsinseraten, die dessen stadtbekannte Fassade zeigten, hatte er 1936 stolz verlautbaren lassen: «Das ist Horten. Jawohl – Sie haben ganz richtig gelesen: Das Alsberg-Haus hat seinen Hausherrn gewechselt, ist in arischen Besitz übergegangen.» Die Witwe des Kaufhausgründers, Amalie Lauter, wurde im Konzentrationslager Treblinka ermordet. Der staatlich erpresste Billigkauf ihres Eigentums bildete den Start einer trotz vieler Rückschläge glänzenden Entwicklung. 1971 herrschte Horten über dreiundfünfzig Filialen, die mit ihren charakteristischen hellgrauen Wabenfassaden, auch Kettenhemd genannt, die Innenbezirke vieler Städte prägten.

Der Versandhandel Neckermann gedieh zunächst ebenfalls prächtig, kam jedoch nach Ausbruch des Zweiten Weltkriegs durch die Einführung von Kleiderkarten und die Konfiszierung von Lkws in Schwierigkeiten. Dem wendigen Neckermann gelang es jedoch, Textilaufträge für die Wehrmacht an Land zu ziehen und dabei sogar die Konkurrenz vom Arbeitsdienst und der Deutschen Arbeitsfront auszubooten. Der Krieg wurde für ihn zu einer beruflichen Herausforderung, schrieb seine Pflegetochter Kristin Feireiss: «Er bot ihm neue, faszinierende Möglichkeiten, seine unternehmerische Kreativität unter Beweis zu stellen.»[10] Als Chef der textilen «Zentrallagergemeinschaft» (ZLG), einer von der NSDAP gestützten GmbH mit den beiden Gesellschaftern Georg Karg (Inhaber des arisierten Kaufhauses Hermann Tietz, jetzt Hertie genannt) und ihm selbst, koordinierte Neckermann nun Kleiderfabrikanten im ganzen Reich für die Kriegswirtschaft. Für die Arbeiter der Organisation Todt produzierte Neckermann wärmende Decken und Bettüberzüge. «Es kommt im normalen Geschäft nicht oft vor, dass man sechsstellig disponieren kann – mit null Risiko», jubelte er.[11] Die Luftangriffe der Alliierten steigerten den Kleidungsbedarf enorm. «Mit jeder Bombe, die ein Haus traf, mehr ‹Nackte›»[12], erinnerte sich Neckermann. «Nackte» hießen im Amtsgebrauch der ZLG die Menschen, die nur mit dem Leben davongekommen und nun mit neuen Textilien zu versorgen waren.

Die ZLG kleidete auch Millionen von Zwangsarbeitern ein und entwickelte für die Ostfront eine Funktionskleidung, für die Neckermann, inzwischen «stellvertretender Reichsbeauftragter für Kleidung und verwandte Gebiete», eine Spezialbeschichtung mit Oppanol entwickelt hatte, eine Frühform der textilen Klima-

Josef Neckermann vor seiner Versandzentrale, Frankfurt 1958.

membran von heute. Nach Kriegsende verurteilte ihn ein amerikanisches Militärgericht zu einem Jahr Zuchthaus, weil er aus der Kriegsgefangenschaft heraus trotz Berufsverbots versucht hatte, seine treuhänderisch verwalteten Geschäfte wiederaufzunehmen.[13] Ein hämischer Zufall wollte es, dass er im Zuchthaus Ebrach in Unterfranken, abkommandiert in die Nähkolonne, Schürzen für seine eigene Firma schneidern musste, während die gestreifte

Häftlingskleidung, die er dabei trug, noch aus Beständen der ZLG stammte. Die Geschäfte des Tausendsassas verfolgten ihn bis in den Knast.

Ende 1946 wurde Neckermann, an Tuberkulose erkrankt und nur noch dreiundvierzig Kilo wiegend, aus alliierter Haft entlassen. Allerdings durfte er sich weiterhin nicht beruflich betätigen, bis 1948 sein Entnazifizierungsverfahren mit der Verhängung eines Bußgelds von nur zweitausend Mark und der Einstufung als Mitläufer abgeschlossen wurde.

Dass einer wie Josef Neckermann schnell wieder auf die Füße kam, verstand sich von selbst. Sein dicht gespanntes Netz von alten Geschäftsfreunden half dabei, seinen Textilversand so aufzubauen, dass er im ersten offiziellen Geschäftsjahr 1949 bereits wieder einen Umsatz von 8,7 Millionen Mark machte. Er selbst sprach von einem «unglaublichen Schwung», den das Familienunternehmen erfasst habe, beflügelt vom «Geist der Zeit, der uns unter die Haut ging: Wir wollten etwas besser machen. (...) Und so standen am Anfang denn auch vage sozialrevolutionäre Ideen Pate: Warum sollte die Millionärsgattin eigentlich besser gekleidet sein als die kleine Sekretärin. Nach dem großen Trauma brauchten doch gerade die weniger Wohlsituierten neues Selbstbewusstsein. Und Kleider machen tatsächlich Leute.»[14] Er sei besessen gewesen von der Aufgabe, «daran mitzuwirken, die Klassenunterschiede einzuebnen – jedenfalls die auf den ersten Blick sichtbaren».

Neckermann sah sich noch immer als Einkleider der Volksgemeinschaft, deren Klassenunterschiede er wieder «sozialrevolutionär» nivellieren wollte. Die egalitären Mythen des Dritten Reiches verbanden sich in seiner Euphorie mühelos mit den neuen Mythen der sozialen Marktwirtschaft. So wie einst die ausgebombten «Nackten» nahm er nun ausdrücklich den Bedarf der Vertriebenen ins Visier. Sein Konkurrent Gustav Schickedanz dagegen warb mit seinem Quelle-Katalog auch um Kunden, die sich von der verbreiteten Biederkeit absetzen wollten und einen hedonistischeren Stil pflegten. 1967 engagierte Quelle sogar den Modeschöpfer Heinz

Oestergaard für eine Produktlinie. «Neckermänner» hingegen wurden zum Inbegriff betont unscheinbarer Normalverbraucher. Josef Neckermann selbst konnte sich beim täglichen Blick in den Spiegel davon überzeugen, dass er mit den «Neckermännern» nichts gemein hatte, denn er kleidete sich, ebenso wie seine Gattin Annemi, auffällig elegant und teuer; nichts davon stammte aus dem eigenen Angebot.

Neckermann war ein enorm ehrgeiziger, nach Macht und Geltung strebender Mensch, dessen Erfolge Bewunderung, aber auch Verzweiflung und Wut hervorriefen. Sein Aufstieg war von Boykottinitiativen und Anzeigen seitens der Kleinhändlerverbände begleitet, denen Neckermanns Preispolitik die Luft abschnürte. Der Billigheimer provozierte mit teils sensationellen Angeboten, ließ exklusiv von relativ unbekannten Herstellern produzieren, den «Weltblick»-Fernseher zum Beispiel, der dreihundert Mark preiswerter war als die günstigsten Modelle aus dem Fachhandel. Besonders die Elektrohändler litten unter seinen Dumpingpreisen. Als sie sich geschlossen weigerten, Neckermann-Geräte zu reparieren und den Boykott in Schaufensteraushängen verkündeten («mit unserer Berufsehre in keiner Weise in Einklang zu bringen»[15]), hatten sie allerdings die Kampfeslust des Gegners unterschätzt. Der durch Angriffe und Rückschläge stets nur noch mehr angestachelte Neckermann stampfte ein ganzes Netz von eigenen Servicestationen und Reparaturannahmestellen aus dem Boden. Sein schneidiger Wagemut ging auf: Innerhalb von fünf Jahren wuchs der Katalog von zwölf Seiten auf einen Umfang von dreihundert Seiten an.[16]

Der Ehrgeiz half Neckermann auch beim Sport. Die hagere Gestalt aus dem Krieg blieb ihm und erleichterte die Etablierung einer verblüffenden Parallelkarriere als Spring- und Dressurreiter, die er schon in der Weimarer Republik begonnen und in der Reiter-SA unrühmlich fortgesetzt hatte. Bei der Olympiade 1960 holte er die Bronzemedaille im Dressurreiten, 1964 Gold mit der Mannschaft. Die Parole «Josef Neckermann reitet für Deutschland» wurde zum häufig gebrauchten Schlagwort der Wirtschaftswunderzeit, weil es die Paradoxien dieses typisch deutschen und dann aber doch so einzigartigen Lebens zusammenbrachte. Elegant und kerzengerade saß er auf seinem Schimmel Mariano, mit weißen Reiterhosen, Zylinder und Dressurfrack, während das Pferd unter ihm ergeben seine Pirouetten und Piaffen absolvierte, die Mähne kunstvoll eingeflochten – ein Motiv, das sich tief in das Bildgedächtnis der Fünfziger und Sechziger einbrannte. Ein Herrenreiter, der einen Katalog für jedermann verteilte, ein Multimillionär, der sich als Anwalt der Verbraucher aufspielte.

Der Schriftsteller Hans Magnus Enzensberger, der gerade seinen zweiten Gedichtband «Landessprache» herausgebracht hatte, zeigte sich 1960 erschüttert vom Massengeschmack, der sich im Neckermann-Katalog spiegelte. Anlässlich der Frankfurter Buchmesse unterzog er das Werk einer Rezension für die «Zeit». Aus dem missmutig beschauten Angebot folgerte er: «Die Mehrheit unter uns hat sich für eine kleinbürgerliche Hölle entschieden, aus der es kein Entrinnen zu geben scheint. Diese Welt ist vollkommen geschlossen und gegen jede Störung abgedichtet. Jeder neue Gegenstand, der in sie eindringt, wird von ihr sofort assimiliert und adaptiert. So gibt es ‹Schweden-Einbauküchen› und ‹Moderne Möbel in nordischem Stil›, vor deren dumpfer Mediokrität jedes altdeutsche Herrenzimmer erblassen würde.»[17]

Tatsächlich waren die Möbel vom Geschmack der trendsetzenden Schichten weit entfernt, wie Neckermann selbst einräumte: «Bei uns herrschte nicht ästhetischer Avantgardismus, sondern Gelsenkirchener Barock. (…) Althergebrachtes, ergänzt um bescheiden modischen Schnickschnack dieser Jahre.»[18] Fast bedrohlich düster, Vornehmheit nur vorspielend, Solides nur imitierend, wuchtig tuend, aber billig zusammengeschraubt, waren seine Möbel weit entfernt vom damals auch angesagten zierlich-heiteren Chic. Aber eine Hölle?

Für seine Kunden war der Neckermann-Katalog ein Reiseführer

ins Paradies. Für den Eingang konnte man sich eine vierteilige Dielengarnitur bestellen, bestehend aus einem nierenförmigen Spiegel, einer nicht mal kniehohen Kommode, einem Schirmständer und ganz oben, als Krönung, die Hutablage, «alles natürlich aufeinander abgestimmt». In der Luxusausführung war dieses Garderobenset auf eine gepolsterte und karoförmig gesteppte Rückwand montiert, wobei nicht ganz klar wurde, ob dieses Polster die Mäntel schonen oder umgekehrt die Hauswand vor den Mänteln schützen sollte.

Neckermanns größter Renner war für viele Jahre die Schürze. Sein Angebot hatte etwas trotzig Bescheidenes, geradezu übertrieben Normales und übrigens ziemlich Gesamtdeutsches. Denn das Versandhaus vertrieb viele Waren aus DDR-Produktion, wobei das ökonomische Problem des Ostens, der Rückstand bei der Warenästhetik, deutlich auf das Angebot abfärbte. Die Neckermann-Kundschaft störte das überhaupt nicht; ihr Nachholbedarf war groß, und die Möbel aus Dresden oder Zeulenroda trafen genau ihren Sinn fürs Angemessene. Das Zwei-PS-Moped Simson Spatz aus Suhl, das sich ebenfalls bei Neckermann bewährte, war sogar wesentlich eleganter als das Modell der Hausmarke Necko aus dem Teutoburger Wald.

Enzensberger, der wirtschaftlich bestens gestellte Autor, Hörfunkredakteur und Suhrkamp-Lektor, der schon in den Nachkriegsjahren als gewiefter, sprachgewandter Jugendlicher ein Vermögen auf dem Schwarzmarkt gemacht hatte, schloss seine Katalogbeschau mit einem «Schrei des Bedauerns» über das gesellschaftliche Versagen: Die unteren Schichten würden mit Scheußlichkeiten ausgestattet und in einem Zustand belassen, «der der Idiotie näher» sei als je zuvor. Selbstverständlich war für Enzensberger der kleine Mann nicht selbst schuld an seiner Beschränktheit. Er sei ein Opfer mangelnder ästhetischer Erziehung. «Wir alle», unsere Regierung, unsere Industrie, unsere Gewerkschaften, seien schuld an der ausgebliebenen Betreuung der kleinen Bürger.

Enzensbergers herablassende «Rezension» des Kleinbürgerge-

Die «nivellierte Mittelstandsgesellschaft» formiert sich. «Drei sind glücklich, Millionen können es werden», verspricht der Neckermann-Katalog mit dem 1960 geprägten Slogan «Neckermann macht's möglich!».

schmacks macht deutlich, wie intakt der Führungsanspruch der oberen Schichten 1960 noch war. Ob rechts oder links gesinnt, das gebildete Bürgertum definierte sich unverblümt durch den Abstand nach unten, es erschauderte vor den einfachen Leuten, fühlte sich jedoch für sie verantwortlich, gelobte deren bessere Erziehung – und sprach all das ganz offenherzig aus. Der wachsende Wohlstand der unteren Schichten sollte dieses Selbstverständnis der Eliten nicht mehr lange unangetastet lassen.

Im Wartesaal zum großen Glück

Ohne Arisierung kam die Karriere von Werner Otto aus, dem Inhaber des Otto-Versands. Der damals zwanzigjährige Brandenburger war zwar schon 1929 in die NSDAP eingetreten, zählte sich allerdings zum «linken» Strasserflügel («Ich war eine Art Nationalbolschewik»[19]) und war bei der Partei schon ab 1931 in Ungnade gefallen. Nach dem Krieg begann er 1949 mit dem Versand von Schuhen, die er mit dem Fahrrad zur Post in Hamburg-Schnelsen brachte, durchschnittlich vierzehn Pakete pro Tag. Das war auch mit dem Rad schnell erledigt. Sein selbstgetippter Katalog, mit einer Auflage von dreihundert Exemplaren und eingeklebten Fotos, bot der geneigten Kundschaft ein Sortiment von vierundzwanzig Paar Schuhen an – der Grundstein für eines der größten Versandunternehmen der Welt. Zwanzig Jahre nach den primitiven Anfängen machte es bereits einen Jahresumsatz von 1,1 Milliarden Mark, heute ist die Otto Group ein Familienunternehmen, das mit einundvierzigtausend Mitarbeitern weltweit online agiert und Amazon wenigstens ein bisschen die Stirn bieten kann.

Geschafft hat Werner Otto das mit einem Prinzip, das ihn im ganzen Land präsent machte, ohne dass er auch nur einen Pfennig in irgendwelche Bauten investieren musste. Das Prinzip basierte auf einer Armee von Freiwilligen. Otto warb nebenberufliche Vertreter an, sogenannte Sammelbesteller, die an ihren Arbeitsstellen, in ihren Dörfern oder Wohnquartieren die Kataloge verteilten, Bestellungen entgegennahmen und die Pakete später bisweilen sogar verteilten. Ob in Banken oder auf Baustellen, bei Kaffeekränzchen, Stammtischen, Vereinen oder Kirchengemeinden, überall waren

Ottos Sammelbesteller aktiv und brachten gegen fünf bis zehn Prozent Provision seinen Handel in Schwung. Zeitweise standen eine halbe Million Sammelbesteller in Ottos Diensten. Das kollektive Bestellsystem rettete ein nachbarschaftliches Element aus den unmittelbaren Nachkriegsjahren in den Wirtschaftsboom. Damals hatten sich mit Reparatur-, Lese- und Tauschzirkeln Selbsthilfegruppen gebildet, nach deren solidarischer Intimität sich viele Menschen in den Fünfzigern und Sechzigern zurücksehnten. Nicht selten geriet die Ankunft eines Pakets zu einem kleinen Fest, bei dem tüchtig Likörchen und Klare gekippt wurden. Kein Anlass war zu klein, um nicht begossen zu werden.

In bescheidenerer Form ähnelte das Sammelbestellwesen den glamouröseren Tupperware-Partys, die in den sechziger Jahren in Mode kamen. Die von dem Chemiker Dr. Earl Tupper erfundenen Aufbewahrungsdosen aus Plastik waren nicht über den normalen Handel zu beziehen, sondern nur bei geselligen Zusammenkünften erhältlich, die von «niveauvollen» Tupper-Beraterinnen in ihren Privatwohnungen ausgerichtet wurden. Die «Tupperpartys» waren Kunststoffmessen für die Frauen der vermögenderen Schichten, die den Verkauf der neuen Wunderdosen zum Anlass für lockere Plauderstündchen nahmen, bei denen man sich gegenseitig auf Stand brachte über das, was man von Günter Grass oder Herbert von Karajan zu halten hatte, und sich das Neueste vorführte, die neuen Kleider, den neuen Kühlschrank, das neue WMF-Besteck, das neue Arzberg-Service.

Mit dem wachsenden Wohlstand wuchsen aber auch die Schulden, ein Zusammenhang, der nur eingefleischten Sparern paradox erscheint. Selbst in den Pfandhäusern, wo die ärmsten Teufel sich ihr Geld liehen, stieg die Summe der gewährten Kredite.[20] Wachstum hieß, das Vorhandene auf alle erdenklichen Weisen zu mehren. Der Ratenkauf war eine der vielen Möglichkeiten, die Grenzen der verfügbaren Kaufkraft zu sprengen. Das geschah zwar auf Kosten der Zukunft, aber weil man überzeugt war, sie gestalte sich rosiger

Der Versandhausbesitzer Werner Otto will seine Sammelbesteller zum Mittelpunkt eines sozialen Ereignisses machen. Die Otto-Werbung von 1952 zeigt Kunden beim gemeinsamen Auspacken.

denn je, glaubte man, die Belastungen verschmerzen zu können. Warum fünf Jahre auf ein Auto warten, wenn man es schon jetzt haben konnte, mit zwanzig Prozent Anzahlung? «Kauf jetzt, zahl später», mit dieser verlockenden Parole beworben, explodierte der

Ratenkauf in ganz Europa; in Deutschland machte er bald fünfzehn Prozent des Einzelhandelsumsatzes aus.[21] Vor allem die Versandhäuser machten den Ratenkauf zu einer Säule des Geschäfts. Heiratete ein junges Paar, wurde es üblich, mit einem Kredit von zehntausend Mark in die Zukunft zu starten. Das Paar hatte sich ewige Treue geschworen und mit den langfristigen Ratenverträgen auch gleich ein ökonomisches Pfand gezahlt, das sie nun eisern aneinanderband. Neue Verpflichtungen kamen hinzu und engten den Spielraum immer weiter ein. Da konnte einem schon mal vor lauter Zukunft die Gegenwart zur Last werden.

Im «Wartesaal zum großen Glück» blätterte man in den Versandhauskatalogen, in denen die Accessoires der Zukunft eine Bestellnummer trugen und einen Preis, der stieg, je weiter man den Zahltermin mittels Ratenvertrag in die Ferne schob. «Im Wartesaal zum großen Glück» hieß eine etwas beklemmende Ballade, mit der sich Deutschland 1956 zum ersten Mal für den Eurovision Song Contest bewarb, damals Gran Premio Eurovisione della Canzone Europea genannt. In Lugano sang Walter Andreas Schwarz für die Bundesrepublik:

> Im Wartesaal zum großen Glück
> Da warten viele, viele Leute
> Die warten seit gestern auf das Glück von morgen
> Und leben mit Wünschen von übermorgen
> Und vergessen, es ist ja noch heute
> Ach, die armen, armen Leute[22]

Die wachsende Tendenz, die Zeit überholen zu wollen und das Einkommen von morgen schon jetzt zu verzehren, steigerte den verfügbaren Lebensstandard, aber auch die Nervosität, die der bis dahin unbekannten Dynamik ohnehin eigen war. Die Gesellschaft des Wirtschaftswunders war im Exzess das, was der Philosoph Peter Sloterdijk ein «selbst-stressierendes, permanent nach vorne stürzendes Sorgensystem»[23] nennt. «Die Erwachsenen jener Jahre waren von einer Gier nach Besitz und nach Sicherheiten umgetrieben, die etwas Verzweifeltes an sich hatte», hieß es in Gerd Gaisers Roman «Schlußball» aus dem Jahr 1958: «Sie schienen alle sich vorzusagen, dass sie etwas nachholen und zugleich schon vorbauen müssten.»[24]

Es ist deshalb kein Zufall, dass die Werbung im Wirtschaftswunder mit Vorliebe einen ausgesprochen sedierenden Tonfall annahm. In den Spots für die Zigarettenmarke HB wurde ein stets auf neue Weise überfordertes, tobsüchtiges Männchen vom Himmel gepflückt: «Halt mein Freund, wer wird denn gleich in die Luft gehen?», hieß es mit einer Stimme, die in die Seele wie Balsam die Botschaft träufelte: «Greife lieber zu HB, dann geht alles wie von selbst.» Das Ganze mündete in die Verheißung: «HB rauchen heißt, frohen Herzens genießen.» Frohen Herzens genießen war die Zauberformel für stressfreien Konsum, für die knifflige Frage: Wie kriegt man das zusammen: alles haben zu wollen und dabei cool zu bleiben?

Der Kredit, dieser essenzielle Treibstoff des Fortschritts, sorgt in richtigen Dosen für Spielraum und für produktive Nervosität beim Geber wie beim Nehmer. Bei Überdosierung legt er sich wie ein Mühlstein um den Hals. Wirtschaftsminister Ludwig Erhard sah mit Sorge, wie ein wachsender Teil der Bevölkerung sich überschuldete. Selbst Teile der wirtschaftsfreundlichen CDU riefen dazu auf, dem Kreditwesen strengere Regeln zu verpassen: «Der Würde des Menschen ist nicht gedient, wenn er Schulden macht, von Verpflichtungen gejagt wird, entwurzelt bleibt und keinen Halt findet. Aus christlicher Sicht ist es wünschenswert, dass der Mensch in der Ordnung lebt, wirtschaftlich geborgen und geschützt ist, am besten durch die Bildung von Eigentum, sei es eines Schrebergartens, eines Einfamilienhauses oder eines Sparkontos.»[25] Ludwig Erhard sah sich in der Mitte zwischen den bremsenden Ethikern seiner CDU und den Lobbyisten ungehemmten Wirtschaftens und plädierte fürs «Maßhalten» – seine Lieblingsdevise, die er allen Akteuren seines vorwärtsstürmenden

Zuständigkeitsbereichs zu jeder Gelegenheit empfahl, gerade auch bei der Kreditaufnahme.

«Es geht besser, besser, besser, / immer besser, besser, besser, / denn wir haben viel geschafft in kurzer Zeit», sang Peter Alexander in der Komödie «Kriminaltango» von 1960: «Es geht weiter, weiter, weiter, / immer weiter, weiter, weiter, / wenn's so weiter geht, dann geht es fast zu weit.» Die Jagd nach dem Wohlstand nahm für viele bedrohliche Züge an. Von höchster Stelle wurde das Volk zur Besinnung gerufen. Bundespräsident Heinrich Lübke mahnte 1965 etwas an, was man heute als *work-life balance* bezeichnen würde: «Weder Berufsfreude noch Genugtuung über einen hohen Lebensstandard dürfen darüber hinwegtäuschen, dass alles dies mit dem Verlust innerer Werte bezahlt werden muss. Je besessener sich beide Eltern im Beruf abrackern, um reich zu werden, desto ärmer werden sie und ihre Kinder.»[26]

Freiwillige Überstunden, Akkordarbeit, Zusatzschichten und zusätzliche Nebenjobs führten zu chronischer Erschöpfung, Herzkrankheiten, Nervenzusammenbrüchen. Der Einzelhandel hatte gleich das richtige Rezept parat: Einfach eins hinter die Binde kippen, dann läuft das Leben wie von selbst. Alkohol stärke angeblich die Nerven; die Werbung empfahl, den Sprit als «Konstitutionstonikum» ganztägig einzunehmen: «Martini zu jeder Gelegenheit.»

Die Aufregungen des Booms dimmten die Bundesbürger mit Wein, Schnaps und Chefbrause (Sekt). Auf den neunundneunzig Seiten des «Spiegel» vom 15. November 1960, willkürlich herausgegriffen, animierten Reklamen zum Schwips mit folgenden Abregern und Stimmungsaufhellern: Doornkaat Korn, Courvoisier Cognac, Scotch No. 10, Gordon's Dry Gin, Schultz Grünlack Sekt, Booth's Dry Gin, Goldlack Extra Dry Sekt, Deinhard Sekt, Harper Bourbon, Hansen Jamaica Rum und Long John Scotch. Noch 1970 trank der Durchschnittsdeutsche pro Jahr vierzehneinhalb Liter Alkohol, heute sind es achteinhalb Liter, immerhin einundvierzig Prozent weniger. Würde man den Selbstgebrannten einrechnen, der in den Fünfzigern und Sechzigern noch in rauen Dunkelziffern das gesellschaftliche Leben vernebelte, wäre die Differenz zu heute noch viel größer.

Gurkenschiffchen und Mettigel

Fragte man Anfang der Fünfziger Menschen danach, wonach sie sich sehnten, antworteten viele: Endlich mal wieder Butter! Die «gute Butter» war ein Luxusprodukt, das oft durch Margarine zweifelhafter Zusammensetzung ersetzt wurde. Pflanzenfette, Mineralöl und Tran aus Fleischabfällen hatten während der Nachkriegsjahre eine Paste geliefert, die mit Butter nicht einmal die Konsistenz gemein hatte. Velveta hatte deshalb für seine Streichkäseecken mit dem Argument geworben, sie ersetzten beides: Butter und Margarine. 1955 aber war es so weit, der Butterkonsum hatte wieder Vorkriegsniveau erreicht. Im selben Jahr siegte auch erstmals wieder der echte Bohnenkaffee über den Ersatzkaffee, den sogenannten Muckefuck, hergestellt aus Zichorien, Getreide und Malz. Den «guten Kaffee» brühte man endlich wieder kräftig genug und nicht als «Blümchenkaffee», wie man den dünnen Aufguss genannt hatte, durch den man die Blümchen auf dem Tassenboden sehen konnte.

Nun begann die berühmte «Fresswelle» der fünfziger Jahre, eindrucksvoll zu studieren an dem Schauspieler Gert Fröbe, der 1948 in dem Film «Berliner Ballade» noch spindeldürr durch die Ruinen von Berlin geirrt war und jetzt wieder die Leinwand füllte. Dicksein war Mitte der Fünfziger Ehrensache; Übergewicht ein lässlicher Makel in einer Zeit, in der man sich mit Grausen an die ausgemergelten Körper der Nachkriegsjahre erinnerte. Aber irgendwann war selbst der hungrigste Magen voll.

Um den Überfluss dennoch zu feiern, brach nach dem Abebben der Fresswelle eine kulinarische Periode an, für die die späten fünfziger und frühen sechziger Jahre bis heute berühmt sind: die Ära der Gurkenflottillen und Mettigel. Die zu besonderen Anlässen gebotenen Gerichte wurden immer spielerischer und kleinteiliger. Zum Skat oder zum Plausch wurden raffinierte Schnittchen oder Käseschaschlik serviert. Gastgeber, die etwas darstellen wollten, überboten sich mit skurrilen Häppchen, ob mit «Salzmännchen» (Salzstangen mit Schinken umwickelt), «Mützchen aus Ei», «Röllchen aus Sardellenfilet», «pikanten Salattörtchen» oder «Käsetürmchen auf Pumpernickel». Die sprachliche Verniedlichung entsprach dem Trend zur «Miniaturisierung des Essens»[27]; das Ragout fin, in der DDR Würzfleisch genannt, wurde gern in einem Töpfchen aus Blätterteig serviert. Die gewiefte Hausfrau baute auf ihren Partytabletts Architekturen aus Käse-, Paprika-, Gurken-, Zwiebel- und Olivenspießen, aufgetürmt zu zehn Etagen, füllte ausgehöhlte Tomaten mit Fleischsalat, drehte den Hering zu Rouladen, spickte Gehacktes oder Käse so dicht mit Zahnstochern, dass es wie ein Igel aussah. Selbstverständlich wurde auch die gute Butter einer künstlerischen Behandlung unterworfen und zu Röschen und Bällchen geformt. Das Gurkenschiff war mit Eiersalat beladen, eine Salzstange diente als Mast, mit einer Zwiebelschale wurde das Segel gesetzt und das Ganze mit einem Radieschen bemannt. Mit Inbrunst wurde das Essen artifiziell überhöht. «Kaum eine Rezeptseite kam ohne die Begriffe Delikatesse, Leckerei, Schlemmer oder Gourmet aus. Selbst Nudeln mussten sich in Gourmet-Nudeln verwandeln, oder aus Spargel wurde ein Lukullisches Canapé.»[28]

Der zweite Trend, der bald die Speisekarten und Rezeptseiten prägte, bestand im Drang nach Internationalisierung. Dass sich die Westdeutschen mit neuer Verve und diesmal in friedlicher Absicht fremden Ländern zuwandten, war an der buntscheckigen kulinarischen Landkarte abzulesen: Bretonische Suppe, Schweizer Kohltopf, Lyoner Beefsteaks, Tessiner Fleischpudding, Griechischer Hackbraten, Holländische Hirnsuppe. Das Hühnchen Neu-Delhi schwamm in einer Currysahnesoße mit Pfirsich- und Ananasstückchen, das Kanarische Schnitzel war mit einer Banane belegt. Zum Kultgericht wurde, schon des Namens wegen, Risibisi, das aber meist mit dem italienischen Originalrisotto mit Erbsen und Speck wenig gemein hatte. Aus dem Hollandurlaub brachte man die Vorliebe für das ursprünglich indonesische Nasi Goreng mit, das es bald auch in Büchsen gab.

Damit ist der dritte Ernährungstrend im Wirtschaftswunder benannt: die Schnelligkeit. Mit neuen Fertiggerichten sollte der Zeitmangel in den Boomjahren bewältigt werden. Tütensuppen eroberten die Regale. Ab 1958 gab es Ravioli in Dosen, zehn Jahre nach ihrer Einführung in der Schweiz. Die Büchse kombinierte Geschwindigkeit mit Italiensehnsucht zu einem faden Gericht, das dennoch binnen kurzem den Mittagstisch eroberte. Maggi, Knorr und Dr. Oetker beherrschten das Geschäft mit der gehetzten Hausfrau, über deren Belastung man sich in der Werbung noch gönnerhaft lustig machte: «Jetzt aber Tempo, bald wird Peter da sein mit einem Bärenhunger», hieß es 1954 in einem Oetker-Werbespot, der sich erst genüsslich über den Stress einer Sekretärin mit verlängertem Büroschluss amüsierte («Jetzt noch mal schnell durchlesen, ob auch die Interpunktion sitzt»), um dann der nach Hause rasenden Frau hinterherzusinnieren: «Sie wissen ja, eine Frau hat zwei Lebensfragen: ‹Was soll ich anziehen?› und ‹Was soll ich kochen?›» Während man die Gehetzte dann daheim eifrig rühren sieht, heißt es: «Es ist erstaunlich, was der Mann alles essen kann, wenn er verheiratet ist», um endlich beim Pudding anzukommen, den Oetker in einer Variante ohne Kochen anbot: «Galetta! Einfach in die Milch hinein, in einer Minute fertig!»

Hildegard Jähner, eine Lehrerin aus Duisburg, war besonders kreativ, wenn es darum ging, binnen Minuten etwas auf den Tisch zu bringen. Bei ihren Kindern berüchtigt waren die Spiralnudeln, die sie mit einer süßen Soße aus eingemachten und erhitzten Pflaumen übergoss und mit Würstchen aus der Dose garnierte. Unvergesslich auch die Scheibe Brot, die sie einfach mit erhitzter Bratensoße aus der Tüte übergoss. Fertig war der Steakersatz!

«Den Wagen da, in dem Sie sitzen, kann nur ein kluger Mann besitzen»

Für das oft krude Bild der Aufschwungsjahre ist in hohem Maße die Werbung verantwortlich, die sich bis heute eines skurrilen Nachlebens im Internet erfreut. Der mentale Abstand, der uns von der Nachkriegszeit trennt, wird in ihren häufig ulkig und ungelenk wirkenden Ansprachen besonders deutlich. Aber binnen weniger Jahre veränderte sie ihre Bildsprache und Semantik radikal, definierte ihren Humor neu und lieferte eine Ikonografie der Warenwelt, die dem Zeitgenossen half, sich im Überangebot zurechtzufinden.

Doch zunächst hatte die Werbewirtschaft nach zwölf Jahren Indienstnahme durch das NS-Regime wieder eine zivile Behandlung des Publikums zu erlernen. Die Produktwerbung im Dritten Reich strotzte vor geballten Fäusten, entschlossenem Händedrücken und aggressiven Gesten. Überall Gefechtsbereitschaft: Mercedes hatte vor einer europäischen Landkarte mit expansiven «Taten von Weltgeltung» geworben, Voigtländer Optik seine Kameras als «optische Panzer» angepriesen, die Zahnpasta Solidox zum «Kampf gegen das Volksübel Zahnstein» aufgerufen und das Haartonikum Trilysin dem Haarausfall «ein scharfes Halt geboten». Ab 1942 mussten die Unternehmen immer häufiger mit Anzeigen um Verständnis dafür werben, dass ihre Produkte nicht mehr erhältlich waren: «Panzer oder Parfüms?», hieß es in der Zeitungswerbung für Mouson Lavendel: «Unsere guten deutschen Parfüms bringen wichtige Devisen ein. Mit Devisen werden rare Rohstoffe für unsere Rüstung gekauft. Und damit ist die Frage auch schon beantwortet: Während des Krieges verzichten wir auf Mouson Lavendel.»[29]

Nun aber herrschte Frieden, und das Angebot war in vielen Branchen schon wieder viel größer als die Nachfrage. Um ein Produkt erfolgreich zu machen, mussten die Wettbewerber kleingehalten werden. Anfangs sollte der Kampf um die Kundenaufmerksamkeit allerdings nur behutsam geführt und die noch immer verunsicherte Volksseele empfindsam bearbeitet werden. Die Werbung wollte die in den Familien ertrotzte, fragile Behaglichkeit nach dem überstandenen Krieg nicht stören und pries ihre Produkte deshalb häufig in betont gediegenen Formen an. Ein probates Mittel war die Versform.

Zwischen Wochenschau, Vorfilm und Hauptfilm wurde man im Kino über das neue viersitzige Rollermobil Zündapp Janus zum Beispiel so unterrichtet: «Scheint er äußerlich auch winzig, / wartet nur, denn der hat's in sich. / Was da reingeht, nicht zu sagen, / Eltern, Kind und Kinderwagen.» Die Zuschauer kicherten amüsiert, der Wagen sah vorn und hinten fast gleich aus. Wer hinten saß, hatte den Fahrer im Rücken und schaute auf die zurückbleibende Landschaft. «Zwei blicken vorwärts, zwei zurück, / das Ganze ist ein Meisterstück!» Die Wochenschau hatte zuvor vom Volksaufstand in Ungarn 1956 berichtet oder vom Aufstand der Mau-Mau gegen die britische Kolonialmacht in Kenia. Man sah Szenen aus der dramatisierten Fassung des «Tagebuch der Anne Frank» bei den Berliner Festwochen und erfuhr, dass der Bundestag die Gründung einer Verkehrssünderdatei in Flensburg beschlossen hatte.

Dann ging es in entspannter Reimform weiter mit dem Konkurrenzprodukt: «Den Wagen da, in dem Sie sitzen, / kann nur ein kluger Mann besitzen. / Zwar klein, jedoch kein Pappenstiel. / Mit einem Wort: Goggomobil.» Die Versform annoncierte eine gewisse Bildung, gehobenen Schliff und joviale Harmlosigkeit. Der Goggo-Käufer kannte noch seinen Schiller – oder er sollte wenigstens potenziell zum Kreise derer zählen, die ihn auswendig konnten: «Spät kömmt Ihr, doch Ihr kömmt», tönte es von der Leinwand her, wo Wallenstein auf Graf Isolani wartete: «Der weite Weg, Graf Isolan / entschuldigt Euer Säumen / nehmt Goggos Hilfe dankbar an / mein allerbester Edelmann, so kömmt Ihr schneller an das Ziel, benutzt Ihr nur das Goggomobil!» Graf Isolani, der berüchtigte Kompagnon Wallensteins im Dreißigjährigen

Krieg, und der vierzehn PS starke Kleinstwagen aus Dingolfing – der Atem der Geschichte wehte gnädig über Kleine und Große und blies sie vorwärts über Heerstraßen und Autobahnen.

Auch der Kühlschrank kam ohne Reim nicht aus: «Siebzehn Lenze zählt nun Ellen, / köstlich wird ihr Gabentisch. / Tausend tolle Leckereien / hält der Bosch für heute frisch. / Mutter produziert in Mengen / außerdem noch Speiseeis, / denn bekanntlich wird es Damen / dieses Alters oft sehr heiß.»[30]

Der Reim brachte versöhnlich Altertümelndes in die Welt der modernen Produkte. Auf Rückversicherungen aus der guten alten Zeit mochten die Werber und ihre Auftraggeber noch nicht verzichten. Die Damenbinden von Camelia wurden mit der mittelalterlichen Miniatur einer Freifrau beworben, für die Zigarette Astor musste George Washington herhalten und natürlich Johann Jakob Astor selbst, der arme Sechzehnjährige aus Walldorf, der seine Heimat verlassen hatte und Ende des 18. Jahrhunderts in Übersee der erste Multimillionär Amerikas geworden war. In Kupferstichen und langen Texten erzählte eine Anzeigenserie seine abenteuerliche Geschichte, stets mit den Worten schließend: «In Erinnerung an Johann Jakob Astor schufen wir Astor, eine Virginia-Zigarette im Königsformat mit Korkmundstück.» Gediegen musste es sein, an glückliche Zeiten anknüpfen, dem Verbraucher historische Tiefe geben und Verlässlichkeit.[31]

Die Werbung für die Güldenring, eine längst vergessene Zigarette, erzählte Anekdoten von berühmten historischen Goldringen, die aus Dankbarkeit verschenkt oder als Treuesymbol empfangen worden waren. Erzählt wird erstaunlich viel in diesen frühen Jahren mit Unmengen von Text auf einer Anzeige. Um die Vereinigten Glanzstoff-Fabriken bekannter zu machen, den Hauptproduzenten der Wunderfaser Perlon, erzählte eine Anzeigenserie die Geschichte der Kunstfasern in historischen Episoden, für die man eine heute in der Werbung unvorstellbare Menge Geduld aufbringen musste. Man setzte auf Bildung und Aufstiegseifer, noch Mitte der Sechziger erschien eine Audi-Werbung auf Lateinisch: «Compressorius medii ordinis motor quaternis ictibus vehiculum propellit.» Die Anzeige spielte allerdings, typisch für das, was kommen sollte, allein mit dem Gag und zielte nicht mehr auf ein Verständnis Wort für Wort. Es reichte zu wissen, dass der Name Audi lateinisch ist, eine Übersetzung seiner Vorgängermarke Horch.

Die Werbung setzte die Bildungselite als anspornendes Lebensideal in Szene, was dem verbreiteten Aufstiegsoptimismus der Zeit entgegenkam. Durch Fleiß und Geschick könnte der Aufstieg gelingen – oder durch die Selbstkultivierung mittels der beworbenen Produkte. Der Weinbrand Grand Both wurde als Cognac für den Grandseigneur beworben, der in jeder Anzeige, vor einer barocken Büste stehend, als modernes Vorbild für alle Schichten diente: «Der ‹große Herr› – er ist auch heute noch in allen Schichten und Ständen anzutreffen – zeichnet sich nicht durch Name und Herkunft, sondern durch Haltung und Leistung aus. Er überzeugt durch die unbekümmerte Kraft seiner Persönlichkeit.» «Menschen, die etwas aus ihrem Leben zu machen wissen (...), maßvoll und wählerisch zugleich» – mit beinah pädagogischem Eifer wurde an einem Menschenbild gestrickt, das mit einer «kultivierten» Zigarette vervollkommnet werden sollte. Damals hatten die meisten Deutschen noch ihre ausgehungerten Landsmänner in Erinnerung, die nach Kriegsende gierig jeden rauchenden GI beäugten, um hastig aufzuspringen und sich um die Kippe zu kloppen, sobald er den Stummel weggeworfen hatte. Diese Schmach musste nun wettgemacht werden durch besonders kultiviertes Rauchen. Aus dem besiegten Suchtlappen war ein «Mann von Welt» geworden, der nicht hastig, sondern maßvoll rauchte, in Ruhe alles genießend, was er wieder aufgebaut hatte und demnächst vollenden würde.

Eine Zigarette von angeblich altem Adel war auch die Overstolz. Der Ritter Overstolz lieferte eine witzige Brücke vom Mittelalter ins Hier und Heute der fünfziger Jahre. Er zierte die Zigarettenpackung und spazierte in voller Rüstung in der Anzeigenserie «Ritter Overstolz erforscht die Gegenwart» durch Adenauers Reich. Trotz heruntergelassenem Visier in eine freundliche Gestalt gebracht, saß der geharnischte Overstolz an der Schreibmaschine in einem modernen Büro und setzte eine Nachricht an seine Tafelrunde im Mittelalter ab: «Den ganzen Tag am Schriftklopfer gesessen und Berichte niedergeschrieben STOP Leute vornehmen Standes haben eigene Schreibdienerinnen STOP Unzählige Leseblätter verbreiten tägliche Kunde von Begebenheiten, Botschaften und Mären STOP Bilderblätter mit naturhaften Bildnissen minniglicher Damen geschmückt.» Bemerkenswert, dass eine offenbar noch ausreichende Zahl von Lesern 1958 wusste, was «minnigliche Damen» sind.

Einige Schritte brauchte es noch, bis sich die Werbung aus dem erzählerischen Korsett befreit hatte und die gelassene Behaglichkeit zugunsten kräftigerer Effekte aufgab. 1963 präsentierte Volkswagen einen älteren Slogan in einer minimalistischen Reduktion. Ein VW-Käfer entfernte sich auf einer schnurgeraden Betonpiste. Dazu erklang eine markige Stimme aus dem Off: «Er läuft und läuft und läuft und läuft …», elfmal wurde es wiederholt, bis das Auto nicht mehr zu sehen war. Als Identifikationsfiguren traten die noblen Grandseigneurs ab und machten snobistischen Holzfällern Platz, die sich für eine Schachtel Zigaretten Löcher in die Sohlen liefen. «Der Duft der weiten Welt» verkündete Aufbruch, appellierte an die Neugier und verhieß eine aufregende Zukunft. Die nostalgische Anlehnung an die Vergangenheit war überflüssig geworden.

Mit der Vielfalt des Angebots explodierte der Werbebedarf auch im Lebensmittelbereich. Kaffee, Milch und Pudding brauchten Botschafter, die der Marke ein Image gaben. Der Teddybär wanderte für die Büchsenmilch «Bärenmarke» über die saftigen Wiesen Bayerns, der Tchibo-Kaffeeexperte mit seiner Melone durch Tansania, Maggis Fridolin trat an den Esstisch und erklärte einer verdutzten Runde, warum das Essen nicht schmeckt: Maggi fehlt. Der Weiße Riese legte sich mit dem Dreck an und konkurrierte mit Klementine, der Ariel-Wäscheexpertin. Der Krawatten-Muffel musste endlich mehr als drei Schlipse bekommen, und Frau Antje

Der Ritter Overstolz wirbt 1958 für die gleichnamige Zigarette, indem er dem motorisierten Zeitgenossen von heute erst mal eine anbietet. Das Kunststück des Werbezeichners bestand darin, einem eisernen Visier ein freundliches Gesicht zu geben.

machte sich als holländische Käsefee bekannt. Sie alle spukten durch die kollektive Phantasie und wurden durch ständige Wiederholung zu treuen Begleitern.

Kultstatus erlangte der Abenteurer Frank S. Thorn, der mit einem großen zotteligen Stoffbären um den Globus reiste und mit ihm schräge Kurzdialoge führte, laut «Spiegel» dem «maulfaulen Idiom der amerikanischen Comics entlehnt». Beispiel: Thorn:

«Gelobt sei, was hart macht.» Sein Freund: «Is' von Nietzsche.» Thorn: «Trank der auch Wodka?» Sein Freund: «Möglich, aber noch keinen Puschkin.» Thorn und sein Braunbär gingen unter dem Slogan «Puschkin für harte Männer» im Polarmeer angeln, zelteten in der Tundra und besuchten wilde Jetset-Partys. Ihr Witz stand für sich; darüber hinaus ein werbendes Wort über den Wodka selbst zu verlieren, hätte die Wirkung zerstört. Das wäre heillos spießig gewesen, so was von Fifties. Frank S. Thorn stand mit dem kunstvollen Nonsens für den Take-off in die zweite Hälfte der Sechziger, für eine Gesellschaft, die schon alles hat, weshalb man in ihr nur mit kulturellen Zusatzeffekten wie Ironie, Originalität und Individualität punkten kann. Mit ihren eindrucksvollen Bildern und absurden Dialogen gehörte die von Charles Wilp und Vilim Vasata ab 1963 entwickelte Kampagne zu den bizarrsten, zugleich erfolgreichsten ihrer Zeit.

Übertroffen wurde sie fünf Jahre später nur von der Werbung für Afri-Cola, ebenfalls von Charles Wilp 1968 geschaffen: «Sexy-mini-super-flower-pop-op-cola – alles ist in Afri-Cola.» Die Clips hatten nun gar nichts mehr mit der Produktqualität der Limonade zu tun, sondern mit einem neuen Lebensgefühl, das von tanzenden Models lasziv hinter beschlagenen Scheiben demonstriert wurde. Zu einem infernalischen Höllenlärm, wie man ihn allenfalls von den Donaueschinger Musiktagen für zeitgenössische Kunstmusik kannte, verkündete eine markige Stimme die Zeitenwende: «Heirat oder nicht Heirat – das ist nicht mehr die Frage. Die Augen erzählen der Welt, dass sie verliebt sind. Afri-Cola. Menschen, die bewusst ihre Zeit genießen, bei vollem Verstand. Wach und mobil. Afri-Cola.» Die letzten Sekunden gehörten Marianne Faithfull und Petula Clark, verführerisch schmachtend und unter weißen Nonnenhauben die Worte wiederholend: «Sexy-mini-super-flower-pop-op-cola – alles ist in Afri-Cola.» Eine Werbung, die nichts mehr gemein hatte mit den betulichen Reimen und dem selbstzufriedenen Gehabe des Asbach-Uralt-Stils. Das Maßhalten war passé.

Die Wodka-Kampagne «Puschkin für harte Männer» zeugt 1963 von einem geänderten Werbestil. Frank S. Thorn und sein haariger Freund werden mit abstrusen Dialogen zu Kultfiguren.

Mitte der sechziger Jahre schwebt mit Alexei Leonow erstmals ein Mensch im Weltraum. In Berlin zerlegen Besucher eines Rolling-Stones-Konzerts 1965 die Waldbühne. Queen Elizabeth verleiht im selben Jahr den Orden *Member of the British Empire* den Beatles. Verteidigungsminister Kai-Uwe von Hassel tauft den ersten deutschen Nachkriegspanzer auf den Namen Leopard. Sowjetische Düsenflugzeuge stören über der Berliner Kongresshalle eine Sitzung des Bundestags. In Vietnam wird erstmals Napalm eingesetzt. Louis Armstrong gastiert in Ost-Berlin. Miles Davis veröffentlicht «My Funny Valentine», die Aufnahme eines legendären New Yorker Konzerts, das klingt wie die Zusammenfassung eines ganzen Jahrzehnts voller Hoffnungen und Enttäuschungen, noch nie so differenziert durch eine Trompete gepresst. Joseph Beuys läuft, einen toten Hasen im Arm, den Kopf mit Honig eingecremt und mit Goldstaub bedeckt, durch die Galerie Schmela in Düsseldorf und erklärt dem toten Tier drei Stunden lang die dort ausgestellten Bilder – eines von vielen Happenings, die sich als Kunstform etabliert haben. In Nordrhein-Westfalen wird ein Smogplan verabschiedet.

Innerhalb einer Dekade haben sich die Werbeausgaben ums Fünffache erhöht. Aus der Handvoll Agenturen, die der Nationalsozialismus übrig gelassen hat oder die von alten Werbehasen aus der Weimarer Republik neu gegründet wurden, sind siebenhundertfünfzig geworden, die größten von ihnen fast alle mit amerikanischer Beteiligung. Fünfhundert Werbeetats liegen über der Millionengrenze, darunter fünf Millionen DM für ein Produkt, das in den Elendsjahren nach dem Krieg unvorstellbar gewesen wäre: Katzenfutter in Dosen. «Katzen würden Whiskas kaufen.»

Drei Viertel aller Haushalte besitzen nun einen Kühlschrank, zehn Jahre zuvor waren es nicht einmal sieben Prozent. Achtzig Prozent haben sich eine Waschmaschine erkämpft, obwohl dafür noch immer zwei bis drei Monatsgehälter hingeblättert werden müssen.[32] Trotzdem hat die Tugend der Sparsamkeit sichtlich gelitten. Mit dem Slogan «Ex und hopp» wird die Einwegflasche beworben; Ärmelschoner tragen nur noch Sonderlinge. Das «gute Geschirr» kommt jetzt auch alltags auf den Tisch. In unvorstellbarer Geschwindigkeit sind die Menschen wohlhabend geworden, so schnell, dass sie kaum Zeit haben, sich darüber bewusst zu werden. Noch dauert es ein paar Jahre, bis Ikea Anfang der Siebziger mit den Worten «Benutze es und wirf es weg» für kurzlebige Verbrauchsmöbel wirbt und fürs Müllmachen, aber ans gedankenlose Wegwerfen hat man sich schon gewöhnt. Das Prinzip Supermarkt sorgt durch den Verpackungszwang für ungeahnte Abfallmengen, die nun täglich auf die Halden wandern. Lange Haltbarkeit ist kein unumstößlicher Wert mehr: Der aufblasbare Sessel, der seine kurze Lebensdauer als ästhetischen Vorteil herauskehrt, wird zu einem Kultobjekt der sechziger Jahre.

Zehn Jahre ungestümen Wachstums haben die Menschen verändert. Aber wie genau, das ist die große Frage. Mit dem Wohlstand ist die Sorge gewachsen, ob er den Leuten gut bekommt oder ob er den Geist verblendet und die Menschen unruhiger und anspruchsvoller macht, als es dem Land zuträglich ist.

VIERTES KAPITEL

Kaum wieder satt, hadern Deutschlands Intellektuelle mit dem Wohlstand

«Bemittelter werden wir und bedürftiger zugleich.»

KONSUMSOZIOLOGE ERNEST ZAHN, 1960

«Man ging immer am Kühlschrank vorbei, hat drüber gestrichen und machte ihn auf. Und das glänzte, und die Butter lag drin und die Wurst, noch so, wie man sie vorgestern gekauft hat. Wissen Sie, ich denke, man hat in der schweren Zeit so viel Glücksgefühle, ich würde sagen, unwiederbringlich.»[1]

Das Glück, das diese Frau 1957 über den endlich erlangten Kühlschrank empfand, teilte nicht jeder. Das Wort «Wohlstandsgesellschaft» bekam, je weiter die fünfziger Jahre voranschritten, einen zunehmend spitzzüngigen Unterton. Folgt man der in Radio und Presse veröffentlichten Meinung, ergibt sich der sonderbare Eindruck, als sei den Deutschen ihr plötzlicher Reichtum gar nicht willkommen gewesen. Das wird im wirklichen Leben der Leute mit Sicherheit ganz anders gewesen sein, aber von den Kanzeln und Kathedern, in den Leitartikeln und im Feuilleton haderte man mit dem Wohlstand. Ein mahnender Ton herrschte vor, der mit erhobenem Zeigefinger den erleichtert konsumierenden Mitmenschen zu innerer Einkehr riet. Mit Sorge blickte man in die Zukunft der Konsumgesellschaft, in der die Massen den Respekt vor dem Geist verlören, eine vorlaute Halbbildung sich ausbreiten und jede geistige Tiefe an die Oberfläche der Warenwelt verkauft würde. Dass ein satter Bauch dumm mache, glaubten gerade die, die ständig an den Problemen der Welt herumknabberten. «Die Prosperität kommt nur dem Geschäftsleben zugute, sie geht auf Kosten des geistigen Lebens, das erschreckend verkümmert», erklärte der Baseler Germanist und Literaturhistoriker Walter Muschg 1957 auf einer Tagung zum «Unbehagen in der Hochkonjunktur».[2] Er konnte sich der Zustimmung fast aller Kollegen sicher sein, gleich ob rechts oder links gesinnt.

Und nicht nur der: In den meisten deutschen Redaktionsstuben und vielen Haushalten des gebildeten Mittelstands war man sich sicher, dass der Boom kein gutes Ende nehmen würde. Selbst der Vizepräsident des Deutschen Bundestages, Carlo Schmid, Staatsrechtler und einer der Väter des Grundgesetzes, klagte 1959 über das «Lotterbett bundesrepublikanischer Wunderwirtschafts-Gemütlichkeit, auf dem sich das Denken so leicht wegträumen lässt»[3]. Der plötzliche Wohlstand führe zu Behäbigkeit und Selbstzufriedenheit.

Das Vollgefressene wurde zu einem Hassattribut für die neue deutsche Lebensart. Die siebzehnjährige Schülerin Gisela Elsner giftete 1954 in einem Brief an ihren acht Jahre älteren Freund Klaus Roehler: «Diese rechtschaffenen Heuchler; diese fetten, behäbigen (…) Wohlleber. Dieses elende Pack – und es ist so weit verbreitet und vermehrt sich von Tag zu Tag.»[4] Zehn Jahre später wird sie ihren Erstlingsroman «Die Riesenzwerge» veröffentlichen, worin mit abstoßenden Völlereien, die bis zum Kannibalismus reichen, der gute Appetit der fünfziger Jahre persifliert wird. Hasserfüllt mustert die Ich-Erzählerin ihren Vater, der sich einen riesigen Haufen auf den Teller packt, gründlich zermatscht und alles mit Sorgfalt klein kaut, den «Blick auf den Mittelscheitel meiner Mutter gerichtet, die sich nun selber auftut, einen Haufen, der in meinem Haufen mehrmals Platz hätte»[5].

Hans Magnus Enzensberger, der sich 1960 noch über die «kleinbürgerliche Hölle» des Neckermann-Katalogs mokiert hatte, stellte 1988, weiser geworden und durchaus selbstkritisch, fest: «Keine zehn Jahre nachdem die Lebensmittelrationierung aufgehoben war, avancierte die Vokabel *satt* zum Schimpfwort. Der ‹satte Bundesbürger› wurde zur Zielscheibe der Entrüstung, so, als wäre der Hunger eine positive moralische Kategorie.»[6]

Nun könnte man annehmen, dass das Unbehagen am Wirtschaftswunder in der immensen Schuld gründete, die man sich mit dem Holocaust und dem Weltkrieg aufgeladen hatte. Stand dem Land eine so rasche Erholung tatsächlich zu? Viele haderten zwar nicht unbedingt mit dem eigenen Wohlstand, aber doch mit dem der anderen, die sich leichter taten mit der Vergangenheit als man

Der «satte Wohlstandsbürger» wird zehn Jahre nach Überwindung des größten Hungers zum Feindbild der kritischen Intelligenz. Hans Albers im Restaurant, 1955.

selbst. Das professionelle gute Gewissen des Landes, wie es sich etwa in der Schriftsteller-Gruppe 47 einrichtete, fühlte sich allein in einer munteren Gesellschaft, die lieber in den Versandhauskatalogen blätterte, als endlich Eugen Kogons Buch «Der SS-Staat» zu lesen. «Wer einmal geglaubt hatte, dass das deutsche Volk sich nach der Niederlage ohnegleichen zu Sitte und Anstand erholen würde, der sah jetzt alle guten Vorsätze» der frühen Nachkriegsjahre «an eine niedere Wohlstandsmentalität verraten», schrieb Peter Rühmkorf 1962 über seine enttäuschten Dichterkollegen, die daraufhin beschlossen hätten, sich mit der Welt literarisch «ins Unvernehmen» zu setzen.[7]

Damals, in den ersten Hungerjahren unmittelbar nach dem Krieg, waren tatsächlich viele junge Menschen von einem entschlossenen Willen zum Neubeginn, zur tätigen Reue und zur Schaffung einer wahrhaft humanen, friedlichen, gerechten Welt erfasst worden. «Man möchte sich zerreißen vor Arbeitseifer, möchte tausend Hände haben und tausend Gehirne», hatte die Journalistin Ruth Andreas-Friedrich 1945 in ihr Tagebuch geschrieben: «Wenn man uns jetzt versteht und verzeiht, wird man von uns alles erreichen. Alles! Dass wir dem Nazismus abschwören, dass wir das Neue besser finden, dass wir arbeiten und grundsätzlich guten Willens sind.»[8] Zum guten Willen dieses Trümmeridealismus hatte die Rehabilitierung der Nachdenklichkeit gehört, von der NS-Rhetorik verfemt, und das Wiedererlernen von Tugenden wie Zweifel, Bescheidenheit und Genügsamkeit.

Stattdessen stürzten sich die Menschen nach der Währungsreform – so der häufig kolportierte Eindruck – blindlings in den Konsum, taumelten von einer Ersatzbefriedigung in die nächste, stopften alles in sich hinein, um zu vergessen und die Erinnerung ans Gestern zu verdrängen. «Über allem lag der Mief des Geldes und dieses ganzen hohlen, aufgedonnerten Wohlstands, den, Gott sei meiner Seele gnädig, hoffentlich recht bald der Teufel holt» – so Ernst Glaeser 1960 in seinem Roman «Glanz und Elend der Deutschen».[9] Glaeser war ein ehemals kommunistischer Autor, der 1939 aus dem Exil ins NS-Reich zurückgekehrt war und für die Luftwaffenzeitschrift «Adler im Osten» geschrieben hatte, einer der vielen deutschen Schriftsteller, die auf dem glitschigen Parkett ihres Bildungsdünkels munter die politischen Seiten wechselten – von links nach rechts und wieder zurück.

Vor allem in der Wohlstandsverachtung waren sich Rechte und Linke weithin einig. Auf beiden Seiten sah man den Konsum als Betäubungsdroge, die die Menschen von der Erkenntnis ihrer wirklichen Lage abhielt. Links sah man die Schuld, die verdrängt werde, und das weiterhin existierende Klassenunrecht; rechts war es die Schmach der Niederlage, der Schmerz über die Teilung des Landes und den Verlust der Ostgebiete. Deutschland konsumiere sich in eine satte Bequemlichkeit hinein, passe sich aufs Ehrloseste an den siegreichen Westen an und verliere seine Seele an den Amerikanismus. Die unaufhörliche Gier nach niedrigster Bedürfnisbefriedigung betäube die Phantomschmerzen der amputierten Nation und verhindere jede realistische Wahrnehmung der eigentlich dramatischen Lage. «So bieten wir in der Bundesrepublik das Bild eines Volksteils, der nur an seine Motorräder, Rundfunkgeräte, Ferienreisen und Eigenheime denkt und sich gegen die europäische Ungewissheit mit allen Mitteln abzukapseln versucht», klagte der konservative Feuilletonist Friedrich Sieburg 1954 und fuhr fort: «Auf diese Weise kommt das Paradox zustande, dass am gefährdetsten Punkt der Welt die unbekümmertsten Menschen zu hausen scheinen.»[10] Aber waren es wirklich das brennende Entsetzen über den Holocaust, der Gedanke an die Brüder und Schwestern im Osten und die Risiken des Kalten Krieges, die die vielen Kulturkritiker an den Betäubungen durch Wohlstand verzweifeln ließen? Oder hatte der Groll gegen die Freuden der Leute nicht auch sehr viel niedrigere Beweggründe?

Die nivellierte Mittelstandsgesellschaft: Kleider machen Leute

Das Neue am Kapitalismus der Wohlstandsgesellschaft bestand in seinen egalitären Effekten: Er machte die unteren Schichten nicht immer ärmer, wie die Verelendungstheorie behauptet hatte, sondern glich sie den oberen immer mehr an, zumindest äußerlich. Genauso hatte es Josef Neckermann versprochen: «Wir überwinden die Klassen durch Güter von Klasse»[11], behauptete er und stellte seinen schwungvollen Handel als Vorposten der sozialen Marktwirtschaft dar. Auf den ersten Blick konnte man die Gesellschaft der sozialen Marktwirtschaft tatsächlich für eine klassenlose halten.

1956 hatte der Soziologe Helmut Schelsky mit der «nivellierten Mittelstandsgesellschaft» einen Begriff geprägt, der zu einem der beliebtesten Schlagworte des folgenden Jahrzehnts werden sollte. Durch Bildungschancen, Qualifizierung und Vollbeschäftigung seien die Unterschiede zwischen den Schichten abgeschmolzen und die soziale Mobilität universal geworden, schrieb Schelsky. Die «nivellierte Mittelschicht»[12], die einzige Schicht, die der sozialen Marktwirtschaft bald bliebe, könne «ebensowenig proletarisch wie bürgerlich genannt werden»[13]; sie folge einem «Lebenszuschnitt, den man, gemessen an der alten Schichtenstufung, etwa in der ‹unteren Mitte› lokalisieren muss». Sie gewinne «ihr soziales Selbstbewusstsein darin, fast einheitlich an den materiellen und geistigen Gütern des modernen Zivilisationskomforts teilzunehmen».[14] Mit anderen Worten: Nicht nur hinsichtlich der Kleidung, sondern auch im Habitus und den durch Kultur vermittelten Wertvorstellungen hätten sich die einfachen Leute an die schmelzende Schicht des gediegenen Bürgertums herangerobbt.

Die Eliten empfanden keineswegs ungeteilte Freude über den Zuwachs von unten. Man fürchtete vielmehr eine «wachsende Herrschaft der Halbbildung» und eine «Zerbröckelung der Kulturpyramide».[15] «Aus dem Modergeruch des Proletariats, der Armut, des tristen Tagelöhnerdaseins» sei der kleine Mann «zu einer Figur der Mitte geworden, deren Lebensgewohnheiten sich kaum noch wesentlich von denen der Oberschicht unterscheiden» würden, meinte besorgt im Nachtstudio des Südwestfunks der konservative Publizist Kurt Seeberger 1960. Auch wenn Kritiker der neuen Mittelschichtsthese – nicht nur linke, sondern auch liberale Soziologen wie Ralf Dahrendorf von der FDP – darauf hinwiesen, dass die Klassenunterschiede mitnichten abgeschafft seien, bereiteten die sprunghaft gestiegenen Aufstiegsmöglichkeiten «von unten» vielen Angehörigen des Bürgertums Sorge vor dem Verlust ihrer Privilegien und sozialen Distinktionen. Bislang war die Masse immer ein mit Verachtung gefärbter Begriff gewesen, nun musste man Angst haben, zu ihr hinzugezählt zu werden.

«Die Masse» war eine mit Schaudern gebrauchte Lieblingsvokabel der Zeit, Ortega y Gassets elitäres Buch «Der Aufstand der Massen» (1931) eine Lieblingslektüre der gebildeten Nachkriegsdeutschen. Aber wie hatte sie sich seitdem gewandelt! Zunächst dachte man bei «Masse» an den randalierenden Pöbel der späten Weimarer Republik, an die militanten Aufmarschformationen der Nazis und Kommunisten, die auf den Straßen aufeinander Jagd machten. Später an die Massen der großen Heere, die Massen der eingepferchten Opfer, der Kriegsgefangenen, der Toten. Und nun lauter Männer in Geschäftsanzügen; Massen von «Männern in grauem Flanell»![16]

In amerikanischen Filmen sah man «The Lonely Crowd», «Die einsame Masse», wie der zeitgenössische Bestseller des amerikanischen Soziologen David Riesman hieß, in ihrer spektakulären Uniformität. Immer zur gleichen Zeit stiegen die gleich korrekt gekleideten Männer frühmorgens in die Vorortzüge, trugen die gleichen Hüte, Anzüge und Aktentaschen, ließen ihre zum Verwechseln ähnlichen Frauen in den sich zum Verwechseln ähnlichen Einfamilienhäusern zurück und fuhren in ihre Büros, die wie ein Ei dem anderen glichen. Auf einem Foto von Abisag Tüllmann sah man die deutsche Version der *lonely crowd*, wie sie 1961 im Waldstadion dem Spiel der Eintracht Frankfurt zuschaute. Ausschließlich Männer, Tausende, überraschend viele mit Anzug und Krawatte. Eine arrivierte Masse von fast distinguierten Herren. Nur die Hüte hatten die meisten zu Hause gelassen, aus Rücksicht auf den Hintermann, damit der besser sehen konnte.

Bei der nivellierten Mittelstandsgesellschaft ging es durchaus um Äußerlichkeiten, um das Vermögen der unteren Schichten nämlich, sich mit den oberen verwechselbar zu machen. Diese Signale aber zogen Ansprüche nach sich, die tiefer in die Wirklichkeit eingriffen. Mit Recht wurden Äußerlichkeiten als Symptome eines sozialen Wandels empfunden, der die harten Grenzen der Klassengesellschaft kulturell aufweichte. Hinter dem später so belächelten Drang der Menschen in den Fünfzigern, korrekt angezogen zu sein, steckte nicht nur der spießige Hang zur Unauffälligkeit, sondern der Wunsch nach gesellschaftlicher Teilhabe, Anerkennung und Aufstieg. Die einen empfanden mit dem Soziologen René König die Hebung des allgemeinen Modeniveaus als «Demokratisierung einer diesseitigen Glücksidee»[17], die anderen als bedrohliche Anmaßung der unteren Schichten, der noch schlimmere Frechheiten folgen würden.

König hatte in seiner «Soziologie der Mode» herausgearbeitet, dass der Fokus der Modemacher sich von der Elite weg auf die Mittelschicht gerichtet habe, die nun die Führung in Trendfragen übernehme – ein für die fünfziger Jahre emblematisches Phänomen: «Die obersten Wohlstandsschichten sind nur noch sehr teilweise in modischer Führungsfunktion lebendig; diese Leistung ist vielmehr ganz eindeutig an die mittelhohen und mittleren Einkommensschichten übergegangen, die auch für die Wirtschaft viel interessanter sind.»[18]

Das schmerzte natürlich. Viele Bildungsbürger sahen in der wachsenden ästhetischen Definitionsmacht der Mittelschichten einen Angriff auf die lebensstil- und sittendefinierenden Bastionen, die bislang ihnen vorbehalten waren. «Nach Generationen einfacher, schlichter und gläubig tiefer Menschen will eine Zeit hochkommen mit oberflächlichen, dreisten, begehrlichen Menschen», klagte der katholische Seelsorger Dr. Martin Stur 1962 auf einer Tagung österreichischer Priester. Die Vorstellung, die Masse unerzogen sich selbst zu überlassen, beinhaltete für die meisten Angehörigen der Elite die Gefahr, von einer vorlauten, durch Wohlstand dreist gewordenen Menge überstimmt zu werden. So stabil war die Demokratie dreizehn Jahre nach Verabschiedung des Grundgesetzes ja nicht, um sie einfach den Leuten anzuvertrauen. Erziehung tat not, und die hieß es nun kraftvoll in die Hand zu nehmen. «Geist heißt Führung, und Schreiben heißt Vorschreiben»[19], kommandierte der Journalist Hans Zehrer, Leiter des Hamburger «Sonntagsblatts» und bald Chefredakteur von Springers «Welt», 1951 bei einem Grundsatzreferat vor Journalistenkollegen in Loccum. Für ihn wie für weite Teile des kulturellen, journalistischen und behördlichen Personals insgesamt galt es als ausgemacht, dass die Masse einer strikten Aufsicht und Lenkung bedürfe, auch wenn sie sich inzwischen noch so selbstbewusst gebärde.

Zehrers Kollege Friedrich Sieburg, angehender Literaturchef der «Frankfurter Allgemeinen Zeitung», sah die Sache ähnlich, aber melancholischer. Auch er hielt die Masse für betreuungsbedürftig, glaubte aber nicht, dass ihr noch mit Argumenten beizukommen sei: «Da die Masse alles glaubt, braucht sie nichts mehr zu glauben. Sie nimmt stumm und ohne Regung hin, was man ihr als wichtig oder aktuell anpreist, und hütet sich wohl, eine eigene Meinung zu haben. Nicht einmal Dummheiten gibt sie noch von sich.»[20] Resigniert ahnte Sieburg, dass der an Selbstbewusstsein zulegende «kleine Mann auf der Straße» es an Respekt gegenüber den gebildeteren Eliten immer mehr werde fehlen lassen und er bald nur noch die Währung achten werde, die er selbst auszahlte: die Prominenz. Nicht geistige Größe, nicht Bildungstiefe zähle, so Sieburg, sondern nur Popularität im banalsten Sinn.

Es sei doch aber wichtig, lässt der Schriftsteller Gerd Gaiser einen Protagonisten seines Romans «Schlußball» sagen, «dass man ein Gefühl für oben und unten behält, vor allem in Zeiten, in denen alle schwimmen»[21]. Zu den wenigen Intellektuellen, die sich in den frühen Fünfzigern gegen das «Gift der Massenverachtung» wandten, gehörte Jürgen Habermas. In einem Beitrag im «Handelsblatt» sah er sich selbst unter den Vielen: «Masse (...), das sind nicht die anderen, Masse – das sind wir; solide, gut angezogene Bürger, mit mehr oder weniger Geld, mit Anstand, mit mehr oder weniger Witz, meistens mit einem karteireifen Beruf ausgestattet, und gar nicht so uniform, wie man uns aus allen Ecken nachsagt.»[22]

Habermas, der später zu *dem* Philosophen demokratischer Kommunikation wurde, hatte damals, 1954, gerade seine Promotion an der Universität Bonn fertiggestellt und war ein einsamer Rufer gegen den Elitismus. Wollte man der verbreiteten Wohlstandsfurcht, gegen die er sich wandte, etwas Hellsichtiges zugutehalten, dann vielleicht die ahnende Vorwegnahme eines Phänomens, das Jahrzehnte später zum Problem der modernen Demokratien und ihrer öffentlichen Konfliktaushandlung werden sollte: das verbreitete Auftreten von schrankenlos selbstbewussten «Wutbürgern», die jeden Respekt vor informierter Argumentation in Wissenschaft und Presse verloren haben und eigenes Halbwissen grundsätzlich für überlegen halten. Ein Mittel gegen den aggressiven Populismus, in dem jeder sein eigener Experte zu sein glaubt, scheint noch nicht gefunden.

Das Rezept der Radikalkonservativen aus den Fünfzigern jedenfalls, die Armen einfach arm zu halten, hatte schon im Kaiserreich nicht funktioniert, in einer Demokratie war es erst recht nicht tragfähig. Trotzdem musste Ludwig Erhard die soziale Marktwirtschaft gegen die konservativen Bedenken verteidigen, der wachsende Wohlstand mache die vormals Besitzlosen anspruchlich und respektlos. Der konservative Flügel der CDU misstraute dem parteilosen Wirtschaftsminister, der gleich 1949 ins erste Regierungskabinett der frisch gegründeten Republik geholt worden war. Man fürchtete, dass Erhards Devise «Wohlstand für alle» die sittliche Einwilligung der unteren Schichten ins Wohlstandsgefälle beenden und eine Phase allgemeinen Autoritätszerfalls einleiten werde.

Der verdiente Ökonom Wilhelm Röpke, eigentlich mit Erhard befreundet, warnte 1956 vor dem Ende der Bescheidenheit als Folge fortgesetzter Hochkonjunktur: «Konzentration auf den materiellen Gewinn und Genuss, Kultus des Lebensstandards mitsamt der Ungeduld und Unzufriedenheit, die fortgesetztes Messen mit diesem Maßstab mit sich bringt, Unbekümmertheit und Maßlosigkeit, Selbstzufriedenheit gepaart mit Neid und rücksichtsloser Rivalität – man müsste bereits selber dem moralischen Klima der Prosperität zum Opfer gefallen sein, um die mit diesen wenigen Worten skizzierten Gefahren zu übersehen oder mit frohgemutem Optimismus von griesgrämlichem Moralisieren zu reden.»[23]

Sozialer Zerfall durch Wohlstand – da darf man aus heutiger Perspektive wohl sagen: Glücklich die Gesellschaft, die solche Sorgen hat. Röpke empfahl der Öffentlichkeit allen Ernstes «Dämpfung eines überbordenden Optimismus», nebst «Mäßigung, Besinnung auf die echten Werte und auf die rechten Proportionen der Dinge, Geduld und Disziplin in allen Schichten, Verantwortungssinn und Beherrschung des groben Appetits».[24] Heute ist ein solch unerschrockener Moralismus allenfalls bei radikalen Vertretern nachhaltiger Lebensweisen zu finden, die mit dem Konsumverzicht Ernst machen auch bei sich selbst.

Je weiter die fünfziger Jahre voranschritten, umso unaufhaltsamer erwies sich die Beförderung des kleinen Mannes zum properen Mittelschichtler. Mögen sie uns äußerlich gleichen, innerlich bleiben sie doch nur Durchschnitt, trösteten sich die Bessergestellten in ihrem mentalen Abwehrkampf. Den noblen Intellektuellen blieb das Vergnügen, sich über die niedere Menge lustig zu machen und sich so der Wertschätzung der gebildeteren Hörer- und Leserschaft zu versichern. Schrecklich eintönig und wenig animierend ginge es da unten zu: «Alle Frauen sind im Durchschnitt gleich hübsch, gleich schick, gleich lauwarm begehrt oder lauwarm unbegehrt, was im Grunde das gleiche ist», beklagte der eigentlich honorige neunundsechzigjährige Feuilletonist Willy Haas schaudernd die erotischen Mängel der nivellierten Konsumgesellschaft.[25] Grauen erfasste den sich eher links verortenden Journalisten Erich Kuby 1953 beim Anblick eines Campingplatzes. Im Nachtprogramm des NDR, das regelmäßig das gehobene Bürgertum vor den Empfängern versammelte, schilderte er den Campingbetrieb als «Perfektion der Volksgemeinschaft»[26]: «Wie die Massenaufmärsche der

Naziparteitage könnten die Zeltplätze als ‹Vernichtungslager für das Individuum› betrachtet werden, als ‹moderne Hölle›.»[27] Kein Mittel war zu grob, um den Abstand zu betonen, den die feineren Leute wenigstens geistig von den anderen trennte.

Der Soziologe Hans Paul Bahrdt berichtete in der Zeitschrift «magnum» von den typischen Witzen, die in Akademikerkreisen über den Aufstieg von unten kursierten: «Was ist Demokratie?», fragte ein Professor seine Studenten und gab sich die Antwort selbst: «Wahre Demokratie ist, wenn jeder Straßenkehrer Professor werden kann, vorausgesetzt, dass er bereit ist, mit dem Einkommen eines Professors vorliebzunehmen.»[28] Zwar verdiente ein Professor in Wahrheit das Fünffache eines Arbeiterlohns, aber der Witz bezog seine Pointe daraus, den Slogan «Wohlstand für alle» ernst zu nehmen. Weil das viel Heiterkeit im Auditorium erzeugte, erzählte der Professor gleich den nächsten: «Die Hausfrau fragt besorgt ihr Dienstmädchen: ‹Was macht denn Ihr Verlobter, der Georg? Ich sehe ihn gar nicht mehr. Haben Sie sich gezankt?› Antwort des Dienstmädchens: ‹Den habe ich fortgeschickt. Das ist ja ein Hochstapler. Er hat gesagt, er sei ein Fliesenleger. Dabei ist er Oberingenieur.›» Wieder große Heiterkeit unter den Studenten. Ob diese überzeugt davon waren, sich später, wenn sie, sagen wir Mitte der Siebziger herum, im Beruf stehen würden, auch eine Hausangestellte leisten zu können? Wohl eher nicht; der Witz lebte von Nivellierungsängsten – Abstiegssorgen mitten im Boom.

Künstliche Bedürfnisse? Ein beunruhigender Verdacht: Wohlstand kennt keine Sättigung

Den konsumkritischen Intellektuellen, gleich ob rechts oder links, schien die Masse nicht mündig genug zu sein, gegenüber den Verführungen der Konsumgesellschaft standhaft zu bleiben. Die Kronzeugen für diese Einschätzung kamen aus Amerika. Vance Packard, David Riesman und John Kenneth Galbraith schrieben in den fünfziger Jahren engagierte Plädoyers gegen den Konsumismus, die auch in Deutschland zu wirkmächtigen Bestsellern wurden.[29] Mit ihnen lieferten die USA zu ihrer allseits beneideten Wirtschaft die Warnhinweise zu Risiken und Nebenwirkungen gleich mit; man verschlang die Bücher umso begieriger, als man daraus zu erfahren hoffte, was noch auf einen zukommen würde. Von einer «Überflussgesellschaft» konnte in Deutschland ja eigentlich keine Rede sein, als 1959 Galbraiths «The Affluent Society» auf Deutsch herauskam, waren doch nicht einmal die Hälfte aller Haushalte mit dem dringendst Benötigten ausgestattet. Die Teppiche klopften die meisten mangels Staubsauger noch mit der Hand über einer Stange im Hof aus, das Bettzeug wurde mühsam im Zuber gewaschen und anschließend nass zur Heißmangel geschleppt. Aber Deutschlands gebildete Leserschaft studierte schon mal fasziniert die amerikanischen Wohlstandskritiker, die behaupteten, der gesellschaftliche Warenbedarf sei längst gesättigt und der Konsum würde nur noch durch künstliche Bedarfsweckung und absichtlich erzeugte Minderqualität am Laufen gehalten.

Der Blick nach Amerika half, über eine Entwicklung zu klagen, die in Deutschland noch gar nicht recht in Gang gekommen war.[30] «Was soll man mit zwei Swimmingpools anfangen, mit drei Fernsehgeräten, vier Autos und mehreren Wochenendhäusern?»[31], fragte Weihnachten 1960 der Schriftsteller Paul Schallück in einer der bereits ritualisierten Klagen über den Konsumrausch zum Christfest – eine groteske Übertreibung, denn 1960 lag in vielen Familien noch kaum mehr als die obligatorische Flasche Kölnisch Wasser, Briefpapier und das Set Stofftaschentücher auf dem Gabentisch. Auf Packard, Galbraith und Riesman fußte das folgenreiche Konstrukt der «unechten Bedürfnisse», mit der man den meisten Menschen die Fähigkeit absprach, selbst beurteilen zu können, was sie wollen und benötigen. John Kenneth Galbraith war fest davon überzeugt, dass die moderne Werbung in der Lage sei, einen «Bedarf zu wecken, der vorher noch nicht existiert hat»[32]. Sie schwatze den Menschen Dinge auf, die sie niemals gewollt hätten, wären sie nicht in die Fänge der Werbung geraten. Das irrsinnige Ausmaß an Werbeausgaben beweise, dass der echte Konsumbedarf längst gesättigt sei: Werbung wirke nur auf Menschen, «die der physischen Not so weit entrückt sind, dass sie nicht mehr wissen, was sie sich noch wünschen sollen»[33]. Tatsächlich hatte Earl Puckett, Vorsitzender einer amerikanischen Kaufhauskette, dieses Argument mit der lax getätigten Aussage genährt, es sei seine Aufgabe, Frauen unzufrieden zu machen mit dem, was sie besäßen.[34]

Galbraiths Kollege Vance Packard steigerte das Argument der künstlichen Bedarfsweckung zur handfesten Paranoia. Mithilfe tiefenpsychologischer Tricks würden die Verbraucher zum Kauf verführt, ohne dass sie die Chance hätten, die Manipulation bewusst wahrzunehmen. Im Kino schöbe man ihnen mittels Signalen, die eine Dreitausendstelsekunde lang aufflackerten, Werbebotschaften unter, die nur unbewusst registriert werden könnten. Solch «unterschwellige Werbung» mache die Kunden über die «tiefenpsychologische Hintertreppe» zu willfährigen Opfern der Manipulation. Ende der fünfziger Jahre, als Sigmund Freud breit diskutiert wurde und Ödipuskomplex und Penisneid zu Partythemen geworden waren, fielen Packards vermeintliche Enthüllungen auf fruchtbaren Boden.

Tatsächlich gab es unter den amerikanischen Werbern, den *Mad Men*[35], einen großspurigen Marketingpsychologen namens James Vicary, der 1957 behauptet hatte, mit nur unbewusst wahrzunehmenden Informationen enorme Wirkung erzielt zu haben. Vicary räumte später allerdings ein, gelogen zu haben, um seiner Agentur eine größere Geltung zu verschaffen. Jedenfalls zogen die Einlassungen von ihm und Vance Packard hartnäckige Verschwörungstheorien und Manipulationsthesen nach sich. «Falsche Bedürfnisse» sollten zehn Jahre später zu einem Schlüsselbegriff für die Neue Linke werden, die geflissentlich übersah, dass der Farmersohn Packard ein puritanischer Reaktionär war, der den Konsumismus als Angriff auf die bescheidene Lebensart seiner ländlichen Kleinstadtidylle bekämpfte. Packard polemisierte gegen die Berufstätigkeit der Frauen,[36] warnte vor der Einführung von Kindertagesstätten wie in Europa und deutete die hohen amerikanischen Verluste im Koreakrieg als Folge der Verweichlichung der Soldaten durch *consumerism*.[37]

Schon lange vor dem Ausbruch der Studentenbewegung und den antikonsumistischen Kaufhaus-Brandstiftungen in Frankfurt im April 1968 war der Begriff Konsumterror bereits im Schwange – und zwar vor allem bei den Konservativen. Er ging erst im letzten Drittel der sechziger Jahre auf die linke Seite hinüber, als die Thesen von Herbert Marcuse, Max Horkheimer und Theodor W. Adorno zum Konsum als Medium sozialer Kontrolle breiter rezipiert wurden. Noch aber, Mitte der fünfziger Jahre, war es Friedrich Sieburg, der wie seine konservativen Mitstreiter vom «Absatzterror» sprach und von einer «Barbarei, deren Reichtum an Konsumgütern manchen zu dem Glauben verleite, hier handle es sich um eine gehobene und des Menschen würdigere Lebensform».[38] Die Menschen müssten die Güter durch Manipulation erwerben, ob sie wollten oder nicht. «Niemand fragt sie nach ihren echten Bedürfnissen.»[39]

Was aber ist «sinnloser Konsum»? Wann ist ein Bedürfnis «unecht» und eine ersehnte Ware «überflüssig»? Unterliegt die tumbe Masse «künstlich erzeugten Bedürfnissen», während der echte Bürger Luxus im Vollbesitz seiner geistigen Kräfte begehrt? Dass eine Ware nicht bloß einen einfachen Gebrauchswert besitzt, sondern aufgrund ästhetischer, ideeller und kultureller Nebenattribute begehrenswert ist, war in der Welt des gehobenen Bürgertums selbstverständlich. Der Kauf auch noch so unnützer Luxuswaren war als Zeichen kultivierten Lebensstils hoch angesehen. Niemand wäre auf die Idee gekommen, Luxuswagen wie den hinreißend eleganten BMW 503, den aufregend gewagten Mercedes Flügeltürer 300 SL oder die betörend schöne Borgward Isabella – alle drei aus dem Jahre 1955 – als überflüssiges Konsumgut zu bezeichnen, so wenig erschwinglich sie auch waren. Und noch der Ford Taunus, mit dem der Studienrat zur Schule rollte, stand über jeder Kritik. Aber musste nun jeder Hans und Franz sich in ein Goggomobil zwängen, statt standesgemäß mit dem Fahrrad zur Arbeit zu fahren? Der «Spiegel» prophezeite 1957: «Für den Straßenverkehr beginnt mit der Kleinstwageninvasion eine böse Zeit.»[40] Wenn jeder Arbeiter, der Angst habe, sich auf seinem Moped eine Erkältung zu holen, bald Goggo fahre, komme niemand mehr vorwärts. Die Witze nahmen kein Ende: «Zum Glück sind die Fenster vom Goggo klein, sonst schaut der Dackel dir ins Auto rein.» Das Wirtschaftswunder versetzte einen Teil des gehobenen Bürgertums in einen umgedrehten, nach unten gerichteten Sozialneid, der den «einfachen Leuten» auch nur ein einfaches Leben zubilligen wollte: Schuster, bleib bei deinem Leisten – nach diesem Muster wehrte sich die Konsumkritik gegen die Entfesselung der allgemeinen Aufstiegsdynamik. Auch die beliebte satirische Verulkung der geschmacklosen Auswüchse des Wirtschaftswunders diente dem Bedürfnis, gegen die Prosperität unwürdiger Leute zu polemisieren und der Zumutung wenigstens ein paar komische Seiten abzugewinnen.

In dem Meer der intellektuellen Wohlstandskritiker begrüßten nur zwei Einsame uneingeschränkt den wachsenden Konsum: der bereits erwähnte Soziologe René König und sein österreichischer, später in Amsterdam lebender und heute vergessener Kollege Ernest Zahn, dessen Buch «Soziologie der Prosperität» damals viel beachtet wurde. Beide bejahten den «nie zuvor gekannten Expansionsdrang» der Warenwelt und sahen im Materialismus der bislang kulturfernen unteren Schichten einen Motor für Bildungshunger und kulturelle Entfaltung. Zahn schrieb 1960: «Das eigentümliche Wesen dieser Dynamik verkennt man, wenn man in ihr nur eine blinde Jagd nach materiellen Gütern sieht. Es geht um mehr. Es geht um das ehrgeizige Teilhabenwollen an neu erschlossenen Welten, an neuen Möglichkeiten der Existenz.»[41] Der erste Erfolg auf diesem Weg führe zu einem gesteigerten Aufstiegshunger, der zum Motor weiterer Entwicklung werde: «Der Stolz gelenkiger Einzelner, es wieder geschafft und innerhalb der großen Wirtschaftswunder ein solches im Kleinen vollbracht zu haben, ist nur der Anreiz zur Verwirklichung weiterer Daseinspläne.»[42]

Für René König beginnt Kultur in jenem Moment, da der Konsum das bloße Interesse am Gebrauchswert übersteigt, «in dem Augenblick, da der Mensch nicht nur konsumiert, um seinen Hunger zu stillen, sondern um ein gleichzeitig vorhandenes ästhetisches Bedürfnis zum Zuge kommen zu lassen, das keineswegs nur individuell bedingt ist, sondern seine Ausgestaltung im sozialen Verkehr der Menschen findet»[43]. Mit der Wahl ihrer Autos, ihrer Kleidung, ihrer Musikvorlieben, ihrer Wohnungseinrichtung begann nun auch die breite Masse das Spiel von Abgrenzung und Angleichung, Zugehörigkeit und Individualisierung, das die Eliten schon seit langem betrieben. Das angeblich graue Einerlei, das man der Masse nachsagte, ließ sie mit den ersten Wohlstandsschritten hinter sich.

Dieses unstillbare Differenzierungsbedürfnis innerhalb der eben nur in einem sehr abstrakten Sinne nivellierten Mittelschicht sorgte dafür, dass der Begriff der Sättigung wenig Sinn ergab. «Bemittelter werden wir und bedürftiger zugleich», schrieb Ernest Zahn und verwies auf ein Paradox konsumistischer Dynamik: «Die Wohlstandsgesellschaft ist gewiss keine Gesellschaft, die weniger Bedürfnisse hat als arme Völker.»[44] Der Wohlstand erwies sich vielmehr als wahrer Nimmersatt: Ein Produkt zog das andere nach sich; die käuflichen Dinge differenzierten sich immer mehr aus. Allein die Palette motorisierter Helfer in der Küche wuchs kontinuierlich an. Kopfschüttelnd betrachtete meine Großmutter in den frühen Sechzigern unsere neue elektrische Kaffeemühle; sie hatte ein Leben lang die Bohnen mit der Handkurbel geschrotet. Als die Hände immer schwächer wurden, wünschte sie sich tatsächlich so ein Teufelsding zum Geburtstag. Zu einem «außengeleiteten Menschentyp» (Riesman) wurde sie deshalb noch lange nicht.

Die Wohlstandskritik von rechts wurde derart massiv geäußert, dass auch Wirtschaftsminister Ludwig Erhard 1957 in seiner umfangreichen Programmschrift «Wohlstand für Alle» – ein erfolgreicher Bestseller – ein Kapitel der Frage widmete: «Verführt Wohlstand zum Materialismus?» Es richtete sich vor allem an die starke modernisierungsskeptische Strömung in der CDU. Erhard war überzeugt, dass es die Armut sei, die die Menschen zu einem niedrigen Materialismus nötige, steigender Wohlstand sie hingegen von ihm befreie. Auch Erhard sah, dass viele Wohlhabende die unteren Schichten für schlicht unwürdig hielten, zu ihrem eigenen Lebensstandard aufzuschließen, und fragte: «Von welcher Einkommenshöhe ab ist die menschliche Seele durch Reichtum eigentlich nicht mehr gefährdet? (…) Ich frage daher mit allem Nachdruck: Bedeutet der Rundfunkempfänger, der Staubsauger, der Kühlschrank und so fort im Hause eines Begüterten etwas anderes als in der Wohnung eines Arbeiters? Ist er etwa das eine Mal Ausdruck von Zivilisation und Kultur, das andere Mal Ausdruck materialistischer Gesinnung?»[45]

Erhard gab, seinem Lebensmotto «Maßhalten!» gemäß, allen den Rat, es weder mit den apokalyptischen Sorgen noch mit der Völlerei zu übertreiben. Er sah Charakterschwächen, die er unverblümt verallgemeinerte («Der Deutsche ist offenbar so geartet, dass er es nicht ertragen kann, wenn es einem anderen noch besser geht»[46]), aber er war zuversichtlich, dass sich seine Mitmenschen an die Vorteile, aber auch an die Risiken und Gefahren des plötzlichen Reichtums erfolgreich herantasten könnten. Und dann folgte ein Satz, der, auch in seiner skrupulösen Verschwurbeltheit, ganz vom Geist der späten fünfziger Jahre durchweht ist und deutlich macht, wie neu und verunsichernd das Ausmaß des Massenwohlstands war: «Es ist wohl die Aufgabe, uns allmählich und immer mehr an die Sehnsüchte heranzuspüren, die die einzelnen Menschen als Individuen und auch als Gruppen empfinden, um nicht mechanisch, sondern in wirksamer Weise mehr Zufriedenheit lebendig werden zu lassen. Das ist gewiss keine leichte Aufgabe.»[47]

Mit anderen Worten: Die Deutschen müssten das Haushalten lernen. Statt sich mit der gefürchteten Unreife des Massenkonsumenten abzufinden, machte sich die Regierung Adenauer wie viele

Besitzerstolz: Wirtschaftsminister Ludwig Erhard («Wohlstand für alle») 1960 vor seinem Wohnhaus am Tegernsee. Das moderne Gebäude entwarf der Architekt Sep Ruf, sein Nachbar.

zivilisierte Staaten an die Ausbildung des sogenannten «mündigen Verbrauchers». Dieser sollte die Fähigkeit entwickeln, in dem Supermarkt der Verlockungen, der nach dem Krieg überstürzt über ihn hereingebrochen war, einen klugen Kopf zu bewahren. Um ihm mehr Sinn fürs Wirtschaften beizubringen, stärkte der Staat die sogenannte «Verbrauchererziehung», setzte sich für das Schulsparen ein, führte die «Warenkunde» ein, lockte mit Anreizen zur Vermögensbildung. Mitte der Fünfziger gründeten sich die ersten Verbraucherzentralen. Bei der Eröffnung der Zentrale in Hannover sagte ihre treibende Kraft, die Vorsitzende des Hausfrauenbundes Margarete Müller, dass der Verbraucher, «dieser bislang nur halbwegs entwickelte Säugling (...), groß, stark und mächtig werden»[48] müsse. 1962 beschloss Ludwig Erhard die Gründung der «Stiftung Warentest», um mehr Markttransparenz zu schaffen: Der Kunde solle «sich auf dem Markt nicht so benehmen müssen wie ein Lamm, das zur Schlachtbank geführt wird»[49]. Im selben Jahr hob US-Präsident John F. Kennedy in einer Rede vor dem Kongress vier grundsätzliche Verbraucherrechte hervor, die später so bezeichnete *Consumer Bill of Rights*: das Recht auf Sicherheit, das Recht auf genaue Information, das Recht auf freie Auswahl und das Recht auf gesicherte Beschwerdemöglichkeiten. Der Konsument sollte ein staatlich geschütztes Wesen werden.

Und er war weiser, als man dachte. Anders als die verbreitete Rede von der Konsumbarbarei suggerierte, wollten die meisten Deutschen gar nicht alles auf einmal besitzen. Vielen reichte die Vorstellung, dass sie dies oder das besitzen *könnten*. Ihr Geld eröffnete einen «Möglichkeitsraum», dessen Reiz darin bestand, sich die vielen Alternativen auszumalen, die man damit realisieren könnte. Solche abwägenden Antizipationen im Vorfeld des Kaufs machten einen großen Teil des eher bedächtigen denn gierigen Glücks aus, das viele Menschen bei dem beliebten Schaufensterbummel oder beim Durchblättern der Kataloge empfanden. Der Schaufensterbummel, dieser Waldspaziergang der Aufschwungsjahre, wurde zu einem phantasieanregenden Lustwandeln; ungestört von realen Kaufgelegenheiten ließen sich die Angebote studieren und die oft surrealen Kulissen bewundern, die den ehrgeizigen Dekorateuren eingefallen waren.

Hauptsache, rentabel: sechs Models auf einen Streich. Fotoshooting für den Neckermann-Katalog 1960. Kein leichtes Posieren auf der wackligen Konstruktion.

Inzwischen weiß die Konsumsoziologie in ihrem Bemühen, den vermeintlichen Konsumterror zu entschlüsseln, dass der Konsumprozess lange vor dem eigentlichen Kauf beginnt als ein «imaginierendes Ausprobieren von Möglichkeiten»[50]. Wie süß waren die vielen Stunden, die das Kind schon Monate vor dem Weihnachtsfest mit dem Märklin-Katalog verbrachte, um auszuwählen, was es sich aus der weiten Welt der Modelleisenbahn einmal wünschen sollte. Das Tagträumen zählt für die Konsumforschung inzwischen zu einer zentralen loyalitätsbindenden Instanz des Kapitalismus, weil «der moderne Konsument, von der Werbung gewiss angeregt, aber keineswegs allein durch sie veranlasst, mit dem fortwährenden Erträumen alternativer Lebensentwürfe im Kleinen wie im Großen befasst ist»[51].

Es war ausgerechnet der skrupellose Pragmatiker Josef Neckermann, der das früh erkannt hatte. «Der Markt ist zur Wirklichkeit werdende Traumwelt»[52], verkündete er in einer Festschrift zum zehnjährigen Bestehen des Versands in einer Verkürzung dessen, was man sich unter Träumen gemeinhin vorstellt. Träume seien das Tor zur Fülle, «deshalb wehe, wenn uns die Träume ausgehen»[53]. Und dass sein Katalog einem «Stadtbummel zu Hause» glich, begriff Neckermann auch. In typischer Selbstüberschätzung meinte er zu wissen, wer die Führung des Volkes tatsächlich übernommen habe. Nicht die Schriftsteller, Philosophen und Politiker, sondern solche wie er, Händler mit allem und jedem: «Wir gaben die Maßstäbe vor, an denen die Träume der Bevölkerung Orientierung fanden»[54], tönte er in seinen Erinnerungen – ganz so, als habe er nicht nur Anzüge, Kleiderschränke und Reisen verkauft, sondern die Gesellschaft erschaffen, die ihn erfolgreich machte.

Ohne mich – von der Verzehrbarkeit öffentlichen Lebens

Zu den wertvollsten und doch kostenlosen Gütern, die sich in der Nachkriegszeit als konsumierbar herausstellten, gehörte das öffentliche Leben, die Gesellschaft und die Politik. Im Vorwort zur deutschen Ausgabe von David Riesmans «Einsamer Masse» schrieb Helmut Schelsky schon 1956, dass zu dessen bedeutendsten Einsichten «das Aufspüren der ‹Verbraucherhaltung› im Bereich der Politik» gehöre. Das politische Geschehen des eigenen Landes und die Berichterstattung darüber würden als ein Schauspiel aufgefasst, das andere aufführten und das man als Zuschauer verfolge. Man beobachte als Zeitungsleser und Wochenschaubetrachter vielleicht mit einem lebendigen Interesse und einem Rest von eigenem «Standpunkt», was sich da ereigne, das gehe aber keineswegs so weit, dass man sich zu irgendeiner Aktivität aufgerufen fühle, zum Beitritt zu einer Partei oder zur ehrenamtlichen politischen Mitarbeit. Das bleibe «Sache ‹der anderen›, deren ‹Geschäft› die Politik» sei.[55]

Was Riesman und Schelsky damals halb voraussahen, halb konstatierten – die weitgehend konsumtive Haltung gegenüber der Politik, die den Staat als eine Art Dienstleistungsunternehmen begreift, auf dessen Leistungen man durch die gezahlten Steuern glaubt Anspruch zu haben –, entspricht dem wohl heute verbreitetsten Selbstbewusstsein des Bürgers, ob er nun Steuern zahlt oder nicht. 1956 aber erschien Schelsky diese Verbraucherhaltung gegenüber dem Staat noch als eine «Gleichgültigkeit neuen Stils»[56]. Neu, weil sie nicht mehr dem Gefühl einer Ohnmacht gegenüber der Herrschaft der Oberschichten entsprang, sondern von einem souveränen Bürger formuliert wurde, der die politische Sphäre «in der Konkurrenz des Angebots von sonstigen Freizeit- und Konsumgütern» eben nur nicht genügend attraktiv fand, um dort ein aktives Interesse zu entwickeln.

Ohnehin war die Skepsis gegenüber Staat und Gesellschaft nach dem Krieg weit verbreitet. Der Nationalsozialismus hatte ein tiefes Unbehagen gegenüber «Pathos, Programmen und Parolen»[57] hinterlassen. Gesellschaft und Politik erschienen als kontaminiertes Feld, aus dem man sich besser heraushielt. Das Sinnvakuum, das dabei entstanden sein mochte, füllten die neuartigen Konsummöglichkeiten; sie lenkten alles Augenmerk auf das immer üppiger auszustattende Privatleben.

Konrad Adenauer sah sich 1962 genötigt, seine Weihnachtsansprache im Fernsehen für eine Mahnung an die Bürger zu nutzen, sich stärker für den Staat und das Gemeinwohl zu engagieren: «Ich glaube, dass viele von uns dahinleben in einer Hast, in einem Betrieb, der nicht gut für unser Volk ist. (…) Als ungesund empfinde ich auch, dass viele von uns noch nicht die richtige Einstellung zu unserem Staate gefunden haben. Die Einstellung unseres Volkes zu den öffentlichen Angelegenheiten ist nicht so, wie der

Staat sie im Interesse aller braucht. (...) Jeder gute Bürger schuldet seinem Staat etwas an innerer Genugtuung. Ohne eine wirkliche Staatsgesinnung ist ein Volk nichts anderes als eine mehr oder minder große Zahl von Menschen, die zufällig auf demselben Gebiete wohnen, dort ihr Brot verdienen und ihrem Vergnügen nachgehen wollen. Und das ist falsch.»[58]

Das war im Kern nichts anderes als John F. Kennedys Aufforderung an die amerikanischen Bürger, sich nicht zu fragen, was ihr Land für sie tun könne, sondern sich umgekehrt zu fragen, was sie für ihr Land tun könnten. Adenauer formulierte die Sorge, der Demokratie könnten die Demokraten ausgehen, «die in Bonn» beim Regieren alleingelassen werden durch das Erlöschen jeglichen Gemeinsinns: «Eine parlamentarische Demokratie kann nur bestehen, wenn jeder einzelne zu seinem Teil in der Gemeinde, in den Parlamenten, in den Parteien mithilft an der Arbeit für das Allgemeinwohl.» Jeder Einzelne sei ein «Träger der parlamentarischen Demokratie», wiederholte er ungewöhnlich insistierend seine Weihnachtsbotschaft.

Um den Bürgersinn der Bundesdeutschen zu stärken, gründete sich 1957 die Aktion Gemeinsinn, ein Zusammenschluss von Institutionen, Werbeagenturen und Einzelpersonen, die auf Initiative des Historikers Carl-Christoph Schweitzer und anderer Engagierter als Resultat einer Tagung mit dem Titel «Weckung des Gemeinsinns – eine Werbeaufgabe» der Evangelischen Akademie Bad Boll zustande gekommen war.[59] Sie erfanden den damals berühmten Herrn Ohnemichel, eine Plakat- und Anzeigenfigur, die sich mit abwehrend erhobenen Händen alles vom Leib halten will, was das öffentliche Leben an Problemen so mit sich bringt. «Herr Ohnemichel winkt immer ab, wenn es darum geht, zu helfen, Rücksicht zu nehmen, sich mitverantwortlich zu fühlen. Ihm fehlt eben, was den guten Bürger, den sympathischen Mitmenschen ausmacht. Ihm fehlt Gemeinsinn.»[60] Auf den Plakaten wurde Herr Ohnemichel so beschrieben: «... nix mit zu tun! ... geht mich nichts an! ICH will meine Ruhe ... Das ist Herr Ohnemichel. Ihm fehlt Gemeinsinn.»

Zu Beginn fühlten sich einige Verdrossene an die Sozialkampagnen von Goebbels erinnert und seine Feldzüge gegen Abseitsstehende, Zauderer und Introvertierte. Aber als man sah, wofür die Gemeinsinnkampagnen im Konkreten warben, legten sich die Bedenken: 1959 wurden Familien aufgerufen, ausländische Studenten und Praktikanten zum Weihnachtsfest einzuladen. Die Gemeinsinnkampagne «Das Alter darf nicht abseits stehen» warb fürs Kümmern genau wie die Aktion «Macht Kindern nicht das Leben schwer»: «Schenk mir Zeit statt Geld» oder «Schrei nicht gleich, wenn ich mal schreie».

Mindestens drei Jahrzehnte arbeitete der Verein sehr effektiv, finanziert ausschließlich durch private Spenden und ehrenamtliche Tätigkeit. Die Anzeigenplätze wurden von fast allen Zeitungsverlagen kostenlos zur Verfügung gestellt. Dass die beteiligten Werbeagenturen wie selbstverständlich ebenfalls ohne Honorar für die Aktion arbeiteten, hing mit der massiven Kritik zusammen, die sie als Inkarnation der Konsumgesellschaft erfuhren. Sie wollten unter Beweis stellen, dass ihre Methoden nicht nur dem Kommerz, sondern auch der sozialen Verantwortung dienen konnten, und schlossen sich nach dem Vorbild des 1942 in den USA gegründeten *Advertising Council* für die Aktion Gemeinsinn zusammen. Der *Ad Council* hatte bis dahin schon unzählige Kampagnen gestartet, zur Verhütung von Waldbränden etwa oder zur Unterstützung des Roten Kreuzes. Die in Deutschland bekannteste Kampagne des *Ad Council* waren die Carepakete. Zehn Millionen Lebensmittelpakete waren ab 1946 durch die Care-Cooperative nach Deutschland geschickt worden, finanziert nicht etwa vom amerikanischen Staat, sondern ausschließlich durch private Spenden, stimuliert durch die Werbewirtschaft. Als Hunger und Frost die Deutschen fest im Griff hatten, sorgten die Pakete mit fürs Überleben. In jedem waren vier Kilo Fleisch, zwei Pfund Margarine, ein Pfund Honig, ein Pfund Rosinen, ein Pfund Schokolade, zwei Pfund Kaffee, ein Pfund Aprikosenkonserven. Gratis und unbezahlbar.

FÜNFTES KAPITEL

Ohnemichels Familie

«Die Welle nimmt die Welle an die Hand (...) Ein Stein weiß einen andern zu erweichen!»

INGEBORG BACHMANN, 1956

Wohl kaum eine Zeit war familienfixierter als die fünfziger Jahre, mit Ausnahme vielleicht des ins traute Heim vernarrten Biedermeier. Das heißt nicht, dass es viele heile Familien gab, im Gegenteil. An Waisen und Witwen, Geschiedenen und Enttäuschten war nach Kriegsende kein Mangel. 1945 war die zerrissene Familie die übliche Kriegsfolge, und ihre gelichteten Reihen bildeten die umso wertvolleren Restbestände einer zertrümmerten Gesellschaft. Zehn Jahre später erschien den Menschen die neugegründete Kleinfamilie – Vater, Mutter, zwei Kinder – als das glanzvollste und vitalste Symbol überwundener Nachkriegszeit. Stolz ging, wer eine Familie hatte, ins Fotostudio und ließ sich ablichten. Die Resultate haben in fast jedem Familienalbum ihren zentralen Platz inmitten aller selbst fotografierten Höhen und Tiefen.

Fürs Standardmotiv reichte dem Fotografen ein Stuhl vor einer weißen Wand. Auf den Stuhl setzte sich die Mutter, gerne im gepunkteten Kleid. Die beiden Kinder, meist waren es ja zwei, wurden links und rechts neben sie gestellt. Sie sollten sich anlehnen, sodass die Mutter sie bequem mit den Armen umfassen konnte. Ihr Gesicht bildete idealerweise die Bildmitte. Hinter seiner Frau baute sich der Vater auf. Die Fotografen hatten den Männern zunächst geraten, eine Hand auf die Schulter ihrer Frauen zu legen, waren aber bald darauf gekommen, dass es souveräner aussah, wenn sie die Hände hinter dem Rücken ihrer Liebsten versteckten und die Arme einfach baumeln ließen. So waren die Männer ganz Jackett, Krawatte und Gesicht. Die meisten versuchten, eine rätselhafte Miene zu machen, während die Frauen fast immer lächelten, die Kinder sicher im Griff. Wenn es Jungs waren, trugen sie kurze Lederhosen mit Trägern und einem Bruststeg mit weißem Hirsch darauf. War alles perfekt platziert, drückte der Fotograf auf den Auslöser. Drei Tage später konnte man das Bild abholen und erblickte sich selbst als eine Art Lebensideal.

So viel Stolz auf das Erreichte lag in diesen Bildern! Zugleich so viel hoffnungsvolle Erwartung. Die kleine Familie schaute in die Kamera wie in eine Instanz des Schicksals, die für einen Moment die Zeit einfrieren konnte. Dass die Zeit es ab jetzt gut mit ihnen meinte, darin waren sich die meisten sicher. Eine Familie zu gründen, war das Bestreben fast aller Menschen dieser Jahre; wer es nicht tat, schien seinen Lebenszweck verfehlt zu haben. Selbst die meisten Homosexuellen heirateten – eine Frau natürlich, denn dass es einmal eine Schwulenehe geben könnte, war damals außerhalb jedes Vorstellungsvermögens. Die heterosexuelle Ehe schützte die Homosexuellen einigermaßen vor Verfolgung und sicherte die Fassade nach außen. So kam es, dass fast hundert Prozent der Männer mittleren Alters im Laufe der fünfziger Jahre verheiratet waren.

Das Wachstum des Wirtschaftswunders erstreckte sich auch auf die Kinderzahl und gibt heute einer ganzen Generation den Namen: Babyboomer. Diese Kinder der Zuversicht bildeten in der deutschen Geburtsstatistik zwischen den Jahren 1955 und 1969[1] eine deutliche Beule nach oben mit dem Scheitelpunkt im Jahr 1964, als in Westdeutschland über 1,3 Millionen Kinder geboren wurden. Auch in der DDR erreichte die Geburtenrate 1964 ihren statistischen Gipfel. Das Jahr war mithin das fruchtbarste Deutschlands; dass es noch einmal eingeholt wird, ist unwahrscheinlich. Es war das Jahr, in dem Conny Froboess und Peter Alexander «Verliebt, verlobt, verheiratet» sangen und Hildegard Knef in dem Lied «Eins und eins, das macht zwei» erkannte: «Der Mensch an sich ist einsam.»[2] Die Beatles standen mit fünf Singles auf den Plätzen eins bis fünf der US-Charts, darunter «I Want to Hold Your Hand». Das Lied sangen sie im selben Jahr sogar auf Deutsch: «Komm, gib mir deine Hand». Ingeborg Bachmann erhielt den Büchner-Preis. In ihrem Gedicht «Erklär mir, Liebe» (1956) hieß es: «Die Welle nimmt die Welle an der Hand (...) Ein Stein weiß einen andern zu erweichen!»

Familie, etwa 1961. Sie ist Lehrerin an einer Volksschule, er Rektor.

Ehen am Ende: ein Rückblick auf die Sexualmoral des Nationalsozialismus und der Nachkriegsanarchie

Um zu verstehen, warum die heile Familie in den Boomjahren für viele Menschen noch wesentlich mehr Bedeutung bekam, als sie ohnehin schon besaß in den vergangenen Epochen, muss man einen Schritt zurück in das Desaster wagen, aus dem man sich herausgearbeitet hatte. Der Gründungsboom der Kleinfamilie und ihre Karriere zum wichtigsten Lebensziel hing mit der tiefen Krise zusammen, in die die Familie zuvor durch den Krieg und das NS-Regime geraten war. Es ist ein Irrtum anzunehmen, der Nationalsozialismus hätte für die Familie viel übriggehabt. Im Gegenteil: Die Nazis regierten brutal ins Privatleben hinein und versuchten, die Sexualität auf eine neue Art zu vergesellschaften. Die Erziehung der Kinder rissen sie weitgehend an sich und übergaben sie dem Jungvolk, der Hitlerjugend und dem BDM. Zwar ehrten die Nazis die Mütter für ihre Fruchtbarkeit mit dem Mutterkreuz – Bronze gab es für vier Kinder, Gold ab acht –, aber auch uneheliche Geburten wurden nach Kräften gefördert. Im BDM sollten Teenager ausdrücklich zum vorehelichen Sex ermuntert werden,[3] der «Bund Deutscher Mädel» hieß deshalb im Volksmund auch «Bald deutsche Mütter». In den Entbindungsheimen des Lebensborns konnten ledige Mütter, geschützt vor Repression durch ihre Umgebung, Kinder für den Führer zur Welt bringen. Die Aufzucht möglichst vieler Kinder war dem Regime wichtiger als die Familienmoral; in ihrem biologistischen Rassenwahn galt den Nazis die Vereinigung der Körper als heilig, solange sie nur «reinrassig» verlief. Dreihundertfünfzigtausend brutalen Zwangssterilisationen bei Behinderten, Alkoholkranken, Depressiven und Verhaltensauffälligen stand eine rigide Ermunterung der Gebärfreudigkeit bei «Erbgesunden» gegenüber. Mit Befehl vom 28. Oktober 1939 forderte der «Reichsführer SS», Heinrich Himmler, seine Untergebenen auf, Kinder zu zeugen «über die Grenzen vielleicht sonst notwendiger bürgerlicher Gesetze und Gewohnheiten hinaus»[4].

So repressiv die Nationalsozialisten gegenüber Homosexuellen und «Rassefremden» auftraten, so großzügig gaben sie das sexuelle Vergnügen für die «reinrassigen» Volksgenossen frei. «Unsere jüngeren Generationen (...) müssen stolz auf ihre Körper werden und die natürlichen Freuden des Geschlechtslebens ohne Scham genießen», erklärte der Rassentheoretiker Hans Endres und forderte ein Ende der «verbrecherischen Bigotterie» christlicher Moral.[5] Jung und unverklemmt sah sich das Regime, als Verwirklichung einer antispießigen Bewegung, die sich selbst schrankenlos zu feiern gedachte. Die SS-Zeitung «Das Schwarze Korps» wandte sich entschieden gegen «eine konfessionelle Moral (...), die im Körper grundsätzlich etwas Verächtliches sieht und die natürlichsten Vorgänge als sündhafte Triebe gewertet wissen will»[6].

Zugleich hetzten die Nazis gegen die angeblich «entartete» jüdische Sexualität, die, schmutzig, gierig und ins Lüsterne verzerrt, wie sie nun mal sei, den gesamten verkommenen Unterhaltungsbetrieb der Weimarer Republik geprägt habe. Dagegen zelebrierten sie einen in zahllosen Aktaufnahmen und -statuen ausgestellten, steril wirkenden Körperkult und propagierten eine freie, «saubere» und sozusagen rasseromantische Sexualität. Die NS-Zeitschrift «Flammenzeichen» forderte, Jugendliche müssten in den Schulen und Jugendorganisationen dazu ermuntert werden, das andere Geschlecht regelmäßig unbekleidet zu betrachten. So sei am ehesten gewährleistet, dass sich ein «rassisches Schönheitsideal» durchsetze und der «Erbstrom» frei entfalten könne, ungestört von «schlechtem Erbgut».[7] Der Fluss des «Erbstroms» war das Hauptziel der NS-Sexualpolitik, die deshalb auch kein Erbarmen kannte, wenn die Fruchtbarkeit unterminiert wurde. Abtreibung wurde mit barbarischen Strafen bis hin zum Tod geahndet, es sei denn, der Schwangerschaftsabbruch diente der «Ausmerze unwerten Lebens».

Die christlichen Kirchen fühlten sich durch das verlotterte Sexualleben im NS-Regime vielfach stärker herausgefordert als durch den Antisemitismus und die Gräuel des Holocaust. Dass sie die Kinder vom Gottesdienst fernhielten, nahmen viele Pfarrer den Nazis übler als die Verfolgung der Juden. Sie wandten sich relativ mutig gegen die Zersetzung der Sexualmoral, lobten aber im selben Atemzug das Regime für die «Hingabe an Rasse und Volk».[8] Im Zuge des «totalen Krieges» wuchsen die Gegensätze zwischen der traditionellen Sexualmoral und der rassistischen Erotomanie des Regimes sogar noch weiter, oder, wie die NS-Ideologen es ausdrückten, die Spannungen zwischen der «orientalisch christlichen Mentalität und unseren gesunden germanischen Instinkten in Geschlechtsfragen»[9]. Hitler selbst hatte im Gespräch mit Vertrauten gesagt: «Wenn der deutsche Mann als Soldat bereit sein soll, bedingungslos zu sterben, dann muss er auch die Freiheit haben, bedingungslos zu lieben.»[10] Lieben hieß meist huren und vergewaltigen, auch wenn hin und wieder eine aufrechte Romanze in den überfallenen Ländern vorgekommen sein soll. Pro Mann und Monat verteilte die Wehrmacht je zwölf Kondome an ihre Angehörigen.[11]

Aus dieser staatlich betriebenen Demoralisierung musste die Nachkriegsgesellschaft erst einmal wieder herausfinden. Doch gab es noch eine weitere Belastung des Gewissens: Zu der nationalsozialistischen Variante sexueller Zügellosigkeit kam nach der Kapitulation im Mai 1945 eine anarchische hinzu. Als das verbrecherische Regime endlich zusammengebrochen war, waren viele Familienstrukturen zertrümmert, zahllose Menschen ganz auf sich selbst zurückgeworfen. Ohne Nachricht von Freunden und Verwandten hatten die Zentrifugalkräfte des Krieges sie irgendwo ausgespien und allein zurückgelassen. Ihre Angehörigen waren verschollen, im Bombenhagel umgekommen, unbekannt verzogen. Erst nach und nach kamen die überlebenden Männer aus dem Krieg zurück, etwa fünf Millionen blieben für immer in fremder Erde.

Kriminelle, Vagabunden und allerlei aus der Bahn Geworfene machten die Straßen gefährlich. Die Menschen hatten Angst voreinander, aber sie hatten sich auch bitter nötig. Man suchte nach Trost, Wärme und Zärtlichkeit und sei es nur für eine Nacht. Viele Frauen suchten Schutz und Lebensunterhalt, indem sie Liebesbeziehungen mit Besatzungssoldaten eingingen, was von anderen Deutschen als Schande erlebt und verfemt wurde. Den Krieg überlebt zu haben, dem Tod entronnen zu sein, stieß die einen in Apathie, andere aber in eine nie gekannte, eruptive Daseinsfreude. Die Journalistin Margret Boveri erinnerte sich an eine «ungeheure Erhöhung des Lebensgefühls durch die dauernde Nähe des Todes»[12]. In den Ruinen des alten Lebens erodierten die Tabus weiter, und es wuchs die Bereitschaft zu neuen Lebensformen. «Man ist unerhört kontaktfreudig», schrieb die junge Studentin Maria von Eynern in ihr Tagebuch, «und man ist letzten Endes für sich selbst verantwortlich, auch für jeden Fehltritt im Dschungel der Verworrenheit, der das liebe Ich zum Straucheln bringt.»[13]

In der anfangs noch gar nicht biederen Frauenzeitschrift «Constanze» wurden 1948 verschiedene Formen außerehelicher Wohngemeinschaften propagiert. Die meisten Vermieter tolerierten das Zusammenwohnen junger Paare ohne Trauschein. Und die wilde Ehe, damals oft «Onkelehe» genannt, war schon deshalb gang und gäbe, weil die Kriegerwitwen nicht auf ihre Hinterbliebenenrente verzichten wollten, die sie durch eine erneute Heirat verloren hätten. Es war, als sei mitten in den Trümmern, umgeben von Elend und Tod, die freie Liebe ausgebrochen, die zwanzig Jahre später zum Motto der rebellierenden Kinder werden sollte. Eine Reporterin der «Constanze» notierte: «Von den Frauen, die ich befragt habe, wollte kaum eine wieder heiraten. Die Geschiedenen haben zu schlechte Erfahrungen gemacht, die unehelichen Mütter und die, die ihre Männer im Krieg verloren haben, sind zu einem Teil so selbständig, so stolz (und auch so hart) geworden, dass sie nicht mehr glauben, sich einem Mann in irgendeiner Weise fügen zu können.»[14] Die Mehrheit der Frauen bekannte sich zur Liebe ohne Trauschein, nur neunundzwanzig Prozent lehnten eine offene Beziehung ab.[15] Die Familie stand schon deshalb niedrig im Kurs, weil kaum jemand über den nächsten Monat hinaus plante. Dass eine bürgerliche Lebensführung in diesem zertrümmerten Land jemals wieder möglich sein könnte, war für viele kaum vorstellbar.

Zudem geriet in vielen Fällen die ersehnte Rückkehr der Männer aus Krieg und Gefangenschaft zu einer herben Enttäuschung. Die in den letzten Kriegs- und ersten Nachkriegsjahren oft sehr selbstbewusst und unabhängig gewordenen Frauen hatten häufig mit Heimkehrern zu tun, die ihnen die Selbständigkeit übel nahmen und grollend versuchten, wieder Herr im Hause zu werden. Der Krieg war verloren, ein neuer begann in den Ehen, in denen man sich als Fremde wiederfand. Das Kriegsende mündete deshalb in eine Scheidungswelle, die ihren Scheitelpunkt 1948 hatte.

Die Einstellung zur Familie änderte sich, als der Zeithorizont sich etwas lichtete und die Zukunft wieder Platz für Träume und Pläne bot. Als nach der Währungsreform im Sommer 1948 die Menschen begannen, mit mehr Zuversicht an übermorgen zu denken, bekam auch der Gedanke an eine feste Partnerschaft wieder mehr Raum im Leben. Die Statistik reagierte fix: Auf die Scheidungswelle folgte zwei Jahre später eine Hochzeitswelle mit einem Höhepunkt im Jahr 1950. Auf diesen Ehen lasteten enorme Erwartungen, denn noch traute man dem neuen Staat nur wenig zu, der alte hatte nur Unheil gebracht, und die Nachkriegsanarchie hatte viel Misstrauen den Mitmenschen gegenüber hinterlassen.

Also blieb nur der engste Privatbereich, aus dem man ein Gefühl von Sicherheit beziehen konnte. Das Vertrauen, dass die Gesellschaft einen in der Not schon auffangen werde, war auf einen Nullpunkt gesunken; ein Mindestmaß an Stabilität verhießen allein Partnerschaft und Familie. Gestützt wurden sie durch ein gesellschaftliches Meinungsklima, das sich überraschend schnell vom Laissez-faire der Nachkriegsjahre verabschiedete und mit neuer Entschiedenheit vom Willen zur Durchsetzung von Sitte und Anstand bestimmt war. Um 1950 setzte im Urteil der Allgemeinheit die Verdammung sexueller Freizügigkeit ein, für die die fünfziger Jahre im Urteil der Nachwelt berühmt wurden. Über die sexuelle Unordnung der Nachkriegszeit wurde der gnädige Vorhang des Vergessens gezogen. Auch das Zusammenleben unverheirateter

Paare wurde nun von der Mehrheit der Bevölkerung wieder entschieden abgelehnt.[16]

Vier feste Wände und ein Leben ohne Sünde

Viele fragen sich heute erstaunt, warum die Frauen, die nach dem Krieg einen so hohen Grad an Unabhängigkeit und Überlebensstolz erreicht hatten, sich wenige Jahre später in so großer Zahl wieder in eine traditionelle Lebensform begaben, die ihre Unterordnung in restaurierte patriarchalische Verhältnisse verlangte. Das Eherecht der fünfziger Jahre verlieh dem Mann die Entscheidungsgewalt über alle existenziellen Fragen. Ob eine Frau arbeiten, einen Führerschein machen, größere Anschaffungen tätigen wollte, immer brauchte sie die Erlaubnis ihres Mannes.

Dass die Frauen ihre Unabhängigkeit aufgaben, hing vermutlich mit den «Frösten der Freiheit» zusammen, die Unmengen Kraft gekostet hatten. Die Stärke der Trümmerfrauen hatte wenig gemein mit dem, was wir heute unter Emanzipation verstehen: Sie war das Resultat einer umfassenden Zerstörung von bürgerlichen Bindungen und ganz generell von Heimat. Auch dort, wo die neue Selbständigkeit bisweilen triumphierend erlebt worden war, war sie mit größten Anstrengungen bezahlt und ertrotzt worden.

Soziale Kontakte waren in den Nachkriegsmonaten genug da, aber selten die richtigen. Die Wohnungsnot hatte ein Zusammenleben oft ganz unpassender Gemeinschaften erzwungen; wildfremde Menschen teilten sich die Wohnungen und trennten die Zimmer notdürftig durch Vorhänge ab. Über einen stillen Raum, in den man sich zurückziehen konnte, verfügten nur wenige, ständig war man unwillkommenen Ansprachen, Zudringlichkeiten und Nachstellungen ausgesetzt. Die Sehnsucht nach einer stillen Häuslichkeit in eigenen vier Wänden, die in den fünfziger Jahren mit Hingabe zelebriert wurde, ging auch aus dieser oft bedrückenden Enge kollektiven Zusammenrückens hervor. Die Aussicht auf wirtschaftlich stabilere Jahre ließ das Wiedererwachen traditioneller Lebenspläne zu und eröffnete endlich wieder Perspektiven auf Dauer, die «Familienplanung» ermöglichten und im Traum vom eigenen Haushalt mündeten.

Schließlich sei noch ein letztes Nachkriegsphänomen erwähnt, das viele Frauen überstürzt in die Ehe drängte: die Statistik. Frauen waren erheblich in der Überzahl. Der Krieg hatte sie, im Unterschied zu den Männern, vergleichsweise häufig am Leben gelassen. Das Wort «Frauenüberschuss» geisterte drohend durch die Köpfe und versetzte manche Frauen in eine Art Torschlusspanik, als ihnen dämmerte, dass schon aus rechnerischen Gründen viele von ihnen für immer einsam bleiben würden. In der Altersgruppe zwischen zwanzig und fünfunddreißig Jahren kamen auf hundert Männer hundertzweiundsechzig Frauen. So war es für Männer nicht besonders schwer, eine Frau zu finden. Ihre Minderzahl machte sie wertvoller, als sie bei Licht besehen im Einzelfall wohl waren. Statistisch gesehen, blickten die Männer in eine rosige Zukunft, während die Frauen sich mit der Angst vor dem Alleinsein herumschlugen.

Vielen Männern fiel es nach den demütigenden Chaosjahren deshalb leicht, ihre Machtposition als Familienvorstand wieder zurückzuerobern. Nach der Gründung der beiden deutschen Staaten 1949 wollten sie baldmöglichst einen eigenen kleinen Staat für sich selbst gründen und «mit ihrer Auserwählten vor den Traualtar treten». Dieser damals noch widerspruchslose Sprachgebrauch sah alle Aktivität beim Mann, die Frau musste nur einwilligen. Die «dunkle Zeit», wie sie später schamhaft genannt wurde, in der sich ihr Land denkbar weit von seinen moralischen Traditionen entfernt hatte, ging für viele Deutsche in dem Augenblick zu Ende, als sie sich vermählten, bis dass der Tod sie scheide. Deshalb kam auch immer mehr ins Wanken als nur die Ehe, wenn es an die Scheidung ging. Ein Geschiedener galt im Wirtschaftswunder als ein Gescheiterter, eine dubiose Figur, der die neue Zeit verspielt hatte.

Das «christliche Abendland», in den Nachkriegsmedien des Westens häufig beschworen, wurde nach dem Zusammenbruch

«Wir sind wieder wer», der Stolz der fünfziger Jahre. Allein im weiten Raum, geborgen und bewegt vom eigenen Automobil, kommt die Familie zu sich. Das Auto ist ein Goliath GP 700.

des NS-Regimes zu einem neuen Angebot geistiger Heimat, das die ganz aufs Private fixierten Menschen wohlig überwölbte. Man fühlte sich einigermaßen sicher in der endlich wiedergewonnenen Sphäre von Sitte und Anstand, die durch eine zunehmend rigide Moral gewährleistet werden sollte. In zahllosen Aktionen zogen Behörden und Vereine gegen die «Verbreitung von Schmutz und Schund» zu Felde, der Hildegard-Knef-Film «Die Sünderin» wurde 1951 zum Gegenstand einer ebenso aufsehenerregenden wie grotesken Zensurkampagne; Beate Uhses harmloser Versandhandel für «Ehehygiene» in über zweitausend Verfahren wegen «Aufstachelung zur Unzucht» staatsanwaltlich verfolgt.

Kindern und Jugendlichen wurde die Lebensfreude vergällt, indem Eltern, Lehrer und Pfarrer ihnen die Sexualität als Hort schlimmster Gefahren ausmalten. Jede erotische Regung wurde als Laster dargestellt, die Genitalien als Brutstätten rätselhafter Krankheiten beschrieben, Selbstbefriedigung als krankmachend denunziert, die Onanie mit schwersten Schuldgefühlen gepaart und alles Geschlechtliche in ein angstmachendes Dunkel getaucht, das wie ein Verhängnis über den Menschen käme.

Der Mediziner und Erziehungsberater Friedrich E. Freiherr von Gagern sah die Selbstbefriedigung als «Kennzeichen dafür, dass der Mensch mit sich und dem Leben nicht fertig» werde, und unterschied die Formen dieser «widernatürlichen Praxis»: «Notonanie, Pubertätsonanie, Zufallsonanie, Sehnsuchtsonanie, Racheonanie, Examensonanie» und schließlich, besonders verwerflich, die «Oppositionsonanie».[17] Müttern wurde geraten, ihre Söhne vor dem Zubettgehen durch Gartenarbeit oder Spaziergänge ordentlich müde zu machen, allzu weiche Unterhosen zu vermeiden und sie keinesfalls abends kalt duschen zu lassen: «Kaltwasseranwendungen aller Art haben unmittelbar vor dem Zubettgehen zu unterbleiben, weil die darauf folgende Bettwärme als Gegenreaktion die geschlechtliche Tätigkeit anregen würde.» Unter der Überschrift «Bilde die Scham» wurde den Erziehungsberechtigten ein Rat erteilt, der sie wegen seiner Abstraktheit vor erhebliche Umsetzungsschwierigkeiten gestellt haben dürfte: «Pflege in deinem Buben jene naturhafte Scheu vor allen Reizen, die geeignet sind, den Geschlechtstrieb vorzeitig und unproportioniert zu wecken.»

Es ist kein Wunder, dass die so aufgewachsene Jugend ein Jahrzehnt später den Kampf gegen den «Muff von tausend Jahren» zu ihrem Hauptanliegen machen wird. Was die protestierenden Kinder jedoch nicht ahnen konnten, war, dass in der Biederkeit der Eltern ein Moment der Läuterung steckte, der bewussten Abkehr von der Unmoral einer finsteren Zeit. Ohne den Rekurs auf den Körperkult der Nazis und die sexuellen Wirren im Nachkriegschaos bliebe die häufig belächelte Prüderie der frühen Fünfziger so skurril, wie sie den Kindern dieser Generation ja tatsächlich erschien. Während diese davon überzeugt waren, in der leidigen Verklemmtheit lebe das Erbe der Nazis weiter, verstanden die Eltern ihre Sittsamkeit als Ergebnis einer konservativen Resozialisierung, die sich in der Beherrschung der Sexualität besonders zu bewähren hatte.[18] Die Bundesrepublik der Adenauer-Ära setzte sich in ihren konservativen Teilen ja nicht nur dadurch vom Nationalsozialismus ab, dass sie demokratisch verfasst war, sondern auch dadurch, dass sie sich als christlich begriff. Die Historikerin Dagmar Herzog bezeichnet die «Sexual- und Familienbeziehungen» der Zeit deshalb «als Hauptschauplätze der Vergangenheitsbewältigung»,[19] man glaubte, sich durch eine rigide Regulierung der Sexualität nach christlichen Wertvorstellungen rehabilitieren zu können: Entnazifizierung durch Prüderie. Die Verfolgung sexueller Freizügigkeit besaß deshalb auch ein Motiv der Distanzierung vom Nationalsozialismus, der aus christlicher Sicht als «Abfall von Gott» interpretiert worden war. Überinterpretieren darf man diesen Zusammenhang allerdings nicht, denn es steht außer Frage, dass im Kampf gegen «Kulturbolschewismus» und Sittenverfall auch jede Menge alte Nazis begeistert mitmischten, die in der Verfolgung angeblicher Unzucht ein Betätigungsfeld für ihre ungestillte Repressionslust fanden. Die Sittendezernate waren sogar ein beliebtes Auffangbecken für entlassene NS-Beamte, die nach den Rehabilitationsgesetzen von 1951 wieder eingegliedert werden mussten.

Die Rechristianisierung der politischen Kultur in der Bundesrepublik hatte den bequemen Nebeneffekt, dass man die Vergangenheit ohne große Gewissenserforschung «bewältigen» konnte. So wie man sich in der DDR mit dem massenhaften Bekenntnis zum antifaschistischen Sozialismus vor einer breiten Diskussion über das innere NS-Erbe herumdrückte, machte man es im Westen mit der Erneuerung des Glaubensbekenntnisses. Wie wenig die christliche Erneuerung mit einem echten Überdenken der nationalsozialistischen Vergangenheit zu tun haben konnte, belegt eine Bemerkung des stets sehr religiös auftretenden CDU-Familienministers Wuermeling. Er begründete 1953 seine auf Kinderreichtum zielenden bevölkerungspolitischen Maßnahmen nach altem NS-Muster wieder mit kraftmeiernder Wehrhaftigkeit: «Millionen innerlich gesunder Familien mit einer gesunden Schar rechtschaffen erzogener Kinder» seien als «Sicherung gegen die drohende kommunistische Gefahr der kinderfreudigen Völker des Ostens mindestens ebenso wichtig wie alle militärischen Sicherungen».[20]

Von Schuld- und Schamgefühlen keine Spur, aber umso mehr bildeten sie den unsichtbaren Hintergrund für den hohen Rang korrekten Benehmens im Wertegefüge der Nachkriegsdeutschen. Der sorgfältigen Vermeidung jeden Anlasses, sich für irgendetwas schämen zu müssen, galt gespannte Aufmerksamkeit. Wie der Arm beim Essen gehalten, die Kartoffeln zerkleinert, der Löffel zum Mund geführt, das Besteck nach dem Essen auf dem Teller platziert wird, das lernten die Kinder schon in einem Alter, in dem die heutigen noch Mühe haben, den Becher ohne Kleckern auf den Tisch zu stellen. Dem unbedingten Bemühen um Korrektheit galt die Angst vor Mundgeruch und Schweiß, gefördert durch Werbetexte wie «Ich wollte es dir schon immer sagen, Barbara - ich weiß, du pflegst dich - aber ...». Allgegenwärtig waren Reklamen für Tinkturen gegen Schuppen, die den Käufer davor bewahren wollten, als Ausgestoßener leben zu müssen: «Da fällt ihr Blick auf den Kragen seines dunklen Anzugs: Schuppen, wie peinlich.»

Unauffälligkeit war auch in anderen Ländern eine Tugend, aber so unerbittlich wie in Deutschland wurde sie wohl nirgends zur Richtschnur. «Nur keine Gefühle zeigen, nur nicht aus sich herausgehen, sich keine Blöße geben. Nur nichts Fremdes, Ungewohntes an sich heranlassen, denn sonst könnte das labile Selbstwertgefühl aus dem Gleichgewicht geraten»[21] – so fasste der Psychoanalytiker Hans-Jürgen Wirth die Devise der Zeit zusammen. Eine gewisse Unscheinbarkeit empfahl man sogar der modischen Frau. «Überbetonte Wölbungen und Kurven einer Monroe» entsprächen der Nachkriegsdeutschen so wenig wie die ihrer französischen und italienischen Kolleginnen, meinte die Zeitschrift «Constanze»: «Unser Ideal ist viel eher die grazile, graziöse, schlanke oder gar jünglingshafte Frau. Vielleicht auch die sportliche, bewegliche, auf keinen Fall aber die lässig lagernde, die Lüsternheit erwecken soll.»[22] Der Neurologe Joachim Bodamer forderte 1964 mehr Graumäusigkeit. Die Frauen würden von den Männern der Konsumgesellschaft «in einen erotischen Konkurrenzkampf gehetzt, der den hohen Persönlichkeitswert der Zurückhaltung und Scham zerstört, der zur Frau so unlöslich gehört, dass sie ohne ihn keine Frau ist»[23].

Das Auffällige gehörte ins Kino, nicht ins Leben. Die durchschnittlichen Nachkriegsdeutschen sahen sich am liebsten als das, was heute niemand mehr sein will: als Otto Normalverbraucher. Normalität und Mittelmaß erschienen nach Jahren exzeptioneller Desaster als des Lebens höchstes Gut.

Erschreckend nüchtern, aber sehr verlässlich

Die Stabilität der Familie wird durch ein quecksilbriges Element gefährdet, das zugleich zu ihren Grundvoraussetzungen gehört: die Liebe. Sie neigt zum fürsorglichen Absicherungsstreben, aber auch zu anarchischen Ausfällen, ist unstet und unzuverlässig und rächt sich mit Vorliebe bei denen, die ihrer allzu sicher sind. In den Familien der Fünfziger war von Liebe wenig die Rede; wie Bollwerke dichteten sie sich gegen die Erotik ab, auf der doch ihre Existenz ursprünglich gegründet war. Verbreitet war die Unsitte, die eigene Frau in der Familie als «Mutter» anzureden und sich damit von der Phase erotischer Anziehung gewissermaßen offiziell zu verabschieden. Viele Eltern begegneten ihren Kindern als körperlose Wesen; Umarmungen, Kuscheln, Abschiedsküsse wurden peinlichst vermieden. «Ich hatte eigentlich nie eine zärtliche Beziehung zu meinen Eltern, Küssen und mal gestreichelt werden, kannte ich als Kind überhaupt nicht»[24], berichtete eine Zeitzeugin in einer Jugendstudie, die dies als typisch für die fünfziger und sechziger Jahre einordnet.

Vom Wärmemangel in den deutschen Familien war später vielfach die Rede; die Jugendlichen rechneten mit harschen Worten mit der Eiszeit ihrer Kindheit ab und frönten einem Hedonismus, der sie allerdings auf Dauer auch nicht unbedingt glücklicher machte, als es ihre Eltern waren. Dem edlen Romantizismus ihrer von Flowerpower geprägten Teenager waren die Eltern mit ihren spießig zugeknöpften Ehen weder optisch noch rhetorisch gewachsen; es war ein leichtes Spiel, ihre mühsam arrangierte Korrektheit zu karikieren und als pure Angst vor dem Leben zu verachten.

Umso erstaunlicher wirkt heute das Buch «Wandlungen der deutschen Familie in der Gegenwart», das der Soziologe Helmut Schelsky 1954 veröffentlichte. Er beschrieb darin mit gewisser Bewunderung gerade die Ehen als vorbildlich, aus denen sich die Romantik weitgehend verabschiedet und einem nüchternen Pragmatismus Platz gemacht hatte. Schelsky sah sein Buch als Ergebnis einer empirisch-soziologischen Bestandsaufnahme: Es beruhte auf hundertsiebenundsechzig von Studenten erstellten «Familienmonographien». Sie hatten die Aufgabe, die Familien eine längere Zeit zu beobachten, einzelne Mitglieder zu befragen und daraus genaue Einschätzungen anzufertigen. In überraschend vielen Fällen hatten die Wirren der Nachkriegszeit die Familien nicht zerrüttet, sondern stärker zusammenwachsen lassen und die Achtung füreinander erhöht. Wiederholt fiel der Begriff «Kameradschaftsehe» mit einer positiven Färbung als Bezeichnung einer Beziehung, die weniger auf Erotik setzt als auf die Bereitschaft, gemeinsam «durch dick und dünn» zu gehen.

Schelskys besondere Aufmerksamkeit galt den in den fünfziger Jahren weitverbreiteten «Studentenehen», die auf folgendem lebensplanerischen Kalkül beruhten: Die junge Ehefrau ging arbeiten und erlaubte so ihrem Mann ein Studium, das er ohne sie nicht hätte finanzieren können. Sein abgeschlossenes Studium eröffnete ihnen später einen Lebensstandard, der der Frau ermöglichte, zu Hause zu bleiben und sich ganz den geplanten Kindern zu widmen. Das Modell wirkt heute in Zeiten von Bafög und vielerlei Stipendien befremdlich und wäre wegen der in Relation zum Durchschnitt gesunkenen Akademikerlöhne auch unrealistisch, damals jedoch entsprach es durchaus den Vorstellungen mancher Ehefrauen, die sich nicht auf Dauer auf einem Arbeitsmarkt ausbeuten lassen wollten, der ihnen weniger Lohn und geringere Aufstiegsmöglichkeiten bot als Männern. Sie fügten sich in ein Unrecht, das in den Fünfzigern noch fast unangreifbar schien.

Die meisten Nachkriegsehen wurden laut Schelsky geschlossen, «um sich eine Existenz aufzubauen», entsprechend war die Partnerwahl «primär auf soziale und wirtschaftliche Ziele bezogen». Die «gegenseitigen Solidaritätserwartungen und -leistungen» nehmen «einen weit größeren und gewichtigeren Raum im Denken und Fühlen der Eheleute ein als die gegenseitige Glückserwartung aus Gefühlsquellen».[25] Selbst für sein konservatives Temperament wurde die Partnerwahl «erschreckend nüchtern vollzogen», wobei keineswegs nur die Besitzverhältnisse als wesentlich betrachtet wurden, sondern «durchaus menschliche Werte der Tüchtigkeit, Zuverlässigkeit usw.»[26]

Wie so eine Vernunftehe aussah, macht die Verbindung einer neunundzwanzigjährigen Schneiderin und eines fünfundzwanzigjährigen Pädagogikstudenten deutlich: «Für Frau X war es durch ihr herrschsüchtiges Wesen fraglich, ob sie jemals heiraten würde. Da sie weder interessant aussieht noch eine Schönheit ist, war es für sie nicht leicht, Eindruck auf Männer zu machen. (...) Auf der anderen Seite war Herr X froh, eine Frau gefunden zu haben. In seinem Äußeren war er völlig heruntergekommen, da er ganz auf sich allein angewiesen war und nicht viel auf Sauberkeit gab. (...) Im Sommer 1946 trat sie dem von Herrn X gegründeten Gesellschaftsclub bei, wo sie sich beide zum ersten Male begegneten. (...) Schon Weihnachten 1946 fand die Hochzeit statt, nachdem man beschlossen hatte, eine Ehe auf kameradschaftlicher Basis zu führen. Für Frau X war dies mit viel Mühe und Arbeit verbunden; denn einmal musste sie jetzt für ihren Mann mit sorgen, zum anderen auch den größten Teil der Lebensunterhaltskosten mit dem von ihr verdienten Gelde decken. (...) Seit der Heirat setzt sie ihre ganze Kraft ein, um ihm das Studium zu ermöglichen; ihren Beruf übt sie nur deswegen aus. Eine innere Befriedigung findet sie in ihm nicht. Der Lebenspartner spielt in ihrem Leben eine sehr wichtige Rolle, jedoch mehr von der Verstandesseite betrachtet als von der Gefühlsseite. Sie wägt hier, genau wie ihr Mann, Vor- und Nachteile gegeneinander ab; auch wenn es auf den ersten Blick so erscheinen mag, als ob für Frau X nur Nachteile vorhanden wären, so belehrt ihre Aussage uns eines Besseren. Sie wollte nicht länger allein durchs Leben gehen, das war ihr wichtigstes Anliegen an die Ehe.»[27]

Ihren Kindern wird es wie vielen anderen ihrer Generation nebulös geblieben sein, auf welchem Wege ihre Eltern sie wohl zustande gebracht hatten, aber viele solcher Ehen hielten. Eigenartig unzärtlich waren sie, wärmelos, schienen abgestumpft und stumm. Aber sie wiesen eine krisenresistente Toleranz gegen die Schattenseiten der Existenz und ihr allmähliches Verbleichen und Sichentzaubern auf. «Willst du mit mir gehen, Licht und Schatten verstehen?», dröhnte es noch ein Vierteljahrhundert später aus den Jukeboxen der Eckkneipen, wenn Daliah Lavi trotzig ansang gegen das hedonistische Ideal ewiger Jugend: «Willst du mit mir gehen, wenn die Angst bei mir verweilt? Willst du mit mir gehen, wenn die Zeit mich nicht mehr heilt? Wenn der Ruf der Welt vor mir verstummt, fragst du nach mir? Wartest du auch dann vor meiner Tür?» Und fast wütend röhrte sie den Refrain dieses Pamphlets für Treue und Familienbindung: «Man nennt es Liebe, man nennt es Glücklichsein.» So nannte man es wohl. Aber war es das?

«In der Galeere des Glücks» – die berufstätige Hausfrau

Die Frau ist die große Variable der Wirtschaftsgeschichte. Während das Verhältnis des Mannes zu Beruf und Karriere das ganze 20. Jahrhundert über nahezu unverändert blieb, wurden die Lebensentwürfe der Frauen vom Auf und Ab der Konjunktur und des sich wandelnden Zeitgeists bestimmt. Kriegszeiten und Phasen des Aufschwungs förderten die Berufstätigkeit der Frau, Perioden mit verbreiteter Arbeitslosigkeit sahen sie vorzugsweise daheim. Die ersten Jahre der frisch gegründeten Bundesrepublik waren von wirtschaftlichem Optimismus, aber auch von relativ hoher Arbeitslosigkeit bestimmt. Prompt sank das Ansehen der berufstätigen Frau. So unverzichtbar ihre Arbeit im Krieg und in den Nachkriegswirren gewesen war, so sehr sah man durch sie nun die gesellschaftliche Balance gestört. Sogenannte «Doppelverdiener» gerieten in die Kritik. In etlichen Bundesländern wurden Beamtinnen, die mit Beamten verheiratet waren, aus dem Dienst entlassen – vorgeblich zum Wohl der Kinder und einer gedeihlichen Familienatmosphäre. Die «Kölnische Rundschau» legte 1952 berufstätigen verheirateten Frauen dringend nahe, ihre Arbeitsstelle zu räumen und sie unverheirateten zu überlassen, die wegen des Frauenüberschusses keinen Mann gefunden hatten.[28] Mit dem Wirtschaftsaufschwung änderte sich die Stimmung wieder. Ab 1955 fehlten überall Arbeitskräfte. Wenn man schon Gastarbeiter ins Land holen musste, warum nicht auch auf die Reservearmee zu Hause zurückgreifen? Und schon war sie wieder gut angesehen, die verheiratete Frau, die an der Werkbank schuftete und danach an der Spüle daheim.

Andererseits hatte sich die Gesellschaft an die Restauration der traditionellen Rollenverteilung, an die partielle Rückkehr in vormoderne Verhältnisse gewöhnt. Die Hausfrau, die für nichts anderes verantwortlich war als für das Glück im eigenen Heim, war zum Symbol überwundener Not geworden. Wer es als Mann schaffte, allein eine ganze Familie zu ernähren, konnte stolz auf sich sein. In seinen Augen errichtete er das Fundament, auf dem eine heile Familie fußte. Und nun sollte er die Frau an die Fabrik oder ans Büro verlieren, mithin an eine Welt des Geschäfts, vor der er sich doch eigentlich bei ihr ausruhen wollte?

Eine solche Enttäuschung beschreibt Max von der Grün in seinem Roman «Irrlicht und Feuer», erschienen 1963. Er erzählt von einem Bergmann, dessen Frau arbeiten gehen möchte. Leben heißt für sie auch, «dass man nicht hinter den anderen zurückbleibt»[29]; sie wünscht sich eine Waschmaschine, einen Fernseher, vielleicht gar ein Auto. Jürgen Fohrmann aber wünscht sich sehnlichst ein Kind. Genau das könnten sie sich noch nicht leisten, meint Ingeborg, erst müssten bessere Voraussetzungen her. Sie geht deshalb ebenfalls arbeiten. Eine Weile später zieht Fohrmann Bilanz: «Seit einem halben Jahr verdienten wir beide, aber sind wir reicher geworden? Wir haben viel gewonnen, gewiss, von den Raten abgesehen, geht es uns gut. Verloren haben wir nur die Zeit. Wir haben keine Zeit mehr für uns, für den Partner, für den Nachbarn, wir haben auch keine Zeit mehr für die Zeit. Ein Schlagzeugrhythmus treibt uns vom Aufstehen bis zum Zubettgehen.»[30] Fohrmann fürchtet das gewachsene Selbstbewusstsein der Frau, aber da ist noch mehr im Spiel als nur der Verdruss über verlorene Männerprivilegien. Was die Frau an Freiheit gewinnt, verliert sie, so glaubt er, an Gelassenheit und Wärme. Hetze, Stress und Schinderei prägen nun beider Leben immer mehr: «Wir müssen viel Geld verdienen, und je mehr wir verdienen, umso mehr geben wir aus und desto kleiner wird in uns der Mensch, desto verkrüppelter der Charakter, desto größer aber der Hund und das Hündische in uns.»[31]

Die Konservativen klagten ohnehin gern darüber, dass sich die Frauen wieder dem unerbittlichen Stress im Arbeitsleben aussetzten und den Familien der fürsorgliche Wärmepol verloren gehe, das «segenspendende Herz der Familie», wie es im familienpolitischen Jargon der Adenauer-Ära hieß. Aber auch Teile der Arbeiterbewegung sahen mit Sorge, wie der Arbeitsmarkt sich die Frauen einverleibte und mit der Familie der letzte private Rückzugsraum von der Marktförmigkeit des Lebens eingeholt wurde. So schrieb der Sozialphilosoph Max Horkheimer 1956 in sein Notizbuch: «Die ‹Gleichberechtigung von Mann und Frau in der Ehe›, das passt den Herren von heute ausgezeichnet in den Kram. Das bedeutet nämlich, dass die Konkurrenz, die ‹human relations›, kurz die Entfremdung, auch in der sogenannten gesellschaftlichen Zelle noch die Menschen gegeneinander isolieren, dass es keine verwirklichte mikroskopische Utopie, keine verschworene Gemeinschaft, auch nicht im kleinsten mehr geben kann und der Mensch nackt vor der Maschinerie des Allgemeinen steht.»[32]

Was die Frauen selbst von der Arbeit erwarteten, wurde selten berücksichtigt und fand erst mit Verzögerung die Aufmerksamkeit der Soziologen. Nur um Geld ging es dabei nicht. «Zu Hause, da versäumt man so viel vom Leben», zitierte der «Spiegel» eine Verkäuferin; und eine Telefonistin meinte: «Man hört und sieht nichts mehr, höchstens, was man in der Zeitung liest, und der Mann ist abends auch müde und sagt nicht viel.»[33] Viele Frauen vereinsamten in der Wohnung, wollten soziale Kontakte auch außerhalb der Familie pflegen und dem beklemmenden Gefühl entkommen, von ihrem Mann auf Gedeih und Verderb abhängig zu sein. Womit sie allerdings nicht rechneten, war, dass viele Männer ihre Frauen, sobald diese arbeiten gingen, mit der Mehrbelastung alleineließen und jede Unterstützung im Haushalt verweigerten. Wenn sie schon erlaubten, dass ihre Frauen arbeiteten, dann hätten diese die Last auch ganz allein zu tragen. Weiterhin sollte das Essen pünktlich auf dem Tisch stehen, der Haushalt unter der Berufstätigkeit der Frau nicht leiden.

Zwar begrüßten viele Männer, dass sich das Familienbudget nun erheblich entspannte, zugleich aber nagte die Erwerbstätigkeit ihrer Frauen an ihrem Selbstwertgefühl. Sie kämpften mit dem Eindruck, in ihrer gesellschaftlichen Rolle als Ernährer versagt zu haben, fürchteten zumindest, von außen so beurteilt zu werden. Die Zeitschrift «Wirtschaft und Statistik» brachte 1954 die männliche Haltung zur Pflichtenverteilung als vermeintlichen *common sense* auf den Punkt: «Es ist allgemein nicht die Aufgabe der Frau, für den Unterhalt der Familie zu sorgen. Und wenn die Frau überhaupt erwerbstätig ist, trägt sie nur zusätzlich etwas zur Erhaltung oder Erhöhung des Lebensstandards der Familie bei.»[34] In dieser Definition war die Geringschätzung des Hinzuverdiensts schon fest eingebaut. Die Berufstätigkeit der Frau galt als Privatvergnügen, für das sie ihre familiären Aufgaben auf keinen Fall vernachlässigen dürfe.

Zwar profitierte die ganze Familie von dem zusätzlichen Einkommen, die zusätzliche Last aber wurde meist allein der Frau aufgebürdet, arbeitete sie doch freiwillig, wie der Mann gerne behauptete, sozusagen aus Gründen der Selbstverwirklichung. Zuzugeben, dass ihre Berufstätigkeit notwendig war, um finanziell über die Runden zu kommen, war mit seiner Ehre als Ernährer nicht vereinbar.

Die zeitliche Belastung durch die doppelte Berufstätigkeit wäre leichter zu überstehen gewesen, wenn die verhängnisvolle Psychodynamik von Scham- und Schuldgefühlen die Lage nicht noch erschwert hätte. Während die Männer sich schämten, weil ihr Einkommen nicht reichte, schämten die berufstätigen Frauen sich, weil sie sich den Familienbelangen nicht in dem Maß widmen konnten, wie es die Nur-Hausfrauen vermochten. Latent nagte das schlechte Gewissen an den Frauen, ihre Kinder, ihr Heim und ihren Mann zu vernachlässigen. Das Wort «Schlüsselkinder» machte die Runde für einen Nachwuchs, der mit seinen Hausaufgaben und Sorgen alleingelassen wurde.[35] 1955 wollten laut einer Umfrage 59 Prozent der Deutschen Müttern von Kindern unter zehn Jahren die Berufstätigkeit gesetzlich verbieten lassen.[36] Die verbreiteten Vorbehalte nagten am Gewissen der Frauen, die oft als «Rabenmütter» herabgewürdigt wurden. Weil sie sich traditionell für die Schaffung einer heimeligen Familienatmosphäre verantwortlich fühlten, reagierten sie auf jeden familiären Unfrieden mit Schuldgefühlen, die die Stimmung nur noch mehr verhagelten. Der müde vom Arbeitskampf heimkehrende Mann durfte mies gelaunt sein, wie er wollte, die Frau hatte stets ein ausgleichendes Wesen zu wahren und ihn nach Kräften aufzuheitern.

Erschöpft sein, aber es nicht zeigen, das war die große Aufgabe, die der Zeitgeist von den Frauen verlangte, die berufstätig waren und zugleich den Haushalt schmeißen mussten. Die Autorin Martha Maria Gehrke gab ab 1958 in der Buchreihe «Selbst ist die Frau» Tipps, wie man es schafft, gleichzeitig Arbeitskraft, Mutter, Hausfrau und Gespielin zu sein und dabei stets blendend auszusehen: «Eine abgehetzte oder ungepflegte Frau strahlt keine Anziehungskraft aus und schafft kein Heim. Die Frau von heute hat ein beträchtliches und meist sehr vielfältiges Aufgabengebiet zu erledigen. Dieses Buch möchte ihr dabei helfen. Es zeigt neue Wege, Zeit und Geld vernünftig einzuteilen, die Hausarbeit mit einem Mindestmaß an Zeitaufwand zu erledigen, praktische Dinge selbst zu basteln und zu nähen, Wohnung und Möbel zu bewirten, Mann und Kinder glücklich zu machen und bei all dem hübsch und gepflegt zu bleiben. Sie werden sehen, es macht Ihnen Spaß. Ernten Sie fröhlich die Früchte Ihrer Mühen, lassen Sie sich bewundern, verehren, lieben. Aber gewähren Sie keinem Mann Einblick in Ihre Betriebsgeheimnisse. Stöhnen Sie nie!»[37]

Ins gleiche Horn stieß die Werbung für die als Heilmittel gepriesenen alkoholischen Drinks für Frauen: «Wo Frauen ständig darüber klagen, müde, energielos, unlustig, ja apathisch zu sein, ist es kein Wunder, dass seelische Konflikte, Depressionen und mangelnde Anziehungskraft ihr Leben vergällen. Erschöpfte Frauen strahlen keine Vitalität aus. Ihnen fehlt jenes Fluidum, das Frauen so reizvoll macht. Beginnen Sie deshalb ein neues Leben mit Frauengold.» Mit Likör sollte sich die Frau den Abend schön trinken, sich psychisch in Form bringen, um ihrem gestressten Ehemann Trost und Erholung zu spenden: «Eine amerikanische Statistik spricht davon, dass in den USA die Frauen mehr Alkohol verkonsumieren als die Männer. Woran mag das liegen? Nun, Alkohol stärkt, und in Amerika sind die Frauen, genau wie bei uns, überlastet und erschöpft. Aber ein Gläschen Zarenkaffee Likör (35 Vol.-%) wirkt da Wunder. Also bevor der Gatte nachhause kommt schnell ein Gläschen Zarenkaffee – dann wird der Abend noch mal so schön.»

Ob das ein guter Tipp war? Die Strategie, die Erschöpfung zu tabuisieren, schien jedenfalls nicht aufzugehen. Eine Umfrage der UNESCO ergab 1962, dass sich 81 Prozent der Ehefrauen in Deutschland unglücklich fühlten, weit mehr als in anderen europäischen Ländern. Das deckte sich bezeichnenderweise nicht mit dem Befinden der Männer: 92 Prozent fühlten sich in ihrer Ehe glücklich. Die Studie war auf niedrigstem Datenniveau erhoben

Werbung für einen modernen Kohleofen in den sechziger Jahren. Erschöpft sein, es aber nicht zeigen, das war das Kunststück, das der Zeitgeist von den Frauen verlangte, zumal von den berufstätigen.

und ist auch nie zu wissenschaftlichen Ehren gekommen, aber ein paar Wochen beschäftigte die «Statistik des weiblichen Missvergnügens»[38] eine aufgeregte Presse. Der «Spiegel» sah das verbreitete Unglücksgefühl in mangelndem Realismus begründet und diagnostizierte die Diskrepanz zwischen weiblichen Traumwelten, medialen Suggestionen und der Realität als Hauptursache. Die Titelgeschichte hieß: «In der Galeere des Glücks». Die «Bild»-Zeitung interpretierte die Lage dagegen handfester: «81 Prozent der Ehefrauen haben die Hausarbeit satt.» Und der damals berühmte Eheberater Walther von Hollander sah die Frauen im SWR alleingelassen mit der Dreifachbelastung von Haushalt, Beruf und Glücksfee. Das glückliche Heim, für das sie sich verantwortlich fühlten, sei durch den wirtschaftlichen Druck, der auf dem Haushalt laste, nicht zu realisieren: «Um der Familie ein Heim zu schaffen, wird das Heim erst mal zerstört – durch Zeitmangel, Hetzerei, Erschöpfung.»[39]

Die gespenstischen Väter

Und die Väter? Der ideale Filmvater der Republik war gar keiner: Heinz Rühmann spielte in seinen berühmtesten Nachkriegsfilmen Ersatzväter, ob in «Wenn der Vater mit dem Sohne» (1955) oder in «Vater sein dagegen sehr» (1957), die sich anstelle der richtigen hingebungsvoll um Kinder kümmerten, die das Schicksal an ihre Seite gespült hatte. Er war das männliche Pendant zu Inge Meysel, die spätestens mit der Fernsehserie «Die Unverbesserlichen» (1965) als Käthe Scholz zur «Mutter der Nation» aufstieg und mindestens ebenso raumgreifend im kollektiven Bewusstsein Platz nahm wie Rühmann. Dessen Figuren waren stiller, einsamer, aber von der gleichen melancholischen Besserwisserei geprägt wie Inge Meysels. Rühmann war der «kleine Mann» schlechthin, und zwar einer, der gar nichts anderes sein wollte. Er wollte kein Held sein, kein großer Kerl, kein Alleskönner, kein ehrfurchtgebietender Vater. Insofern war er eben doch kein typischer, sondern ein veredelter kleiner Mann, der seine Anständigkeit immer mit einem beleidigt leisen Trotz zur Schau stellte, als gehöre Widerspenstigkeit dazu, normal zu bleiben.

In der Tragikomödie «Wenn der Vater mit dem Sohne» entführt

er als Clown Teddy einen sechsjährigen Jungen, ein von Vater und Mutter verlassenes Kind, mit dem er bis vor kurzem zusammen auftrat. Nun aber will die leibliche Mutter es plötzlich wiederhaben. «Vater» und Kind begeben sich gemeinsam auf die Flucht. Natürlich ist der sentimentale Spaßmacher der beste Ersatzvater, den man sich nur denken kann. Auch im Film «Vater sein dagegen sehr» spielt Rühmann einen Ersatzvater: den Schriftsteller Ventura, der sogar um Kirchenasyl für sich und seine verwaisten Nichten bittet. Er will sie damit vor uneinsichtigen Behörden retten, denen die Vorschriften wichtiger sind als das Glück der Kinder. Rühmanns liebevolle Väter waren zärtliche Traumgeschöpfe, die auf ihr Fehlen im wirklichen Leben verwiesen, sei es, dass die Väter im Krieg gefallen waren, sei es, dass sie ihre Rolle in der Gegenwart nur ungenügend ausfüllten.

Millionen Kinder mussten nach dem Krieg ohne den Vater auskommen. Er blieb als Bild im Wohnzimmer zurück und schaute unter seiner großen Uniformmütze die heranwachsenden Kinder mit ernsten Augen an. Die Frage «Was ist dein Vater von Beruf?» hatten sich viele Lehrer abgewöhnt, weil die Antwort zu oft lautete: «Ist im Krieg geblieben.» Die alleinerziehende Mutter kam noch häufiger vor als heute, war jedoch wesentlich schlechter abgesichert und sozial viel isolierter. Viele Frauen, die wegen des Männermangels keinen neuen Partner fanden, rackerten sich ab, um ihren Kindern trotz des Geldmangels eine gute Schulbildung zu ermöglichen.

Der wohl bekannteste Halbwaise dieser Zeit, der spätere Bundeskanzler Gerhard Schröder, wuchs in ärmsten Verhältnissen auf, ohne seinen an der Ostfront gefallenen Vater, einen Gelegenheitsarbeiter, je gesehen zu haben.[40] Seine Mutter tat sich in der Nachkriegszeit mit dem tuberkulosekranken Melker Paul Vosseler zu einer der frühen Patchworkfamilien zusammen, die dem populären Bild der heilen Fünfziger-Jahre-Kleinfamilie so gar nicht entsprachen. Mit Mutter, Großmutter, einer Schwester, drei Halbgeschwistern und dem arbeitslosen Stiefvater wuchs Schröder in einer Zweizimmerwohnung in einer umgebauten Schafscheune

Zwei, die zwar die Liebe verbindet, aber weder Blut noch Gesetz: Heinz Rühmann in seiner Paraderolle als illegitimer Ersatzvater, hier im Film «Wenn der Vater mit dem Sohne» von 1955.

auf.[41] Unterstützt von der Fürsorge, brachte Gunhild Erika Schröder, von ihrem Sohn «Löwe» genannt, ihre Familie mit harter Arbeit unter anderem als Putzfrau durch. Der Rechtsanwalt und spätere Bundeskanzler, den sie heranzog, trat mehrfach mit ihr in der Öffentlichkeit auf und zeigte ihr seine tiefe Dankbarkeit. «Wir waren die Asozialen», erklärte er der Illustrierten «Stern», ein Bekenntnis, dessen Freimütigkeit nicht durch den vielleicht einkalkulierten Nebeneffekt geschmälert wurde, der sozialpolitischen Härte seiner Hartz-IV-Reformen mehr Akzeptanz zu verschaffen.

Viele der aus dem Krieg heimgekehrten Väter waren kaum weniger abwesend als die gefallenen. Auch wer seinen Vater noch hatte, saß beim Mittagstisch einem Geheimnis gegenüber. Er schwieg sich aus über das, was in ihm vorzugehen schien. Die Kinder sahen, wie es bisweilen in ihm mahlte und gärte, wie irgendetwas Unausgestandenes sich in seltsamen Ausfällen Luft machte, aber sie erfuhren nur in seltenen Fällen, welche Ereignisse in ihm herumspukten. Die Väter wirkten nur halb präsent, einer Vergangenheit verhaftet, die nie zur Sprache kam. «Was Du durchgemacht hast», schrieb der Schriftsteller Manfred Hausmann in einem Brief «An einen Heimgekehrten», «das Höchste wie das Niedrigste, Gehorsam und Herrschaft, Wagnis und Verlust, Verzweiflung und Triumph, Einsamkeit und Bruderschaft, Himmel und Hölle, das weicht nicht wieder von Dir.»[42] Die überstandenen Frontkämpfe, Grausamkeiten und Gefangenenlager hatten diese Väter taub gemacht für die Nuancen eines normalen Alltags.

Das «Schweigen der Väter» sollte später fast sprichwörtlich werden, als es an die Verarbeitung der Nachkriegskindheiten ging.[43] Schon 1963 gab der Psychoanalytiker Alexander Mitscherlich dem vagen Gefühl einer mentalen Verwaisung das Stichwort, als er seinen «Ideen zur Sozialpsychologie» den Titel «Auf dem Weg zur vaterlosen Gesellschaft» gab. Sein Buch gehörte wie Helmut Schelskys «Die skeptische Generation» oder David Riesmans «Die einsame Masse» zu den Büchern dieser Zeit, die schon allein des Titels wegen zum Partygespräch wurden. Mitscherlich analysiert in einem breit angelegten sozialanthropologischen Panorama über Jahrhunderte hinweg, wie der arbeitende Vater mit der Auflösung bäuerlicher und handwerklicher Großfamilienverbände immer mehr außer Sicht geriet, in die Fabriken und Kontore verschwand, und für die Kinder nur noch sporadisch, nach Feierabend, erlebbar war. Trotz seiner spröden Fachterminologie gelang es dem Buch, dem zeitgenössischen Lebensgefühl ein Etikett zu geben, das bald in aller Munde war: vaterlos. Eine reiche, aber verwaiste Gesellschaft, in der eine orientierungslose Jugend bald über die Stränge schlagen wird.

Viele Väter duckten sich weg, stürzten sich in die Arbeit, stahlen sich nach Feierabend in die Kneipe, drückten sich vor echten Auseinandersetzungen. Das heißt nicht, dass sie physisch verschwanden, im Gegenteil: Die väterliche Autorität konnte in grotesken Anfällen und Zerrformen aus dem Alltag hervorbrechen. Als ernstzunehmender Erzieher seiner Kinder fiel der Vater aber in den meisten Familien aus. Während die Mutter die Hauptlast der Alltagserziehung trug und all die kleinen Konflikte, an denen die Persönlichkeit der Kinder reifte, zu bewältigen hatte, brach der Vater wie ein strafender oder beschwichtigender Erzengel ins Wochenende ein, falls er nicht gerade auf dem Fußballplatz war, Skat drosch, schwarz dazuverdiente, im Verein sang, das Auto wusch oder im Taubenschlag verschwand.

Vor den Kindern kommandierten sie gerne herum, statt mit ihnen zu argumentieren. Erst allmählich lernten die Väter – die Mütter waren nicht viel schneller –, dass Verbote eine Begründung brauchen. «Warte nur, bis Vater nach Hause kommt!» – diese Ankündigung, von der Mutter immer dann ausgesprochen, wenn es die Kinder tagsüber zu weit getrieben hatten, drohte mit einem Gespenst. Es gelang den Müttern oft mühelos, die Väter in ein brutales Strafkommando zu verwandeln. Diese brauchten keinen langen Anlauf, keine allmähliche Steigerung des Zorns bis hin zur Explosion. Gleichmütig konnten sie Gewalt ausüben wie berufsmäßige Henker. Befehlen, Gehorchen, Strafen, das war jahrelang ihre Welt gewesen.

Wenn das Bild der heilen Familie ins Wanken geriet, wurde es durch brutale Gewalt wieder zurechtgerückt. Weil sie das sichtbarste Zeichen dafür war, es geschafft und das Nachkriegschaos hinter sich gelassen zu haben, reagierte man maßlos auf jede kleine Störung des inneren Friedens. Der Schauspieler Edgar Selge, 1948 geboren, erinnert sich in seinem autobiographischen Roman «Hast du uns endlich gefunden» an die vielen Prügel in einer Vorzeigefamilie par excellence. Der Vater, ein ehemaliger NS-Staatsanwalt und jetzt Direktor einer Jugendstrafanstalt, führt den einsitzenden

Gefangenen ab und an stolz seine hausmusizierende Familie vor. Der kleine Edgar überlegt, während die Gefangenen sie betrachten: «Vielleicht denken sie, das sei eine Idylle. Das wäre aber ein Irrtum. Wir kämpfen hier täglich hart um ein Zusammenleben, in dem Fröhlichkeit und gute Laune oberstes Gebot sind. Unsere Eltern wollen beweisen, dass der Krieg und die sogenannte schlechte Zeit vorbei sind. Jetzt muss Glanz her. Auch in den Gesichtern soll es glitzern vor Optimismus. Das ist Arbeit und hat eher mit Zubeißen zu tun als mit Genuss.»[44]

Die Autorin Ingrid Müller-Münch berichtet in ihrem Buch «Die geprügelte Generation» eingangs von ihren persönlichen Erinnerungen: «Immer dann, wenn ich tagsüber irgendwie ‹muksch› gewesen war, nicht pariert hatte – wie es so schön hieß –, dann wurde mein Vater, da hatte er sein Jackett noch nicht an die Garderobe gehängt, schon mit den Worten begrüßt: Das Kind hat heute Widerworte gegeben. Eine Information, die ihn mit einem genervten Seufzen die Küchenschublade aufziehen und den Kochlöffel herausholen ließ. Dann ging es ab ins Wohnzimmer, wo ich schon dessen harrte, was nun folgen würde. Und dann setzte es was. Aber nicht zu knapp. Ich hatte, wenn man so will, eine für die 50er und auch die 60er Jahre (...) ganz normale Kindheit.»[45]

Vaterrollen in der Politik: Adenauer und Kennedy

Die Klage über die vaterlose Gesellschaft wäre noch viel lauter gewesen, wenn das Land an der Spitze nicht von einer Vaterfigur sondergleichen regiert worden wäre. Der steinalte Konrad Adenauer verlieh mit seinem Indianergesicht der jungen Demokratie eine fast skurrile, wunderliche Würde. Durch ihn schien die Bundesrepublik in der «besseren» Geschichte verankert, in der Weimarer Republik. Schon im Ersten Weltkrieg, 1917, war Adenauer Kölner Oberbürgermeister geworden und es bis 1933 geblieben. 1924 war er mit Reichspräsident Friedrich Ebert durch Köln spaziert. Als er

1949 zum ersten Mal Bundeskanzler wurde, war er dreiundsiebzig Jahre alt. Trotzdem wurde er noch dreimal wiedergewählt und trat erst im Oktober 1963 ab, mit siebenundachtzig Jahren.

Der «Wundergreis» hatte selbst da noch nichts Rentnerhaftes an sich, er war vielmehr schon zu Lebzeiten ins Versteinerte übergegangen, in etwas fast befremdlich Unverwüstliches, und hatte damit der, wie man so gerne behauptete, «geschichtslosen Republik» ein magisch altes Gesicht verliehen. Während zum Gründungsmythos der BRD der radikale Neuanfang, die Stunde Null gehörte, verkörperte Adenauer an ihrer Spitze eineinhalb Dekaden lang eine eben doch in der Vergangenheit wurzelnde Autorität, die die «Hitlerei» einfach übersprang. In Adenauer, dem Unbelasteten, durch kein Mitläufertum Kompromittierten, schien das NS-Regime wie einkassiert; bei ihm konnte man sich der Illusion hingeben, beim Zurückdenken die Hitlerjahre übergehen und ohne Zivilisationsbruch gleich in den Goldenen Zwanzigern landen zu können.

Adenauer war ein Glücksfall für alle, die Deutschland gerne in starken Händen sahen; der «Alte», wie er überall hieß, war für sie ein ausreichend «harter Hund», ein Übervater und listiger Stratege, der jahrzehntelange Erfahrungen geschickt zu verwerten wusste. Natürlich erzog auch Adenauer seine Kinder im autoritären Stil der Zeit. Der alleinerziehende Witwer – seine Frau Auguste, genannt Gussie, war 1948 an den Folgen ihrer Inhaftierung im Kölner Gestapo-Gefängnis Brauweiler gestorben – verabreichte regelmäßig Prügel. Sein Biograph Werner Biermann spricht von «regelrechtem Verprügeln, in völliger Unschuld gewissermaßen», weil vom Zeitgeist gedeckt: «Sein jüngster Sohn Schorsch, der 1931 geborene Georg Adenauer, konnte diese Erfahrung bis zu seinem Tod nicht einfach wegwischen, etwa mit dem verbreiteten Motto ‹Et hat aber nich jeschadet›. Er erinnerte sich an demütigende Nächte, die er als Strafe für irgendeine jugendliche Missetat, etwa eine angstvolle Notlüge, im Kohlenkeller verbringen musste, hinter Schloss und Riegel.»[46]

1961 betrat jenseits des Atlantiks ein Präsident die Weltbühne, der unter den mächtigen Staatsmännern seiner Zeit hinsichtlich seines Familienlebens und seines Umgangs mit Kindern ein völlig anderes Bild abgab und allein dadurch die Stimmung in der westlichen Welt veränderte. John F. Kennedy, geboren 1917, wirkte neben dem französischen Präsidenten de Gaulle, geboren 1890, dem britischen Premier Harold Macmillan, geboren 1894, dem sowjetischen Regierungschef Chruschtschow, geboren 1894, und erst recht neben Adenauer, geboren 1876, wie ein Kind der neuen Zeit – ein in der Sphäre der Großmachtpolitik unglaublich fotogenes Gesicht, das entsprechend häufig reproduziert wurde. Adenauer besuchte Kennedy in Washington zum ersten Mal im April 1961. Ein unglücklicher Zeitpunkt, denn die Schlagzeilen galten dem Beginn des Eichmann-Prozesses in Jerusalem und dem ersten bemannten Weltraumflug mit dem Kosmonauten Juri Gagarin. Vom Bau der Berliner Mauer trennten die Welt nur noch vier Monate. Bei der Empfangszeremonie in Washington stand Adenauer ein Präsidentenpaar gegenüber, das für seine glamouröse Sinnlichkeit bekannt war. Um dem Glamour Kennedys und seiner Frau Jacqueline optisch etwas entgegenzusetzen, hatte Adenauer seine Tochter Libet Werhahn mitgenommen, die sich bis in die Wahl des Hutes an die Erscheinung der First Lady angepasst hatte.

Der charismatische Kennedy war wegen seiner antirassistischen Bürgerrechtspolitik und seiner umsichtigen Sozialpolitik zum Hoffnungsträger eines Landes geworden, dessen soziale Miseren unübersehbar waren. International wurde er wegen seines geschickten Agierens im Kalten Krieg bewundert. Hinzu kamen ein strahlendes Lachen und eine gewinnende Rhetorik. Sein entschlossener Liberalismus wurde medienwirksam durch die Art illustriert, wie er Frau und Kinder präsentierte. Kennedy war trotz seiner Vergnügungssucht ein Familienmensch. Aus einem mächtigen Ostküsten-Clan kommend, hatte er eine Kleinfamilie gegründet, die ein Bilderbuch für sich darstellte. Die Nachdrücklichkeit, mit der er seine Familie ins Rampenlicht stellte und sein anmutiges Privat-

Konrad Adenauer beim Staatsbesuch in Washington, November 1962. Um die Symmetrie zu wahren und die Eleganz der First Lady Jacqueline Kennedy etwas auszubalancieren, hat Adenauer seine Tochter Libet Werhahn mitgenommen.

leben zum Gegenstand der öffentlichen Repräsentation machte, bildete seinen Markenkern. Die Kennedys waren auf eine höchst widersprüchliche Weise sexy. Ihre Ehe war nicht nur fotogen und aufgrund der notorischen Untreue des Präsidenten skandalumwittert, sie war auch durch die ungewöhnlich starke Präsenz der beiden Kinder Caroline und John F. junior aufs Zärtlichste beglaubigt. Kennedy war der Erste, der seine Familie hemmungslos in die Politik der Bilder integrierte; Gerhard Schröder wird es ihm nachzumachen versuchen, Barack Obama mit ihm gleichziehen.

Die Kennedys sah man ständig in der Presse, vereint in allen Lebenslagen und Erscheinungsformen, von elegant über sportlich bis lässig, beim Segeln, beim Reiten, am Strand. Jacqueline Kennedy war das Lieblingsthema der Modemagazine. Was sie an Kostümen, Schals und Hüten trug, sah man Tage später an allen Frauen, die es sich leisten konnten. Sie lud ein Kamerateam ins Weiße Haus ein und zeigte freimütig, wie sie den angeblich verwahrlosten Kasten im Empire-Stil neu möbliert hatte. Gewandt und parkettsicher, mehrere Sprachen beherrschend, von entwaffnendem Witz, war die First Lady kein Beiwerk, das man im Damenprogramm versteckte, sondern elementarer Teil der Repräsentation. Zudem knisterte es zwischen dem Paar offensichtlich noch immer mächtig. Auch wenn die Liste von John F. Kennedys bekannt gewordenen Affären schockierend lang ist, lief zwischen ihnen immerhin noch genug, um Jacqueline über mangelnde Lustbefriedigung klagen zu lassen. «Er macht zu schnell und schläft gleich ein», vertraute sie einem Kardiologen an, der ihr als Gesprächstherapeut diente.[47] Von welcher anderen First Lady der Zeit wären ähnliche Bekenntnisse auch nur vorstellbar?

Inzwischen ist über die Männer des Kennedy-Clans und ihren Umgang mit Frauen so viel Erschütterndes zusammengetragen worden, dass der Kennedy-Mythos unaufhaltsam zerbröselt.[48] Aber hier geht es nicht um die skandalöse Wirklichkeit in den Hinterzimmern der Macht, sondern um die gelungene Inszenierung, an der die damals aufkommenden Gerüchte über des Präsidenten überbordende Sexsucht noch nicht kratzen konnten, im Gegenteil. Man sah ihn eben als heißen Typ, über dessen Affären die Rolle des scheinbar hingebungsvollen Vaters nur umso wirksamer triumphierte. In der Selbstinszenierung des Präsidentenpaares war deshalb von einem Verschwinden des Vaters nichts zu spüren. Das kam gerade in Deutschland gut an. Er war als Ersatzvater noch viel wirksamer als Heinz Rühmann. Durch die ständige Präsenz der Kinder lieferten die Kennedys genau das Bild der heilen Familie, zu der sich die Deutschen so gerne gruppierten, nicht als verkrampftes Tableau, sondern in immer neuen, scheinbar lebensnahen Variationen. Sie wirkten durch eine entschlossen betriebene

Bildpolitik als Verkörperung einer heranbrechenden neuen Zeit, in der man offener und liebevoller miteinander umgehen würde. Besondere Popularität erzielte ein Bild, auf dem John F. junior unter dem Schreibtisch seines Vaters spielt, während dieser den Weltgeschäften nachgeht. Man kann das inmitten der Spannungen des Kalten Krieges grotesk nebensächlich finden, aber auf das Werteempfinden der westlichen Welt nahm die ikonische Vaterrolle Kennedys einen immensen Einfluss, insbesondere für die Heranwachsenden.

Die Schauspielerin Anita Lochner war dreizehn, als Kennedy im Juni 1963 nach Berlin kam und seine berühmte Rede hielt, in der er sich mit den Worten «Isch bin ein Berliner» zum Einwohner der flugs zur symbolischen Hauptstadt der freien Welt ernannten Stadt machte. Die Tochter des RIAS-Intendanten, berichtete der «Spiegel» in einer Reportage fünfzig Jahre später, wartete an der Clayallee auf den Konvoi mit dem Präsidenten. «Als das Auto hielt, liefen alle auf Kennedy zu, und Lochner gelang es, wenigstens sein Jackett anzufassen. Weinend lief die 13-Jährige nach Hause und gestand ihrer Mutter: ‹I love him.›»[49]

Während der Kubakrise schrieben Kinder aus vielen Ländern ans Weiße Haus und wünschten ihm Weisheit, Glück und Durchhaltevermögen. Für sie und Millionen anderer ihrer Generation blieb Kennedy mit allen Erwartungen, die er geweckt hatte, für Jahrzehnte in Erinnerung, ungetrübt von den Enttäuschungen, die sich zwangsläufig hätten einstellen müssen, hätte er seine erste Amtszeit überlebt. Als er am 22. November 1963 in Dallas ermordet wurde, bedeutete dies für viele Menschen das Ende einer Hoffnung, aber auch den Beginn einer neuen Ära. Die liberalen Kräfte stellten sich darauf ein, in Zukunft noch wehrhafter und selbstbewusster auftreten zu müssen. Die Beerdigung wurde zu einem weltweit übertragenen Medienereignis; das Bild der schwarz verschleierten Witwe, die neben ihren Kindern am Sarg des Präsidenten Abschied nahm, grub sich tief in die Erinnerung ein.

Kennedys Image leuchtete selbst in der Hippiebewegung nach,

die in ihm einen ermordeten Verbündeten im ansonsten verhassten Establishment wähnte.[50] Auch damals waren die USA tief gespalten in Demokraten und Republikaner, andere Hoffnungsfiguren kaum in Sicht. Eine ziemlich absurde Volte: Ausgerechnet im mächtigsten Mann des Staates fanden viele Bürgerrechtler und Freigeister ein Idol, zumal jetzt, nach seiner Ermordung. Andy Warhol, eine Art Ikonenmaler der Popmoderne, malte das serielle Abbild der First Lady wie ein Besessener in unzähligen Bildvarianten – als popkulturelles Emblem wie die Monroe-Porträts und «Campbell Tomato Soup»-Büchsen.

Wie miefig war es wirklich?

Deutschlands Familien waren von der Liberalität, wie sie die Kennedys als politisches Programm bildhaft verkörperten, weit entfernt. Es ist vielleicht kein Zufall, dass es ausgerechnet ein Amerikaner war, der in Westdeutschland mit einer verwandten Bildsprache Furore machte: der Fotograf Will McBride, der die Schwangerschaft seiner Frau für die Zeitschrift «twen» dokumentierte, aufregend zärtlich in einer körperfeindlichen Zeit.

Über die lustfeindliche Stimmung der Adenauer-Ära ist viel geschrieben worden. Der Muff von tausend Jahren habe die Heranwachsenden in den sechziger Jahren nahezu erstickt. Um den Erziehungsstil ihrer Eltern zu charakterisieren, wird von den heute Siebzig- bis Achtzigjährigen immer wieder Johanna Haarer angeführt. Die Ärztin und Hitler-Verehrerin hatte 1934 das Ratgeberbuch «Die deutsche Mutter und ihr erstes Kind» veröffentlicht, das bis 1951 eine Auflage von 710 000 Exemplaren erreichte. Es wurde nach dem Krieg an junge Eltern weitergereicht und bis 1987 in einer um die NS-Terminologie bereinigten Fassung wieder und wieder neu aufgelegt.[51] Das Buch liest sich wie eine «Kampfansage an das Neugeborene»[52]. Von der ersten Lebensminute an soll ihm beigebracht werden, dass das Leben kein Wunschkonzert ist. Wird der Säugling nachts wach, soll er so lange schreien, bis er erschöpft wieder einschläft.

Entscheidend für den Erfolg war für Johanna Haarer das Abtrainieren jeder Emotion; die mütterliche Gewalt soll absolut kalt, ohne Zorn durchgesetzt werden: «Auch wenn das Kind auf die Maßnahme der Mutter mit eigensinnigem Geschrei antwortet, ja gerade dann, lässt sie sich nicht irre machen. Mit ruhiger Bestimmtheit setzt sie ihren Willen weiter durch, vermeidet aber alle Heftigkeit und erlaubt sich unter keinen Umständen einen Zornesausbruch. Auch das schreiende und widerstrebende Kind muss tun, was die Mutter für nötig hält, und wird, falls es sich weiterhin ungezogen aufführt, gewissermaßen ‹kaltgestellt›, in einen Raum verbracht, wo es allein sein kann, und so lange nicht beachtet, bis es sein Verhalten ändert. Man glaubt gar nicht, wie früh und wie rasch ein Kind solches Vorgehen begreift.»[53]

Der Hauptzweck dieser Tortur bestand in der Unterbindung einer vermeintlich «übermäßigen» Liebe zwischen Mutter und Kind, von Haarer mehrfach als «Affenliebe» denunziert. Tatsächlich werden sich nur wenige glückliche Kinder der Nachkriegszeit an körperliche Liebkosungen durch die Eltern erinnern können; selbst sparsame Umarmungen waren äußerst selten, Nüchternheit oberstes Gebot. Soldatische Ideale wirkten noch lange nach: Im Verzärteln sah Haarer ein Versäumnis der Pflicht, wehrhafte Menschen aufzuziehen, die die jungen Eltern ihrem Volk schuldig seien. «Zärtlichen Müttern», die wegen ihrer Veranlagung nicht anders könnten, schlug sie vor, «das allzu Gefühlvolle und Sentimentale ins Lustige und Humoristische abzubiegen».[54]

Wie viele Mütter und Väter sich an Haarers Ratschläge hielten, weiß niemand genau. Die rigide Körperfeindschaft und der Wärmemangel in vielen Familien prägten jedenfalls auch die späteren Entwicklungsphasen vieler Kinder und Jugendlichen und hemmten nach deren eigenem Empfinden ihr Gefühlsleben. Die Studentenbewegung wird sich 1968 auch als Protest gegen die erlittene Erziehung entzünden und die Elterngeneration der Erzeugung einer, um es in ihrem Jargon auszudrücken, verqueren Über-Ich-Entwicklung beschuldigen.

Aber kann man Erinnerungen von Kindern an ihre Eltern zu einhundert Prozent trauen, zumal dann, wenn sie kollektiv formuliert werden? Die Auseinandersetzung mit den Eltern kommt Ende der sechziger Jahre einer generationellen Abrechnung gleich, die deren nach Kriegsende mühsam wiedergewonnene Biederkeit nur als Liebesentzug und Gewaltregime begriff und die «bleierne Zeit» zum Signum einer ganzen Epoche verabsolutierte. Zur Wahrheit gehört aber auch, dass nicht nur Johanna Haarers Kältelehren den Erziehungsstil der Fünfziger beeinflussten, sondern auch weit verständigere Ratgeber wie Ernst Heimerans «Der Vater und sein erstes Kind». Veröffentlicht 1938, erlebte es erst nach 1945 großen Erfolg; 1958 erschien dann bereits die 22. Auflage. Heimeran ermunterte darin werdende Väter, ihre Frauen bei den Arztbesuchen zu begleiten, ihnen bei der Geburt beizustehen und sich bei der Säuglingspflege einzubringen, so wie es heute in vielen Familien selbstverständlich ist.[55] Ebenfalls populär war der 1952 auf Deutsch erschienene Ratgeber zur Kinder- und Säuglingspflege «Dein Kind, dein Glück» des amerikanischen Kinderarztes Benjamin Spock, der den Begriff «Zärtlichkeit» zu einem Schlagwort der Kindererziehung machte. Auch Spock forderte die Väter auf, schon zum Säugling eine intensive Beziehung aufzubauen. Man könne durchaus ein «zärtlicher Vater und doch zugleich ein ganzer Mann sein»[56]. Der in Montreal lehrende deutsche Historiker Till van Rahden zeigte an zahllosen Beispielen, dass die Familie vereinzelt bereits in den Fünfzigern und verstärkt in den frühen Sechzigern als ein Ort begriffen wurde, in dem mehr Wärme, Zärtlichkeit und Liberalität herrschen und demokratisches Verhalten von frühester Kindheit an gelernt werden sollte.

In etlichen Erziehungsratgebern, auch in kirchlichen, wurde das autoritäre Auftreten der Väter in Frage gestellt. Hans Dölle, Direktor des Hamburger Max-Planck-Instituts, konstatierte schon 1964 eine «geistig-politische Strömung», die die partnerschaftliche Familie als Teil der «allgemeinen Demokratisierung der Gesellschaft» begründet habe: «Die äußere Autorität der Eltern, insonderheit des Vaters, schwindet, die Individualität der Kinder wird betont, frühzeitig treffen sie selbständig ihre Entscheidungen.»[57]

So kam zu dem ohnehin widersprüchlichen Bild die rasante Veränderung der Lebensstile hinzu, die bereits Jahre vor 1968 die Gesellschaft liberalisierte und natürlich die Heranwachsenden besonders stark erfasste. Wer durch die modischen Magazine dieser Jahre blättert, entdeckt abstrusen Krampf, aber auch viele Gesichter und Haltungen, die mehr ins Heute zu passen scheinen als ins Klischee einer unbeholfen konformistischen Zeit. Maßgeblich war vor allem die inzwischen legendäre Zeitschrift «twen», deren erste Nummer 1959 in einer gleichsam existenzialistischen Optik erschien, nämlich in harten Schwarz-Weiß-Kontrasten, mit extrem beschnittenen Porträts in radikaler Nahsicht und verschwenderisch gestalteten Doppelseiten. Sie zeigte, dass lebensnahe, sinnlich provozierende Eleganz auch in Adenauers Deutschland Platz hatte. Dabei wurde «twen» von keiner Alternativpresse herausgegeben, sondern zunächst vom etablierten Verlag DuMont Schauberg aus dem katholischen Köln unterstützt, der ohnehin ein Faible hatte für junge, sinnsuchende Menschen und neue Lebensstile, wie sein ambitioniertes Magazin «magnum» bewies. «twen» stand für Jewgeni Jewtuschenko und Juliette Gréco, für Lyrik, Chanson und Jazz, für Nachdenklichkeit und Freizügigkeit – nicht aber für Gesellschaftskritik, die Anfang der Sechziger ja noch eine weitgehend konservative Domäne war. So warf der Bayerische Jugendring «twen» vor, «einen Superindividualismus ohne Bindung an Gesellschaft und Moral zu züchten»[58]. Das Magazin war hemmungslos konsumorientiert und fröhlich affirmativ – genau das, was Konservative damals am meisten beunruhigte. Ein vom Familienministerium in Auftrag gegebenes Gutachten bescheinigte «twen» eine «ethische Grundlage», monierte allerdings ein Übermaß an Fotos, die Umarmungen zeigten: «Umarmungen im Auto, am Strand, im Wasser, im Bett, auf der Gartenbank, auf der Straße, auf der Holzplanke ...»[59] Umarmungen lösten Alarm aus in einem Land, das gern kerzengerade stand.

Die mit Gefühlen knapsenden Familien der fünfziger Jahre hatten einen immensen Hunger nach Zärtlichkeit hinterlassen. Es kam in Mode, sich auf den Teppich zu setzen, zu Füßen der auf der Couch lümmelnden Freundin zu kauern oder, auf dem Fußboden liegend, nachdenkliche Gespräche zu führen, zum Beispiel über den Roman «Bonjour tristesse» (1954), das Debüt der neunzehnjährigen Françoise Sagan, ein literarisches Manifest unverbindlicher Tändelei, angeblich unmoralisch und doch hinreißend skrupulös. Zwanglosigkeit wurde betont; der wippende Pferdeschwanz, der schwarze Schlabberpulli kontrastierte wirksam mit dem steifen Look der Älteren. Die Zeit des Wirtschaftswunders ließ neben dem hausbackenen Anstand auch widerstreitende Gefühle boomen; deutlich spürbar wuchs die Palette der Emotionen im Habitus der Jugend, ihrer Moden und ihrer Musik.

Die Fünfziger waren eine Zeit des wütenden Aufbegehrens, schockierend neuer Rhythmen, aber auch jeder Menge Prügel. Die Kleinfamilie hatte nach dem Krieg ein Comeback voller Elan erlebt, aber auch voller nach innen gerichteter Repressionen. Zugleich war sie ein wichtiger Übungsraum in dem schnellen Lernprozess, den die Bundesrepublik auf ihrem Weg in die Demokratie nahm. In ihr lernten die Veteranen des Weltkriegs, auch mal auf das letzte Wort zu verzichten, zuzuhören und Gegenargumente gelten zu lassen.

Der «Mief der fünfziger Jahre» war durchzogen von frisch belüfteten Zonen. Für eine Gruppe von Menschen aber waren die Fünfziger eindeutig die bleierne Zeit, für die sie oft gehalten werden: die Homosexuellen. Sie traf die Verdammung angeblich familienfeindlichen Verhaltens besonders hart. Legt man den Umgang mit der Homosexualität als Gradmesser für die Liberalität einer Gesellschaft an, dann waren die fünfziger Jahre ein Albtraum.

Junges Paar 1962. Aus der Fotogeschichte «Ziellos zu wandern, wohin du willst», die Will McBride in der Zeitschrift «twen» veröffentlichte.

Zwölf Jahre Zuchthaus für ein bisschen Zärtlichkeit – für Homosexuelle war das Dritte Reich noch nicht zu Ende

Der Panzersoldat Oskar Tischer war 1943 beim Sex mit einem Kameraden erwischt worden. Da es das dritte Vorkommnis dieser Art war, war er vom Wehrmachtsgericht zu fünf Jahren Zuchthaus und Sicherungsverwahrung verurteilt worden. Nach dem Krieg auf amerikanisches Geheiß freigelassen, verurteilte ihn das Landgericht Mannheim 1949 erneut wegen unzüchtiger Handlungen mit Männern zu dreieinhalb Jahren Zuchthaus. Zusätzlich verfügte das Gericht, der Angeklagte habe auch die Restzuchthausstrafe aus dem Urteil des NS-Feldgerichts abzubüßen. Als 1954 die Entlassung Tischers anstand, setzte das Gericht die von den Nazi-Behörden verhängte Sicherungsverwahrung in Kraft und ordnete an, dass er weiter gefangen bleiben solle. Weil er in der Sicherungsverwahrung erneut sein Bedürfnis nach menschlicher Nähe mit einem Mithäftling auslebte, wurde er zu einer weiteren Haftstrafe bis 1966 verurteilt. Als nach zwölf langen Jahren seine bereits beschlossene Entlassung bevorstand, wurde sie kurzfristig wieder untersagt, weil er nur eine Unterkunft in einem Wohnheim des Arbeiterwerks für die Zeit nach seiner Freilassung nachweisen konnte. Da der ständige Umgang mit Männern dort angeblich eine günstige Prognose fraglich erscheinen ließ, wurde weitere Haftunterbringung angeordnet. An seinen bereits ernannten Bewährungshelfer schrieb der «Straftäter», der die meiste Zeit seines Lebens in Haft verbracht hatte wegen nichts als ein wenig Zärtlichkeit unter erwachsenen Männern, einen Brief, der in seiner hilflosen Umständlichkeit die Folgen der langen Isolation verriet: «Solches Zusammentreffen zu verkraften, erfordert sehr viel, will man sich davor bewahren aufzugeben, wo doch alles Mühen und gutes Wollen so unsinnig erscheint.»[60]

Wer als Mann Männer liebte, hatte weder im Nationalsozialismus noch in der jungen Bundesrepublik Aussicht auf ein Leben in

Freiheit und Würde. Der Religionswissenschaftler Hans-Joachim Schoeps konstatierte noch 1963: «Für die Homosexuellen ist das Dritte Reich noch nicht zu Ende.»[61] Ihnen gegenüber entfaltete die ganz auf das Familienideal hin orientierte Sexualmoral die volle Unbarmherzigkeit, die man ihr nachsagte. Waren die Boomjahre für die «Normalen» liberaler und vielfältiger, als es die über sie kursierenden Klischees glauben machen, so kannten sie im Hinblick auf die Homosexualität tatsächlich kein Erbarmen. Auch wer als «schwererziehbares» oder «gefallenes Mädchen» in den Fokus der Jugend- und Strafbehörden geriet, musste häufig ein unerbittliches Regime erleiden. Hier entfaltete der vielbeschworene «Mief der fünfziger Jahre» tatsächlich seine widerwärtige Repressionsgewalt und kostete unzähligen Menschen das Lebensglück.

In der Bundesrepublik standen einvernehmliche homosexuelle Beziehungen unter Erwachsenen bis 1969 unter Strafe. In den sogenannten Sittendezernaten der Polizei arbeiteten vielfach Polizisten, die schon in der NS-Zeit mit Leidenschaft Jagd auf Homosexuelle gemacht hatten. Zwischen 1949 und 1969 wurden über fünfzigtausend Menschen nach § 175 StGB verurteilt, gegen hunderttausend Personen wurden Ermittlungsverfahren angestrengt, ohne dass sie sich erschwerender Tatbestände wie Unzucht mit Minderjährigen, Sex in der Öffentlichkeit oder fehlendes Einvernehmen schuldig gemacht hätten. Allein ihre sexuelle Vorliebe führte zur Kriminalisierung. Nicht nur die vollendeten Verurteilungen wurden zum Albtraum, sondern schon die Folgen der Ausforschung: Verhaftungen, Verhöre, Denunziation in der Nachbarschaft und am Arbeitsplatz.

1963 eröffnete die Zeitschrift «twen» eine Leserdebatte zur Homosexualität, die dazu führte, dass sich erstmals Schwule, anonym natürlich, vor so großer Öffentlichkeit bekannten und zu ihrer Verfolgung äußerten. Ein Mittvierziger, der als Einundzwanzigjähriger im Nationalsozialismus zu einem Jahr Gefängnis wegen «widernatürlicher Unzucht» verurteilt worden war, schrieb: «Obwohl bis heute 26 Jahre vergangen sind, verfolgt mich meine Strafe auf Schritt und Tritt. Ich habe heute eine sehr verantwortungsvolle Position. Aber in dem Moment, wo man erfahren würde, was mit mir ‹los› ist – ich würde unbedingt der Verachtung anheimfallen und wäre ohne jede Hilfe und Existenz.»[62] Ein Bundesbeamter berichtete von einem Leben im Geheimen: «Meine ständige Angst vor Erpressungen und der Bekanntschaft mit dem Gerichtssaal sind für mich eine schwere seelische Belastung. Selbstmorde in unseren Kreisen sind deshalb nur zu verständlich.»[63]

Dass sich die Justiz mit der damals noch immer gültigen Fassung des § 175 eines nationalsozialistischen Gesetzes bediente, war ihr wohl bewusst. Die Herkunft aus dem Dritten Reich war aber nach Ansicht des Bundesverfassungsgerichts kein Grund, den Paragraphen nicht anzuwenden, da er mit den «sittlichen Anschauungen des Volkes»[64] übereinstimme. Auch in Ostdeutschland, wo der § 175 bald weit weniger streng angewandt wurde, hatten etliche Juristen zunächst versucht, die NS-Praxis der Verfolgung «widernatürlicher Unzucht» in aller Härte weiterzuführen. So begründete das Landgericht Halle eine drakonische Bestrafung von achtzehn Homosexuellen im Mai 1949 mit den Worten: «Es ist zwar richtig, dass die schärfere Neufassung (des § 175) auch den Ansichten der Nationalsozialisten entsprach, sie ist aber die Folge der weiteren Entwicklung und allgemeinen Anschauung im Volke. Homosexualität ist die Entartung einer Seuche, die die ungünstigsten Einflüsse auf Geist, Charakter und Körper der von ihr Befallenen hervorruft. Es ist bekannt, dass die Homosexuellen oft zu Lügnern, Betrügern und rücksichtslosen Erpressern sich entwickeln. Der Staat – also auch der nicht-nationalsozialistische – muss daher im Interesse des Schutzes der Volksgesundheit und zur Erhaltung eines gesunden und unverdorbenen Nachwuchses die Homosexualität mit allen Mitteln bekämpfen.»[65] Schon die aufgeregte Wendung «Entartung einer Seuche» verrät, dass hier nicht kühle juristische Vernunft, sondern neurotische Zwangsvorstellungen das Urteil diktierten.

In Frankfurt am Main initiierten im Sommer 1950 Staatsanwalt Fritz Thiede und Amtsgerichtsrat Kurt Ronimi, beide schon in

Den höchsten Preis für die Fixierung der Gesellschaft auf die Familie zahlte man für die Liebe unter Männern. Foto aus der 1969 erstmals erschienenen Zeitschrift «du + ich. Magazin für Freunde von heute».

der NS-Zeit erbitterte Schwulenjäger, zusammen mit Oberstaatsanwalt Hans Krafft-Kosterlitz, einem jüdischen Rückkehrer aus dem Exil, eine der größten Verfolgungswellen der Nachkriegszeit. Mithilfe eines widerrechtlich zum Kronzeugen gemachten Strichers zerrten sie fünfundsiebzig Homosexuelle vor Gericht. Siebenhundert Verdächtige wurden peinlichen Verhören unterzogen, nachdem sie ins Visier der Schnüffler geraten waren. Als etliche der Beschuldigten Selbstmord begingen, darunter ein neunzehnjähriger Student, der sich vom Goetheturm warf, regte sich in der Öffentlichkeit Protest gegen die Verfolgungswelle, die ein trübes

Licht auf die eigentlich recht liberale Stadt warf. Das «natürliche Sittenempfinden des Volkes», auf das sich die Justiz so gerne berief, wenn es um die juristische Zementierung von Vorurteilen ging, wandte sich schließlich gegen die Juristen und wehrte sich mit so großem Nachdruck gegen die Verfolgungsmethoden, dass Richter Ronimi nach Hanau versetzt und die von ihm gegründete Sonderkommission aufgelöst wurde – ein frühes Zeichen dafür, dass die reaktionärsten Elemente der Justiz gegenüber einer sich liberalisierenden Öffentlichkeit bald in die Defensive geraten sollten.

Andernorts aber ging die Hatz weiter; die Zahl der nach § 175 Verurteilten stieg bis 1959 kontinuierlich an. Die Verfemung bedeutete für Schwule ein erzwungenes Leben im Geheimen. Ihre Angst vor Enttarnung wurde von Erpressern ausgenutzt, die den unglücklichen Menschen «mehr als hundert Millionen Mark» abpressten – eine naturgemäß sehr vage Schätzung der Rechtsanwälte Block und Lafontaine, die sich in Frankfurt für sexuelle Selbstbestimmung einsetzten, lange bevor der Begriff erfunden wurde. Der «Spiegel» wies darauf hin, dass der Staat sich durch die Kriminalisierung der Homosexualität der Förderung von Erpressern schuldig mache und Hunderttausende von Kriminellen begünstige, die leichtes Spiel mit ihren Opfern hätten. Auch der notorische Vorwurf der Promiskuität gegenüber den Homosexuellen wurde hinterfragt, da ihnen die Pflege stabiler Beziehungen unter den Bedingungen der Illegalität ja kaum möglich war; durch das Leben im Abseits wurde die Flüchtigkeit ihrer Beziehungen, die man den Schwulen vorwarf, erst mit hervorgebracht.[66]

Um halbwegs Ruhe vor Verfolgung zu haben, flüchteten sich viele Homosexuelle in eine heterosexuelle Ehe, die sie mit Selbstverleugnung und -disziplin nach außen hin aufrechterhielten. Aber auch nach innen, denn diese «Kameradschaftsehen» hielten oft erstaunlich gut. Der Bochumer Lehrer Fritz Markart[67] wählte Anfang der sechziger Jahre aus seiner weiten Verwandtschaft eine Frau zur Braut, die mit Männern wenig anzufangen wusste und deshalb froh war, den erotisch unaufdringlichen Markart heiraten zu können. Beide harmonierten gut miteinander, pflegten einen verschrobenen Humor und führten im ererbten Haus von Fritzens Eltern einen stabilen Haushalt, in dem noch Platz für einen schwulen Untermieter war. Das Trio war in der Nachbarschaft sehr beliebt, man hatte so seine Ahnungen, aber auch ein lebendiges Gespür dafür, wo Neugier fehl am Platz wäre. Ob Emilie Markart, von allen Verwandten zeitlebens «das Mielchen» genannt, von den Verhältnissen ihres Mannes etwas wusste, ob beide je darüber gesprochen haben oder es auch selbst alles bei fein ausbalanciertem Schweigen beließen, blieb unter Freunden und Verwandten bis zum Tode Markarts unerörtert. Der beliebte Mann, der gerne feuchtfröhliche Abende im Kreis von Kollegen, Bekannten und Nachbarn genoss, wurde nie zum Gegenstand von Spekulationen. Das Normale war so unerbittlich, dass es selbst über die Neigung zu Neugier, Indiskretion und Klatsch, ja sogar über die Phantasie triumphierte.

Der oft verächtlich gebrauchte Begriff «Alibi-Ehe» verkennt die Anhänglichkeit und Fürsorglichkeit, die in solchen Schicksalsgemeinschaften zu Hause sein kann. Die Schriftstellerin Eva Sichelschmidt schildert in ihrem Roman «Bis wieder einer weint» eine Kindheit mit einem solch mehr oder weniger homosexuellen Vater, der einen Großteil seines Begehrens auch vor der eigenen Frau perfekt verbarg und im Geheimen so gut es ging auslebte. Es war der feschste, angesehenste Mann der Umgebung, der mit der schönsten Frau weit und breit eine von allen bewunderte, in Wahrheit aber doch sehr doppelbödige Ehe führte. Auch wenn er Männer mehr begehrte als sie, konnte doch die Verehrung und Anhänglichkeit, die er ihr entgegenbrachte, mit dem Liebesgebaren vieler «normaler» Ehemänner mehr als mithalten. Widersprechende Gefühle durchkreuzten das Bild und machten auch hier die Lebenswirklichkeit zu einem komplexen Gebilde, das die Schemata der sexuellen Identitäten überstieg und Platz für Liebe auch da ließ, wo niemand sie vermuten würde.

1962 hätte sich die Chance geboten, die Rechtsprechung im Zuge der anstehenden Strafrechtsreform an die Vielfalt des erotischen Lebens anzupassen. Doch die Adenauer-Regierung sah sich weiterhin als Bollwerk gegen die Flut verderblicher Sittenlosigkeit. Statt endlich das NS-Gesetz abzuschaffen und zur liberalen Fassung des § 175 aus der Weimarer Republik zurückzukehren, beschloss sie die Beibehaltung mit der Begründung: «Die Rechtsordnung hat die Aufgabe, durch die sittenbildende Kraft des Strafgesetzes einen Damm gegen die Ausbreitung eines lasterhaften Treibens zu errichten, das, wenn es um sich griffe, eine schwere Gefahr für eine gesunde und natürliche Lebensordnung im Volk bedeuten würde.»[68] Damit hatte sich die Bundesregierung auf das Niveau einer religiösen Sekte hinabbegeben und abermals moralisches Eiferertum an die Stelle demokratischer Gesetzgebung gesetzt. Breiter Unterstützung konnte sie sich sicher sein, weil die Stabilität der sozialen und sexualpolitischen Ordnung für die meisten Menschen nach dem traumatischen Nachkriegschaos Vorrang vor der Freiheit genoss.

Doch zugleich offenbarte der anhaltende Protest den tiefen Riss, der inzwischen die konservativen Teile der Öffentlichkeit von den immer liberaler denkenden trennte. Der Strafrechtler Jürgen Baumann (FDP) nannte den Beschluss «verstaubt, kleinbürgerlich, moraltriefend, an vielen Stellen verlogen und das Rechtsgefühl zahlreicher Mitbürger mit Füßen tretend»[69]. Die liberale Bundestagsabgeordnete Emmy Diemer-Nicolaus forderte in einer Bundestagsdebatte den Schutz der Privatsphäre vor den Moralvorstellungen des Staates: «Wir müssen dem Gesichtspunkt Rechnung tragen, dass in die persönlichste Lebenssphäre nicht mehr als unbedingt notwendig eingegriffen werden darf.»[70] Doch erst 1969 wurden homosexuelle Handlungen unter Erwachsenen straffrei. Die Bundesrepublik war von nun an dabei, auch hinsichtlich des Umgangs mit der Homosexualität erwachsen zu werden.

SECHSTES KAPITEL

Vom Ohrenwesen zum Zuschauer: Der Fernseher übernimmt das Familienleben

«Für all diese Sendungen, meine Damen und Herren, wünschen wir Ihnen einen guten Empfang.»

VICTORIA VONCAMPE,
FERNSEHANSAGERIN

In den fünfziger Jahren war der Mensch im Begriff, sich in ein Ohrenwesen zu verwandeln. Seit der massenhaften Verbreitung des Radios verlief die Nachrichtenaufnahme im Wesentlichen über das Gehör. Abends versammelte sich die Familie um das Radio und war «ganz Ohr». Schon das NS-Regime hatte einen großen Teil seiner unseligen Macht akustisch verbreitet. Im Kino und in der Wochenschau hatte man zwar die Bilderwucht der Reichsparteitage erlebt, aber sie gaben die Inszenierung nur im Nachhinein wieder. Hitlers Gegenwart hingegen war vor allem die seiner Stimme gewesen; Jahrzehnte nach seinem Tod gellte sie noch in der Erinnerung nach.

Wie kein Zweiter hatte es Hitler verstanden, sich der Magie des Rundfunks zu bedienen, die auf der gesteigerten Wirkung einer körperlosen Stimme beruht. Viele Menschen beschrieben den Augenblick, als sie zum ersten Mal Radio hörten, meist noch in der Weimarer Republik, als überwältigend. Die «Stimme aus dem Äther» hatte etwas Überirdisches, selbst wenn sie über etwas so Profanes dozierte wie die Verwendung von Fetten in der Technik. Dass die Stimme von überall und nirgends zu kommen schien, dass sie von Millionen gleichzeitig zu vernehmen war, verlieh ihr eine fast religiöse Dimension. «Keiner dachte wohl daran, dass es Menschen wie wir waren», die da aus dem Radio sprachen, erinnert der Autor Wolfram Brockmeier sein erstes Radioerlebnis, «so stark rührte uns die gläubige Inbrunst und tiefe Hingabe dieser in Wahrheit überirdischen Stimmen an.»[1] «Gott sprach», so fasste der Dichter Yvan Goll seine erste Begegnung mit dem Radio zusammen.[2] Der Theaterkritiker Friedrich Luft, später eine der lebendigsten Radiostimmen seiner Zeit, verspürte beim ersten Radiohören ebenfalls einen epochalen Einschnitt: «Akustisch waren wir nun an den Erdraum angeschlossen.»[3]

Wohin mit den Händen?

Auch Nachkriegsdeutschland blieb, bevor das Fernsehen aufkam, im Bann des Tons, vor allem abends, nachdem der «Sandmann» die Kinder ins Bett geschickt hatte. Tagsüber diente das Radio zumeist den Hausfrauen als animierende Begleitmusik. Die Mehrheit der Hörerinnen lehnte ausländische Lieder ab, bevorzugt wurden Tanzmusik und Märsche. Glaubt man der Hörerpost und den darin geäußerten Wünschen, konnten viele Hausfrauen von Marschmusik gar nicht gut bekommen, während sie dem Schmutz zu Leibe rückten. Offenbar fegte der Besen beim Nibelungen- oder Helenenmarsch besonders gut. Zwischen aufmunternden Schlagern wie «Ich bin rund und gesund», «Mach Tanzmusik, Teddy» oder «Ganz Paris träumt von der Liebe», um mal ein Lied der gehobeneren Sorte zu nennen, gab es «Ärztlichen Rat», «Anregungen zum Speisezettel» und die Sendereihe «Zu Gast in neuen Häusern», «künftigen Bauherren zu Nutz und Frommen»[4].

Anders als tagsüber wurde das Radio abends von der ganzen Familie gezielter eingeschaltet. Meist begann es mit den Regionalnachrichten, zum Beispiel mit «Zwischen Rhein und Weser», erstmals 1950 ausgestrahlt, eine der modernsten Nachrichtensendungen der Zeit, modern auch wegen der im Untertitel angekündigten stilistischen Offenheit: «Nachrichten und Berichte, Notizen und Skizzen vom Tage». Danach wählten die meisten Familien ein unterhaltsames Hörspiel oder eine Quizsendung. Auch sie galt damals als ultramodernes Produkt, importiert aus den Vereinigten Staaten. Oft gab es dabei etwas zu gewinnen: «Halten Sie Papier und Bleistift bereit», tönte es aus dem Lautsprecher, die gesuchte Lösung musste man auf eine Postkarte schreiben und einsenden. Die Königsdisziplin der Quizsendungen waren die live von öffentlichen Orten übertragenen Veranstaltungen, die Hunderte von Menschen zusammenbrachten und ins Wohnzimmer funkten.

Hans Rosenthal, damals einer der erfolgreichsten Moderatoren von Unterhaltungssendungen im Radio, war ein Meister darin, einander fremde Menschen ins Spiel zu bringen; er suchte sie spontan aus den Zuschauerreihen heraus und stellte sie vor mehr oder weniger knifflige Aufgaben. Live dabei zu sein, wie sie sich blamierten oder mit heiler Haut davonkamen, Nettigkeiten austauschten und die Familie grüßten, war ein Erlebnis, das viele Menschen gebannt verfolgten. Rosenthal, geboren 1925 in einer jüdischen Familie in Berlin, hatte das NS-Regime versteckt in einer Kleingartensiedlung überlebt. Zuvor hatte er als Fünfzehnjähriger Zwangsarbeit verrichten müssen, zunächst als Totengräber, dann als Akkordarbeiter in einer Konservenfabrik. Sein Bruder war nach Riga deportiert und in einem Wald erschossen worden. Bald nach dem Krieg wurde Rosenthal mit Radiosendungen wie «Kleine Leute – große Klasse», «Wer fragt, gewinnt» oder «Allein gegen alle» zu einem der beliebtesten Quiz- und Showmaster der Republik. Die aufgedrehte Herzlichkeit, die er dabei aufbrachte, war für den, der von seiner Vergangenheit wusste, erschütternd.

Am liebsten zog Rosenthal mit seinem großen Team von Stadt zu Stadt, raus aus dem Studio und hinein in die Stadthallen, wo er die Menschen gekonnt zum Plaudern brachte. In der Sendereihe «Allein gegen alle» spielte ein Teilnehmer gegen gleich vier Städte, die durch Liveschaltungen miteinander verbunden waren. Die versammelten Einwohner wurden durch Interviewer befragt und mussten diverse Rätsel lösen. Schon die Liveverknüpfung von vier Ortschaften war eine technische und dramaturgische Herausforderung, die die Sendung spannend machte. Man freute sich, wenn ein klarer Ton zustande kam, und erhielt durch den Wettkampf der konkurrierenden Städte ein neues Gefühl für die Bundesrepublik, die als junger «Halbstaat» von anhaltenden Identitätsproblemen geplagt war und noch wenig Selbstgewissheit entwickelt hatte. So trugen die Quizsendungen, so banal sie wirken mochten, zur Nationenbildung Westdeutschlands bei. Rosenthal verstand es mit seinem eloquenten Smalltalk, überraschend viel Individualität seiner ungeübten Gesprächspartner herauszukitzeln. Er schuf ein betont harmloses Erlebnis der deutschen Gesellschaft, das sich bewusst

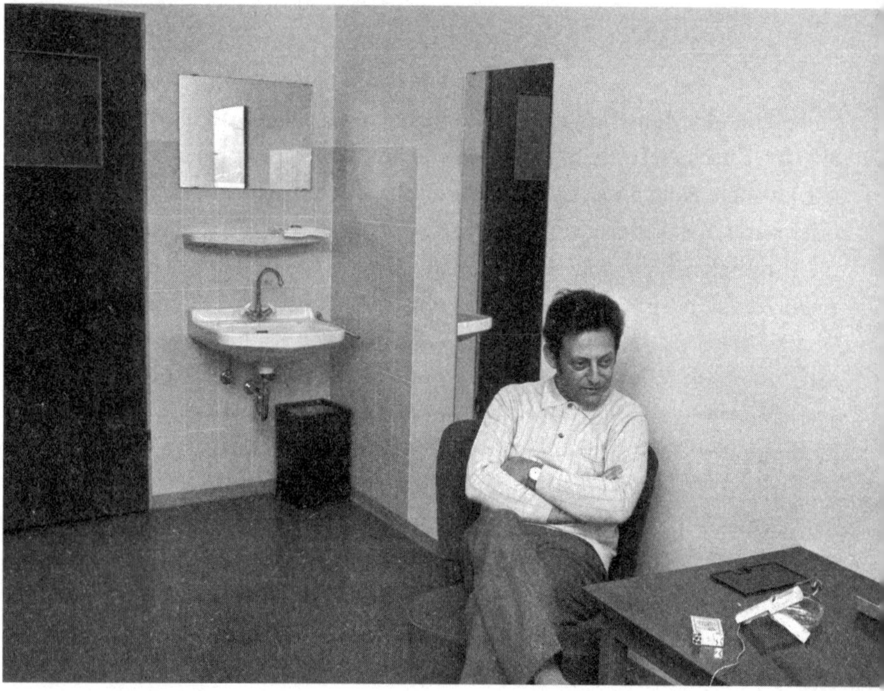

Der Moderator und Entertainer Hans Rosenthal wartet hinter der Bühne auf den Beginn der Show.

von dem der kämpferischen Volksgemeinschaft abhob, die wenige Jahre zuvor durch den Volksempfänger zusammengeschweißt worden war und den Radiosound vergiftet hatte.

Wie fügt das Radio den einzelnen Hörer mit der Gemeinschaft zusammen, wie beeinflusst es das Verhältnis zwischen Ich und Gesellschaft – das waren Fragen, die die Menschen in den fünfziger Jahren stark beschäftigten. Für den Philosophen Günther Anders war der Rundfunk ein Medium der Vermassung und der Vereinsamung. Es produziere den modernen Typ des «Masseneremiten», vereinzele die Menschen in ihren Wohnungen und vermasse sie zugleich durch das von allen synchron gehörte Programm.[5]

Die kulturpessimistische Skepsis gegenüber dem Radio wurde sogar von seinen Intendanten geteilt. So mahnte 1951 der Chef des

Südwestfunks Friedrich Bischoff seine Hörer im aufgeplusterten Ton erhebender Nachkriegsreden zum vorsichtigen und sparsamen Umgang mit dem Medium: «Wer aber den rechten Gebrauch von seinem Empfangsgerät macht, es also nicht als einen Geräusch- und Plapperkasten benutzt, sondern ihn zu besinnlich gegebener Stunde zum Guten gebraucht, um sich erheben und unterhalten zu lassen, der wird das hohe geistig-trächtige Schweigen, das die Welt nicht verlernen darf, wenn sie bestehen soll, nicht gedankenlos verletzen, sondern im Gegenteil sich ihm mitschöpferisch verpflichtet fühlen.»[6] Der Intendant fasste das Radio als «Mittelpunkt konzentrierter geistiger Kräfte im Sturm der Zeit auf», dem man beiwohnen solle, um Besinnung zu schöpfen.[7] Offensichtlich war dem Mann die Verantwortung nicht geheuer; der geschwollene Ton und die Verschanzung hinter den Zinnen der Hochkultur verrieten, wie kontaminiert das Medium noch immer durch die Erinnerung an das Instrument der Gleichschaltung unter Goebbels' Kommando war.

Senden ist Silber, Schweigen ist Gold – nach diesem Motto machte das Radio häufig Pause. Vor Mitternacht war oft schon Sendeschluss. «Nach den Sportnachrichten können Sie noch etwas tanzen», hieß es dann.[8] Danach folgte die Nationalhymne und bis 5 Uhr 45 nichts mehr.

Beim gemeinsamen Radiohören waren die meisten Familienangehörigen mit den Händen beschäftigt. Die Frau mit einer Handarbeit – meist wird Stopfen, Nähen oder Stricken genannt –, der Mann mit dem Ordnen seiner Briefmarken, der Münzensammlung oder einer Bastelarbeit. Das ist gewiss ein Klischee, aber irgendeine Nebenbeschäftigung war beim gemeinsamen Radiohören unerlässlich, man wusste sonst nicht, wohin mit seinen Händen.[9] Und vor allem nicht mit seinen Augen. Weil das Gehör so konzentriert beschäftigt war, mussten die unterforderten Augen etwas zu tun bekommen, um die Sinne halbwegs in der Balance zu halten. So saß man beisammen, lauschte und lenkte sich ab, auch voneinander. Wer Radio hörte, musste sich nicht unterhalten. Dass man dies gemeinsam tat, war schön, aber wegen der herrschenden Raumnot auch unumgänglich; zudem gab es in vielen Familien nur ein Empfangsgerät.

Der fehlende Augensinn war der springende Punkt bei der fortschreitenden Herausbildung einer eigenständigen Radiodramaturgie. Radioreporter und Auslandskorrespondenten versuchten, «dem inneren Auge» ihrer Hörer Stoff zu geben. So beschrieb der Amerika-Korrespondent Peter von Zahn seinen Hörern 1955 ausführlich eine amerikanische Küche Schrank für Schrank. Als «Blindenhund des Hörers»[10] führte er sie durch einen gigantischen Supermarkt in Vermont, erzählte minutiös vom Verstauen der großen Mengen von Lebensmitteln im Auto, vom Einfrieren von Toastbrot-Vorräten, das er bei seinen Nachbarn beobachten konnte. Er führte sie an einen Fluss, man hörte das Plätschern fernen Wassers aus dem Lautsprecher, und erzählte von der Angst der Fische vor dem Wochenende, wenn sich halb Amerika an den Ufern versammelte, um zu angeln.

Die große Zeit des Hörspiels und der Grübeleien aus dem Nachtprogramm

Seine künstlerische Vollendung fand der Rundfunk im Hörspiel. Die Gattung wurde zu einer der markantesten Kunstformen der Nachkriegsjahre. Fast neunhundert Hörspielsendungen produzierte allein der Bayerische Rundfunk in den fünfziger Jahren und hätte noch viel mehr herausgebracht, wenn die Autoren genügend neue Skripte geliefert hätten. Der Bedarf an Hörspielen war riesig. Anfangs riefen die Landesrundfunkanstalten ihr Publikum zu Hörspielpreisausschreiben auf, mussten jedoch bald einsehen, dass die Ergebnisse enttäuschend waren. Im Allgemeinen besäßen die eingesandten Arbeiten zwar «eine geglückte funkische Form» und ihr großer Wert läge «im dichterischen Gehalt», erklärte der Bayerische Rundfunk, aber leider blieben sie meist in einer «weltfremden oder sogar luftleeren Sphäre» stecken.[11]

Familie vor dem Radio, um 1955. Wohin mit den Händen? Konzentriertes Radiohören verlangte eine Nebenbeschäftigung.

Erfolgreicher verfuhr man mit der entschlossenen Weiterbildung professioneller Autoren durch Kurse und Hörspielkonferenzen, bei denen man die besonderen Anforderungen der Hörfunkdramaturgie schulte. Unzählige Schriftsteller, berühmte und unbekannte, fanden beim Rundfunk ein neues Auskommen, verfeinerten die Sendeformen, weiteten ihre Mittel und Methoden immer mehr aus. Besonders in den Kulturredaktionen entstand eine eigentümliche Kaste von Radiointellektuellen, die die Sendezeit nach 23 Uhr zu einem Eldorado gepflegter Nachdenklichkeit machten. «Der vermessene Mensch – Vom Wesen der Teste», «Wie soll man über Bilder reden?», «Gibt es eine katholische Literatur?» – so und ähnlich lauteten die «Themen der Zeit», die im Nachtprogramm mit ehrfurchtgebietend exakter Stimme erörtert wurden. Und mittendrin das dichterische Hörspiel.

Autoren wie Axel Eggebrecht, Rudolf Krämer-Badoni, Ernst Schnabel, Egon Vietta, Adolf Frisé, Alfred Andersch, Heinrich Böll,

Wolfdietrich Schnurre, Milo Dor, Paul Schallück, Siegfried Lenz, Günter Eich, Martin Walser, Hans Magnus Enzensberger und viele andere hatten im Rundfunk einen sicheren Heimathafen gefunden, von dem aus sie ihre Fahrten ins unsichere Buchgeschäft unternahmen. Stars wie Walter Dirks, der Herausgeber der «Frankfurter Hefte» und der «Frankfurter Beiträge zur Soziologie», verdienten nebenbei an freien Honoraren im Schnitt formidable dreitausend DM monatlich beim Rundfunk, «ein einzelnes Honorar betrug bei ihm im Durchschnitt etwa dreihundert DM – das entsprach dem Monatslohn eines Facharbeiters»[12].

In diesem abgesicherten Milieu freier Geister, die ein anspruchsvolles Programm aus Essays, Gesprächen, Vorträgen und freien Grübeleien in den Äther sandten, pflegte man ein Elitebewusstsein, das sich von der breiten Hörerschaft distanzierte, aber zunehmend auch von den Mächtigen in Wirtschaft und Politik. Man wandte sich gegen den schnöden Konsum wie gegen die «verwaltete Welt». Feinsinniger Individualismus verband sich mit Standesbewusstsein, konservativer Massenverachtung, linkskatholischer Moral und erzieherischem Impetus zu einer in sich widersprüchlichen Mischung, die durch die romantische Abneigung gegen Philister und Spießer zusammengehalten wurde. In diesen verwöhnten Plantagen des Geistes identifizierte man sich zunehmend mit der Rolle des Störenfrieds. «Tut das Unnütze, singt die Lieder, die man aus eurem Mund nicht erwartet! / Seid unbequem, seid Sand, nicht das Öl im Getriebe der Welt.» Diese berühmten Zeilen aus dem Hörspiel «Träume»[13] von Günter Eich, erstmals im Frühjahr 1951 gesendet, wurden zum Leitmotiv der literarischen Hochkultur und ihrer «funkischen» Ästhetik. Verstörung und Verunsicherung hießen die pädagogischen Ziele, die man sich nun steckte, das «Aufbrechen etablierter Wahrnehmungsweisen» blieb für Jahrzehnte das Hauptziel gehobenen Kulturschaffens. Nirgendwo wurde das deutlicher als im Hörspiel, das eine Entwicklungskurve vom Simplen zum Anspruchsvollen und tief hinab ins Ungenießbare erlebte.

In seiner ursprünglichen Gestalt war das Hörspiel wenig mehr als eine auf die Akustik reduzierte Schrumpfform des Theaters. Adaptierte Bühnenstücke, Krimis, Thriller und Familiengeschichten bildeten die beliebtesten Stoffe. Eine der erfolgreichsten Familienserien, «Die Hesselbachs», wurde aus dem Kabarett entwickelt, für den Rundfunk adaptiert, der sie von 1949 bis 1956 sendete, und erst später im Fernsehen fortgesetzt.

An solch einer humoristischen Familienserie arbeitete in Wien auch Ingeborg Bachmann. Die fünfundzwanzigjährige Dichterin, die damals erst zögernd begann, sich als eine solche zu fühlen, hatte 1951 in der Redaktion des amerikanisch geführten Senders Rot-Weiß-Rot, der später im ORF aufging, eine Stelle gefunden. Sie war eine der drei *Scriptwriter*, die im Team Hörspiele schreiben sollten. Zusammen mit ihren Kollegen Jörg Mauthe und Peter Weiser entwickelte sie unter dem Titel «Die Radiofamilie» eine Familienserie, die ganz im Geiste der amerikanischen Umerziehung «die optimistischen Gedanken der Nachkriegszeit in amüsante Geschichten verpacken» sollte. Die Geschichte der Familie Floriani mit dem gutmütigen, leicht schrulligen Oberlandesgerichtsrat Dr. Hans Floriani in der Mitte, geriet schnell zu einem populären Dauerbrenner, der erst 1960 aus dem Programm genommen wurde. Das Erfolgsrezept der Serie war ein ironischer, feiner Humor, gepaart mit nachsichtiger Gutmütigkeit. Selbst der ehemalige Nazi-Mitläufer unter den Florianis, ein Onkel Guido, wurde als unverbesserlicher Narr und Träumer mit spöttischem Wohlwollen bedacht und spielte sich bald in die Herzen der Österreicher. 1953 gab Ingeborg Bachmann ihre Stelle bei Rot-Weiß-Rot auf, nachdem sie den Literaturpreis der Gruppe 47 für ihren Gedichtband «Die gestundete Zeit» erhalten hatte. Sie verließ Wien mit dem Rückenwind der Auszeichnung, um in Italien ein neues Kapitel ihres Lebens zu beginnen. Immerhin fünfzehn Folgen der Florianis können ihrer Autorschaft zugeordnet werden – reihum hatte immer einer der drei Autoren die «Federführung».[14]

Ihre Mitarbeit an der erfolgreichen «Radiofamilie» hat Ingeborg Bachmann später nie erwähnt. Zum einen wohl wegen der damals noch rufschädigenden Wirkung alles Unterhaltsamen, zum anderen aber hätte sich der versöhnliche Grundton der Serie nicht mit ihrem Image als angriffslustige und auch sich selbst gegenüber unerbittliche Autorin vertragen.

Ihre dann folgenden Hörspiele haben nichts mehr von der heiteren, ironisch servierten Biederkeit der Florianis. 1958 schrieb Ingeborg Bachmann ihr berühmtestes, «Der gute Gott von Manhattan», in dem sie den verstörten Hörer mit einer radikal selbstzerstörerischen Liebesromantik konfrontierte. «Komm mir nicht zu nahe. Ich würde Zunder sein», flüsterte es aus dem Lautsprecher, erschreckend glaubhaft.[15] Das ungemütliche Hörspiel mutete dem Zuhörer, vage ausgehend vom Fall eines zeitgenössischen Liebespaarmörders, einen wunderlichen Attentäter zu, der sich «der gute Gott» nennt und ein frisch verliebtes Paar mit einer Bombe hinzurichten versucht. Das gelingt ihm nur halb, der männliche Teil ist aushäusig. Vor Gericht angeklagt, rechtfertigt sich der gute Gott damit, dass die Gesellschaft eine so weltvergessene, unbedingte Liebe nicht tolerieren könne, weil sie mit ihrer Radikalität die bürgerliche Gesellschaft aufs Spiel setze. Das surreale Hörspiel wirkt für heutige Ohren noch bizarrer als für die damaligen, weil sich die Literatur der Gegenwart inzwischen wieder fast ausnahmslos bei einem leicht verständlichen Realismus eingependelt hat. Ende der Fünfziger jedoch waren Leser und Hörer Schräges gewohnt, vom Rundfunk verlässlich durch Provokationen erzogen.

Bei Bachmann tauchen zwei spottende, kichernde Eichhörnchen namens Billy und Frankie als Helfershelfer des «guten Gottes» auf, um die Handlung endgültig ins Absurde zu heben, jenen beliebten Aufenthaltsort der damaligen Avantgarde, die geprägt war von Autoren wie Samuel Beckett und Eugène Ionesco, die gerade die Stadttheater eroberten. Irrere Liebesschwüre als die von Bachmann erdachten hatte die Literatur bis dahin kaum geboten («Und darum will ich dein Skelett noch als Skelett umarmen und diese

Kette um dein Gebein klirren hören am Nimmermehrtag»[16]), die Verunsicherung des Publikums muss trotz seiner guten Vorausbildung beträchtlich gewesen sein. Folgerichtig bekam das durch den NDR realisierte Spiel den Hörspielpreis der Kriegsblinden 1959.[17] Ein faszinierendes Stück, das bis heute den Schülern der Leistungskurse Deutsch Stoff zum Grübeln gibt.

Erleichtert wurde die Eingängigkeit des Surrealen durch den hohen Abstraktionsgrad der Hörspielästhetik. Weil die körperlose Stimme sich von der Vorstellung eines Raumes zu lösen vermochte, konnte das Hörspiel überall und nirgends spielen – irgendwo im Kopf. In ihrem Ehrgeiz, sich von der Herkunft des Hörspiels aus dem Theater zu lösen und eigene Formen zu entwickeln, neigten die Autoren und Regisseure immer mehr zu akustischen Collagen abstrakter Stimmen, die sich auf der Bühne der Phantasie versammelten oder auch nur auf einem bloßen Klangteppich.

1961 rief der Medientheoretiker Friedrich Knilli die nächste Stufe der Hörspielevolution aus, das «Totalhörspiel».[18] Es sollte dem Zuhörer jeglichen inneren Illusionsraum verweigern und die Dominanz der menschlichen Sprache durch eine Gleichberechtigung von Geräuschen und Klängen überwinden.[19] Der literarische Verwandte nannte sich «konkrete Poesie». Deren Vertreter wie Franz Mon, Dieter Roth oder Claus Bremer beschäftigten sich mit den äußeren Möglichkeiten eines Gedichts, tippten beispielsweise die drei Buchstaben des Wortes «tut» zwei Dutzend Mal mit so großen Lücken auf das Papier, dass sich vier unregelmäßig schiefe Diagonalen ergaben. «Das war nun nicht einmal mehr End-Ulk und finales Kobolzschlagen, sondern nur noch das Versiegen an sich», urteilte der Dichterkollege Peter Rühmkorf und sprach von Leuten, die «Hickauf und Ladehemmung zum Zeichen der Zeit» erklärten und «methodisch erknobelte Fehlleistungen für Bewältigung»[20] hielten. Wer aus dieser Strömung wegen seines Humors und seiner Klugheit allerdings herausragte und bis heute in bester Erinnerung bleibt, war Ernst Jandl. Mit schneidendem Ingrimm las er beispielsweise sein Gedicht «schtzngrmm» vor, das sich wie eine Vernichtungsschlacht über das Wort «Schützengraben» hermacht: «schtzngrmm / schtzngrmm / t-t-t-t / t-t-t-t / grrrmmmmm / t-t-t-t / s---------c---------h / tzngrmm / tzngrmm / tzngrmm / grrrmmmmm / schtzn / schtzn / t-t-t-t / t-t-t-t ...»

Mit dem «totalen Schallspiel» war die größte Distanz zum Publikum erreicht, das zu erziehen sich die Autoren doch berufen fühlten. Der öffentlich-rechtliche Rundfunk war, geschützt durch das Verbot von Privatsendern, auf dem besten Weg, die Gunst seiner Hörerschaft zu verlieren. Das gilt nicht nur für die dritten Programme und ihre Nachtstudios. Aus volkspädagogischen Gründen weigerten sich die Sender, dem Bedürfnis seiner jugendlichen Hörer nach Pop und Rock 'n' Roll zu entsprechen, und «pflegten» im Unterhaltungsprogramm lieber Schlager und Volksmusik. Zwar tanzten auch die Radiomacher privat lieber zu den Beatles als zu Friedel Hensch («Der Mond von Wanne-Eickel») oder Liselotte Malkowsky («Warum zählen die Matrosen nachts die Sterne?»), aber beruflich überwog die Ablehnung der «Kulturindustrie». Der nächtlich ausgelebte Hang der Hörspielavantgarde zum Störgeräusch kann deshalb als symptomatisch gelten für den in den Sendeanstalten weitverbreiteten Trotz gegen die Popkultur, die außerhalb des deutschen Rundfunks immer eloquenter, differenzierter und versierter wurde.

AFN und BFBS: Der Geist des Rock 'n' Roll kam aus den Soldatensendern

Im Bereich der «Unterhaltungsmusik» blieben die deutschen Rundfunkanstalten zwei Jahrzehnte lang strikt heimatverbunden. Während in der Literatur viele Autoren aus dem Englischen, Amerikanischen und Französischen übersetzt wurden, auf den Theaterbühnen Thornton Wilder, Tennessee Williams, John Steinbeck, Jean Anouilh oder Jean-Paul Sartre für eine Erweiterung des Horizonts sorgten, dominierten auf den Unterhaltungsstrecken deutsche Lieder und Tanzmusik. Die Hochkultur gab sich weltoffen und blickte neugierig auf internationale Produktionen, die unteren Schichten aber sollten vor fremden Einflüssen bewahrt werden. Hier wirkte die gleiche paternalistische Fürsorge, die die Seele des einfachen Volkes vor dem Konsumismus bewahren wollte, während man selbst als Connaisseur auftrat, dem nichts zu teuer war.

Vor allem die Jugend, so fürchtete man, würde durch die angloamerikanische Popkultur kolonisiert, ihren Eltern entfremdet und die Liebe zur eigenen Kultur verlieren. Die alten Vorbehalte gegen den «Ami-Mist» schlugen durch, die schon in der Weimarer Republik und der NS-Zeit gegenüber dem Swing und dem Hot Jazz gehegt wurden. Die enge politische Bindung an den freien Westen gehörte zur Staatsräson der Bundesrepublik, und man genoss den militärischen Schutz der USA genauso, wie man die Carepakete genossen hatte, aber dem *American Way of Life* wurde mit Argwohn begegnet, und zwar gerade dort, wo es um den Einfluss auf die Jugend ging. Die Demütigung durch die militärische Niederlage und die Schutzbedürftigkeit angesichts der Gefahr, die die Sowjetunion darstellte, wurden mit dem anhaltenden Gefühl kultureller Überlegenheit kompensiert. Aufreizend, sittenverderbend und unmännlich sei, was an Comics, Filmen und Musik von jenseits des Atlantiks käme, behaupteten die Rechten, während die Linken den Ausverkauf der Kultur an den Kommerz betonten, der das Volk den niedrigsten Instinkten ausliefere.

Den volkspädagogisch ehrgeizigen Rundfunkredakteuren kam der Antiamerikanismus von beiden Seiten gelegen; Englischsprachiges kam bei ihnen nicht auf die Plattenteller. So mussten musikhungrige Hörer, die kein Geld für eigene Platten hatten, im Wohnzimmer mit dem «Erzherzog Johann Jodler», der «Fischerin vom Bodensee» oder instrumentalen Rumba-Nummern vorliebnehmen. Wenn es hoch kam, gab es Gerhard Wendlands immerhin kunstvoll-albernen Song «Zwei Matrosen aus Shanghai», den seelenlosen Blödelschlager «Das süße Mädi, das Fredi liebt» oder die lärmende «Wasserratten-Polka» der 1955 zwölfjährigen Cornelia Froboess. Im deutschen Schlagergenre dominierten Mitte der fünfziger Jahre schriller Frohsinn und schenkelklopfender Nonsens, abgesehen von wenigen Ausnahmen wie «Am Tag, als der Regen kam» von Dalida oder Caterina Valentes Freiheits- und Sehnsuchtslied «Wo meine Sonne scheint», allerdings nach einer Melodie von Harry Belafonte.

Als hätte Zarah Leander ein für alle Mal die große Liedgeste desavouiert, machten Schlagerproduzenten und Radiomacher um starke Gefühle einen Bogen, zogen jede schlichte Emotion auf die Ebene witzelnder Unverbindlichkeit hinunter. Die seelische Verwüstung, die der Nationalsozialismus hinterlassen hatte, spürte man im Schlagergenre brutaler als in den ernsten Künsten, da diese sich der von den Nazis angerichteten Leere selbstbewusster stellten oder sie geschickter überspielen konnten. Währenddessen arbeiteten amerikanische Musiker auf ungeahnten Höhen der Empfindsamkeit, vereinten Lässigkeit und Leidenschaft, gute Laune und seelische Tiefe. Songs wie «Love Is a Many-Splendored Thing» von den Four Aces, «Mr. Sandman» von den Chordettes oder «A Blossom Fell» von Nat King Cole belebten die Hörer mit einer zärtlichen Coolness, die im deutschen Radio so gut wie nie gesendet wurde. Wer das richtig gute Zeug hören wollte, musste sein Geld ins Schallplattengeschäft tragen oder AFN und BFBS einschalten. Ausgerechnet diese Soldatensender waren es, die schließlich für die Zivilisierung der in Deutschland zirkulierenden Unterhaltungsmusik sorgten.

Der AFN war der Sender der Jugend, jedenfalls empfanden seine Hörer das so. Nur fünf Prozent aller Deutschen, aber fast zwanzig Prozent der Vierzehn- bis Dreiundzwanzigjährigen hörten 1957 den amerikanischen Truppenbetreuungssender, dessen Beliebtheit immer weiter anstieg.[21] Die meisten erinnern sich an ihn als einen Popmusiksender, auch wenn es in feinen Dosen Klassik und Jazz gab.

Beim AFN dominierte zunächst eine breite Mischung aus Swing,

«Weil ihr schwach seid, nennt ihr uns halbstark.» Das Kofferradio brachte mit dem Soldatensender AFN den Rock 'n' Roll ins Land. Die Aufnahme entstand um 1961.

Country, Hillbilly und schluchzend gesungenen Balladen nach Art von Perry Como oder Pat Boone. Mitte der Fünfziger kam allmählich der Rock 'n' Roll hinzu, dessen rebellische Attitüde zwar vielen Militärs nicht behagte, aber wie üblich in den USA triumphierte auch hier der Publikumsgeschmack. Der neunzehnjährige Lastwagenfahrer Elvis Presley hatte schon mit seinen ersten Rockabilly-Songs von 1954 die Hörer mit einer bislang ungehörten Dringlichkeit in Bann geschlagen, mit einer rohen Nervosität, die volle Aufmerksamkeit einforderte. Im selben Jahr erschien Bill Haleys Wachmacher «Rock Around the Clock». Der Rock 'n' Roll war die erste Musik- und Moderichtung der Nachkriegszeit, die sich zu einer Jugendbewegung ausweitete. Beim Schauen des Films «Außer Rand und Band», der 1956 in die Kinos kam, nahmen die Fans immer dann, wenn Haleys «Marseillaise der Teenager-Revolution»[22] mit «One, two, three o'clock, four o'clock rock» einsetzte, den Filmtitel wörtlich und zerlegten die Sitzreihen. Zunächst nur aus Übermut, weil sie sich zu energisch auf dem Gestühl hin und her warfen, dann wuchs sich die Zerstörung zum Ritual aus. Anschließend wurde vor dem Kino weiter randaliert.

Die «Halbstarken», wie sie jetzt überall genannt wurden, knatterten mit ihren Mopeds durch die Gegend, lungerten in grotesk schiefer Haltung an den Straßenecken herum, probten Posen, die cool wirken sollten. Sie hielten ihre Zigaretten mit der Glut nach innen in der hohlen Hand und zogen daran, als saugten sie den ganzen Ernst des Lebens auf einmal in ihren knöchernen Leib. Ständig holten sie ihren Stielkamm aus der hinteren Jeanstasche und bauschten damit ihre Tollen auf. Die Kämme waren lebenswichtig, weil man zu Hause die Haare brav tragen musste und sie erst im Hausflur ins richtige Volumen toupieren konnte. Beim Heimkommen wurden sie im Flur auch wieder platt gekämmt, damit der Vater nicht zu brüllen begann.

Der Rock 'n' Roll sprach hauptsächlich «proletarische» Jugendliche an. Die Herkunft aus der Unterschicht wurde bei vielen Rock 'n' Rollern nicht mehr verschämt verschwiegen, sondern stolz betont. Wer unter Gymnasiasten seine Bildung demonstrieren wollte, neigte zu Jazz und Existenzialismus. Die «Exis» lasen Camus und Sartre oder taten wenigstens so; sie trugen, Mädchen wie Jungs, schwarze Schlabberpullover, schwere Brillen und Dufflecoats, die Mädchen Pferdeschwanz und Ballerinas. Beim Jazzhören, vorzugsweise über den «Schneewittchensarg», die edle Radio-Plattenspieler-Kombination SK 4 von Braun, saßen sie schweigend auf dem Boden und sprachen erst, wenn die letzte Synkope verklungen war. Schwermut, Arroganz und jugendliche Zweifel mischten sich bei den «Exis» zu einem Gefühl des radikalen Andersseins – anders als die Welt ihrer Eltern, vor allem aber anders als ihre Altersgenossen, den Rock 'n' Rollern, die sie als prollig und primitiv verachteten: «Wir hatten zwar schwarze Hosen an und schwarze Pullover, aber wir waren gewaschen. Wir hatten trotz allem noch ein bisschen Kultur», erinnert sich Ex-Exi Gabriele Gros an ihre Empfindungen von damals.[23] Mit ihren Eltern teilten sie die Kritik an der amerikanischen Unkultur, wobei ihnen natürlich bewusst war, dass auch Charlie Parker, Miles Davis oder Sidney Bechet Amerikaner waren, aber eben Schwarze und deshalb ihrer Meinung nach besser in Paris aufgehoben als in Los Angeles. Die Rock 'n' Roller liebten es, sich mit den Exis zu prügeln, schon allein deshalb, weil sie fast immer in der Mehrzahl waren.

Viele Rock 'n' Roller verschreckten ihre Mädchen durch sexistische Sprüche gröbster Art und unbeholfene Macker-Attitüden.[24] Aber zum Tanzen wurden sie von diesen wieder gebraucht, um herumgewirbelt und in die Höhe gestemmt zu werden. Hier war Hochleistungsartistik verlangt; damit ein Paar auf der Tanzfläche brillieren konnte, mussten beide Partner höchst konzentriert mitmachen. Und als Elvis mit ein paar sanften Balladen endlich für mehr Verehrung und Sanftmut auch im Hallraum des Rock 'n' Roll sorgte, trat das penetrante Machogehabe ein wenig in den Hintergrund. Ob die männlichen Exis letztlich mehr Achtung für ihre weibliche Begleitung aufbrachten als die Rocker, ist zu bezweifeln. Nur etwas dezenter dürften sie gewesen sein. Als «echte Männer» gingen die Rock 'n' Roller beim Mainstream ohnehin nicht durch, weshalb man sie gerne Halbstarke nannte. Wohl auch deshalb kehrten sie den Machismo besonders rüde hervor in Posen, die beim näheren Hinsehen allerdings fadenscheinig waren und manchmal sogar eine borstige Empfindsamkeit spüren ließen.

«Elvis the Pelvis» hatte tatsächlich etwas Androgynes in seinem ausgefallenen, penibel gepflegten Äußeren. Seine vollen Lippen und schweren Lider, sein Schlafzimmerblick, vor allem aber das heiße Beckenkreisen, der laszive Hüftschwung, seine ganz und gar exhibitionistische Körperlichkeit handelten ihm in konservativen Kreisen das Attribut «weibisch» ein. Elvis war ein ungewohnt ungepanzerter Mann, der vielen Betrachtern einfach nur lächerlich vorkam, wie er da zuckte und zappelte in all seiner Brunst. Aber auf Millionen von Jugendlichen, vor allem auf Mädchen, wirkte er wie ein herrlich unreifer Halbgott. Es schien, als bräche in Elvis' hemmungslos balzender Physis das ganze unterdrückte Begehren der korrekten fünfziger Jahre auf. Die Reaktion war entsprechend: Zum ersten Mal vernahm man das ohrenbetäubende Gekreische enthemmter Mädchen und junger Frauen, das fortan viele Jahre die Konzerthallen erbeben ließ und später die Beatles zu Objekten einer orgiastisch schreienden Anbetung machte. Ein Vulkan war ausgebrochen, der sich einfach nicht mehr bändigen ließ.

Die Krawalle und Exaltiertheiten, die fortan den Rock 'n' Roll begleiten sollten, bestätigten die schlimmsten Befürchtungen der Kulturpessimisten. Vor allem in den Jahren 1956/57 kam es zu erstaunlich brutalen Übergriffen. Rudel von «Halbstarken» terrorisierten aus heiterem Himmel ganze Straßenzüge, hielten Autos an, schaukelten sie hin und her, trommelten mit den Fäusten auf die Dächer und traten gegen die Türen. Kleinwagen wurden in die Höhe gehoben und urplötzlich fallen gelassen. Passanten und Insassen wurden ebenso verprügelt wie einzelne Polizisten, die zu Hilfe eilten. In Gaststätten zettelten Halbstarke Saalschlachten an, indem sie weiblichen Gästen die Gläser wegnahmen, leer tranken oder den Inhalt in die Wandlampen kippten. Sie terrorisierten Züge, Freibäder und Rummelplätze.[25]

Viele Erwachsene gaben dem Rock 'n' Roll und mithin den Soldatensendern die Schuld an der Ausbreitung der Gewalt. Die

Elvis Presley in Deutschland. Als der Militärfriseur seine Tolle abschnitt, war das Fernsehen zugegen. Elvis diente ab Oktober 1958 für sechzehn Monate im 3. Panzerbataillon der U. S. Army in Hessen.

«Süddeutsche Zeitung» verballhornte AFN zum «AfFeN-Sender»[26]. Bei den tagelang anhaltenden Schwabinger Krawallen 1962, den größten Jugendunruhen vor der Studentenbewegung, die sich in unmittelbarer Nähe von AFN Munich ereigneten, entlud sich die Gewalt allerdings vor allem auf Seiten der Polizei. In die brutalen Rangeleien, ausgelöst durch die Vertreibung einer Gruppe von Straßenmusikern durch die Ordnungsbehörden, mischte sich ein AFN-Reporter und «kommentierte die Härte der Polizei mit Unverständnis»[27]. Mehrere AFN-Mitarbeiter wurden verletzt; der Schauspieler James Garner verglich das Vorgehen der Beamten mit dem der NS-Zeit, entschuldigte sich allerdings später für den Vergleich. Dass ein Soldatensender sich auf die Seite der protestierenden Jugend stellte, zeigte, wie groß die Vorbehalte gegenüber Deutschland unter den Alliierten noch waren und wie eng das Bündnis zwischen der Jugend und einem Teil der ebenfalls sehr jungen AFN-Belegschaft werden konnte.

«Weil ihr schwach seid, habt ihr uns Halbstarke genannt», hieß es in einem seit 1956 kursierenden Protestgedicht, geschrieben «von einem unbekannten Halbstarken». «Und damit verdammt ihr eine Generation, / an der ihr gesündigt habt, / weil ihr schwach seid. (...) Wir sind halbstark, und unsre Seelen sind halb so alt wie wir, / wir machen Radau, weil wir nicht weinen wollen / nach all den Dingen, die ihr uns nicht gelehrt habt. (...) Steck die Pistole weg, Herr Wachtmeister, / und sag uns, was sich zu tun lohnt. / Liebst du wirklich die Ordnung, der du hier dienst, / oder liebst du dein Recht auf Gehalt und Pension? / Zeig, ob du stark bist im Menschsein, Herr Minister, / wieviel gute Taten begehst du im Verborgenen als Christ? / Sind wir nicht Zerrbilder eurer verlogenen Existenz? / Wir machen offen Lärm und randalieren, / ihr aber kämpft gnadenlos im Verborgenen, einer gegen den anderen, / intrigiert um besser bezahlte Posten. / Zeigt uns für jeden von uns, der Lärm macht, / einen von euch, der im Stillen gut ist, / lasst, anstatt mit Gummiknüppeln zu drohen, / Männer auf uns los, die uns zeigen, wo der Weg ist.»[28] Zum Abschluss des Textes raunte es bedrohlich: «Denn ihr seid schwach, und wir sind halbstark! / Mutter, versuch zu beten; / denn die Schwächlinge haben Pistolen!», womit die Väter, insbesondere die Polizisten, gemeint waren.

Trotz der manifesten Gesellschaftsverachtung waren die Krawalle im engeren Sinne unpolitisch. Neu war an ihnen ein vitalistischer Körper-Elan, ein Sichaustoben, das durch den baldigen Eintritt der jungen Leute in eine geregelte Berufslaufbahn und eine vorgezeichnete Lebensperspektive motiviert war. Fast alle von ihnen hatten für ihr kommendes Erwachsenenleben ein bürgerliches Leben mit der zum Standard gewordenen Zählweise im Sinn: einen Partner, zwei Kinder, drei Zimmer, vier Räder, am besten an einem amerikanischen Straßenkreuzer. Sie bejahten das kapitalistische System viel mehr als die ältere Generation, sahen sich auf der höchsten

Welle der modernen Zeit surfen, während sie die Eltern mit ihren engstirnigen Meckereien und kleinlichen Verboten im Abseits der Geschichte vermuteten. «Ihr mit eurem Hitler», hieß die Antwort auf «Ihr mit eurem Elvis». So jung sie noch waren, fühlten sich die Rock 'n' Roller auf der Gewinnerseite der Geschichte, als Helden der freien Welt, deren wilde Musik den düpierten Alten herausfordernd entgegenschallte.

Natürlich drang der Rock 'n' Roll auch über die Interzonengrenze nach Osten. Im DEFA-Film «Berlin – Ecke Schönhauser» (1957) erlebte man die gleiche Jugendszene wie im westlichen Pendant «Die Halbstarken» (1956). Beide sorgten für eine seltene Eintracht der beiden Staaten im Blick auf ihre missratenen Kinder: «Zwei Filme – ein Problem» überschrieb das DDR-Magazin «Neues Leben» seine Doppelrezension.[29] Im Osten sorgte der Rock 'n' Roll für eine besonders skurrile Abwehrmaßnahme. Um dem unerwünschten Trend etwas entgegenzusetzen, präsentierten die DDR-Medien 1959 einen eigenen Modetanz namens Lipsi, erfunden von dem Tanzlehrer-Ehepaar Christa und Helmut Seifert. Diese «echte Alternative zum Rock 'n' Roll»[30] sei «weit entfernt von jenen geschmack- und hemmungslosen Verrenkungen überseeischer Tanzimporte»[31], freute sich das «Neue Deutschland», ohne zu erkennen, dass genau das Lipsis Problem war. Der «Sonntag» war überzeugt, «dass es nun überhaupt kein Problem mehr sein dürfte, den Westen auch hinsichtlich der Schlagerproduktion zu überholen»[32]. Der brave Tanz kam jedoch nicht an. Durch den Leipziger Norden zog im Mai 1959 eine Menge Jugendlicher, die zwar klein war, aber für viele stellvertretend skandierte: «Wir wollen keinen Lipsi und keinen Alo Koll, / wir wollen Elvis Presley mit seinem Rock 'n' Roll!» Alo Koll war ein damals bekannter Komponist und Tanzorchesterleiter, der Songs schrieb wie «Ach Fips, du bist wie ein Apoll». Wenn man nur den Titel hört, kann man sich vorstellen, was im Herzen eines Jugendlichen vorging, der AFN im Radio empfing.

Schon das akustische Layout des AFN war eine Offenbarung mit seinen phantasievollen Jingles und warmherzigen Begrüßungen: «Hey, hey, what do you say? AFN Berlin presents your requests and your dedications for the next two hours. Stay tuned, folks!» Fast alle DJs des Senders waren einfache Soldaten, keine ausgebildeten Radioleute. Sie sprachen nicht mit geschulten Stimmen, Versprecher waren erlaubt, solange sie im Maß blieben; Hauptsache, sie verfügten über einen warmen Bariton, der sich technisch am besten übertragen ließ. Leidenschaftliche Mikrofontypen mussten sie sein, echte Individuen mit Gespür für die richtige Mischung. Sie suchten die Musik selbst aus, legten die Platten auf und sprachen einfach drauflos, in der Regel ohne Skript. Die Art ihres Sprechens unterschied sich deutlich vom korrekten, betont kühlen Stil der deutschen Kollegen. Sie machten hemmungslos Show, ließen sich die Ansagen auf der Zunge zergehen wie Marshmallows, modulierten genießerisch jeden Laut und balzten mit dem anonymen Äther. Die meisten Hörer wären im Traum nicht darauf gekommen, dass diese coolen Sprecher in gebügelter Uniform vor dem Mikrofon saßen. Anders als das britische Pendant BFBS, der häufig externe DJs anstellte, hatten die Moderatoren des AFN nach der Show wieder ihren normalen Dienst zu versehen. Wer wegen seiner Popularität als DJ Starallüren entwickelte, fiel den Vorgesetzten schnell ins Auge und musste das Klo auf den Knien schrubben oder die Bettdecke zigmal nach der Stoppuhr falten, exakt gekniffft, versteht sich.

Dass die Besatzer dennoch den Geist der Aufmüpfigkeit nach Deutschland importierten und ausgerechnet Soldaten den Sound einer gewissen Liberalisierung ausstrahlten, gehört zu den Paradoxien, die Deutschland auf dem Weg zur gelebten Demokratie erlebte. Wie Napoleons Truppen den *Code civil* ins Land gebracht hatten und die Propagierung der Menschenrechte mit der militärischen Unterwerfung zusammenfiel, brachten nun die US-Besatzer nicht nur die Demokratie, sondern sogar die Pose der Rebellion und des Ungehorsams ins Land. Geplant war das nicht, die Beeinflussung der deutschen Hörerschaft gehörte nicht zum Programmauftrag des Senders, der zuallererst der Truppenbetreuung dienen sollte. Nebenbei aber öffnete AFN die Ohren der deutschen Jugend für eine Musik, die bald ganz die ihre wurde, mit Folgen für die gesamte Republik.

Und dann kam der «King of Rock 'n' Roll» auch noch leibhaftig als Rekrut nach Deutschland: 1957 erhielt Presley den Einberufungsbefehl. Als der inzwischen mehrfache Plattenmillionär im Frühjahr 1958 die Grundausbildung in Texas begann, verfolgte eine riesige Presseschar seine ersten Schritte in der Kaserne. Die US-Armee gab sogar seinen «Termin» beim Truppenfriseur bekannt, weil sie sich davon einen Prestigegewinn erhoffte. Im Fernsehen konnten die Fans entsetzt verfolgen, wie die Haare fielen und die Koteletten abrasiert wurden. Am 1. Oktober desselben Jahres traf Presley zusammen mit tausenddreihundert Kameraden an Bord des Truppentransporters General Randall in Bremerhaven ein, erwartet von dreitausend Anhängern, die meisten noch nicht volljährig. Etliche hatten Koffer-Plattenspieler mitgebracht; man tanzte, um sich die Zeit zu vertreiben und den Fernsehkameras Futter zu geben. Stundenlang rief man «Elvis, Elvis!», der Name gellte durch den nebligen Hafen. Als die Soldaten endlich in langer Reihe das Fallreep hinunterstiegen, schlüpften etliche Jugendliche durch die Polizeikette und lieferten sich mit den Militärpolizisten ein heiter anzuschauendes Katz-und-Maus-Spiel. «Elvis the Pelvis» selbst tanzte aber nicht aus der Reihe, sondern bestieg artig mit den übrigen GIs den wartenden Zug, winkte den Kids und warf ihnen aus dem Zugfenster noch Begrüßungs-Chrysanthemen zu, einzeln aus dem großen Strauß gezupft. Dann wurde er Panzersoldat in Hessen.

Deutschland brachte Presley Glück. Hier lernte er die vierzehnjährige Priscilla Ann Beaulieu kennen, Spross einer in Wiesbaden stationierten Soldatenfamilie. Priscilla und Elvis heirateten acht Jahre später, 1967, in Las Vegas, nachdem Priscilla endlich volljährig geworden war. Mit Erlaubnis ihrer Eltern hatte die Jugendliche bereits seit sechs Jahren in Presleys Domizil Graceland in Memphis gewohnt.

Auch ansonsten muss Deutschland Elvis beeindruckt haben, denn 1960 nahm er, kaum entlassen, den bizarren Song «Wooden Heart» auf, eine englische Version des deutschen Volkslieds «Muss i denn, muss i denn zum Städtele hinaus». Elvis sang es, begleitet von Orgel und Tuba, immerhin zu einem Drittel mit einem niedlichen Akzent auf Deutsch. «Wooden Heart» war schön gesungen, aber natürlich weit vom Sound des Rock 'n' Roll entfernt. Dennoch kletterte das Lied in den deutschen Charts auf Platz zwei, in England sogar auf den ersten Platz. Presleys Volksweise trug auf etwas abstruse Weise dazu bei, das Ansehen der Deutschen im Ausland zu verbessern, zumal das Lied noch dazu in einem Elvis-Film namens «Café Europa» auftauchte. Unter Aspekten internationaler Öffentlichkeitsarbeit war das ein unbezahlbares Geschenk für den deutschen Staat, wertvoll wie viele Bemühungen des Goethe-Instituts. Was aber tat das öffentlich-rechtliche Radio? Der Bayerische Rundfunk und der Sender Freies Berlin boykottierten den Song, weil er ihren Vorstellungen von deutschem Kulturgut zuwiderlief. Sie wandten sich gegen eine «Verschnulzung» der traditionellen Volksmusik und betonten, diese «ernsthaft» zu pflegen, statt sie den Vorlieben ihrer Hörer zu opfern.[33] Wer «Wooden Heart» hören wollte, musste AFN einschalten. So hochmütig tickte der Rundfunk vor Einführung der Einschaltquoten.

Die Truppenbetreuungssender blieben nicht lange die einzige Alternative zum öffentlich-rechtlichen Rundfunk im Äther.[34] Das private Radio Luxemburg strahlte ab 1957 eine beliebte Musikmischung aus, nachmittags in deutscher, abends in englischer Sprache moderiert. Wer weit genug im Westen wohnte, konnte den Piratensender Radio Veronica hören, dessen seefeste DJs Pop und Rock von der Nordsee sendeten, animiert von den schrillsten Jingles, die man sich vorstellen konnte. Vor der niederländischen Küste bei Katwijk lag ihre Sendestation außerhalb der Dreimeilenzone vor Anker. Dort mussten sie ausharren, weil Privatsender nicht zugelassen waren. Mit Seekrankheit, Gefängniskoller und Bewegungsmangel bezahlten diese Radioenthusiasten dafür, dass sie ein Programm machten, das ihre Hörer zwar unbedingt empfangen, die Nordsee-Anrainerstaaten aber aus Prinzip nicht tolerieren wollten. Radio Veronica erreichte schon im zweiten Sendejahr, 1961, fünf Millionen Hörer, viele davon im angrenzenden Westdeutschland. Wenn das Wetter gut war, konnte man auch im Ruhrgebiet Radio Veronica empfangen, nachts unter der Bettdecke, damit die Eltern nichts mitbekamen, ständig am Frequenzknopf fummelnd, weil die Songs im Wellenrauschen zu entschwinden drohten. Passte alles zusammen, lief «Not Fade Away» von den Rolling Stones.

Fernsehen – die Mittelschichtsgesellschaft bekommt ihren mächtigsten Erzieher

Das Radio hatte die Gesellschaft verändert, und so tat es das Fernsehen erst recht, obgleich es zunächst gar nicht danach aussah. Als die ersten Fernsehgeräte auf den Markt kamen, waren die Menschen nicht annähernd so überwältigt wie damals, als sie dem Radio begegneten. An die Aufhebung des Raums durch den Rundfunk hatte man sich inzwischen gewöhnt, jetzt, beim Fernsehen, überwog die Enttäuschung, denn man verglich mit dem Kino. Von «sprechenden Passbildern» war die Rede, vom «Zwergendrama», von einer Sicht wie durch ein umgedrehtes Fernrohr auf lächerlich ameisenhaftes Treiben. Der «Spiegel» fasste 1953 die Reaktionen der ersten Testzuschauer als «eine Art ‹na, wenn schon!›»[35] zusammen, und auch die Zeitschrift «Rundfunk und Fernsehen» urteilte im selben Jahr: «Die erste Radioübertragung war ein viel einschneidenderes, weltbildveränderndes Erlebnis, hinter dem das Fernsehen abfällt.»[36]

Als aber die ersten internationalen Großereignisse live übertragen wurden, genossen die Besitzer eines eigenen Fernsehers den Neid der Radiohörer, die nur akustisch dabei sein konnten. Im Radio hörten Millionen von Zuhörern 1953 der stundenlang übertragenen Krönung der siebenundzwanzigjährigen Queen Elizabeth zu. Sie hörten den Reporter schwärmen von der «Purpurrobe mit Hermelinbesatz», «dem herrlichen Diadem», der von «acht schweren Blauschimmeln gezogenen Staatskarosse» – aber sie sahen nichts. Nur die etwa dreißigtausend Fernsehzuschauer[37] sahen die Queen lächeln. Der Zuschauer «ist wirklich dabei», schrieb die «Frankfurter Allgemeine Zeitung» beeindruckt vom neuen Medium, «es wird ihm nichts vorgemacht, nichts geschönt und nichts geschwindelt. Das Lächeln der Königin ist für ihn da, er ist entzückt, wenn er den menschlichen Blick auffangen kann, den die sonst in der feierlichen Handlung aufgehende Majestät mit ihrem Mann wechselt. Dass das Bild dann leicht flattert, ist völlig nebensächlich.»[38] Während der Liturgie habe sich manch einer vor dem Bildschirm bekreuzigt, so nahe habe er sich gefühlt.

Den nächsten, noch viel heftigeren Stich bekamen die Radiohörer beim Endspiel der Fußballweltmeisterschaft 1954, Deutschland gegen Ungarn. Achtzigtausend Fernsehgeräte gab es inzwischen im Westen, zweitausend im Osten,[39] aber trotzdem sahen etwa eine Million Deutsche die Direktübertragung im Fernsehen. Über zwölf Zuschauer saßen im Schnitt vor einem Gerät, die größte Ballung fand in den Gaststätten statt. Dass man den Ball noch erkennen konnte, ist unwahrscheinlich, gerade deshalb war der Siegeszug des Fernsehens nicht mehr aufzuhalten. Fast jeder wollte nun ein Gerät fürs eigene Wohnzimmer haben. 1964, zehn Jahre nach dem Sieg von Bern, waren bereits zehn Millionen Geräte angemeldet.

Der Fernseher übernahm die Regie über das Familienleben, denn sogleich wurden im Wohnzimmer die Möbel umgestellt. Nun saß die Familie dem Fernseher gegenüber, nicht mehr sich selbst. Die kommunikative Runde um den Couchtisch wurde aufgelöst zugunsten einer Art Zuschauerreihe. Unerbittlicher als es das Radio je gewesen war, wurde der Fernseher zum «Hegemon der häuslichen Freizeit»[40] – das Zuschauen ließ keine Nebenbeschäftigung zu. «Seine Majestät der Fernseher ist tatsächlich König», hieß es in einer Anzeige für den Schaub-Lorenz Illustraphon 553,

Das neue Wohnzimmer wird umgruppiert und auf den Fernseher ausgerichtet. Was früher eine Sitzrunde war, wird nun zur Zuschauerreihe.

«souverän und völlig ungebunden beordert er die große Welt in sein Heim.»[41]

Uneins war man sich gleich nach der Einführung darüber, ob das Fernsehen dem Familienleben bekommt oder nicht. Die Hausgemeinschaft saß jetzt zwar so innig zusammen wie selten zuvor, «nämlich in gleicher Neugier zusammengeschweißt», wie der Theaterkritiker Friedrich Luft 1955 in seinem eigenen Wohnzimmer beobachtete, «aber geistig, menschlich waren wir separiert. (...) Wir waren ganz Auge. Aber wir sahen unseren Nächsten nicht. Wir erlebten das Phänomen der kollektiven Einsamkeit.»[42] Andere beschrieben hingegen beglückt, wie sich ihr Familienleben durch das Fernsehgerät belebt habe, wie es immer neuen Gesprächsstoff böte. Ob verstummt ober gesprächig, die Familie blieb durch den Fernseher nun öfter beisammen und daheim. Die ohnehin herrschende Tendenz zur Häuslichkeit wurde noch einmal verstärkt; die Männer stahlen sich seltener in die Kneipe fort, Soziologen sprachen von der Verhäuslichung des Mannes. Die Gaststätten büßten die Gäste wieder ein, die sie durch die Aufstellung des Gerätes gewonnen hatten, und die Kneipenatmosphäre verödete in dem Maß, in dem alle auf den Bildschirm in der Ecke starrten.

In den Familien wurde nun Abend für Abend dasselbe gemacht. Als man noch nicht ferngeschaut hatte, stattdessen ausgegangen war, ob ins Theater, ins Kino, zu Freunden, oder abends gelesen hatte, unternahmen die Familien durchaus Verschiedenes; das Fernsehen aber zwang mit seiner Überzeugungskraft die ganze Nation auf einen Kanal. Ab 1963 gab es mit dem ZDF ein zweites Programm, 1965 die dritten, aber verglichen mit der heutigen Streamingvielfalt herrschte Gleichschaltung. Der Journalist Hans Joachim Lange beschrieb 1958 in der Kulturzeitschrift «magnum» eine synchronisierte Gesellschaft: «Mit diesem gemeinsamen Blick auf den Schirm schaltet sie der Apparat zusammen, den Nachbarn mit dem Nachbarn, Hunderttausende mit Hunderttausenden. Wenn sie schlafen gehen, wissen sie alle um das gleiche Teil mehr, sind sie um die gleiche Illusion ärmer oder schmunzeln sie über den gleichen Scherz.»[43] Auch der Zukunftsforscher Robert Jungk sah den Fernseher als Homogenisierungsautomaten: Seit der Einführung des Fernsehens stünde die Menschheit «täglich unter dem Druck gemeinsamer geistiger, seelischer, optischer Impressionen und Imaginationen, wie sie niemals von einem anderen Zeitalter in diesem Ausmaß, auch nicht von den aktivsten Zeiten der Religionen und der Kirchen, erzeugt werden konnten»[44].

Die «nivellierte Mittelstandsgesellschaft» fand im Fernsehen ihren Erzieher. «Wie wir heute lachen, gehen, lieben, sprechen, denken oder nichtdenken, selbst, wie wir heute zu Opfern bereit sind, das haben wir nur zum allerunbeträchtlichsten Teil im Elternhaus, in den Schulen oder in den Kirchen gelernt, vielmehr fast ausschließlich durch Rundfunk, Filme oder (...) durch das Fernsehen», schrieb der Philosoph Günther Anders 1964 im «Merkur».[45]

Tatsächlich formte das Fernsehen das Alltagsverhalten, da die Zuschauer sich den dort auftretenden Menschen anglichen. Das hatte auch Vorteile: Ungehobelte Menschen lernten hinzu und bewegten sich in Gesellschaft sicherer. Die durch kulturelle Besonderheiten geprägten Provinzen wurden vereinheitlicht, der Gebrauch der Dialekte zurückgedrängt. Deutschland verstand sich besser. Wer Hochdeutsch sprach, wurde auch in volkstümlichen Kneipen nicht mehr reflexartig als feiner Pinsel belächelt.

Das kleine Wohnzimmer wurde zum Schauplatz der Gesellschaft. Die mit dem Fernsehapparat einerseits zementierte Häuslichkeit bekam andererseits durch ihn eine Art undichte Stelle; er brachte die Welt auch in ihren kalten, ungemütlichen Aspekten ins Haus. Vermutlich deshalb war man anfangs bemüht, dem Apparat ein möglichst wohnliches Gesicht zu geben, mit einem Deckchen darauf und einer Vase mit Kunstblumen. Wohlhabende legten sich eine Fernsehtruhe zu. Mit zwei Türen aus massivem Holz konnte man das Gerät einsperren und sich bei Nichtgebrauch vor seinen etwas unheimlichen Einflüssen schützen. Mit dem Fernseher verlor das traute Heim die Illusion der sicheren Abschirmung. Mitten im Schoß der Familie war man dem Bombardement der Bilder ausgesetzt. Es war nicht zufällig der Vietnamkrieg, der mit seinen schockierenden Bildern die Jugend bald auf die Straße treiben sollte.

Fernsehen und Nahsehen

Täglich um 20 Uhr schied die «Tagesschau» den Vorabend vom Abend. Sie war die wichtigste Zäsur zwischen Tag und Nacht; mit ihr legte man die Hände in den Schoß und verabschiedete sich vom Geschehen des Tages. Bis auf geringfügige Änderungen gleich geblieben ist die Erkennungsmelodie, die 1956 erstmals erklang: Es sind die Schlusstakte eines Orchesterstücks, das der Filmkomponist Hans Carste als Kriegsgefangener in einem sowjetischen Lager komponiert hatte. Anfangs wand sich die auf einer Hammondorgel gespielte Fanfare aus einem Klangbrei ätherisch-technoider Signale heraus, sodass man die Gewissheit bekam, gleich werde Ordnung ins Chaos der Ereignisse gebracht. Später war eine vom Jazzer Rolf Kühn arrangierte Version der Melodie zu hören, die die Nation etwas frischer zu gesteigerter Aufmerksamkeit an die Bildschirme rief und noch einmal die Sinne straffte.

Wenn die Nachrichten verklungen waren, folgte eine Ansagerin und führte durchs Programm. Erst stellte sie alle Sendungen insgesamt vor, dann stimmte sie auf jede noch einmal einzeln ein. Die Ansagerin sollte dem Willen der Programmgestalter nach als «Gastgeberin» auftreten. Darin versteckte sich eine seltsame Verkehrung der Verhältnisse, denn eigentlich war das Fernsehen ja im Wohnzimmer zu Gast. Die Ansagerin aber sollte die Zuschauer zu sich einladen, sie gewissermaßen ins Programm entführen. Das tat sie mit einer Noblesse, die vorbildlich war. Annette von Aretin, Victoria Voncampe, Carolin Reiber, Mady Manstein, Irene Koss, Dagmar Bergmeister oder Ruth Kappelsberger, um nur einige der ersten Generation zu nennen, waren Inkarnationen des Perfekten. Sie sahen perfekt aus, waren perfekt geschminkt, saßen in makelloser Haltung da und sprachen überwirklich akkurat. Jeder Ton saß, klar und sanft modulierten sie ihre Stimmen. «Die folgende Sendung», kündigte Victoria Voncampe beispielsweise eine Sendung mit Berliner Volksmusik an, «soll Sie nicht nur angenehm unterhalten, sondern soll Ihnen im Gewande der Muse ein Stück Geschichte unseres Volkes in Erinnerung zurückrufen.» Häufig wurde das Programm von guten Wünschen für die Technik begleitet: «Für all diese Sendungen, meine Damen und Herren, wünschen wir Ihnen einen guten Empfang.»

Im DDR-Fernsehen wies Margit Schaumäker auf besonders lehrreiche Sendungen mit freundlichem Nachdruck hin: «Liebe Eltern, ich möchte Sie recht herzlich bitten, Ihre Kinder zu 16 Uhr 30 an das Gerät zu rufen. Wir bringen dann: ‹Was weißt du über deine Freunde in der Sowjetunion?›»

Viele Ansagerinnen beschäftigten die Phantasie der Zuschauer in

Ansagerinnen der ARD 1956 in artiger Reihe: Ingrid Ernest, Annette von Aretin, Hilde Nocker, Irene Koss, Helga Hesse, Dagmar Bergmeister und Ursula von Manescul (von links nach rechts). Die Männer machten Programm, die Frauen sollten dazu animieren, es anzusehen.

hohem Maße, Ursula von Manescul zum Beispiel, von der es hieß, sie sei als Tochter eines rumänischen Großgrundbesitzers von den Kommunisten vertrieben worden. Oder Petra Schürmann, die Miss World von 1956, die in München Philosophie, Amerikanistik und Kunstgeschichte studierte und neben ihrem Ansagerinnenjob noch als Model arbeitete. Sie brachte an besonders mutigen Tagen etwas Existenzialistenchic im Stil von Juliette Gréco ins Studio. «Ihr seid hier die Visitenkarten, und sonst nichts», hatte man ihr im Sender zu verstehen gegeben, «den Rest machen die Männer.»[46] Weil diese den Bildschirm auf penetrante Weise dominierten, hatten die Ansagerinnen für visuellen Ausgleich zu sorgen, sonst hätte man das Fernsehen womöglich mit einem Männerheim verwechselt.

Typisch war Werner Höfers «Internationaler Frühschoppen», ein Polittalk mit ausländischen Deutschlandkorrespondenten, die rauchten, bis das Studio eingenebelt war. Eine tapfere Kellnerin musste sich durch den Qualm kämpfen und den genüsslich schwadronierenden Männern immer wieder Weißwein nachschenken. Nach einer Stunde Frühschoppen hatten die meisten Diskutanten je eine Flasche verzehrt – sonntags um 13 Uhr. Dann kehrte die Ansagerin zurück auf den Bildschirm und machte der immer lebhafteren Runde ein Ende. Der Sonntagnachmittag gehörte mit der «Augsburger Puppenkiste», «Fury», «Lassie» oder «Bonanza» den Kindern – wenn nicht das für sie Schrecklichste geschah: Programmänderung. Dann verhagelte ein internationales Springturnier, Eislaufen oder gar der Operettenstar Anneliese Rothenberger den Tag des Herrn.

Wie beim Radio waren auch im Fernsehen Rate- und Spielshows die Publikumslieblinge. Hier machte man Bekanntschaft mit seinesgleichen. Die Moderatoren holten die berühmten «kleinen Leute» von der Straße ins Scheinwerferlicht und zeigten sie in ihrer ganzen Unsicherheit, aber auch in ihrem Witz und ihrer oft beachtlichen Schlagfertigkeit. Peter Frankenfeld wählte in der Show «1:0 für Sie» seine Kandidaten willkürlich aus den Zuschauerreihen aus, indem er einen per Handkatapult abgeschossenen Propeller durch den Saal fliegen ließ. Wer den Propeller fing, konnte auf die Bühne. Dort machten sich manche einen Spaß daraus, den Moderator zu provozieren, schwiegen zum Beispiel oder sagten, sie hätten vergessen, wie sie heißen. Die Unberechenbarkeit machte die Livesendungen spannend. Ob die plötzlich im Rampenlicht Stehenden dröge oder unterhaltsam, absonderlich oder durchschnittlich, lammfromm oder widerspenstig waren, immer waren sie für den Zuschauer eine aufregende Begegnung mit der eigenen Art, die weit individueller ausfiel, als man es ihr zutraute.

Der Erkundung des Alltäglichen dienten auch die Familienserien. Die erste hieß «Unsere Nachbarn heute Abend – Familie Schölermann», ausgestrahlt von 1954 bis 1960. Weil das Aufzeichnungsmaterial teuer war, liefen die ersten Sendungen live über den Kanal. Mit halb improvisierten Dialogen wurde direkt aus dem Luftschutzbunker Heiligengeistfeld gesendet, dem Sitz des

Werner Höfers «Internationaler Frühschoppen». Streit war erwünscht, Alkohol und Zigarettenqualm ein Muss. Eine Serviererin schenkt den Wein nach.

Nordwestdeutschen Rundfunks. Der dokumentarische Schein der Serie wurde noch dadurch erhöht, dass sie «in Echtzeit» spielte: Die Handlungszeit war mit der Ausstrahlungszeit identisch; die Schölermanns lebten immer von 20.15 Uhr bis 21 Uhr. Die ersten Folgen waren nach heutigen Maßstäben unfassbar langatmig; die Zuschauer schauten trotzdem gebannt zu, weil sie sich unmittelbar anwesend fühlten, so, als könnten sie ihren Nachbarn durch die Wand ins Wohnzimmer spähen: Fernsehen aus Nahdistanz, aus der Schlüssellochperspektive. Viele Zuschauer waren fest davon überzeugt, die Schölermanns existierten tatsächlich, schrieben ihnen beispielsweise über den Sender freundliche Briefe oder fragten nach, ob sie nicht mal Geld für neue Tapeten ausgeben wollten.

Eine noch immer stark verunsicherte Nation betrieb beim Betrachten der Fernsehfamilien Selbstvergewisserung. Serien wie

«Jedermannstraße 11», die seit 1962 ausgestrahlt wurde, machten schon im Titel deutlich, dass hier Musterfamilien zu erleben waren. Fast alle gehorchten einer didaktischen Dramaturgie, Vorurteile wurden Negativfiguren zugeschrieben, Toleranz gelehrt, übermäßige Strenge ins Lächerliche gezogen. Das Milieu war bieder, Tendenz und Moral der Geschichten zeigten aber immer in Richtung Güte und Nachsicht. Schon früh arbeitete das Fernsehen an einer gewissen Liberalisierung seiner verstocktesten Zuschauer. Beachtlich viel kritische Ironie wurde etwa den Mitgliedern der hessischen Familie Hesselbach zuteil, die in «Die Firma Hesselbach», seit 1960 produziert, bekömmliche Dosen Selbsterkenntnis über das Publikum träufelte. Der Schriftsteller Andreas Maier sagte später in einer Poetikvorlesung in Frankfurt, dass es Szenen in seinem ersten Roman «Wäldchestag» gebe, die ohne die Hesselbachs überhaupt nicht denkbar seien: «Figuren andauernd aneinander vorbeireden zu lassen, das lernte ich von Wolf Schmidt»[47], dem Autor und Hauptdarsteller der Serie.

Die hohe Kunst des Gesprächs – die Nation lernt, sich zu streiten

Wenn nicht Fernsehspiele liefen, bestand Fernsehen aus dem stummen Bestaunen von Gesprächen. Eine eigentlich gespenstische Situation: Eine Familie sitzt schweigend am Fernseher und schaut anderen beim Reden zu. Der Austausch mit Freunden und Verwandten nahm ab, während die Gespräche auf dem Bildschirm immer versierter wurden. «Zwiegespräche» hieß ein bescheidenes Format aus den allerersten Fernsehtagen. 1954 startete eine der ersten echten Talkshows: «Zu Gast bei Margot Hielscher». Die Schauspielerin plauderte mit Erich Kästner, Romy Schneider, Maurice Chevalier oder Max Schmeling. Konzentrierter war die Reihe «Mit offenen Karten». 1954 unterhielt sich darin Rüdiger Proske über Fragen der Zeit mit vier Mönchen, die durch schlagfertige Antworten und heiter formulierte Ansichten zu verblüffen wussten. In der Reihe «Mein neues Buch» stellten sich Schriftsteller der Kritik.

Die lebendige Kontroverse war das Salz des neuen Mediums und eine Kunst, die das NS-Regime seinen Volksgenossen gründlich ausgetrieben hatte. Nach langen Jahren fetischisierter Eintracht mussten die Deutschen das Streitgespräch neu lernen. Waren die ersten Sendungen der Reihe «Aus erster Hand – Interviews mit den führenden Männern unserer Zeit» noch genauso, wie es der Titel vermuten ließ, nämlich ehrerbietig, steif und gehemmt, so nahm das kritische Selbstbewusstsein der Fernsehjournalisten stetig zu. Konrad Adenauer fühlte sich bald verfolgt und sah in den Redaktionen nur Verbündete der Opposition sitzen. Er beschloss, ein Bundesfernsehen zu etablieren, auf das die Regierung Einfluss nehmen könnte, und gründete zur Vorbereitung die «Deutschland-Fernsehen-GmbH». Das Vorhaben scheiterte am Einspruch des Bundesverfassungsgerichts. Stattdessen gründeten die gesetzlich zuständigen Bundesländer 1961 das ZDF. Die verfassungswidrige Allüre des Kanzlers und seine Niederlage vor dem obersten Gericht waren der Beginn von Adenauers Abstieg; Instinkt und Macht schienen ihm aus den Händen geglitten zu sein.

Ab 1963 saßen sich bei dem Format «Journalisten fragen – Politiker antworten» die erste und vierte Gewalt wie beim Mannschaftssport gegenüber, nämlich eine ganze Riege prominenter Politiker einer ebensolchen von Journalisten.[48] Mutterseelenallein blieben Politiker hingegen im Interviewformat «Im Kreuzfeuer». Unter diesem militanten Titel nahmen Claus Hinrich Casdorff und Rudolf Rohlinger ab 1965 jeweils ein Zielobjekt ins Visier. Den Politikern versuchte man die zahlenmäßig unfaire Konstellation schmackhafter zu machen, indem man ihnen versicherte, das verschaffe einen Sympathievorschuss bei den Zuschauern.[49]

Den erhabenen Gipfel der Gesprächskunst bildete Günter Gaus' Serie «Zur Person». Gaus, ein kantiger, scharfzüngiger Typ, der das Hamburger «st» beim Sprechen wie mit einem Skalpell trennte, war der Asket unter den Interviewern. Er wurde zum «bekanntesten Hinterkopf der Republik», weil man ihn nur bei der Einleitung des jeweiligen Gesprächs von vorn sah, ansonsten blickte die Kamera stets von hinten an ihm vorbei und unerbittlich auf sein Gegenüber. Vom umgebenden Studio sah man nichts, alles war schwarz; die ganze Aufmerksamkeit gehörte dem Gesicht, den Händen, dem Oberkörper des Gesprächspartners – vor allem seinen Worten. Wohl nirgends sonst wurde prägnanter, bedachter, artikulierter gesprochen als gegenüber Gaus. Der Interviewer gab den Ton vor; er erlaubte sich keinen Scherz, keine joviale Auflockerung, keine Gemütlichkeit. Als «Fanatiker der Sachlichkeit»[50] fragte Gaus inquisitorisch dringlich. Die kalte Präzision, mit der er seine Gesprächsobjekte ausforschte, zeitigte ein paradoxes Resultat: Sie schienen sich daran zu wärmen. Je bohrender Gaus fragte, desto behaglicher fühlten sie sich. Denn mit einer im wirklichen Leben selten zu genießenden Konzentration ging es hier nur um sie, um ihre Person, ihre Ansicht, ihre Empfindung. Sie ließen sich Zeit, ließen sich sogar gehen, nicht verbal, aber körperlich. Wer intensiv nach dem richtigen Wort sucht, wirkt oft fahrig in den Gesten. Arthur Koestler wischte sich im Gespräch mit Gaus immer wieder mit den Händen über die Augen und über das ganze Gesicht, kratzte sich die Schädelhaut und legte lange schweigend seinen Kopf in die Hände. Günter Grass drehte sorgsam seine Zigaretten, während er fast genüsslich nach einem passenden Ausdruck suchte, mehrere ausprobierte und erfreut lächelte, wenn er endlich mit einem Wort zufrieden war.

Die formale Strenge der Gesprächsanordnung und die ausschließliche Fokussierung auf die zur Rede stehende Person verboten es, sie in eine Diskussion zu verwickeln. Gaus hakte zwar bisweilen mit einem «Das müssen Sie erklären» nach, aber mied die Kontroverse. Das Gespräch diente der Darstellung des Gegenübers; idealerweise seiner Selbsterforschung.

Die Kühle von Gaus bewahrte seine Gäste vor schwafelnder Selbstherrlichkeit, was einem so ausgekochten Routinier wie dem neunundachtzigjährigen Adenauer naturgemäß schwerfiel. Aber es gelang. «Man hat Sie gern den großen Vereinfacher der Politik genannt. Halten Sie diese Charakterisierung für lobend oder für abwertend?», fragte Gaus 1965, während die Kamera wie immer im Gesicht seines Gegenübers forschte. In der Mimik des greisen Kanzlers aber gab es nichts zu lesen, es herrschte die übliche Starre. «Das halte ich für ein ganz großes Lob», antwortete Adenauer überraschend lebhaft: «Denn in der Tat, man muss die Dinge so tief sehen, dass sie einfach sind. Wenn man nur an der Oberfläche der Dinge bleibt, sind sie nicht einfach. Aber wenn man in die Tiefe sieht, dann sieht man das Wirkliche, und das ist immer einfach. Ob das angenehm ist, das ist eine andere Frage.» – «Angenehm für wen?», hakte Gaus nach. «Für den, der überlegt.» Als der Kanzler anschließend die Wahrhaftigkeit als Leitlinie seines politischen Handelns herausstellte und erklärte, man könne als Politiker zwar nicht alles sagen, müsse deshalb manchmal schweigen, aber lügen dürfe man nicht, fragte Gaus nach Notlügen. «Notlügen gibt's nicht», erklärte Adenauer, «man ist immer in Not, dann würde man ja immer am Lügen sein.» Gaus fasste mit ungläubiger Stimme nach: «Sie haben nie geschwindelt als Bundeskanzler? Vor der Öffentlichkeit? Es war nie nötig? Sie sind mit Verschweigen immer durchgekommen?» Der Alte schaute einen Moment verdutzt, dann antwortete er streng: «Mit Schweigen. Nicht mit Verschweigen. Ich bitte doch festzuhalten, dass es da einen Unterschied gibt.» – «Jawohl, jawohl», murmelte Gaus kleinlaut, erwischt bei einer ganz untypischen Nachlässigkeit. Ein faszinierender Moment. Der plötzlich hellwache Greis, seit zwei Jahren zurückgetreten vom Kanzleramt, parierte blitzschnell, was ihm da mit einer winzigen Vorsilbe untergeschoben werden sollte. Die enorme Konzentration, die Gaus bei seinen Gästen hervorrief, hatte sich eine Sekunde lang gegen ihn selbst gerichtet.

Als Günter Gaus zum ersten Mal eine Frau in seine Sendung einlud, war dies zugleich ein Höhepunkt der Reihe. Im September 1964 saß ihm Hannah Arendt gegenüber, die jüdische «Professorin für Politische Theorie»; den Begriff «Philosophin» maße sie sich nicht an, erklärte sie gleich zu Beginn. Unablässig rauchend, sprach sie über ihre Flucht aus Deutschland, ihre Rückkehr, die Ermordung ihres Volkes und darüber, ob es überhaupt ein Volk im klassischen Sinne ist, über intellektuelle Begabung und Arroganz und schließlich über ihr umstrittenes Buch «Eichmann in Jerusalem» und den Begriff «Die Banalität des Bösen». Hannah Arendt soll sehr aufgeregt gewesen sein vor dem Gespräch, fing sich aber und verblüffte mit einer Kombination aus Präzision und Tiefe, Witz und Lockerheit. Die letzten Gedanken des Gesprächs galten dem «grundsätzlichen Vertrauen in das Menschliche aller Menschen», ohne das man einen solchen öffentlichen Dialog überhaupt nicht wagen könne. Das Gespräch ist derart beeindruckend, dass es ein halbes Jahrhundert später, in der nächsten Stufe der medialisierten Gesellschaft, bei Youtube zum Quotenhit wurde.[51] Es wurde bis heute über eineinhalb Millionen Mal aufgerufen.

Nach zwanzig Jahren goebbelsfreiem Rundfunk und mehr als zehn Jahren öffentlich-rechtlichem Fernsehen hatten sich die meisten Deutschen ans gewaltfreie Austragen kontroverser Weltanschauungen gewöhnt. Bei den «Hesselbachs», bei Frankenfeld und Kulenkampff, bei der «Abendschau», der «Nordschau» und dem «Blick ins Land» hatte man sich gründlich kennengelernt. Selbst wer nur selten das Haus verließ, wusste nun mehr als je zuvor über die Gesellschaft, der er angehörte. Es waren allerdings medial vermittelte Erfahrungen; die Geselligkeit jenseits von Wohnung und Arbeitsplatz hatte abgenommen.

Auch aus diesem Grund hasste Martin Heidegger, Philosoph und entschiedener Gegner der Moderne, das Fernsehen von ganzem Herzen. Weil er keinen Fernseher besaß und kaum eine Sendung kannte, reichte ihm schon der Begriff «fernsehen», um es abzulehnen. Fernsehen treibe den Menschen fort von allem, was ihm nahe sei; es mache die Zuschauer «noch heimatloser als die Heimatvertriebenen»: «Stündlich und täglich» seien sie «an

Fernsehen als Nahsehen. Leicht fällt das oft nicht. Der Sender Freies Berlin beim Kamerablick über die Sektorengrenze an der Bernauer Straße, 1961.

den Hör- und Fernsehfunk gebannt», sagte er 1955 in einer Rede in seinem Geburtsort Meßkirch: «Wöchentlich holt sie der Film weg in ungewohnte, oft nur gewöhnliche Vorstellungsbezirke, die eine Welt vortäuschen, die keine Welt ist. (...) All das, womit die modernen technischen Nachrichteninstrumente den Menschen stündlich reizen, überfallen, umtreiben – all dies ist dem Menschen heute bereits viel näher als das eigene Ackerfeld rings um den Hof, näher als der Himmel über dem Land, näher als der Stundengang von Tag und Nacht, näher als Brauch und Sitte im Dorf, näher als die Überlieferung der heimatlichen Welt.»[52] Dass das Fernsehen auch der Erkundung von Nähe und Heimat diente, war Heidegger egal, die Technikfeindschaft war, wie so vieles im deutschen Denken, prinzipieller Natur. Zum Fußballgucken ging der Existenzphilosoph zu den Nachbarn.[53]

SIEBTES KAPITEL

Im Kalten Krieg: Ost- und Westdeutschland finden ihre Identität in Feindschaft

«Ebenso schlimm wie die Mauer aus Steinen, Mörtel und Zement (...) scheint mir die Mauer zu sein, die sich im Laufe der letzten fünfzehn Jahre fast unmerklich in der Vorstellungswelt der Deutschen auf beiden Seiten der Trennungslinie gebildet hat.»

MARGRET BOVERI, 1962

Die Dörfer Zicherie und Böckwitz lagen so eng nebeneinander, dass sie über die Jahrhunderte zusammenwuchsen. Die zweihundertzwanzig Einwohner Zicheries und die zweihundert aus Böckwitz waren gleichsam aus einem Holz, obwohl Zicherie einst formal zum Königreich Hannover und Böckwitz zum Königreich Preußen gehört hatte. Niemanden interessierte das; das Doppeldorf feierte zusammen Hochzeiten und Schützenfeste, seine Kinder gingen in eine Schule, und wenn es brannte, löschte man gemeinsam das Feuer. Damit war ab Mai 1945 Schluss. Ein Schlagbaum quer über der Dorfstraße markierte, wo der Westen aufhörte und der Osten begann. Entsprechend der 1944 in London beschlossenen Aufteilung Deutschlands in vier Besatzungszonen gehörte Zicherie nun zur britischen, Böckwitz zur sowjetischen Zone. Anfangs behinderte die Teilung das Dorfleben nur unwesentlich. Wollte man über die Hauptstraße in den jeweils anderen Teil des Doppeldorfes, öffneten die Rotarmisten meist bereitwillig die Grenze. Blieb die Grenze zu, ging man einfach um den Schlagbaum herum. Bald aber wurde ein Maschendrahtzaun quer durchs Dorf gezogen; später wurde der Zaun durch eine hohe Bretterwand ersetzt, und schließlich die Bretterwand durch einen Stacheldrahtverhau und eine Betonmauer mit aufgesetzter Asbeströhre.

In einigen Fällen verlief die Grenze mitten durchs Haus oder den Garten. In der Gastwirtschaft Lenz befand sich die Theke im Osten, der Hof mit dem Holzschuppen im Westen. Auch die Böckwitzer Schmiede lag mit dem Schuppen in Zicherie. Ortskundige Flüchtlinge benutzten des Nachts, ohne dass die Russen etwas davon ahnten, die Schuppentür als Tor zur Freiheit.[1] Als die Sache aufflog, lag fortan ein russischer Wachposten auf dem Dach der Schmiede und behielt den Schuppen im Auge.

Trotz vieler Grenzstreifen und Wachposten blieb die Grenze südlich und nördlich des Dorfes eine Zeitlang passierbar, wenn auch unter Lebensgefahr. Grenztruppen hatten eine breite Schneise gerodet, um ein besseres Sicht- und Schussfeld zu bekommen. Dennoch halfen etliche Böckwitzer Flüchtlingen bei Nacht und Nebel durch den Wald, teils aus politischer Überzeugung, teils aus materiellem Interesse. Unter den Dörflern herrschte darüber Streit, man fürchtete kollektive Bestrafungsaktionen. Böckwitz begann sich zu verändern. SED-Agitatoren warnten vor Übergriffen aus dem Westen; einige Böckwitzer unterschrieben sogar eine Erklärung, in der die Regierung gebeten wurde, besser für ihren Schutz gegen Überfälle aus dem Westen zu sorgen. Volks- und Grenzpolizisten zogen von außerhalb zu und brachten einen schneidigen Wind ins Dorf. Viele Böckwitzer wurden von der Kreisleitung überredet, ihre Mitbürger genau zu beobachten und Verdächtige zu melden. In Kampfaufrufen rief die SED-Führung zu erhöhter Wachsamkeit gegen sogenannte Grenzprovokateure, Saboteure, Schmuggler und Verräter in den eigenen Reihen auf.

Wer sich nicht kooperationsbereit zeigte, galt als Grenzrisiko. Im Frühsommer 1952 wurden die «unzuverlässigen Elemente» im Rahmen einer «Verordnung über Maßnahmen an der Demarkationslinie» aus einer fünf Kilometer breiten Sperrzone längs der Grenze umgesiedelt. Ohne Vorwarnung wurden die Betroffenen von heute auf morgen samt ihrem Mobiliar auf Lastwagen verladen und abtransportiert. In den meisten Fällen erfuhren die Menschen noch auf der Fahrt nicht, wohin sie gebracht wurden. Viele fürchteten, es ginge nach Sibirien, und waren froh, dass sie bei Bitterfeld, Perleberg oder Leipzig landeten, meist in Häusern von Geflüchteten. Die Zwangsumsiedlung «politisch ungefestigter Personen» aus der Sperrzone verlief unter dem Behördennamen «Aktion Ungeziefer».[2] Man kann daraus schließen, in welchem Ton die Deportationen vonstattengingen und wie der Empfang der Betroffenen an den jeweiligen Zielorten aussah, an denen sie fortan ein neues Leben beginnen sollten. Kein Wunder, dass viele der

Ein Bretterzaun zerschneidet in den fünfziger Jahren das Doppeldorf Böckwitz/Zicherie. Auf der einen Seite endet die Bundesrepublik, auf der anderen beginnt die DDR.

Zwangsumgesiedelten bei der nächsten Gelegenheit in den Westen flohen. So auch Familie Bromann, die vier Wochen später über den Bahnhof Friedrichstraße nach West-Berlin reiste. Vor Augen hatten sie nur ein Ziel: Zicherie, gleich gegenüber ihrem alten Zuhause.[3]

Zwischen Zicherie und Böckwitz änderten sich die Lebensweisen immer mehr. Östlich des Zauns verschwand der freie Bauer und verwandelte sich in einen Angestellten. Im Zuge einer Bodenreform waren die Großgrundbesitzer gleich nach dem Krieg enteignet worden. Ihre Ländereien waren in kleinste Parzellen unterteilt und diese an ehemalige Knechte, aber auch an Vertriebene aus den Ostgebieten vergeben worden. Eine kurze Zeit genossen die neuen Kleinbauern ihre Selbständigkeit, doch in der zweiten Hälfte der fünfziger Jahre wurden sie immer massiver zum Zusammenschluss in kollektiven Großbetrieben genötigt. Aus Bauern wurden Agrargenossen. Die LPGs, die landwirtschaftlichen Produktionsgenossenschaften, lockten mit der Teilung von Arbeit, Sorgen und Freizeitgestaltung. Die Freiheit hatten die neuen Kleinbauern zwar nun wieder verloren, aber die viel zu kleinen Parzellen waren ohnehin unrentabel gewesen. Dafür entstanden in Böckwitz nun ein Kindergarten und ein Kulturhaus mit Kinosaal und Bibliothek. Viele Altbauern aber widersetzten sich der Parole «Vom Ich zum Wir», trotzten Lockungen und Drohungen, zogen mutig vor Gericht und machten am Ende doch rüber in den Westen.

Die LPG, die DDR-Version der sowjetischen Kolchose, versprach «dem Volk mehr Lebensmittel und Rohstoffe, dem Bauern ein schöneres und kulturvolleres Leben»[4]. Die Landmaschinen sollten gemeinsam kostensparender genutzt, die Arbeitszeit durch Schichtbetrieb besser verteilt werden. Die versprochene Steigerung der Produktion sei Dienst am Frieden, versicherte die SED-Parteileitung, zumal so nahe an der Grenze. Gemäß der marxistischen Gesellschaftstheorie würde der Kapitalismus binnen kurzer Zeit «gesetzmäßig» wieder in die Krise geraten und aggressiv werden. Auf Dauer verfing die unermüdlich variierte Agitation, und nicht wenige Böckwitzer glaubten, es könne schon sein, dass die Grenzanlage eines Tages tatsächlich als eine Art Schutzwall dienen müsse, auch wenn der LPG-Vorstand es in ihren Augen arg übertrieb mit dem Krieg-und-Frieden-Gerede: hier kampfbereiter Friedenswille, dort Atomkriegstreiberei. Aber irgendwas Attraktives muss es gehabt haben, die angestrebte Sollerhöhung bei der Eier- oder Ferkelproduktion als Kampfauftrag zu verstehen, sonst hätten nicht so viele Menschen unermüdlich mitgedichtet am Profil ihrer LPG: «Mit unserem Fleiß schmücken wir die Erde, damit es immer Frieden werde.»[5]

Zicherie und Böckwitz feierten nun sehr unterschiedliche Feste. Die Schützenfeste wurden zu einer rein westlichen Angelegenheit, und sie fielen von Jahr zu Jahr konfrontativer aus. Der Spielmannszug zog mit Tschingderassabumm in vollem Wichs an den Schlagbaum und zeigte dem Osten, wie ausgelassenes Feiern im Westen aussah, in den Traditionen des «Militarismus der kleinen Leute»[6]. Schaulustige aus anderen Orten fuhren herbei, da es sich herumgesprochen hatte, dass es zu Pfingsten im Grenzdorf immer besonders zünftig zuginge. Am 17. Juni, wenn der Westen feierlich des östlichen Aufstands von 1953 gedachte, lud regelmäßig das «Kuratorium unteilbares Deutschland» prominente Politiker nach Zicherie. Man klagte Moskau an und zeigte vielsagend nach Böckwitz. Chöre sangen, Kapellen spielten auf, die Nationalhymne erklang. Böckwitz hielt mit der Internationale dagegen und mit Kampfliedern der Arbeiterklasse. Am 1. Mai schmückte sich das dortige Kulturhaus mit roten Fahnen, und ganz Böckwitz sang, so behauptete zumindest die Kreisleitung, wie aus einer Kehle: «Wir hassen euch, ihr Drohnen / auf Gut, Fabriken und Bank. / Ihr Räuber der Nationen, wir sind euer Untergang!»

Den Untergang erlebten einstweilen nur ein paar Kühe, die sich ins Minenfeld verirrt hatten und dort qualvoll verendeten. Glimpflicher verlief der nächtliche Ausflug einer verwirrten Greisin an die Demarkationslinie. Ihre Tochter entdeckte sie rechtzeitig, allerdings auch zwei Soldaten, die sich weigerten, die «Grenzverletzerin» herauszugeben. Erst am nächsten Mittag brachten sie die völlig erschöpfte, durchgefrorene Frau nach Hause.

Am 12. Oktober 1961 endete ein Grenzübertritt tödlich, ein besonders ungewöhnlicher, denn er wurde von Westen, nicht wie sonst üblich von Osten aus unternommen. Der Dortmunder Journalist Kurt Lichtenstein wurde erschossen, als er achtlos über den Grenzgraben am Drömlingsweg sprang, weil er sich mit ein paar Landarbeitern unterhalten wollte, die gerade Kartoffeln ernteten. Zwei Grenzsoldaten riefen ihn an, Lichtenstein lief zurück und wurde von mehreren MP-Salven zu Fall gebracht, zwei Meter vor dem rettenden Graben. Der Chefreporter der «Westfälischen Rundschau» war nach Zicherie gekommen, weil er eine längere Reportage über die Situation an der Zonengrenze schreiben wollte – zwei Monate nach dem Bau der Berliner Mauer. Er hatte

Grenzstreife der DDR ein Tag vor Heiligabend 1957. Begleittext des DDR-Nachrichtendienstes ADN: «Unsere Grenzpolizei auf Friedenswacht.»

eine tagelange Fahrt im Sinn, die ihn die Grenze entlang durchs geteilte Land führen sollte, von Nord nach Süd. Dafür hatte er sich einen roten Ford Taunus 17M gekauft, sich von Frau und Kindern verabschiedet und auf die Reise begeben, die eine Art Inspektionstour werden sollte. Eine journalistische Erkundung der geteilten Landstriche, aber auch eine Art persönliche Verortung im eigenen Land, eine Überprüfung dessen, was er über viele Jahre als politische Heimat empfunden hatte. Vielleicht trugen die Restsympathien, die er noch immer für die DDR hegte, zu der Sorglosigkeit bei, mit der Kurt Lichtenstein die Grenze übersprang. Er hatte einst zum kommunistischen Widerstand gegen das NS-Regime gezählt, in Spanien auf Seiten der Internationalen Brigaden gekämpft, in Frankreich für die Résistance. Als prominenter Abgeordneter der KPD Nordrhein-Westfalens hatte er bis 1950 dem Landtag angehört, war jedoch aus der Partei ausgeschlossen worden, nachdem er sich kritisch gegen stalinistische Tendenzen im SED-Regime ausgesprochen hatte.[7] Lichtenstein hatte sich ab 1950 in Auseinandersetzungen mit Ulbricht und der Ost-Berliner SED gegen eine sklavische Übernahme des Sowjetsystems gewandt. Es war vor allem sein einstiger Kampfgefährte aus den Spanien-Jahren, Erich Mielke, der Lichtensteins Parteiausschluss betrieben hatte. Nun lag der ehemalige Genosse schwerverletzt auf dem Acker, umringt von überforderten Grenzern, die entsetzt auf ihr Opfer starrten. «Gebt den Mann raus, der verblutet ja!», riefen ihnen aufgebrachte Dörfler aus Zicherie zu. Der Bundesgrenzschutz, Rettungssanitäter und ein Krankenwagen waren längst eingetroffen und standen an der Landstraße bereit, um ihrem Landsmann zu helfen. Doch vergebens, zwei qualvolle Stunden musste Lichtenstein liegen bleiben, stöhnend und wimmernd, bis er von DDR-Grenzern ins östlich gelegene Krankenhaus nach Klötze transportiert wurde, wo er fünf weitere Stunden später an den Folgen mehrerer Schüsse in Bauch, Hüfte und Lunge starb.

Der achtzehnjährige Grenzposten, der die tödlichen Schüsse abgegeben hatte, befand sich Augenzeugen zufolge in einem erbärmlichen Zustand. «Der Posten war vollkommen aufgelöst, kreidebleich war der, hat am ganzen Leib gezittert. Der Angstschweiß hat dem im Gesicht gestanden», erinnert sich der ehemalige Traktorist Günter Müller.[8] Er erzählt, wie der Sterbende wiederholt den Schützen aufgefordert habe, seine Hand zu halten, was dieser auch widerstrebend und verlegen gemacht habe. Von den seelischen Nöten des Schützen war bei seinen Vorgesetzten wenig zu spüren. Unter dem Titel «Gut gemacht, Peter!» feierte die «Armee-Rundschau» die Tat als entschlossene Verhinderung einer Sabotageaktion. Lichtenstein habe tief ins Staatsgebiet der DDR eindringen, ihre Bewohner ausfragen und provozieren wollen, behauptete Karl-Eduard von Schnitzler in einem Leitartikel der FDJ-Zeitung «Junge Welt» und setzte zynisch hinzu, die Umstände des Todes seien typisch für ihn. Lichtenstein sei nämlich schon im Spanischen Bürgerkrieg «wegen Feigheit degradiert» worden. Jetzt habe er sterben müssen, weil er «feige geflüchtet» sei, als ihn Volkspolizisten zum Stehenbleiben aufgefordert hätten.[9]

Während die unmittelbar Beteiligten, Täter wie Zeugen, ohnmächtig und fassungslos einem Menschen beim Sterben zusehen mussten und das Erlebte später nur schwer verarbeiten konnten, ging im Hinterland der Kalte Krieg routiniert weiter. Schon bald nach Lichtensteins Tod wurde die Vermutung laut, er sei gar nicht seiner Achtlosigkeit und dem Automatismus des Schießbefehls zum Opfer gefallen, sondern gezielt auf Anweisung seiner einstigen Genossen liquidiert worden. Auf Geheiß der Staatsführung sei er bei der Reportagefahrt observiert und bei erstbester Gelegenheit ermordet worden, beseitigt als Verräter, Überläufer und antisowjetischer Spion. Die These wird bis heute erörtert, kann aber weder bewiesen noch überzeugend entkräftet werden.

Lichtenstein war seit 1958 Mitglied der SPD, aber die jahrzehntelange kämpferische Überzeugung als Kommunist unter schwierigsten Bedingungen prägte ihn bis zum Schluss. Seine Frau Gertrud schrieb zwei Monate nach dem Tod ihres Mannes an ihre Mutter: «Mit dem Herzen waren wir doch beide ‹drüben›, bei der Sache, die wir ein ganzes Leben für die gute Sache angesehen haben. (...) Darum ist es nicht nur Kurts Tod, den ich so beweine, es ist die Erkenntnis, dass wir einem Phantom nachgejagt haben, dass das schöne Bild von einer kommunistischen Welt, vom Frieden und von der Freiheit der Menschen, zerschlagen ist. Kurt ist auf der Grenze gestorben, auf der Grenze seines Herzens und seines Verstandes. Seiner Erfahrungen.»[10]

Wechselseitig zugesicherte Zerstörung

Die Flecken Zicherie und Böckwitz lagen links und rechts einer Grenz- und Konfliktlinie, die bald nach Ende des Zweiten Weltkriegs Europa und zunehmend den gesamten Erdball in die Einflusssphären Washingtons und Moskaus teilte. Durch die Kräfte militärischer und wirtschaftlicher Unterstützung angezogen, ordneten sich die Staaten der Welt wie Magnetspäne entweder dem West- oder dem Ostblock zu. Nur wenigen gelang es, blockfrei zu bleiben und daraus einen Vorteil zu ziehen. Die beiden Großmächte mischten sich in die inneren Konflikte vieler Länder ein, um sie durch Umstürze auf ihre Seite zu ziehen. So sorgte Moskau durch die Unterstützung antikolonialer Aufstände überall für Brandherde, die die USA mithilfe verdeckter oder offener Operationen zugunsten wankender Diktaturen zu löschen versuchten. Dabei schien die Zeit für Moskau zu spielen, denn die von den Sowjets unterstützten Befreiungsbewegungen kämpften mit großer Leidenschaft gegen korrupte Regime, die kaum mit ähnlicher Überzeugung zu verteidigen waren.

Etwa in Vietnam: Die Teilung des Landes war – wie die Deutschlands – auf der Potsdamer Konferenz 1945 besprochen worden. Einem kommunistischen Norden stand seit 1954 Südvietnam unter dem katholischen Präsidenten Ngô Đình Diệm gegenüber, eingesetzt von der Kolonialmacht Frankreich, bedroht von Rebellen, die mit dem Norden sympathisierten und immer mehr Unterstützung in der Bevölkerung gewannen. Durch brutale Einschüchterung versuchte das Regime, den Einfluss aus dem Norden zurückzudrängen. Doch die gewaltsame Umsiedlung von Bauern und die Zerschlagung jahrhundertealter Dorfstrukturen zugunsten des Aufbaus von Wehrdörfern mehrten nur den Hass der Reisbauern auf ihre eigene Regierung und deren französische und bald auch amerikanische Unterstützer. 1965 schickten die USA erstmals Bomber nach Südvietnam und setzten Napalm ein, um gegen rebellierende Dörfer vorzugehen. Die eskalierende brutale Kriegsführung wie etwa die Entlaubung ganzer Landstriche durch Umweltgifte, der viele Hunderttausend Menschen zum Opfer fielen, beschädigte das Ansehen der USA zutiefst und brachte ab Mitte der Sechziger die Jugend der Welt immer mehr gegen sie auf. Die Waffen der südvietnamesischen Rebellen hingegen besaßen archaische Wucht: Steinkatapulte, Fallgruben, in die hinein man auf angespitzte Bambusstäbe stürzte; brennende Pfeile und mit Bambusspitzen gespickte Lehmkugeln, die aus dem Blätterdach des Dschungels herausschwangen und jeden zerfetzten, der von ihnen getroffen wurde.[11] Traumatisch prägten sich in die amerikanische Erinnerung die Schrecken dieses asymmetrischen Krieges ein, der einer hochtechnisierten Armee das Fürchten lehrte; diese rächte sich teilweise in grauenhaften Massakern an der Zivilbevölkerung, die die Proteste gegen den Krieg weltweit verschärften.

Einem direkten Schlagabtausch wichen die USA und die Sowjetunion stets im letzten Moment aus, wie im Oktober 1962 während der Kubakrise, als «die Welt den Atem anhielt», wie es später immer wieder hieß, und zwar völlig zu Recht, hatten doch beide Seiten ultimativ mit dem Atomschlag gedroht. Ausgelöst worden war die Krise dadurch, dass amerikanische Aufklärungsflugzeuge sowjetische Mittelstreckenraketen auf Kuba entdeckt hatten. Erst im allerletzten Augenblick lenkten die Sowjets ein; das, was vielen Menschen schon kaum noch abzuwenden schien, konnte verhindert werden: die Vernichtung der Erde durch ein im Minutentakt ablaufendes Schlag-Gegenschlag-Szenario. Am 28. Oktober, nach dreizehn dramatischen Tagen mit einer Seeblockade, diversen Provokationen und horrenden Drohungen, ließ Chruschtschow die vierundsechzig atomaren Mittelstreckenraketen auf Kuba abbauen, etliche davon bestückt mit der sechzigfachen Sprengkraft der über Nagasaki abgeworfenen Bombe. Kennedy zog die spiegelbildlich vorhandenen Waffen aus der Türkei ab. Das Gleichgewicht des Schreckens hatte gesiegt und blieb bestehen.

Angesichts dessen, was auf dem Spiel stand, verhielt sich die zum Zuschauen verdammte Weltöffentlichkeit erstaunlich ruhig. «Es sieht so aus, als wären wir alle in einer Woche tot», hatte der britische Philosoph Bertrand Russell beim Ausbruch der Kubakrise gesagt und damit keineswegs Panik hervorgerufen.[12] Die Presse berichtete routiniert über den Nervenkrieg in der Karibik und das diplomatische Tauziehen, verzichtete aber darauf, aus den üblichen Gepflogenheiten auszubrechen und ellenlange Sonderseiten zu drucken, wie man das heute bei weitaus geringeren Krisen zu tun pflegt. Auch in Bonn gab man sich abgebrüht. Die «Zeit» berichtete aus der Bundeshauptstadt, es kämen besorgte Anrufe aus den Städten ins Kanzleramt: «Man scheint dort anzunehmen, dass in Bonn sozusagen Konferenzen in Permanenz stattfinden. Davon ist keine Rede. In den Fraktionen wurde das dominierende politische Thema nur kurz behandelt, dann wandte man sich wieder den Alltagsfragen zu. Am Dienstagabend gab der Bundespräsident einen Empfang für die Hälfte der Abgeordneten in Schloss Brühl; am Mittwoch wurde der Empfang für die andere Hälfte wiederholt. (...) Die Gefühle vieler brachte ein hoher Regierungsbeamter zum Ausdruck: ‹Gott sei Dank sind wir diesmal nicht schuld.› »[13]

Mutually Assured Destruction (wechselseitig zugesicherte Zerstörung), ironisch abgekürzt *MAD*, verrückt oder wahnsinnig, hieß die Formel, die die Militärs vom Einsatz der Atomwaffen abbringen sollte. Sie besagte, dass man die Möglichkeit erhalten muss, auf einen Atomschlag entsprechend zu antworten. Nur so könne man ihren Einsatz sinnlos machen. Dieses Ziel war in der misstrauischen Logik der Militärs allein durch ständiges Wettrüsten zu erreichen. Durch den Rüstungswettlauf wurde ein ungeheures Drohpotenzial aufgebaut, unter dessen Schirm sich die Mehrheit der Menschen paradoxerweise verhältnismäßig sicher fühlte. Man gewöhnte sich an die atomare Bedrohung, auch mittels frivoler Witze. Doris Day sang «Tic, Tic, Tic, you give me a radioactive kick», George McKelvey himmelte sein «Radiation Baby (My Teenage Fallout Queen)» an.[14] Auf der B-Seite des legendären Hits «Rock Around the Clock» befand sich ein Song, der von dem Traum handelte, ein Atomkrieg ließe nur den seligen Sänger Bill Haley übrig, zusammen mit dreizehn Frauen.[15] Und US-Admiral Spike Blandy feierte den Abschluss einer Atombombentestreihe mit einer Sahnetorte in Form eines gigantischen Atompilzes.[16]

Die österreichische Physikerin Hannelore Valencak beschrieb

Verformt, aber nicht verbrannt: Schaufensterpuppen, die 1955 für einen Atombombentest in der Wüste von Nevada aufgestellt wurden, nach der Explosion. Untersucht werden sollte das Verhalten verschiedener ziviler Textilien bei einem atomaren Angriff.

dagegen 1961 in ihrem Romandebüt «Die Höhlen Noahs» einen atomaren Angriff eindrucksvoll als Weltuntergang: «Der Himmel schüttete Steine auf die Erde, die plötzlich Stimmen hatte: röhrende, brüllende und weinende Stimmen, tierische und menschliche Klagelaute. Die Welt schlug wie eine Glocke an und dröhnte. Und die Luft war weiße Lohe.»[17] Der Mediziner und Militärberater David Bradley schilderte in seinem Buch «No Place to Hide» die absolute Schutzlosigkeit jedes Einzelnen. Andere Stimmen verharmlosten die Gefahr. Die amerikanische Zivilschutzbehörde machte sich damit lächerlich, dass sie sogar eine Schulbank als geeigneten Atomschirm propagierte («duck and cover»), und das Bundesamt für Zivilschutz empfahl in seiner Broschüre «Jeder hat eine Chance», im Ernstfall unter einen

Schreibtisch zu kriechen oder notfalls den Kopf in die Aktentasche zu stecken.[18]

Viele wünschten sich, die Atomkraft für friedliche Zwecke zu nutzen. Was so effektiv einschüchtern könne, müsse sich doch auch für die Wirtschaft gebrauchen lassen! Die USA wie die Sowjetunion experimentierten mit der Atomkraft für Bauprojekte; in Nevada sorgte ein Atomsprengsatz für ein gigantisches Loch von hundertachtzig Metern Tiefe und dreihundertsechzig Metern Breite. Eine Armada von Baggern hätte Wochen dafür gebraucht. «Gigantische Erdkorrekturen»[19], so meinte man, könnten den Globus optimieren. Der Philosoph Ernst Bloch dachte 1959 in seinem dreibändigen Monumentalwerk «Das Prinzip Hoffnung» darüber nach, ob die Atomkraft das unnütze polare Eis abschmelzen und trockene Weltgegenden in Fruchtland verwandeln könne: «Einige hundert Pfund Uranium und Thorium würden ausreichen, die Sahara und die Wüste Gobi verschwinden zu lassen, Sibirien und Nordkanada, Grönland und die Antarktis zur Riviera zu verwandeln.»[20] Selige fünfziger Jahre, die noch nichts ahnten von der Komplexität ökologischer Kreisläufe, nichts wissen wollten von der Verletzlichkeit der Erdatmosphäre und nicht den geringsten Respekt empfanden vor einem galaktisch so außerordentlichen Wunder, wie es erträgliches Wetter ist!

Die Deutschen rüsten wieder auf – diesmal gegeneinander

Verglichen mit dem geteilten Vietnam in Südostasien hatten es die Deutschen gut getroffen. Zwar mussten auch sie zu den Waffen greifen, aber nur übungshalber. 1955 wurde die Bundeswehr gegründet, kurze Zeit später die Nationale Volksarmee der DDR. Die Soldaten müssten «erfüllt sein von Hass gegen den amerikanischen, englischen, französischen Imperialismus, vom Hass gegen die Großgrundbesitzer und die Militaristen Westdeutschlands», erklärte DDR-Staatschef Walter Ulbricht auf einer Parteikonferenz der Kasernierten Volkspolizei 1954 am Vorabend ihrer Umwandlung zur Volksarmee.[21] Auch die USA drängten auf eine Wiederbewaffnung der Bundesrepublik unter strikter Führung und Aufsicht der Westalliierten. Die Gründung der Bundeswehr sorgte im Inland für die erbittertste Debatte der Nachkriegszeit. Nur zehn Jahre nach Ende des verbrecherischen Weltkriegs wieder unter Waffen stehen zu wollen, während noch überall in den Städten die Brachen des Bombenkriegs gähnten, erschien vielen Deutschen als obszöne Geschichtsvergessenheit. «Verpasst, die Besinnung. Vergessen, die Sühne. Verlernt, die Bescheidung», fasste der Schriftsteller Wolfdietrich Schnurre seine Sicht eines historischen Versagens zusammen.[22]

Die Gegenargumente waren die gleichen, die heute die Aufrüstung als Friedenssicherung darstellen. Den Sowjets müsse ein Angriff so riskant erscheinen, dass sie auf ihn verzichteten. Während die SPD das Geld statt für Waffen lieber für den Aufbau von Zivilschutzbunkern verwenden wollte, setzte der künftige Verteidigungsminister Franz Josef Strauß auf Abschreckung: «Ohne Zweifel ist es die Angst, die den Ausbruch eines dritten Weltkrieges erschwert, die ihn hoffentlich und wahrscheinlich unmöglich macht.»[23]

Andere empfanden die Wiederbewaffnung aus patriotischen Motiven als unerträglich. Dass die Deutschen eines Tages gegeneinander losmarschieren könnten, entsetzte sie. Kriegsveteranen beider Weltkriege schlossen sich zusammen in der Überzeugung, die Gründung der Bundeswehr erfülle den Tatbestand des Volksverrats, weil sie gegen einen Teil des eigenen Landes gerichtet war und Deutsche gegen Deutsche kämpfen könnten. In einer Proklamation riefen sie 1955 zum nationalen Widerstand auf.[24] «Haltet euch gegenseitig als Volk die Treue!», proklamierte auch der prominent besetzte, nationalneutralistische «Nauheimer Kreis» um den abtrünnigen CDU-Politiker Ulrich Noack. Gustav Heinemann trat 1950 aus Protest gegen Adenauers Wiederbewaffnungspläne als Innenminister zurück und 1952 aus demselben Grund aus der CDU aus; wenig später wurde er neben dem Sozialdemokraten Erich Ollenhauer und dem Theologen Helmut Gollwitzer einer der führenden Köpfe der Paulskirchenbewegung, die sich gegen die Remilitarisierung wandte.

Der nationalneutralistische Kurs wurde anfangs am entschlossensten von der SPD vertreten. Während Adenauers CDU einen übernationalen Kurs der Westintegration einschlug, hatte Kurt Schumacher, Vorsitzender der SPD bis 1952, das Kunststück vollbracht, ausgerechnet die eigentlich internationalistisch denkenden Sozialdemokraten auf einen strikt nationalstaatlichen Kurs zu bringen. Um die Aussicht auf eine Vereinigung der deutschen Teilstaaten nicht zu gefährden, sah Schumacher jede Vertiefung des Verhältnisses zwischen der Bundesrepublik und dem Westen als Fehler an. Mit wem er über eine Vereinigung Deutschlands verhandeln wollte, blieb allerdings sein Geheimnis, denn die SED schloss Schumacher als «undeutschen» Gesprächspartner rigoros aus: «Die deutschen Demokraten können nur mit Deutschen über Deutschland verhandeln, aber nicht mit Gesinnungsrussen, deren Deutschtum eine bloße Äußerlichkeit ist.»[25]

Schumacher sprach jedoch vielen Deutschen aus dem Herzen, denn dass die beiden deutschen Staaten mehr sein könnten als provisorische Konstruktionen der Siegermächte, erschien ihren Bewohnern Anfang der fünfziger Jahre höchst fraglich. Stalin hatte 1952 den Westalliierten überraschend angeboten, sich aus Deutschland zurückzuziehen, wenn diese es auch täten. Der als «Stalin-Note» bekannte Plan einer Demilitarisierung Deutschlands unter freier Selbstbestimmung war zwar als Finte abgelehnt worden, aber die ausgeschlagene Möglichkeit einer friedlichen Wiedervereinigung spukte noch lange in den Köpfen herum. Sie wurde von den meisten Westdeutschen – und inzwischen von fast allen Historikern – als eine mit allzu viel Risiko behaftete Idee angesehen. Adenauer war nicht bereit, auf den Schutz der Westmächte zugunsten eines demilitarisierten Gesamtdeutschlands zu verzichten. Auch aus innenpolitischen Gründen war er trotz aller propagandistischen Lippenbekenntnisse gegen eine rasche Wiedervereinigung. Er zweifelte an der politischen Reife seines Volkes und fürchtete, ein deutscher Gesamtstaat könnte sich dem Westen entfremden, einen neuen Nationalismus entwickeln und sehr bald unter den kulturellen und politischen Einfluss der Sowjets geraten, genauso, wie Stalin sich das wohl ausgerechnet hatte.[26] Deshalb setzte Adenauer entschieden auf den Bonner Teilstaat, während der deutsche Nationalismus im Schoß der pazifistischen SPD sicher eingehegt war und allmählich ausglühte – ein Glücksfall für die mentale Stabilisierung der Bundesrepublik.

Den Erzkonservativen blieb nur das Feld der Kultur, wo sie nach Herzenslust gegen den Amerikanismus wettern und die nationale Identität beschwören konnten. Politisch aber mussten sie sich, geleitet durch die Furcht vor den Sowjets, unter Adenauers Führung widerwillig an der Seite der Westalliierten zivilisieren. Am leichtesten hatten es die Karrieristen unter ihnen, Reinhard Gehlen etwa, unter Hitler Chef des Nachrichtendienstes «Abteilung Fremde Heere Ost». Weil Gehlen beste Kenntnisse über den sowjetischen Militär- und Verwaltungsapparat besaß, hatte er schon 1946 seine Arbeit unter Aufsicht der CIA fortsetzen dürfen – zusammen mit alten Gefährten aus der NS-Abwehr. 1956 wurde der ehemalige Generalmajor der Wehrmacht, heruntergekühlt zum Kalten Krieger, als Chef des neugegründeten Bundesnachrichtendienstes legalisiert.

Feindbilder – mentale Folgen der Teilung

Mit den beiden Staatsgebilden links und rechts der Demarkationslinie fremdelten viele ihrer Bewohner, obwohl es wirtschaftlich beglückend aufwärtsging, selbst, wenn auch langsamer, im Osten. Konnte der geteilte Zustand von Dauer sein? Für viele war das unvorstellbar. Bis zum Mauerbau war die Teilung ein Quell existenzieller Ungewissheit. Im Gegensatz zum 1871 gegründeten Deutschen Reich schienen die postnationalen Kürzelstaaten BRD und DDR unwürdige Gebilde von alliierten Gnaden zu sein, mit denen man sich nur zögerlich identifizieren wollte. Es fehlten ihnen Ausmaß und Mitte, Dauer und Perspektive. Links würde «rheinisch, drüben sächsisch regiert»[27], spottete man, und das hörte sich noch beinah liebevoll an im Vergleich zum «Waschlappenstaat», für den der Jurist Carl Schmitt die Bundesrepublik hielt.[28] Selbst manche Bonner Politiker hassten es, von Bonn als Hauptstadt sprechen zu müssen. «Diese distanzierte Betrachtung unseres Schicksals, dieses Reden: Bonn, Bonn, wie wenn man auf dem Monde säße und nicht mit verpflichtet wäre, an dem Schicksal unseres Volkes Anteil zu nehmen!», entfuhr es dem CDU-Abgeordneten Adolf Cillien mitten in der Bundestagsdebatte zur Wiederbewaffnung 1955.[29] Sich in der provisorischen Bundeshauptstadt wohlzufühlen, erschien noch Mitte der Fünfziger vielen dort arbeitenden Abgeordneten als Verrat an der Idee der Wiedervereinigung.

Saturierten Provinzialismus sagte man den Politikern nach, die beiderseits der Grenze ihrer Arbeit nachzugehen versuchten, wie es eben ging unter Nachkriegsbedingungen. Und es ging ja verblüffend gut, so gut, dass der Schriftsteller Wolfgang Weyrauch sagen konnte: «Der Wohlstand fiel über uns her und fraß uns auf.» Viele Autoren hatten den Eindruck, hüben verdränge das Geschäft, drüben die Bürokratie die enorme Unsicherheit, in der man sich befand, und ermahnten ihre Leser, über der Geschäftigkeit des Alltags nicht zu vergessen, dass man doch eigentlich auf einem Pulverfass sitze. «Es mutet uns wie eine Fabel an», schrieb Friedrich Sieburg, seit 1956 Literaturchef der FAZ, dass im geteilten Land, «diesem Schlachtfeld von übermorgen», «Bürohäuser, Brücken und Siedlungen hochwachsen, ohne dass die Menschen plötzlich, übermannt vom Gefühl der Vergeblichkeit, die bauende Hand sinken lassen. Dass man eine kommende Zerstörung für sicher halten kann, ohne an sie zu glauben, ist ein Geisteszustand, der sich nur aus der deutschen Vorläufigkeit erklären lässt.»[30]

Immer wieder wurde das boomende Wirtschaftsglück von der jäh sich einstellenden Erkenntnis getrübt, man befinde sich an einer Frontlinie, an der stündlich der nächste große Krieg ausbrechen könne. Außenminister Heinrich von Brentano verglich 1955 in einer Rede in Augsburg die Situation der Bundesrepublik mit der Schlacht auf dem Lechfeld 955, als Otto der Große endgültig die plündernden Ungarn zurückschlug: «Damals standen vor den Toren des Abendlandes, vor den Toren dieser Stadt, in der wir weilen, die heidnischen Nomadenscharen des Ostens; Verderben und Untergang drohen. Jetzt stehen wiederum, nicht sehr viel weiter von dieser Stadt entfernt, die Massen des Ostens.»[31]

Das hörte sich nicht gerade nach echter Lust auf Wiedervereinigung an. Die andere Seite Deutschlands abzuschreiben und sich mit ihrem Verlust abzufinden, ging nicht ohne wechselseitige Diffamierungen ab. Auf angeblich Wertloses verzichtet man leichter. Dem überzeugten Rheinländer Adenauer fiel es besonders leicht, sich von den vermeintlichen Brüdern und Schwestern im Osten loszusagen. «Ostdeutschland hat sich stets Richtung Russland orientiert», hatte er schon im November 1949 dem verdutzten amerikanischen Außenminister Dean Acheson beim Mittagessen erklärt,[32] so als hätte die Teilung eine mentale Logik, die tief in der Geschichte wurzele. Das entsprach auch der Haltung Adenauers, der allem Preußischen, das für ihn jetzt in der DDR zu Hause war, zutiefst abgeneigt war. «Nichts war mir ein Leben lang so unsympathisch wie ein preußischer General»[33], hatte er einmal gesagt, als würde er die preußische Besitzergreifung des Rheinlands im Jahr 1815 noch immer persönlich übel nehmen. In Berlin fühlte sich Adenauer stets unbehaglich, Bonn war ihm von Herzen lieber. «Hinter Kassel beginnt die Walachei», sagte er einmal und: «Wenn ich bei Magdeburg in die Norddeutsche Tiefebene komme, beginnt für mich Asien»[34] – ein klassischer Fall des *Othering*, wie man heute sagt, der Identitätsbildung über die Konstruktion von Andersartigkeit.

Trotz der Markierung der DDR als das Gegenteil der Bundesrepublik lebte sich das unterbeschäftigte Nationalgefühl der Westdeutschen im Anspruch aus, die ganze Nation zu vertreten und die Gegenseite schlicht nicht anzuerkennen. Die DDR verhielt sich nicht anders. Beide fühlten sich als das bessere Deutschland. Dass man sich einander jede Legitimität und Existenzberechtigung absprach und deshalb der anderen Seite das Recht bestritt, sich so zu nennen, wie sie heißen wollte, führte zu grotesken sprachlichen Verrenkungskünsten. Die Bundesrepublik sah sich als alleinige Rechtsnachfolgerin des Deutschen Reiches an und verweigerte der DDR konsequent ihren Namen. Sie wurde Sowjetzone, Ostzone oder gerne auch Pankow genannt, weil in diesem praktischerweise slawisch klingenden Bezirk der Amtssitz des Präsidenten Wilhelm Pieck lag und ein Großteil der DDR-Nomenklatura wohnte. Die gängigste westdeutsche Bezeichnung für die DDR war aber das nach einem Unort klingende Wort Zone. Erst nach 1969 durften Politiker und Beamte das Kürzel DDR in den Mund nehmen, oft begleitet von einem vorangeschalteten «sogenannte». Die Springer-Presse schrieb bis 1989 die DDR konsequent in Anführungszeichen. Der Begriff Ostdeutschland wurde vermieden; man nannte es Mitteldeutschland, weil man andernfalls die verlorenen Ostgebiete aufgegeben hätte. Wehe, ein westdeutscher Staatsdiener oder staatlich bezahlter Bürger nannte den Osten so, wie dieser heißen wollte.

Der Fernsehmoderator Hans-Joachim Kulenkampff sorgte für einen politischen Skandal, als er 1959 auch die Zuschauer aus der DDR begrüßte, so, als existierte dieser Staat tatsächlich.[35] Launig hatte «Kuli» seine neue Unterhaltungssendung «Quiz ohne Titel» eröffnet: «Guten Abend, meine sehr verehrten Damen und Herren, guten Abend, liebe Fernsehfreunde in Österreich, in der Schweiz und in der Bundesrepublik, in der DDR und alle Kiebitze in den Zonen- und anderen Grenzgebieten.» Dass er diesen bewusst ironischen Tonfall wählte, nutzte ihm nichts. Zahlreiche Zeitungen verlangten seine Entlassung, die «Berliner Morgenpost» forderte, ihm nie wieder ein Mikrofon in die Hand zu geben. Der Intendant ordnete zur Beruhigung eine Untersuchung an und setzte darauf, dass sich die Aufregung legte.

Die amtlich angeordnete Realitätsverleugnung verunsicherte die Westdeutschen so tief, dass sie Anfang der siebziger Jahre über ihre eigene Bezeichnung ins Unklare gerieten und die Abkürzung BRD plötzlich für eine perfide ostdeutsche Erfindung hielten. Der CDU-Politiker Hans Filbinger sah in der Abkürzung auf einmal eine «kommunistische Agitationsformel», dazu bestimmt, das Wort «Deutschland» zu tilgen und die «geschichtliche Identität» der Nation zu vernichten. In Wahrheit aber war die Abkürzung BRD schon seit 1949 im offiziellen Amtsgebrauch des Westens üblich, während sie von der DDR möglichst vermieden wurde. Sie sprach nur von «Westdeutschland» oder lieber noch vom «Adenauerstaat» oder der «Amikolonie».[36] Erst in den Sechzigern, nach dem Mauerbau, kürzte man sich im Westen nur noch ungern ab und sprach trotzig den Namen des Staates in voller Länge aus, auch wenn dafür, wie der Intendant des NDR, Martin Neuffer, ausrechnete, in einem Jahr sechs Stunden und fünf Minuten zusätzliche Sendezeit aufgebracht werden mussten.[37] Dennoch wurden fleißig Aufkleber gedruckt, die «BRD nein! Bundesrepublik Deutschland ja!» forderten. Nach einer Kampagne des «ZDF-Magazin» mit dem Moderator Gerhard Löwenthal schrieb ein Berliner Studiendirektor über eintausend Firmen an, auf deren Waren er die drei schlimmen Buchstaben entdeckt hatte.

Auch die DDR, so klein sie im Vergleich war, nahm für sich in Anspruch, für die ganze Nation zu sprechen. In der BRD sah sie nur einen «antinationalen Marionettenstaat», ein Kolonialgebilde des «vaterlandslosen Finanzkapitals». Weder der Bundestag noch die von ihm zu bildende Regierung seien deutsche Organe, behauptete Wilhelm Pieck. Adenauer sei ein «Separatistenführer» und «Landesverräter Nr. 1». Sah dieser hinter Magdeburg Asien, so sah Ulbricht im Westen «Affenkultur». Ein Propagandafilm im DDR-Fernsehen zeigte, wie amerikanische GIs in West-Berlin tanzten, wild grimassierten und zu dissonanten Musikfetzen in

Formationen ungelenk herummarschierten: «Fremde Bilder, fremde Töne in einer deutschen Stadt, mitten in der DDR», hieß es dazu anklagend. Eine «Schlammflut amerikanischer Afterkultur» würde im Westen die Nationalkultur verdrängen, behauptete die SED-Propaganda.[38] «Wallstreet-Kosmopolitiker» versuchten, «dem deutschen Volk moralisch das Rückgrat zu brechen, indem sie unser Nationalbewusstsein abtöten und unseren Nationalcharakter vernichten».[39] Schon deshalb sei eine strikte Abschottung vonnöten.

Forcierte Beheimatung: Der Mauerbau macht Ernst mit der DDR

Bis 1961 war die Grenze, wenn auch unter Gefahren, noch einigermaßen durchlässig. In Ost und West fürchtete man Oppositionelle und «unbequeme Elemente» als Handlanger der jeweils anderen Seite. Im Westen wurde der KPD vorgeworfen, sie diene allein der «Infiltration» aus dem Osten. Hochverrats- und Staatsgefährdungsparagraphen aus dem NS-Regime wurden reaktiviert, um gegen die «fünfte Kolonne» vorzugehen, wie man die inländischen Kollaborateure einer feindlichen Macht nannte. 1956 wurde die KPD, die bei der Bundestagswahl 1953 nur noch 2,2 Prozent der Stimmen erhalten hatte, schließlich verboten. Hundertfünfundzwanzigtausend Staatsschutzverfahren wurden zwischen 1951 und 1968 gegen Kommunisten eingeleitet, die mit sechs- bis siebentausend teils drakonischen Verurteilungen endeten. Die Zahl der wegen NS-Verbrechen eingeleiteten Verfahren lag nahezu gleich hoch.[40] Unter den beschuldigten Kommunisten waren auch etliche, die bereits im Nationalsozialismus wegen ihrer politischen Einstellung inhaftiert waren.

In der DDR gab es keine Partei mehr zu verbieten, dafür wurde auf unorganisierte Oppositionelle Jagd gemacht. Unter der Losung «Seid wachsam!» forderte die Propaganda dazu auf, den verräterischen Helfershelfern des Feindes im eigenen Land das Handwerk zu legen. Provokateure, Saboteure, Adenauer-Spione und Schieber versuchten angeblich, durch permanente Wühlarbeit die Überlegenheit des Sozialismus zu unterminieren. Sie seien zu entlarven und auszuschalten. «Wir müssen die Deutsche Demokratische Republik zu einer Hölle für die feindlichen Agenten machen»[41], forderte Ulbricht, und eine Hölle wurde sie tatsächlich – für alle, die allzu laut ihre Unzufriedenheit äußerten und ins Visier boshafter Denunzianten geraten waren. Offen wurde zu Gewalt gegen Andersdenkende aufgerufen: «Mit Provokateuren wird nicht diskutiert. Sie werden erst verdroschen und dann den staatlichen Organen übergeben», ordnete die FDJ-Führung am Vorabend des Mauerbaus an.[42] Vergehen wie der Verkauf von Lebensmitteln in die westlichen Zonen Berlins wurden als staatsfeindliche Verbrechen geahndet. Eine Kleingärtnerin aus dem Umland Ost-Berlins, die man am Bahnhof Friedrichstraße erwischt hatte, als sie eine Tasche voller Eier «in die faulen Nester des Westens verschieben» wollte, wurde in der «Aktuellen Kamera», der Hauptnachrichtensendung des DDR-Fernsehens, als Staatsfeindin gebrandmarkt.

Tatsächlich sorgte der private «Handel mit dem Feind» für eine Schwächung der DDR. Bis 1961 wechselten viele Berliner täglich über die Grenze hin und her: Sie wohnten billig im Osten und arbeiteten für viel Geld im Westen. Etliche Ost-Berliner besserten ihr Taschengeld mit Schmuggeleien auf, die die ohnehin schlechte Versorgungslage im Osten weiter verschärften. Angeblich über dreißig Milliarden Mark soll der Schmuggel von Ferngläsern, Nähmaschinen, Meißener Porzellan, Musikinstrumenten und Lebensmitteln die DDR gekostet haben.

Viel gravierender jedoch war der Verlust an Menschen: Bis 1961 hatten fast drei Millionen Menschen ihr Land verlassen. Im Durchschnitt waren seit Gründung der Republik täglich sechshundertvierzig Menschen von Ost nach West geflohen, meist unter Zurücklassung ihres ganzen Besitzes. Deutlicher konnte nicht werden, dass die DDR den Wettkampf der Systeme verloren hatte, zumindest in Bezug auf die Zustimmung ihrer Bewohner. Als die SED-Führung am 13. August 1961 das Schlupfloch Berlin mit einer Mauer schließen ließ, war man sehr darum bemüht, die Einsperrungsmaßnahme nicht einem blamablen Eingeständnis gleichkommen zu lassen, sondern, im Gegenteil, den «Schutzwall» als Etappensieg im Kampf zwischen West und Ost zu feiern. Nun könne endlich Ruhe einkehren und der Wettkampf der Systeme siegesgewiss fortgeführt werden. Die Mauer sichere den Frieden, weil sie Angriffe von westlicher Seite verhindere und «feindliche Abwerbung» unterbinde. Die Grenze sei deshalb mit strikter Waffengewalt zu «verteidigen».

Eigenartigerweise führte die offensichtliche sprachliche Verdrehung des Mauerzwecks – Schutz statt Verhinderung von Republikflucht – nur zu vereinzelten Protesten und stieß nicht auf eine dauerhafte Opposition. Fluchtversuche wurden als «Angriffe auf die Staatsgrenze» bezeichnet, Flüchtende als «Grenzverletzer». Der Fluchtversuch eines jugendlichen Liebespaares las sich im Deutsch der grenzschützenden Amtsorgane so: «Der Angriff auf die Staatsgrenze erfolgte unter Ausnutzung des stark bewaldeten Geländes, der Nachtzeit und von Bodennebel. Infolge des Angriffs sind als Folgen eingetreten: 1. Verletzung am rechten Bein des weiblichen Grenzverletzers nach Auslösung einer Mine, 2. tödliche Schussverletzung beim männlichen Grenzverletzer durch Anwendung der Schusswaffe durch den eingesetzten Postenführer Gefreiter Engelbrecht, Volker.»[43] Dem neunzehnjährigen Opfer, einem Ungarn, war es noch gelungen, seiner schwerverletzten Freundin aus Leipzig beim «Überwinden des feindwärtigen Streckmetallzauns» in den Westen zu helfen. Weil er dabei getötet werden konnte, wurden die Grenzposten ausgezeichnet, der Todesschütze mit der besseren Medaille – so viel Gerechtigkeit musste schon sein.

Obwohl kaum zu bezweifeln war, gegen wen sich die Mauer richtete, blieb die groteske Verdrehung der Tatsachen, vorgetragen im sachlich-brutalen Amtsdeutsch, auf Dauer nicht folgenlos. Sie war eingebettet in ein System von *fake facts*, das durch tägliche Anwen-

Im letzten Moment: Während des Mauerbaus am 13. August 1961 verlassen Ost-Berliner Bürger mit dem Wichtigsten, das sie zusammenraffen konnten, ihre Wohnungen und fliehen auf die andere Straßenseite nach Westen.

dung viele Menschen an eine absurde Weltsicht gewöhnte und die Einmauerung als eine Art verstärkter Beheimatung hinnehmen ließ. Die Konstruktion des Feindes jenseits der Grenze half, sich in der eigenen Gesellschaft behaglicher zu fühlen und sich mit der Beschneidung des Freiheitsdrangs abzufinden.

Ein herausragendes Beispiel für die Schamlosigkeit, mit der das Regime den Mauerbau feierte, bietet der achtzigminütige DEFA-Dokumentarfilm «Schaut auf diese Stadt» (Regie Karl Gass, Text Karl-Eduard von Schnitzler), uraufgeführt zum Jahrestag des Mauerbaus 1962. Der Film zeigte Berlin sauber geteilt in Sodom und Paradies. Im Westen eine heruntergekommene Stadt, in der Armut, Prostitution und Verbrechen herrschen, Hakenkreuzschmierereien, grölende Rabauken und verwahrloste Kinder das Stadtbild prägen und halbnackte Catcherinnen sich vor lüsternen Zuschauern wälzen – eine beißt der anderen mit voller Kraft in den nackten Zeh. Dazwischen immer wieder Szenen aus dem NS-Staat, die verdeutlichen sollen, wessen Erbe dort ungehindert fortwirkt. Agenten würden mit Sprengstoff und Rattengift ausgerüstet und über die Grenze in den friedlichen Sozialismus geschickt. Alles, was unter Hitler Rang und Namen gehabt hätte, sei in West-Berlin erneut an die Macht gelangt und warte nur darauf, wieder zuschlagen zu können.

Dann endlich die Wende: Der Film zeigt, untermalt von mitreißenden Beethovenklängen, den rettenden Mauerbau. Unter dem Beifall der Bevölkerung rollen Betriebskampfgruppen Stacheldraht aus und sichern mit Betonpfählen die heimatliche Erde. «Am 13. August 1961 erfuhr der deutsche Imperialismus, hier ist kein Durchkommen mehr, hier sind die Grenzen seiner Macht, von hier geht seine endgültige Niederlage aus», heißt es triumphierend. «Hier kommt keiner durch, der Frieden liegt in guten, treuen Händen. Die DDR steht nicht allein, hinter ihr das sozialistische Lager, Bündnispartner des Warschauer Vertrages.» Gerührt sieht der Betrachter das friedliche Idyll, das die Mauer schützt: glückliche Mütter, gepflegte Kindertagesstätten, junges Glück in stolzen Neubauten, fröhliche Arbeiter.

Der Film wurde allen Schülern der neunten bis zwölften Klasse gezeigt, lief in vielen Kinos und selbstverständlich mehrfach im Deutschen Fernsehfunk. Er spiegelt den Stolz, den die SED-Oberen und sogar etliche der durch sie Eingesperrten auf das monströse Bauwerk empfanden. Florian Havemann etwa, Sohn des Dissidenten Robert Havemann und später selbst «rübergemacht», gibt gerne zu, dass er als sozialistisch denkender Schüler begeistert war vom Mauerbau. Wer sie nicht sehen wollte, kehrte ihr einfach den Rücken. Einige versuchten noch in letzter Minute die Flucht, probierten, durch die Abwasserkanäle zu entkommen, bevor auch diese durch Gitter versperrt wurden. Wer sich schon länger mit Fluchtgedanken getragen hatte, wurde jetzt von einem verzweifelten Gefühl des Gefangenseins erfasst. Für diejenigen aber, die beim Aufbau des neuen Staates aktiv mitmachen wollten, egal, wie kritisch sie im Einzelnen zum System standen, bot die Mauer Anlass zu neuer Zuversicht. Ab jetzt konnte der Aufbau des Sozialismus ungestört von Massenflucht mit neuem Schwung beginnen. Und die SED-Elite durfte sich nun sicher sein, nicht wieder von den Sowjets zur Disposition gestellt zu werden, wie es Stalin zehn Jahre zuvor mit seiner Einheitsofferte getan hatte.

Als Günter Grass und Wolfdietrich Schnurre drei Tage nach dem Mauerbau einen offenen Brief an den ostdeutschen Schriftstellerverband schrieben und um eine Stellungnahme baten, antwortete der Dichter Stephan Hermlin, der Mauerbau habe seine «uneingeschränkte ernste Zustimmung»[44]. Erwin Strittmatter, Autor des durchaus kritischen LPG-Heimatromans «Ole Bienkopp», begrüßte «diese Maßnahmen, weil sie notwendig waren»[45]. Und der ostdeutsche Historiker Fritz Klein erinnerte sich später: Der Mauerbau «war, so sah ich das damals, hinzunehmen als das kleinere Übel gegenüber der sonst unausweichlichen Alternative: der Aufgabe eines für mich nach wie vor legitimen Gesellschaftsversuchs»[46].

Der Mauerbau ermöglichte aus solch einer Sicht gewissermaßen eine «zweite Gründung» der DDR, weil sich ihre Bewohner, endgültig ohne Einheitsperspektive, auf sich selbst besinnen mussten, als eigene sozialistische Nation.[47] Natürlich verstärkte der Mauerbau zunächst auch die Empörung und Verzweiflung der Oppositionellen – die Zahl der politischen Gefangenen der Stasi stieg um fünfzig Prozent. Aber ab 1962 konnte die Repression spürbar gelockert werden. Weil das Leben in der DDR alternativlos geworden war, wurde die Zukunft mit ausweglosem Ernst in Angriff genommen. Die Versorgungslage entspannte sich, neue Aufstiegschancen eröffneten sich. Das Schulsystem wurde tiefgreifend verbessert, die Vorschulen wie die Polytechnischen Oberschulen ausgebaut. Ein frischer Wind zog durch die Republik. Um die Kreativität zu fördern, rief die SED beispielsweise dazu auf, Jugendliche nicht länger einzuschüchtern, sondern sie zu einer unbequemeren Denkungsart zu ermutigen. Die DDR brauche «keine kleinmütigen Seelen, Streber und Karrieristen», sondern «den selbständigen und selbstbewussten Staatsbürger mit einem gefestigten Charakter».[48] Diese bemerkenswert liberalen Töne fanden allerdings ein Ende, als in Ulbrichts Augen viele Kulturschaffende die ihnen gewährte Freiheit missbrauchten und sich «Nihilismus, Halbanarchismus, Pornographie oder andere Methoden der amerikanischen Lebensweise»[49] breitmachten.

Ende 1965 herrschte wieder Frost, und der Staatsapparat beäugte seine Bürger mit erneuertem Argwohn. Trotzdem schien sich die Mehrheit der Bevölkerung inzwischen einigermaßen mit ihrem Land zu identifizieren, auch wenn sich notgedrungen Ironie, Witz und Sinn fürs Doppelbödige hineinmischten. Die obskuren Sprachrituale der Politik, die pompösen Amtstitel der Politiker, in der «Aktuellen Kamera» stets in voller Länge verlesen, die gestanzten Formeln aus dem Politbüro, die Losungen in den Straßen, die oft jeder Plausibilität Hohn sprachen, all diese unbeholfenen Eigenarten eines von oben installierten Erziehungsregimes konnten das Gefühl der Zugehörigkeit nicht nehmen. Im Gegenteil – die spezielle Kunst, aus den abstrusen Verlautbarungen etwas Brauchbares herauslesen und sich in den Ritualen einer sowjetisierten Gesellschaft seine Nische bewahren zu können, erzeugte ein Wir-Gefühl, das sich vom Westen selbstbewusst abzuheben begann.

Im Weltraum, in der Luftfahrt und im Sport feierte das kleine Land internationale Triumphe; im Ostblock hatte man sich ökonomisch an die Spitze gesetzt. Trotz der geringeren Freiheit und trotz des größeren Wohlstands im Westen sahen viele Ostdeutsche mit ironisch gebrochenem Stolz auf ihre Republik. Bei etlichen verfing die Überzeugung, der Westen habe sich den höheren Lebensstandard durch soziale Kälte, verbreitete Armut, Egoismus und Oberflächlichkeit erkauft. Staatschef Ulbricht wird deshalb auch Zustimmung gefunden haben, als er den Gedanken an die deutsche Einheit so vehement verabschiedete: «Zwischen den Krupps und den Krauses, zwischen den Milliardären und Multimillionären und dem werktätigen Volk gibt es keine Einheit.»[50] Eine deutsche Nation gebe es nicht mehr, die DDR habe sich als eine eigene sozialistische Nation entwickelt. Nicht einmal eine Kulturnation existiere noch, denn «diese amerikanisierte westdeutsche Sumpfkultur kann man nicht als deutsche Kultur bezeichnen»[51]. Eine Überzeugung, die ihn mit den Radikalkonservativen und Rechtsextremen jenseits der Grenze aufs Innigste verband.

Von der Mauer in den Köpfen schrieb die Journalistin Margret Boveri schon 1962: «Ebenso schlimm wie die Mauer aus Steinen, Mörtel und Zement (…) scheint mir die Mauer zu sein, die sich im Laufe der letzten fünfzehn Jahre fast unmerklich in der Vorstellungswelt der Deutschen auf beiden Seiten der Trennungslinie gebildet hat.»[52]

Selbstbesinnung West – die Bundesdeutschen allein zu Haus

Auch für den Westen ging mit dem Mauerbau eine Ära der politischen Vagheit zu Ende. Zwar hielt man rhetorisch am Ziel der Wiedervereinigung fest, faktisch aber richtete man sich auf eine Zukunft in der bestehenden Form des geteilten Staates ein. Viele, die in der BRD mit ihrer glanzlosen Hauptstadt Bonn nur ein Provisorium in einer Interimszeit gesehen hatten, mussten sich nun eingestehen, dass das Gebilde von langer Dauer sein würde. Der Abschied von Illusionen setzte Realismus frei. Man stellte zwar an Weihnachten weiterhin Kerzen für die Menschen im Osten in die Fenster, packte fleißig Pakete und verwehrte der Oder-Neiße-Grenze die Anerkennung, als bestünde je eine Aussicht, die verlorenen Ostgebiete Polen wieder wegnehmen zu können. Im Ernst glaubte aber inzwischen so gut wie niemand mehr an eine Rückkehr zu den Grenzen vor 1939. Die Oder-Neiße-Linie wurde nur rhetorisch in Frage gestellt, um die Heimatvertriebenen über ihren

Verlustschmerz hinwegzutrösten und ihre Stimmen nicht zu verlieren. Auch die Wiedervereinigung schien nach dem Mauerbau eine kaum noch ernsthaft zu erwägende Möglichkeit zu sein.

Die SPD hatte sich seit Mitte der fünfziger Jahre vom nationalstaatlichen Kurs Kurt Schumachers gelöst und sich immer deutlicher zur Westintegration bekannt. Mehr noch: Sie hatte in der Opposition schrittweise einen politischen Realismus im Umgang mit der DDR gelernt, die Adenauers rhetorisches Festhalten an der Vereinigung zunehmend halsstarriger erscheinen ließ. Als dann auch noch die USA erkennen ließen, dass sie zwar den Mauerbau propagandistisch nutzen, aber keine Schritte gegen ihn unternehmen würden, ja, dass sie eigentlich ganz froh waren, dass in der deutschen Frage nun langsam Ruhe einkehren könnte, hatten die Sozialdemokraten in den transatlantischen Beziehungen plötzlich die Nase vorn. Während Adenauer verstärkt Fühlung zu de Gaulle aufnahm, um mit der Atommacht Frankreich eine eigenständigere Europapolitik auszuloten und gegenüber den Amerikanern ein wenig mehr Spielraum zu bekommen, erschien der in Berlin regierende Willy Brandt plötzlich als neuer Spieler auf der Weltbühne.

Zwar standen die Amerikaner rhetorisch entschlossen an der Seite Europas und Westdeutschlands, aber Adenauer beobachtete mit Misstrauen Kennedys Bemühungen um ein besseres Verhältnis zur Sowjetunion. Die Aufrüstungsspirale war Kennedy zu kostspielig geworden; die Entspannung zwischen den Blöcken sollte die amerikanische Weltpolitik billiger machen. Adenauer fürchtete, das leidige Berlin-Thema könnte den Amerikanern auf Dauer lästig werden. Er war sich sicher, dass Kennedys Friedenspolitik auf eine Anerkennung der DDR hinauslaufen würde, an deren Ablehnung er immer sturer festhielt. Auch weil er sich von de Gaulle mehr antikommunistische Überzeugung versprach, suchte Adenauer in seinen letzten Amtsjahren den engen Kontakt zu Frankreichs Präsidenten, der eine Vormachtstellung in Europa anstrebte und dafür in Deutschland den idealen Partner sah. Die Aussöhnung mit Frankreich, die wechselseitigen Staatsbesuche, die vertraglich gefasste enge Zusammenarbeit zwischen den Nachbarn, die sich lange Zeit als «Erzfeinde» begriffen hatten, wurden euphorisch und gerührt gefeiert. Viele Amerikaner empfanden jedoch die Annäherung der Bundesrepublik an das Nato-kritische Frankreich als antiamerikanische Verbrüderung und drohten mit der Möglichkeit eines Rückzugs aus Europa.[53] In der CDU herrschte Alarmstimmung, es entstanden zwei Lager, das der Transatlantiker und das der Gaullisten.

Damals – nicht anders als heute – führten die Kosten der amerikanischen Truppenpräsenz in Europa zu Konflikten mit den USA. 1966 waren es die Demokraten, die im US-Senat eine drastische Reduzierung der Truppen vorschlugen, falls die Nato-Staaten sich nicht angemessen an den Kosten ihrer Verteidigung beteiligten. Deutschland stand da bei der US-Regierung bereits mit über zwei Milliarden Dollar vertraglich in der Kreide, auf deren Zahlung die Amerikaner pochten, da der Vietnamkrieg ihren Haushalt strapazierte. Dass es Kanzler Erhard, dessen Haushalt ebenfalls nicht gedeckt war, nicht gelang, die USA von ihren Forderungen abzubringen, trug erheblich zu seinem Sturz im Dezember 1966 bei. Das Amt übernahm Kurt Georg Kiesinger.[54]

Erheblich mehr Fortune im Umgang mit der Schutzmacht USA besaß Willy Brandt, seit 1957 Regierender Bürgermeister Berlins. Mit ihm hatte die SPD eine charismatische Gestalt an der Front des Kalten Kriegs, die es an Entschlossenheit in der Verteidigung der Freiheit nicht fehlen ließ und zugleich durch einen souveränen Pragmatismus im Umgang mit dem Gegner hervorstach. Als John F. Kennedy neben Adenauer und Brandt im offenen Wagen 1963 durch Berlin fuhr, war zu spüren, dass da mit dem Bürgermeister ein Mann neben dem amerikanischen Präsidenten saß, der für Größeres bestimmt war und zur Symbolfigur einer verjüngten Bundesrepublik taugen würde. Als Bundeskanzler von 1969 bis 1974 sollte Brandt seine Rolle im zähen Ringen mit der DDR-Regierung um politische Entspannung und menschliche Erleichterungen finden,

Zwölf Jahre nach Weltkriegsende traten die ersten Wehrpflichtigen ihren Dienst in der Bundeswehr an; hier Rekruten im Mai 1957 in Koblenz.

aber auch den höchsten Wehretat verantworten, den die Bundesrepublik je hatte: 3,6 Prozent vom Bruttosozialprodukt.

Der Mauerbau hatte die Identität der Bundesrepublik räumlich zementiert, nun musste mit neuem Realitätssinn die begrenzte Gestalt angenommen werden. Abhängig von den Arrangements der Großmächte, sediert vom steigenden Wohlstand, hätten sich die Westdeutschen der «Normalität des ziellosen, unernsten, heimlich ratlosen Fortschlitterns» hingegeben, schrieb der Philosoph Karl Jaspers Mitte der Sechziger in seinem Nummer-eins-Bestseller «Wohin treibt die Bundesrepublik?».[55] Inzwischen aber hatte die Bundesrepublik mehr Fasson erhalten, die Mauer den Status quo fixiert und damit entscheidende Lebensfragen radikalisiert.

Zu Beginn des Jahrzehnts waren einige nachdenkliche Anthologien erschienen, wie etwa die von Hans Werner Richter herausgegebene «Bestandsaufnahme» (1962), in der sechsunddreißig Schriftsteller und Wissenschaftler Bilanz zogen mit Blick auf Soll und Haben der Republik, das «magnum»-Sonderheft «Woher – Wohin. Bilanz der Bundesrepublik» (1961) oder der von Wolfgang Weyrauch herausgegebene Sammelband «Ich lebe in der Bundesrepublik» (1960), in dem fünfzehn Schriftsteller eine vielstimmige Standortbestimmung betrieben. Viel Ratloses und Kritisches war darunter, aber nicht ohne Absicht war der Eröffnungsbeitrag des letztgenannten Bandes ein liebevolles Bekenntnis zur Bundesrepublik: «Errötend vor Scham nehme ich es vorweg», schrieb darin der am Ammersee lebende deutsch-griechische Schriftsteller Johannes Gaitanides, «es mangelt mir an Unbehagen. (...) Ich lebe gerne in der Bundesrepublik, weil sie mich zumindest nicht hindert, gern zu leben, weil sie mich gern meinen Weg gehen lässt; weil ich in ihr tun und sagen kann, was mir gemäß ist.»[56] Heiter war der Ton, pathosfrei und unverblümt am privaten Glück orientiert, ein Novum in der deutschen Geschichte, in der das Nachdenken über den Staat bislang undenkbar gewesen war ohne das Läuten der ganz großen Glocken. Jetzt nahm man Abschied von Reich und Größe und fügte sich bewusst in die seit 1945 erzwungene postnationale Bescheidenheit.

Die kulturkonservative Trauer über den Identitätsverlust in einem «Land ohne Seele» klang allmählich sehr hohl. Man nahm das Provisorium als Zukunftsperspektive an und stellte überrascht fest, wie gut das tat. Der konservative Staatsrechtler Ernst Forsthoff bekannte seine Verwunderung darüber, dass die Bundesrepublik, obwohl sie «keines der klassischen Merkmale der Staatlichkeit» besitze, «weder Staatsgebiet noch Staatsvolk oder souveräne Staatsgewalt», eine «Regierungsform von kaum übertroffener Stabilität» hervorgebracht habe.[57] Der Mauerbau löste eine erste Welle des Verfassungspatriotismus aus, die die staatlich geschützte Freiheit des Einzelnen zum zentralen Gut erhob. Autoren wie Theodor Eschenburg, Dolf Sternberger, Ralf Dahrendorf, Hermann Lübbe, Wilhelm Hennis, Kurt Sontheimer und viele andere bildeten eine lose Gruppe politischer Denker, die konstruktiv an den inneren Werten der jungen Republik arbeitete. Viel wichtiger als nationale Größe und außenpolitische Souveränität war ihnen das bürgerliche Miteinander einschließlich der Lenkungsmöglichkeiten künftiger Krisen. So beharrte Dolf Sternberger darauf, «dass die Legitimität eines Staates einzig von der Zustimmung und Anerkennung seiner Bürger abhänge»[58]. Gut vier Jahrzehnte nach der Abdankung des letzten Kaisers und rund anderthalb Jahrzehnte nach dem Selbstmord des «Führers» klang das keineswegs so selbstverständlich wie heute.

Die vom Mauerbau mitentfachte erste Blüte eines gewissen Verfassungsstolzes musste auf lange Sicht Ansprüche wecken und Widersprüche radikalisieren. Bislang war die Demokratie für die meisten Menschen eine hochgradig institutionalisierte, fast abstrakte Angelegenheit, notgedrungen übernommen von den Westalliierten. Nun begann man neu zu fragen, was Freiheit im Alltag bedeutete, am Arbeitsplatz, in den Schulen, in der Familie, zwischen Mann und Frau. Die Freiheit als zentrales Wesensmerkmal Westdeutschlands ließ ihre Beanspruchung wachsen. Mehr Mitspracherechte, mehr Teilhabe, bessere Bildungschancen, gerechteres Scheidungsrecht – in allen Bereichen ergab sich «Reformbedarf». Auch dieses Wort war in der Häufigkeit seiner Verwendung neu. Mit ihm änderte sich der Ton der Debatten. Die oft verblasene, verallgemeinernde und kulturmelancholisch aufgeplusterte Zeitkritik der fünfziger Jahre wich einem kühlen, effizienzorientierten und optimistischen Reformismus, der von den damit verbundenen Erschöpfungszuständen noch ganz frei war.

Verwöhnt vom unablässigen Wirtschaftswachstum, wuchs in den Sozialwissenschaften die Überzeugung, anhaltendes Wachstum sei planbar und die Mittel, selbst heftige Krisen zu bewältigen, seien inzwischen gelernt. Die Bilanzliteratur wurde begleitet von einer Flut zuversichtlicher Prognosen für die gesamte westliche Welt. Umfassende gesellschaftliche Planung, bislang als fixe Idee der

Kommunisten beargwöhnt, schien nun auch konservativen Marktwirtschaftlern erfolgreich zu sein. Die Industriegesellschaft wurde von einer Planungseuphorie auf allen Ebenen erfasst. Man glaubte fest an eine «immer weitere Rationalisierung der gesellschaftlichen Ordnung zur Überschaubarkeit und Lenkbarkeit des sozialen Ablaufs»[59]. Eines der führenden «Organe zur Propagierung moderner Lebensverhältnisse»[60] nannte sich, in modischer Kleinschreibung, «atomzeitalter. zeitschrift für sozialwissenschaft und politik». Technischer Fortschritt und Demokratisierung schienen Hand in Hand zu gehen und ließen die Zukunft weitgehend rosa erscheinen. «Die 1960er Jahre waren der einzige Zeitraum in der Geschichte der Bundesrepublik, in dem der Zukunftsoptimismus ungebrochen dominierte», fasste der Historiker Axel Schildt den Zeitgeist rückblickend zusammen.[61]

Einzig die kritische Frankfurter Schule mit ihrem unterschiedlich temperierten Kreis von Soziologen und Philosophen vermochte hartnäckige Zweifel zu säen am guten Ausgang der Geschichte, von den Apokalyptikern des Atomtods einmal abgesehen. Im Zentrum der Frankfurter Schule agierte der in die Dialektik des Fortschritts vertiefte Theodor W. Adorno, absichtsvoll dunkel formulierend und erkenntnistheoretisch auf das Unvergleichbare fixiert, auf das «Inkommensurable», das er schließlich nur in den avanciertesten Kunstwerken fand, denen es gelänge, sich dem «Verblendungszusammenhang» zu entziehen.

Adorno ließ erkennen, wie schwer es war, in dieser geschäftigen, ihrer Vergangenheit entfliehenden Republik etwas zu finden, was man mit dem damals ohnehin diskreditierten Begriff Heimat hätte bezeichnen können. Dem Remigranten Adorno half dabei nichts; vielen anderen half, sich besser zu fühlen als die da drüben in der DDR. Die DDR fühlte genauso: Beharrlich rangen beide Seiten um die Überzeugung, im «besseren Deutschland» zu leben. Ärmer zwar, aber moralisch überlegen empfanden sich weiterhin viele Menschen im Osten. Man habe gründlicher mit dem Faschismus Schluss gemacht, garantiere ein Recht auf Arbeit, lege mehr Wert auf Geist und Bildung, sei sexuell weniger verklemmt, habe für mehr Gerechtigkeit zwischen den Geschlechtern gesorgt und ein dreimal geringeres Risiko, Opfer einer Straftat zu werden. Westdeutsche hingegen sahen sich immer selbstbewusster im Besitz der Freiheit; sie gebrauchten das Wort wie eine polierte Medaille, die sie mit besonderer Würde ausstattete, ihre Individualität betonte und ihr Privatleben wie mit einem stolzen Zaun beschützte. In dieser Form sah der Schriftsteller Paul Schallück die Freiheit eher «als pure Gegenmaßnahme, statt substantiell sich zu entfalten, als Defensivhaltung, Abwehrreaktion, um dem totalitären Osten zu begegnen»[62], der gerne als Lager mit siebzehn Millionen Sklaven[63] bezeichnet wurde. Ein Gefühl moralischer Überlegenheit breitete sich auf beiden Seiten der Grenze aus, das bis heute nachwirkt. Staatsbürgerlich gereifter fühlt man sich im Westen, solidarischer im Osten.

Russlandmythen

Dezidierte Aussagen zu mentalen Unterschieden stimmen nie ausschließlich, weil sie unterlaufen werden von gegenläufigen Strömungen, Verwandtschaften, Ambivalenzen oder handfesten Widersprüchen. Augenscheinlich machte das Verhältnis zur Sowjetunion einen der wichtigsten Unterschiede zwischen West- und Ostdeutschland aus, wo sie sich als Schutzmacht gerierte. Auch im Osten prägte die Besatzung die Lebensverhältnisse um; die Sowjetisierung erfasste die Sprache, das Bildungswesen, den Spielplan der Kultureinrichtungen, die Organisation von Landwirtschaft und Industrie. Allerdings blieb das Verhältnis der Ostdeutschen zu den Russen reservierter als das der Westdeutschen gegenüber ihren Alliierten, deutlich ablesbar an der Unterhaltungskultur. Gegen die Überzeugungskraft der westlichen Populärkultur kamen die staatlich gesteuerten Unterhaltungsmaßnahmen der UdSSR nicht an. Chuck Berry, Little Richard und Frank Sinatra spülten mühelos über die Demarkationslinie. Die russischen Ohrwürmer «Katjuscha», «Kalinka» und «Dorogoj dlinnoju» hatten zwar ihren festen Platz im Musikgeschehen der DDR, die damit verbundene Romantik konnte sich angesichts der Härten des sowjetischen Besatzungsregimes aber nur gehemmt entfalten.

Anders im Westen: Zu den erstaunlichsten Phänomenen, die sich der simplen Zweiteilung der Lebenswelten widersetzten, gehörte eine sentimentale Russlandromantik, die in Westdeutschland die Herzen wärmte und sich mit handfestem Antibolschewismus bestens vertrug. In Schlagern, Filmen, Gemälden, Liebes- und Kriegsromanen wurde die «unermessliche Weite der russischen Seele» verklärt und mit Inbrunst ausgestopft. Die Russlandliebe war eingebettet in einer Verehrung des «Ostischen» allgemein, in einen Sehnsuchtsraum, in dem auch Piroschka aus der Puszta, Tewje aus dem zerstörten Schtetl und die Roma aus der wilden Phantasie ihren Platz hatten. In dieser magischen Vergegenwärtigung einer zerstörten Welt spielte die Verdrängung eine große Rolle. Vico Torriani scheute sich nicht, 1953 «Du schwarzer Zigeuner, komm, spiel mir was vor ...» zu singen, so, als hätte es den Völkermord nie gegeben, um dann in der nächsten Zeile fortzufahren: «... denn ich will vergessen heut, was ich verlor.» Peter Alexander sang 1967 «Nimm, Zigeuner, deine Geige», und auch Alexandra besang im selben Jahr den «Zigeunerjungen», allerdings in einem Lied, das zumindest eingestand, dass die Zigeuner nicht mehr da waren. Fortgezogen oder verschleppt, das blieb offen.

Im Zentrum der Sehnsucht aber stand Russland, dessen «Seelen alle mit ihren Wurzeln zum Himmel weisen», wie es bei Modest Mussorgski heißt. Der Modedesigner Heinz Oestergaard schuf 1956 die Kollektion Anna Karenina, die aus den Kleidungstraditionen der Kosaken und Tscherkessen entwickelt worden sei. Die Weite der russischen Seele ist so groß, dass auch ein Deutscher darin Platz hat, sagte sich der Sänger Hans Rolf Rippert, geboren in Berlin-Spandau und aufgewachsen in Belzig und Halle. Rippert bewarb sich Ende der fünfziger Jahre als Mitglied des Schwarzmeer

Kosaken-Chors und nannte sich fortan Ivan Rebroff (*rebro* heißt im Russischen Rippe), um dort besser hineinzupassen. Mit Alben wie «Slawische Seele» und «Kosaken müssen reiten» ersang sich Rebroff mit seiner voluminösen Bassstimme, die nahtlos ins Falsett wechseln konnte, neunundvierzig Goldene Schallplatten und eine aus Platin. Er fuhr auf dem Gleis «der russischen (und russisch scheinenden) Folklore (...) wie eine dicke Lokomotive, die sogar rollt, wenn der Heizer vergisst Kohlen nachzulegen», schrieb Manfred Sack in der «Zeit».[64] Rebroff sah sich als Botschafter der russischen Seele in ihrer weltweiten Geltung. Er sei ein Russe, behauptete er und fügte hinzu, er sage das mit dem gleichen Recht, mit dem John F. Kennedy erkläre, er sei ein Berliner.

Mitten im Kalten Krieg, dessen zügelloseste Propagandisten noch immer behaupteten, die «Wölfe und Bären der russischen Steppen» würden sich hungrig an den Grenzen sammeln, um «das Abendland zu zerfleischen»,[65] schwangen sich Millionen von Rebroff-Fans ins russische Gefühlsleben ein. So viel Platz war darin, dass neben dem deutschen Ivan noch genug Raum blieb für gleich mehrere Donkosakenchöre, die zwischen Flensburg und München herumtourten, die meisten von ihnen gegründet von Sängern, die nach der Russischen Revolution ins westliche Exil gegangen waren, nach Paris oder Berlin.

Historisch hat die deutsche Russlandfaszination Wurzeln, die bis ins Mittelalter, aber auch in die Welt des Idealismus und in die Weimarer Republik zurückreichen, als das sowjetische Russland eng mit Deutschland kooperierte und sogar geheime militärische Unterstützung bot beim Bau und der Erprobung von Waffen – entgegen der im Versailler Vertrag auferlegten Restriktionen. Immer dienten die Russlandmythen in der geistigen und politischen Mittellage Deutschlands als Gegengewicht zu den Verlockungen und Bedrohungen aus dem Westen.[66] Kalt ließ Russland die Deutschen nie; es entzündete ihre Phantasie, gleich, ob man die Russen für kindlich, ursprünglich und besonders warmherzig hielt, oder ob man das Unberechenbare, Grausame, Fatalistische und Untertanenhafte betonte – sie dienten immer als Gegenbild zum bürgerlich austarierten, feinsinnig durchrationalisierten Westen.

Auch nach dem Zweiten Weltkrieg lebte die Russlandmythologie in Westdeutschland fort; sie wurde in ihrer zwischen Angst und Verehrung changierenden Faszination sogar zu neuer Blüte getrieben. Ihren wirkmächtigsten Vertreter fand die gewaltgeladene Hassliebe gegenüber Russland in dem Schriftsteller Heinz G. Konsalik, der behauptete, seine Kriegsromane seien eine «Liebeserklärung an Russland», obwohl die Russen «im Erfinden von Grausamkeiten unschlagbar»[67] seien. Im Vergleich sei der Westen «degeneriert und verfault».

Konsaliks Romane erreichten wegen ihrer skrupellosen Trivialität und seines reißerischen Erzählgeschicks eine Gesamtauflage von dreiundachtzig Millionen Exemplaren. Sein berühmtestes Buch, «Der Arzt von Stalingrad» aus dem Jahr 1956, wurde vier Millionen Mal gedruckt. Der Roman erzählt vom Leben in einem sowjetischen Lager für deutsche Kriegsgefangene in der Nähe von Stalingrad. Im Mittelpunkt steht der heldenhafte Arzt Dr. Böhler, der bis zur totalen Erschöpfung gegen den Tod seiner Patienten kämpft, gleich, ob russisches oder deutsches Blut in ihren Adern fließt. Um Dr. Böhler gruppiert sich eine Reihe von Ärzten und Krankenschwestern, die allesamt in Affären verstrickt sind, wobei die dralle sowjetische Sadistin mit der Peitsche ebenso wenig fehlen darf wie die blutarme Moskauer Schönheit, in die der Lagerkommandant vernarrt ist. Auch sie ein Fall für Dr. Böhler, dem nichts Hoffnungsloses bekannt ist.

Das Größte ist, «dass du so schön bist, so wild, so ganz Natur», stammelt ein hingerissener Deutscher in den Armen einer russischen Ärztin: «Ich habe das nie gekannt ... unser Leben war zu konventionell, zu verzärtelt, zu festgefroren in der gesellschaftlichen Etikette. (...) Du bist gärender Most, rebellisch, überschäumend, mitreißend, bist in der Sonne gereift. Es reißt mich mit, es macht mich machtlos.»[68] Gewiss sind das abgeschmackte Klischees in einer platten Dramaturgie, aber bemerkenswert ist es doch, wie begehrenswert und überlegen der soeben noch als «Untermensch» klassifizierte Feind empfunden wird, wenn auch genauso oft Gemeinheit, Heimtücke und rasende Wut sein Bild bei Konsalik bestimmen.[69] Millionen von Konsalik-Lesern hat das eingeleuchtet. Seine Infanteristen- und Sanitäterperspektive entspricht einer Darstellung des Kriegs, die, in noch viel trivialerer Form in unzähligen Landser-Heften verbreitet, zum geistigen Inventar der Fünfziger und Sechziger gehörte.

«Der Arzt von Stalingrad» bezieht seine Faszination aus der geteilten Not. Bei den zahlreichen Operationen fehlen Betäubungsmittel, eine Darmoperation wird mit einem Taschenmesser durchgeführt, die Wunde mit der ausgekochten Seide eines gestohlenen Frauenschals vernäht. Russen und Deutsche sind hier zusammengepfercht in einer «Darbegemeinschaft», in der zwar die einen herrschen und die anderen zu gehorchen haben, in der aber auch immer wieder die Unterschiede verwischen und die wechselseitige Unterstützung notwendig wird, um zu überleben. Das gemeinsame Schicksal, der Kälte und Weite Russlands ausgeliefert zu sein, kommt sinnfällig darin zum Ausdruck, dass im Winter die Wachposten abgezogen werden. Abhauen kann jetzt ohnehin niemand mehr. Bei allen Unterschieden fühlen die gefangenen Deutschen eine Verwandtschaft zu den Russen, die daher rührt, dass sie wissen, wie es ist, als armes Schwein in einem diktatorischen System zu leben. In den despotischen Befehlsstrukturen der Sowjets untereinander erkennen sie das Schindersystem der Wehrmacht wieder. Im russischen Wachpersonal spiegeln sich die diktatorisch verhunzten Charaktere des NS-Regimes: die Sadisten, die Ordinären, die Gemeinen und die Feigen; die Edlen und Großherzigen, die Duckmäuser und stillen Dulder, die Verräter und Anschwärzer. Sie alle sind bei Konsalik gleichermaßen Geschöpfe des Krieges, dessen letztes Kapitel hier verbüßt wird: Abrechnung und Gefangenschaft.

Aus der Perspektive des einfachen Soldaten wird Feindschaft sinnlos. Als nach jahrelanger Schinderei der Tag der Entlassung kommt und es für die Russen heißt, von ihren Arbeitssklaven Abschied zu nehmen – die sie noch rasch aufgepäppelt haben, damit sie in einem vorzeigbaren Zustand zu Hause ankommen, genau wie 1955 bei der Rückkehr der letzten Zehntausend geschehen –, bemerken beide Seiten, wie eng sie zusammengewachsen sind: «Auf den Wachttürmen lehnten sich die Rotarmisten über die Holzbrüstung und winkten. Es war, als nähmen nicht Gefangene Abschied, sondern beste Freunde trennten sich nach vielen gemeinsamen Erlebnissen.»[70] Ein kollektives Stockholm-Syndrom.

Zieht man den Kitsch ab, ist das eine Erfahrung, von der Heimkehrer nicht selten berichteten. Überraschend viele ehemalige Gefangene erinnerten sich mit einer gewissen Wärme an die «einfachen Russen», die oftmals ihr letztes Brot oder ihre Zigaretten mit den Gefangenen teilten. «Der russische Mensch als solcher ist kein schlechter Mensch» – so oder ähnlich begannen die Erzählungen von Überlebenden, die oft in die Erinnerung an Momente gegenseitiger Anerkennung und Hilfe mündeten. «Tauschten wir im Kreise urteilsfähiger Kameraden unsere Eindrücke vom russischen Volk aus», berichtete 1951 der Theologe Helmut Gollwitzer, der vier Jahre in russischer Lagerhaft war, «dann wurde das oft von spontanen Liebeserklärungen an dieses Volk unterbrochen.»[71] Fast immer wurde der «einfache Russe» unterschieden von den Bolschewiki, als deren Opfer auch sie erschienen.[72] Funktionäre und überzeugte Kommunisten wurden aus der Sphäre der Solidarität ausgenommen, vor allem die deutschen Angehörigen der Antifa und des «Nationalkomitees Freies Deutschland», die als mitgefangene Funktionärskaste zur Lagerprominenz gehörten und in fast allen autobiographischen Lagererinnerungen und Romanen besonderer Heimtücke bezichtigt wurden.

Im «einfachen Russen» spiegelten sich die gefangenen Deutschen als Verstrickte eines diktatorischen Systems – eine Art gelebte Totalitarismustheorie. Deshalb fühlten sie sich den Russen zum Teil näher als den seit Generationen freiheitsorientierten und demokratieerfahrenen Amerikanern, Briten und Franzosen, die als moralisch überlegene Lehrmeister empfunden wurden. Die angeratene Freundschaft mit ihnen ließ manche Demütigung zurück, die mit der demokratischen Umerziehung verbunden war. Die Russlandliebe glich die Verletzungen aus, die mit der Westbindung einhergingen. «Menschlich gesehen» kamen die leidgeprüften Russen im Vergleich mit den Westalliierten für etliche Deutsche sogar besser weg, trotz aller Brutalitäten. Was war der arrogante Amerikaner, der zehn Dosen Corned Beef besaß und eine davon abgab, gegen den Russen, der seinen kargen Buchweizenbrei zur Hälfte teilte? Und was war erst ihre warmherzig komplexe Kultur, ihr Tschaikowski, Rachmaninow, Turgenjew, Dostojewski, Puschkin und Gogol, im Vergleich mit den kulturell angeblich unterbelichteten Amerikanern?

Sosehr die Bundesdeutschen die Vorzüge des Westens genossen, fühlten sie sich doch von den USA dominiert. Vor allem auf der linken und rechten Seite des politischen Spektrums übertraf man sich gerne im Spott über die vermeintliche Unkultur der Amerikaner, klagte über die Oberflächlichkeit des *Small Talk*, über Kaugummi, Unterhaltungssucht und «Hemden über der Hose»[73], wohl auch, um davon abzulenken, wie sehr man längst vom *American Way of Life* durchdrungen war. Da bot die Russlandromantik für den Moment das Erlebnis der Balance. Sicher spielte auch die Verdrängung der immensen Schuld eine Rolle, die die Deutschen mit dem Überfall auf die Sowjetunion auf sich geladen hatten. Aber angesichts der enormen Risiken des Kalten Krieges wirkte auch die Sehnsucht mit, der Blockkonfrontation wenigstens kulturell zu entkommen und sich in eine Art mentale Neutralität zu retten, die bis heute den Gegenpol bildet zum verteidigungsbereiten demokratischen Wertebewusstsein.

Obwohl der Krieg der Vater seiner Romane war, beteuerte Konsalik, selbst ehemaliger Soldat an der Ostfront, wie sehr er ihn gehasst hat. Sein Verständnis des Krieges ist ein vitalistisches: unerträglich gesteigertes Leben, das alle Fragen von Schuld und Unschuld sinnlos werden lässt. Zwar betonte auch Konsalik hier und da, dass alles, was die Russen den Deutschen angetan haben, vorher von diesen begangen worden war, und zwar weit brutaler und unbarmherziger, und vor allem – ohne Not. Ein verbrecherischer Angriffskrieg. Aber vorwiegend wich er Schuldfragen aus, indem er das «sinnlose Leiden» dem Krieg an sich anlastete, der alle Beteiligten gleichermaßen zu Opfern gemacht habe.

Aus der Soldatenperspektive eines Konsalik entsprang, von Millionen von deutschen Landsern geteilt, ein desillusionierter Pazifismus, für den jeder Krieg Wahnsinn ist, gleich, ob er aus Gründen der Verteidigung oder des Angriffs geführt wird. Die Vorstellung eines gerechten Krieges und einer legitimen Verteidigung hatte sich im Irrsinn der Front aufgelöst. Diese Einstellung kam den Deutschen, die den Weltkrieg begonnen hatten, besonders entgegen, weil Schuldfragen dabei keine Rolle mehr spielten und sie sich ebenso als Opfer fühlen konnten wie die von ihnen Angegriffenen und Überfallenen. Den Alliierten hingegen, die Abermillionen Leben geopfert hatten, um die Nazis zu stoppen, mochte die Vorstellung, dass Frieden wichtiger sei als Freiheit, verständlicherweise nicht einleuchten. Ihr teuer bezahlter Sieg war ihnen Auftrag, weiter wehrtüchtig zu bleiben. Die westdeutsche Antikriegsbewegung aber hielt die Freiheit für zweitrangig, zumal deren militärische Verteidigung bedeutet hätte, auf die eigenen Landsleute zu schießen. Dieses ethische Tabu verstärkte den Nachkriegspazifismus vieler Deutscher, gerade weil sich beide Teile des Landes an Feindseligkeit überboten.

Erst Mitte der fünfziger Jahre konnte die CDU einer knappen Mehrheit der Westdeutschen das Zugeständnis abringen, die Wiederbewaffnung zu tolerieren. Leicht machte es sich damit niemand. Die parlamentarischen Debatten zur Wehrbereitschaft waren – auf beiden Seiten – von einem sittlichen Ernst und sprachlichen Niveau geprägt, der nicht zum Alltag parlamentarischer Auseinandersetzungen gehört. Bis heute bleibt der Widerwille gegenüber einer aktiven Wehrbereitschaft in Deutschland größer als im übrigen Europa, nicht obwohl, sondern weil der Feind hier näher stand als andernorts. Tief hockt seitdem die Sehnsucht im Gefühlsleben der Deutschen, sich aus militärischen Verpflichtungen heraushalten zu können.

In geteilten Dörfern wie Zicherie und Böckwitz oder grenznahen Stadtteilen wie Berlin-Kreuzberg und -Friedrichshain hatte man eben ein besonders vitales Gefühl dafür, dass das Leben eines verblutenden Kommunisten genauso unwiederbringlich aushaucht wie das eines Demokraten.

ACHTES KAPITEL

Der Chic der frühen Jahre – das Design der Demokratie

«Gott gibt uns die Nüsse, aber er knackt sie nicht auf.»

AUS ULRICH SCHAMONIS FILM
«ALLE JAHRE WIEDER» (1967)

Ein Maler sucht seinen Weg: Gerhard Richter

Im März des Jahres 1961 ging der Maler Gerhard Richter über die Grenze. Er bestieg im Berliner Bahnhof Friedrichstraße die S-Bahn und floh mit seiner Frau Ema aus der DDR. Seinen Trabant hatte der Neunundzwanzigjährige einen Tag zuvor verkauft. Um nicht aufzufallen, hatten die Richters nur eine kleine Mappe bei sich. Darin befand sich ein Album mit Familienfotos und Aufnahmen von Richters Gemälden, die er zusammen mit dem Rest seiner Habe in Dresden zurücklassen musste: ein Rückenakt im Stile des frühen Picasso; zwei Badende am Strand, die an die Polynesierinnen Gauguins erinnerten, allerdings mit sächsischen Gesichtern; ein getuschter Totenkopf und ein Porträt Angelica Domröses, ebenfalls à la Picasso. Nichts, was er später als Verlust ansehen mochte. Die Richters besaßen außer den Fotos nur noch den Inhalt eines Koffers, den der Maler bei der Rückkehr von einer kurz zuvor unternommenen Reise in die Sowjetunion am West-Berliner Bahnhof Zoo deponiert hatte. In West-Berlin angekommen, meldeten sie sich im Notaufnahmelager Marienfelde, bekamen hundertfünfzig Mark Übergangsbeihilfe, zwei Flugscheine nach Hannover und die Möglichkeit, die Anfangszeit in einem Lager in Göttingen zu verbringen, was sie acht Tage lang dankbar annahmen. Gerhard Richter wird seine Eltern nie wiedersehen.

Dass aus Richter einmal der international bekannteste zeitgenössische Maler Deutschlands werden sollte – sein «Abstraktes Bild 599» wird 2015 bei Sotheby's 46,3 Millionen Dollar erzielen –, konnte, so ratlos wie er nun im Westen herumstand, niemand ahnen. Er war zwar nur wenige Hundert Kilometer gereist, aber zwischen den Arbeitsbedingungen eines Künstlers im Osten und dem Kunstmarkt im Westen lag ein Ozean von Gegensätzen.

Richter war in der DDR recht erfolgreich gewesen. Er hatte einen Abschluss der Dresdener Kunstakademie als diplomierter Wandbildmaler, das bevorzugte Betätigungsfeld des Sozialistischen Realismus. Einen Vorraum des Deutschen Hygiene-Museums in Dresden hatte er 1956 mit der rund dreiundsechzig Quadratmeter großen Darstellung der «Lebensfreude» versehen: junge, vitale Menschen, locker verteilt in heiterer Landschaft – liebende, badende, Ringelreihen tanzende Glücksgeschöpfe des Sozialismus, von Friedenstauben umspielt. Für das Haus der Dresdener Bezirksleitung der SED malte er Ende der Fünfziger das Wandgemälde «Arbeiteraufstand». Das konnte es auf Dauer nicht sein für Richter, der auf den Entwicklungspfaden der modernen Malerei weiterschreiten wollte, statt an überlebensgroßen «Friede-Freude-Eierkuchen-Idyllen»[1] zu pinseln, wie er selbst sie nannte.

1959 hatte Richter auf einer Studienreise in den Westen die documenta II in Kassel besucht. Tief beeindruckt von den lyrisch-abstrakten Bildern Ernst Wilhelm Nays, dem *Action Painting* Jackson Pollocks und den eingeschnittenen weißen Leinwänden Lucio Fontanas war er zurückgekehrt. «Die Unverschämtheit! Von der war ich sehr fasziniert und sehr betroffen», erzählte er später: «Ich könnte fast sagen, dass diese Bilder der eigentliche Grund waren, die DDR zu verlassen. Ich merkte, dass irgendetwas mit meiner Denkweise nicht stimmte.»[2] So wollte er selbst gern malen. Einen privaten Kunstmarkt aber, wo ein Maler unabhängig von staatlichen Aufträgen hätte Erfolg haben können, gab es nicht in der DDR. Seinem Lehrer in Dresden schrieb er nach der Flucht, dass ihm «das kulturelle Klima des Westens mehr bieten» könne und seiner «Art zu sein und zu arbeiten besser und stimmiger entsprechen» würde als das Leben im Osten. Eine Hoffnung war damit formuliert, mehr nicht, und die schien nun, da er zielstrebig in Düsseldorf angekommen war, mehr als vage zu sein. Würde er hier je Fuß fassen können?

In Düsseldorf tauchte er in die damals sehr lebendige Kunstszene ein. Hunderte von bildenden Künstlern versuchten, einen Stil zu

«Lebensfreude» – mit diesem Wandbild im Treppenfoyer des Deutschen Hygiene-Museums Dresden schloss der vierundzwanzigjährige Gerhard Richter 1956 sein Studium an der Dresdener Hochschule für Bildende Künste ab. Anfang der Sechziger floh Richter in den Westen, das Werk wurde später überstrichen.

finden, aufzufallen, eine Marke zu werden. Die meisten gingen unter in einem fast beliebig erscheinenden Meer von Malweisen. Als Richter die Szene betrat, befand sich die westdeutsche Kunst gerade erneut im Aufbruch, am Beginn eines vielstimmigen Aufruhrs. Die abstrakte Kunst hatte ihren Zenit überschritten und verlor ihre ordnende Kraft als Signum einer Epoche. In den fünfziger Jahren hatte sie, auch Informel, Tachismus, ungegenständliche Malerei oder einfach nur Fleckenkunst genannt, enorme Bindekraft als Leitästhetik der jungen Bundesrepublik entwickelt. In ihren aufsehenerregenden Arbeiten, die über den klassischen Anspruch des Abbildens triumphierten, hatten die abstrakten Maler wie Willi Baumeister oder Hans Hartung sowohl dem Ausleben individueller Freiheit als auch dem schöpferischen Elan der westdeutschen Gesellschaft kühn zum Ausdruck verholfen. Die schwebenden Farb- und Formgalaxien, die gespritzten, geträufelten, gespachtelten Farbräusche wurden als Bildsinfonien des Aufschwungs und der jungen Demokratie empfunden, bewiesen sie doch, wie weit man sich von der NS-Ästhetik entfernt hatte und zugleich vom Sozialistischen Realismus der diktatorischen DDR. Die «Fleckenmalerei» wurde deshalb zum bevorzugten Dekor repräsentativer Orte der jungen Republik: In Banken, Kanzleien, Parlamentsräumen, Vorstandsetagen, Chefbüros prangten stolz die in massiven Rahmen gebändigten Eruptionen, Titel tragend wie «Abend 7/4», «Eklat» oder «Kongress».

Wirklich spannend war das für einen jungen Künstler nicht mehr. Denn in der zunehmend dekorativen Illustrierung demokratischer Qualitäten hatte die abstrakte Malerei Züge einer «offiziösen Systemkunst oder gar Staatskunst»[3] bekommen und damit etwas Saturiertes, das dem aufbegehrenden Ausdrucksbedürfnis der Jungen nicht gefallen konnte. Wer wollte schon einer Ästhetik folgen, die sich bis in die Vorhangstoffe und Teppichmuster hinein in den Wohnzimmern der Eltern breitgemacht hatte? Zudem ließ sich damit kaum Geld verdienen: Die alten Meister wie Ernst Wilhelm Nay, Heinz Trökes, Fritz Winter, Willi Baumeister, Emil Schumacher oder Hans Hartung hielten die lukrativen Plätze des Genres besetzt. Etwas Neues musste her, um den Markt der Talente wieder in Bewegung zu bringen.

Wie soll man malen? Diese Frage schien noch schwerer zu beantworten als die, wie man leben soll. Mit dem Abflauen der Tröpfel- und Spachteleuphorie setzte nach dem Mauerbau eine Explosion der Vielfalt ein. Viele junge Maler flohen aus ihren einsamen Ateliers, wo die leeren Leinwände gähnten, und suchten in gemeinsamen Kunstaktionen Auswege aus der Isolation. Aus New York schwappte die Fluxus-Bewegung hinüber, die in ihren *performances* die Grenzen zwischen den Künsten auflöste und Phänomene von Theater, Konzert und Malerei miteinander verschmolz.

Das ging nicht ohne Zerstörungen ab. In Wiesbaden hielt Fluxus 1962 schlagzeilenträchtig Einstand mit einem Konzert im Städtischen Museum. Bei dem Happening wurde ein Steinway-Flügel nicht nur mit den Tasten zum Klingen gebracht, sondern auch mittels schwerer Steine, die man auf ihn warf, sodass die Saiten dröhnten. Eine ganze Horde von Musikern, alle mit Anzug und Krawatte, wie 1962 noch üblich, schlug unter dem schockierten Gelächter des Publikums mit schweren Hämmern auf die Tasten ein und machte sich mit Wasserkesseln, Küchengeräten und Sägen über das Innere des Konzertflügels her. Der Resonanzboden zerbarst, das Holz krachte, unter lautem Gellen und Dröhnen hörte das Instrument auf zu existieren.

«Fluxus», lateinisch für «Fließen», vereinte sehr unterschiedliche Künstler zu einer formlosen, sich ständig neu- und umgestaltenden Bewegung. Man verabredete sich zu theatralischen Akten des Schockierens, aber auch zu Momenten spiritueller Meditation, die die Spezialität von Joseph Beuys waren. Er hatte den Schamanismus nach Düsseldorf gebracht, lehrte einer Filzmatte fernsehen und gruppierte ein paar Schlitten zu einem folgsamen Rudel. Seiner selbstgeschaffenen Legende nach war der Unteroffizier Beuys 1944 mit einem Sturzkampfbomber Ju 87 über der Krim abgestürzt. Tataren hätten ihn gefunden, mit tierischem Fett bestrichen, ihn in Filz gehüllt und so vor dem Erfrieren gerettet. Man habe ihn als einen der Ihren angenommen: «Du nix Njemcky, du Tatar!»[4] Wohl auch wegen dieser Errettung arbeitete er vornehmlich mit Filz und Fett, das er beispielsweise zentnerschwer auf einen Stuhl strich.

1961 wurde Beuys Professor an der Kunstakademie Düsseldorf und machte sie zu einem Herd der Unruhe, des Aufbegehrens und der Hinterfragung jeglicher Ordnung. Natürlich veranstaltete auch Beuys Fluxus-Feste, in denen er stets mit einer Angelweste auftrat, die vielen Taschen vollgestopft mit was auch immer. Ein ausdauernd diskutierender, überraschend freundlicher Survival-Philosoph, der weit mehr begabte Studenten auf einen erfolgreichen Weg brachte als die übrigen Professorenkollegen. «Er tat in Wahrheit immer das Andere, immer das, was scheinbar abwegig war – 100 Tage auf der documenta reden, sich in Filz einwickeln, stundenlang auf einem Fleck stehen, mit einem Kojoten zusammenleben, Leuten die Füße waschen, Gelatine von der Wand nehmen, den Wald fegen, dem toten Hasen die Bilder erklären, eine Partei der Tiere gründen und das Messer verbinden, als er sich in den Finger geschnitten hatte», resümierte sein Biograph Heiner Stachelhaus.[5]

In Düsseldorf fuhrwerkte auch Wolf Vostell herum, ein Bär mit langen Schläfen- und gezwirbelten Bartlocken, bekannt geworden mit «dé-collagen», wie er seine virtuosen Abrisse vielschichtiger Plakatwände nannte. Aber das war nicht alles: Vostell stellte auch in einem schwarzen Raum schwarze Bilder aus. Er warf mit voller Wucht Glühlampen ins erschrockene Publikum, das glücklicherweise durch eine Glasscheibe vor ihm geschützt war. An ihr zerbarsten die Birnen mit verstörendem Lärm. Und Günther Uecker fand ebenfalls einen raffinierten Dreh: Er benagelte alles, was ihm in die Quere kam. Kreuze, Hocker, Stühle und Baumstümpfe. Weiße Nagelfelder wurden sein Markenzeichen, in weiße Holzplatten eingeschlagen, in Gruppen mal schief, mal gerade in verschiedenen Höhen versenkt, wodurch die Nägel wogende Schatten warfen.

Und Gerhard Richter? Wo sollte er hier einen Platz finden? Um sich zu orientieren, studierte er in Düsseldorf ein zweites Mal Kunst. Er wollte intensiveren Kontakt zu anderen Künstlern bekommen, zudem erhielt er als Flüchtling ein Stipendium von dreihundertfünfzig Mark, das ihm den Start in die fremde Welt des Westens ermöglichte. Er malte wie besessen, probierte alles Mögliche aus «so zwischen Dubuffet, Giacometti, Tàpies und vielen anderen», wie er selbst sagte[6] – epigonale Bilder, die er sofort wieder verwarf und vernichtete.

1962 schließlich malte er einen Tisch, grau in grau, nach einer Abbildung in der Zeitschrift «domus». Weil ihm das Ergebnis nicht gefiel, rieb er in der Mitte des Bildes unschlüssig mit einem in

Verdünner getränkten Lappen herum. Dies war das erste Werk, das seine Gnade fand und später als Nr. 1 sein Werkverzeichnis anführen durfte. Bald kam ein ähnliches, noch radikaleres Bild hinzu. Diesmal malte er einen Werbezettel für einen Wäscheständer ab, ein simples Drahtgestell zum Aufklappen, wieder nur in Grautönen. Die Wirkung des Bildes elektrisierte ihn: Bescheidener konnte ein Gemälde kaum sein als dieses unscharfe Abbild einer schlichten Werbung. Ein Triumph des Nichtssagenden. Wie kostbar in einer Welt, die unaufhörlich quasselte!

Richter, den Phrasen der sozialistischen Bilderwelt entronnen, gelandet in einer aufgedrehten Kunstwelt, wo jeder jeden durch verbissene Originalität zu übertrumpfen suchte, hatte endlich etwas entdeckt, das seinem Unbehagen am inflationären Kunstwollen entsprach. Ihn ödeten inzwischen alle künstlerischen Aussage- und Erziehungsabsichten so sehr an, dass er versuchte, künstlerische Subjektivität auf ein Minimum zu reduzieren. Er hatte seinen Kniff gefunden: Abmalungen anonymer Fotos, die nicht der geringsten künstlerischen Intention folgten; Bilder, deren grundlegende Voraussetzungen schon jemand anderes geschaffen hatte. Auf diesem Weg konnte es weitergehen.

Er malte immer mehr Fotos: Bilder aus Warenhauskatalogen, aus Illustrierten wie «Stern», «Bunte», «Quick» und «Revue». Er blies sie groß auf, malte sie stets in bleiernem Grau, verwischte sie in wechselnder Intensität, bis sie verschwammen und verblassten unter dem Material ihrer Darstellung. Faszinierende Realität aus zweiter Hand, Bilder von Bildern, die durch ihre malerische Behandlung ahnen ließen, wie weit die Distanz zwischen einem Bild ist und dem, was man darauf zu sehen meint. Und wie viel Geschichte darüberliegt, Ungewusstes, Eingefrorenes, Vergessenes.

Als Richter intensiv genug mit der Differenz von Foto und Malerei experimentiert hatte, traute er sich zu, auch Bilder, die ihm mehr bedeuteten als ein Tisch, unter die banalen Vorlagen zu mischen: Fotos aus seinem Familienalbum, das, wie bei so vielen Deutschen,

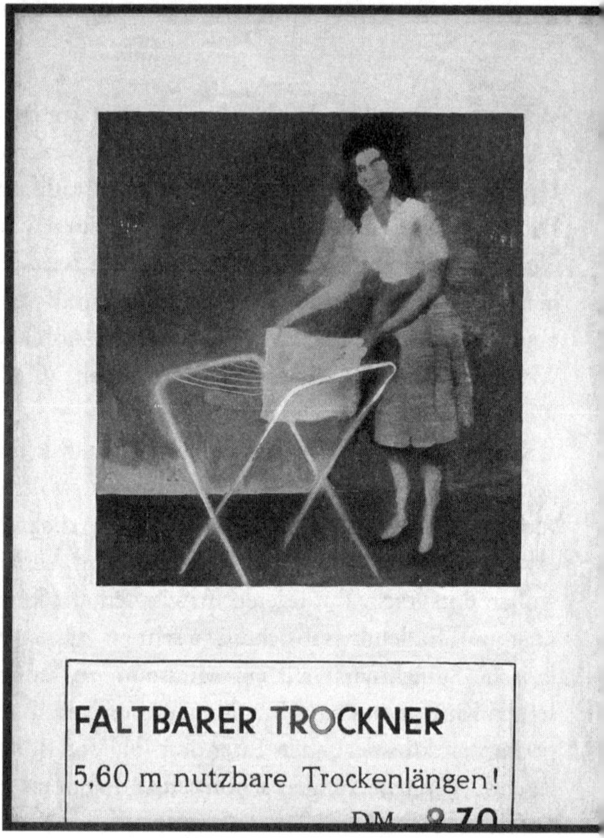

Gerhard Richter: Faltbarer Trockner, 1962, Öl auf Leinwand, 105 × 70 cm.

Abgründe bereithielt. «Tante Marianne», die 1938 wegen Depressionen in eine psychiatrische Klinik eingewiesen und später im Rahmen des verbrecherischen Euthanasieprogramms der Nazis ermordet worden war. «Onkel Rudi», wie er in seinem langen, eleganten Wehrmachtsmantel posierte und lächelte. Onkel Rudi, der Bruder seiner Mutter und als Soldat 1944 in der Normandie gefallen, war ein Nazi, ein charmanter Kerl zudem, den Richter als Kind sehr liebte.[7] Schließlich «Herr Heyde», das Illustriertenfoto der Verhaftung des gesuchten Euthanasiearztes und NS-Verbrechers Dr. Werner Heyde, alias Fritz Sawade. Wie um zu verstecken, dass ihm diese Bilder etwas bedeuteten, malte Richter dazwischen im selben Stil immer wieder Fotos von Klorollen, einen «Stuhl im Profil», ein obszönes Pornobild – als wäre ihm alles gleich lieb, was er mit Pinsel, Lappen und Gummischaber bearbeitete. Nach dem Zusammenhang der Bilder «Herr Heyde» und «Tante Marianne» befragt, beide, wie auch «Onkel Rudi», 1965 gemalt, antwortete Richter: «Es war nicht in meinem Bewusstsein. (…) Ich wollte Bilder machen und nicht in das Lager derjenigen kommen, die irgendetwas anklagen.»[8]

Über die Wirklichkeit selbst könne er nichts Deutliches sagen, allenfalls über das Verhältnis der Bilder zu ihr, «und das hat dann was zu tun mit Unschärfe, Unsicherheit, Flüchtigkeit, Teilweisigkeit oder was immer»[9]. In dieser selbstbewussten Unsicherheit gibt sich der Maler als Angehöriger der «skeptischen Generation» zu erkennen, die großen Worten misstraut: «Ich habe mich darauf eingelassen, zu denken und zu handeln ohne die Hilfe einer Ideologie; ich habe nichts, was mir hilft, keine Idee, der ich diene und dafür gesagt bekomme, was zu tun sei, kein Reglement, das das Wie bestimmt, keinen Glauben, der mir die Richtung zeigt, kein Bild der Zukunft, keine Konstruktion, die übergeordneten Sinn gibt.»[10]

Niemals mehr wollte Richter von irgendetwas vereinnahmt werden. Das heißt nicht, sich aus allem herauszuhalten oder gar der Gleichgültigkeit zu verfallen. Das Bild «Onkel Rudi» schenkte er 1968 der Gedenkstätte Lidice, zwanzig Kilometer westlich von Prag gelegen. Am 10. Juni 1942 hatten die deutschen Besatzer, Angehörige der Gestapo und der SS, das kleine Dorf Lidice umstellt und niedergebrannt. Alle Männer, die älter als fünfzehn Jahre waren – es waren 173 –, wurden erschossen. Die 195 Frauen wurden in Konzentrationslager verschleppt, 81 Kinder aus Lidice im Vernichtungslager Kulmhof ermordet. Nicht, dass Onkel Rudi an dem Verbrechen selbst beteiligt gewesen wäre, es kam Richter offenbar darauf an, zusammen mit anderen Künstlern, die 1967 an der Ausstellung «Hommage à Lidice»[11] in der Berliner Galerie René Block teilgenommen hatten, ein Zeichen zu setzen, so wenig das auch seiner üblichen Zurückhaltung im Formulieren von Bekenntnissen und Deutungen entsprochen haben mochte.

So bekannt Richters Werke heute sind – und so teuer, dass es ihm grotesk, albern und ganz unangemessen erscheint –, kann man sich kaum vorstellen, wie viel Sorge er einmal haben musste, seine Familie zu ernähren. «Wenn ich nächstes Jahr die Schule verlassen muss, also ohne Stipendium bin – ich weiß nicht, was werden soll. (…) Jeden Mittag verkaufe ich Farben in der Akademie, verbilligte an Studenten. Das macht Spaß. 10 % sind mir», schrieb er einem Freund, dem Bildhauer Wieland Förster.[12] Es dauerte, bis er wieder den Lebensstandard erreichte, den er sich in Dresden hatte leisten können. 1964 stellte er bei Heiner Friedrich in München aus, bei Alfred Schmela in Düsseldorf, bei René Block in Berlin. Er lebte finanziell auf niedrigem Niveau, aber es ging aufwärts. Und in der rheinländischen Szene, in der sich Kunst, Beat, Literatur und Mode in einem quicklebendigen Biotop mischten, war Richter bestens integriert.

1967 machte in der Düsseldorfer Altstadt das «Creamcheese» auf, der «erste Undergroundclub des Festlands». Die Idee hatte Günther Uecker aus New York mitgebracht, wo er den von Andy Warhol in New York gegründeten Club «The Dom» besucht hatte, in dem häufig Warhols Hausband Velvet Underground spielte. Unter der gastronomischen Regie des Ehepaars Achim und Bim Reinert, die bereit waren für ein ständiges Happening, schuf sich die unüberschaubare Düsseldorfer Clique ihren eigenen Club. Der Name stammte von Frank Zappa, der 1970 auch persönlich vorbeischauen wird: Suzy Creamcheese ist eine Figur, die in mehreren Songs von ihm auftauchte. Die zwanzig Meter lange Theke des «Creamcheese» hatte der «Lichtkünstler» Heinz Mack vor einer glitzernden Spiegel-Lamellenwand entworfen, Gerhard Richter steuerte ein großformatiges Bild einer liegenden Frau mit entblößtem Hintern bei, natürlich verwischt. Günther Uecker hatte einen riesigen Nagel in einen Käfig gesetzt. Von Konrad Lueg hing eine aufgeblasene Gummiente von der Decke. Der «Sehtexter» Ferdinand Kriwet, ein Meister der konkreten Poesie und Anhänger des «totalen Schallspiels», projizierte etliche seiner mit Buchstaben übersäten Rundscheiben auf die Tanzfläche, was ziemlich psychedelisch wirkte. Joseph Beuys war Stammgast, viele seiner Schüler wie Blinky Palermo, Imi Knoebel oder Katharina Sieverding arbeiteten hinter der Theke. Aus den Lautsprechern erklang alles, was man damals «progressiv» nannte: Pink Floyd, Atomic Rooster, Iron Butterfly, Camel, Birth Control, Supertramp, Genesis, Deep Purple und natürlich Frank Zappa. Live standen die frühen Bands des Krautrock auf der Bühne, darunter die charismatischen Avantgardisten der Gruppe Can, gegründet von den Stockhausen-Schülern Irmin Schmidt und Holger Czukay, und die Guru Guru Groove Band. Die legendären Musiker von Kraftwerk hatten hier einen ihrer ersten Auftritte.

Wer die Tür zum «Creamcheese» öffnete, bekam sofort die volle Dröhnung. «Man kam da rein, direkt knall bumms ging es richtig los (...): ein Gesamtkunstwerk»[13], erzählt Eberhard Kranemann, Gründungsmitglied von Kraftwerk und Pissoff, noch heute begeistert: Fünfzehn Projektoren waren bestückt mit Dias, zwischen deren Scheiben Kunststudenten flüssige Ölfarben getröpfelt hatten, die sich nun in der Wärme der Projektorenlampen bewegten und miteinander zu ringen schienen. Zwischendrin kam auch eines der ersten Stroboskope zum Einsatz. Der Ansturm verschiedenster Sinneseindrücke animierte ungemein: Nirgendwo wird man damals ekstatischer getanzt haben, nicht einmal im Münchener «Blow Up». «Das neueste, modernste und verrückteste Lokal, das es gibt»[14], jubelte Stefan Aust in der Zeitschrift «Konkret». Damit die Sache nicht zu kommerziell wurde, standen immer wieder verstörende Vorstellungen auf dem Programm. Joseph Beuys führte, begleitet von der lärmenden Antimusik der Gruppe Pissoff, ein «Handtheater» auf. Seine Hände ballten und öffneten sich, schnappten auf und zu, winkten, kneteten die Luft, befühlten sein

Tanzfläche des legendären Clubs «Creamcheese» in Düsseldorf – mit der Projektion rotierender Scheiben von «Lichtkünstler» Ferdinand Kriwet.

Gesicht, krümmten sich und reckten den einen oder anderen Finger, während der Künstler es schaffte, den ganzen Auftritt über ein todernstes, fast schon abwesendes Gesicht zu machen.

Natürlich hatte das «Creamcheese» auch ein Manifest, wie es sich für ein Künstlerlokal gehört. Günther Uecker hatte es noch, zusammen mit seinem Freund Ferdinand Kriwet, auf dem Rückflug von New York entworfen. «Ich will eine Gesellschaft auf der Flucht vor sich selbst am Ort ihrer Wünsche zeigen», heißt es darin. Die Gäste sollten Ernst machen mit ihrer Freiheit. «Wir überleben nicht. Wir erleben.» Und: «Machen Sie sich frei. (…) Kommen Sie. Gehen Sie. Seien Sie selbst.»

Die Sechziger liefen zur Hochform auf.

Scheinbar schwellenlos – der Kanzlerbungalow

Als Ludwig Erhard 1963 nach dem Rücktritt Adenauers Kanzler geworden war, fragte er sich notgedrungen: Wie soll man wohnen? Bis dahin hatte für seine Bonner Zwecke ein Vier-Zimmer-Reihenhaus gereicht, aber für einen Kanzler war das zu bescheiden. Adenauer hatte stets in seinem Privathaus in Rhöndorf residiert und nur für die Mittagspause eine kleine Wohnung im Palais Schaumburg, dem Sitz des Kanzleramts, in Anspruch genommen. Für den gastfreundlichen Erhard kam das nicht in Frage. «Mein Vorgänger Adenauer war völlig kontaktlos, er fasste einsame Entschlüsse», erklärte er der «Süddeutschen Zeitung», «ich aber will das Gespräch nach allen Seiten, ich will mit den Menschen sprechen.» Ihm schwebte ein Bau vor, in dem man sowohl wohnen als auch für eine Menge Leute Empfänge geben könnte.

Privat wohnte Erhard am Tegernsee in einer modernen Villa mit Flachdach, schwellenlosem Zugang zum Garten und einem herrlichen Blick über den See. Der «Vater der sozialen Marktwirtschaft» wirkte wie ein Kapitalist aus dem Bilderbuch, der weite Anzug trotzdem zu eng, das Kinn im üppigen Rund des Kopfes verschwimmend, stets umwölkt vom Qualm einer dicken Zigarre – weit biederer jedenfalls als das ultramoderne Haus, das er bewohnte, noch dazu in der passend unbehaglichen Möblierung.

Der Architekt der Erhard-Villa wohnte gleich nebenan, in einem Gebäude im selben Stil. Sep Ruf hatte sich einen Ruf als architektonischer Gestalter westdeutscher Befindlichkeiten erworben, als er zusammen mit Egon Eiermann den deutschen Pavillon für die Weltausstellung Brüssel 1958 entwarf. Der Bau fiel inmitten sensationalistischer Extreme durch demonstrative Zurückhaltung auf. Während die anderen Länder drum herum gebaut hatten, als wolle man gleich von der Erde abheben und sich mit dem Nachbild für immer ins Gedächtnis brennen, hatte die Bundesrepublik auf eine «exakte Bodennummer» gesetzt, ausgeführt in stiller Noblesse im Stile des großen Mies van der Rohe. Die perplexen, ein wenig als

Großmäuler vorgeführten Nachbarn sprachen von einem Bescheidenheitskomplex, der die Deutschen dazu dränge, als Musterknaben aufzutreten und «perfekte Mittelmäßigkeit» zur Schau zu stellen.[15]

Tatsächlich hatten die beiden Architekten genau die Anmutung getroffen, in der sich das geläuterte, postnationale Deutschland im Kreis der Nationen darstellen wollte: transparent, gelassen, nüchtern und zeitlos angenehm – ein Partner, mit dem man unbesorgt die größten Geschäfte machen konnte. Einen solchen Bau von Maß und Mitte, schlank und schnörkellos, wünschte sich Erhard auch für seinen Sitz in Bonn. Wie praktisch, dass der geeignete Architekt gleich auf der anderen Seite des heimischen Gartenzauns wohnte. Der inzwischen berühmte Kanzlerbungalow wurde zur gebauten Metapher des Bonner Regierungsstils.

Allerdings fand das herzergreifend schöne, radikal simple Gebäude, das durch den Gegensatz von kleinen, geschützten Räumen und offenen Flächen, Terrassen und Ausblicken faszinierte, nicht nur Bewunderer, im Gegenteil. Das hatte vor allem zwei Gründe. Zum einen schlug das egalitäre Element der Erhardschen Politik gegen ihn zurück und verschaffte sich schon in der Planungsphase in sozialneidischen Kommentaren Luft. Die Leute hörten nur 2,6 Millionen Mark Baukosten, siebenhundert Quadratmeter Nutzfläche und dazu noch Swimmingpool, und schon war das Lästerwort «Ludwigslust» geboren. Dass der eigentliche Wohnbereich nicht einmal hundert Quadratmeter umfasste, und das Schwimmbecken von drei mal sechs Metern gerade mal ausreichte, «um sich den Bauch zu waschen»[16], wie sogar ein SPD-Abgeordneter des Haushaltsausschusses bestätigte, hinderte den Volkszorn nicht, vorab gegen «Ludwigslust» zu protestieren. Der Autor Rolf Hochhuth schrieb in der «Zürcher Woche» anklagend: «Erhards pompöse Bezeichnung als Volkskanzler ist zur ätzenden Ironie geworden, zu einem boshaften Schimpfwort, seit ruchbar wurde, was er sich da geleistet hat.»[17]

Als das Haus im November 1964 übergeben wurde, änderte

Der neue Kanzlerbungalow polarisierte. «Ich würde mich weigern, da einzuziehen», meinte Ludwig Erhards Amtsvorgänger Konrad Adenauer. Andere waren hell begeistert und sahen in dem 1963/64 errichteten Bau den neuen Stil der jungen Bundesrepublik.

sich die Stimmung radikal. «Erhard wohnt wie ein Maulwurf!» titelte die «Bild» und mokierte sich über die Enge der Räume. Der Bericht begann mit anonym bleibenden Reaktionen von Journalistenkollegen: «Wenn der Dicke noch dicker wird, kommt er nicht mehr rein.»[18] «Das Unzulängliche, hier wird's Ereignis», schrieb, von Goethe kommend, der «Wiesbadener Kurier». Die althergebrachten Vorstellungen von Gemütlichkeit zerschellten an so viel Glas und nacktem Stahl, Chrom und Leder. «Hier möchte ich nicht eine halbe Stunde drin wohnen», sagte sogar Erhards Kanzleramtsminister.[19] Altkanzler Adenauer meinte: «Ich würde mich weigern, da reinzuziehen», und provozierte mit seiner Bemerkung «Das Ding brennt nicht mal» wütende Proteste von Architekten.[20] Norbert Blüm attestierte den «Charme einer Hundehütte»[21]. Die FAZ allerdings erkannte: «Es ist ein Zeichen der Souveränität, des Nichtmehrnötighabens, was die unsichereren Generationen zuvor noch an Schutzwällen aus Material und Symbolik um sich brauchten. Kann man höher hinauswollen als mit so einer flachen Kiste?»[22]

Immer wieder rief Erstaunen hervor, dass ausgerechnet Erhard und seine auf den ersten Blick recht hausbacken wirkende Frau Luise diesen «superschicken» Bau favorisiert hatten; viele fragten sich besorgt, wie lange es die beiden wohl darin aushalten würden, nicht wissend, dass die Erhards am Tegernsee seit längerem vergleichbar modern wohnten. Tatsächlich waren dem Kanzler nicht einmal zwei Jahre vergönnt, Sep Rufs Bau zu genießen. 1966 verließ die FDP Erhards Kabinett, weil sie nicht mit seiner Absicht einverstanden war, ein Haushaltsdefizit durch Steuererhöhungen auszugleichen. Erhard musste zurücktreten, und die CDU / CSU wählte Kurt Georg Kiesinger zum Kanzlerkandidaten, der eine Große Koalition mit der SPD einging. Kiesinger zog widerwillig in den Bungalow und verunstaltete ihn zum Verdruss von Architekturliebhabern durch einschneidende Verbiederungsmaßnahmen. Den Vogel allerdings sollte später sein Nachfolger Helmut Kohl abschießen, der die Decken mit Batterien rauchglasfarbener Kugellampen verunzierte, die zu den vielen Scheußlichkeiten der siebziger Jahre gehören. Erst Helmut Schmidt, Transatlantiker wie Ludwig Erhard, wird wieder die amerikanisch wirkende Eleganz des Baus zu schätzen wissen.

Die sechziger Jahre brachten staatliche Bauwerke hervor, die den Deutschen auf ihrer Suche nach einer belastbaren Identität ästhetisch richtungsweisende Räume boten. Das Bundesverfassungsgericht in Karlsruhe zum Beispiel, als Ensemble von fünf flachen Gebäuden zwischen 1965 und 1969 am Rand des Botanischen Gartens erbaut, «sah das Fließen der Landschaft durch den Gebäudekomplex und die freie Erlebbarkeit sowohl der Tätigkeit des Gerichts als auch der Landschaft und der Gartenanlagen vor»[23]. Der in den siebziger Jahren einsetzende RAF-Terror machte das Konzept eines volksnahen Verfassungsorgans jedoch zunichte und erzwang weiträumige Absperrungen. Auch der Kanzlerbungalow musste während der Amtszeit von Helmut Schmidt durch eine vorgebaute Wand aus schusssicherem Glas geschützt werden. Vom Geist der Offenheit zeugt dagegen bis heute die sich am Berliner Hanseatenweg räkelnde Akademie der Künste, lang dahingestreckt zum Ausgleich für die eleganten Hochhäuser in der Nachbarschaft. Laut ihrem Erbauer Werner Düttmann eine «klare, unpathetische Kiste»[24], entstanden zwischen 1958 und 1960, ist sie in Wahrheit ein meditativer Ort, der größere Versammlungen ermöglicht, aber auch stille Versenkung, überraschende Raumeindrücke und bezaubernde Übergänge in die Schilf- und Gräsergärten im Inneren. Eine Architektur der raffinierten Lauterkeit, die Momente fast japanischer Harmonie gewährt.

Die Schönheit perfekter Verwaltung – das Büro als Wohnideal

Im Bereich des Warendesigns wurde die umstrittene neue Gestalt der Republik, die im Kanzlerbungalow zum Politikum geraten war, maßgeblich von der «Ulmer Schule» entwickelt. Die «Hochschule für Gestaltung Ulm», gegründet 1953 von Inge Aicher-Scholl, einer Schwester der von den Nazis umgebrachten Geschwister Sophie und Hans Scholl, ihrem Mann Otl Aicher, Max Bill und anderen, wollte die Nachfolge des Bauhauses antreten, zu dem es auch einige personelle Verbindungen gab. Walter Gropius sprach zur Eröffnung, der ehemalige Bauhäusler Johannes Itten gehörte zum Lehrkörper. Die Ulmer waren entschlossen, die Ära des Nierentischs zu beenden, der bis dahin das avancierte Design Nachkriegsdeutschlands angeführt hatte.

Der Nierentisch und seine krumme Verwandtschaft, die Tütenlampe, die spillerigen Blumentischchen, die organartig gebauchten Aschenbecher und die gekurvten Spiegel hatten zusammen mit den wilden Tapetenmustern, der abstrakten Malerei entlehnt, ein Ambiente gebildet, das sich schrill und kapriziös vom wuchtigen

Reichskanzleistil Nazideutschlands abhob. Zarte Pastellfarben neben hellem Grau ließen die Milchbar schweben, zierliche Eisengeländer begrenzten luftige Treppen, das Gelungenste war stets nur hingetupft, asymmetrisch und schwungvoll – artistisch wie der Rückwärtssalto des Rock 'n' Roll. Der Nierentisch, in Messing gegürtet, kess auf schräggestellten Beinen balancierend, wirkte im Moment seiner Erscheinung als sympathische Befreiung von der Schwere des Eiche-massiv-Gehabes. Mit ihm hob die Inneneinrichtung des Wirtschaftsaufschwungs ins Euphorische ab. Aber irgendwann musste es wieder solider werden, und spätestens mit dem Mauerbau tat die Besinnung auf Bodenständigeres not.

Inge Aicher-Scholl sah die Nierentischästhetik als Resultat einer Einmischung von Künstlern in ein Gebiet, das sie nichts anging und auf dem sie nur Unheil anrichteten. Erfolg hätten sie nur durch die «antitechnische und antigesellschaftliche Mentalität» der deutschen Konsumenten haben können, die sich von funktional unsinnigem, «modernem Krams» blenden ließen, schrieb sie 1962 in der Anthologie «Bestandsaufnahme»[25]. Die Schüler von Paul Klee sollten aufhören, Tapeten zu entwerfen, und die Jünger Henry Moores nicht länger Bestecke gestalten, sondern die Formung der Industrieproduktion endlich wieder Gebrauchsdesignern überlassen.

Aus dem angeblichen «Alptraum der Nierenformen»[26] wachte Deutschland sukzessive von selbst auf. Die anhaltende Hochkonjunktur bereitete einem Revival der klassischen Moderne den Weg, noch kühler, geradliniger und karger als die Avantgarde der zwanziger Jahre, doch erweitert um die Möglichkeiten, die die neuen Kunststoffe boten. 1957 stellte die damals Maßstäbe setzende Firma Knoll den Tulip-Esstisch und die passenden Tulip-Stühle von Eero Saarinen vor. Tische und Stühle waren einbeinig: An einen Sektkelch erinnernd, wuchs der weiße Tisch aus nur einem Fuß hervor, und genauso machten es die Stühle, deren weiße Kunststofflehnen an Tulpenblätter erinnern sollten. Das Tulip-Ensemble verband kurvige Leichtigkeit mit einem Maximum an Aufgeräumtheit –

und wurde zu einer Design-Legende, wie vieles, was Knoll herausbrachte.

Die New Yorker Möbelfirma, gegründet von dem 1938 aus Deutschland emigrierten Hans Knoll, sammelte die großen Gestalter der Weimarer Republik um sich, die vor den Nazis in die USA geflohen waren. Unter der gestalterischen Führung seiner Frau Florence wurde Knoll in den Fünfzigern zu der angesagten Lifestylemarke der Ostküste. Florence Knoll, genannt Schu, hatte in Harvard und am Illinois Institute of Technology bei Mies van der Rohe und Marcel Breuer studiert. Sie zählte eine Vielzahl von herausragenden Gestaltern zu ihren Freunden und versorgte sie auch später mit Ideen und Aufträgen – eine Firmenchefin, die die Sprache der Designer sprach und deren uneingeschränkte Achtung genoss. Der spartanische Drahtsessel von Harry Bertoia, der auf der Haut Muster hinterließ, ging auf ihre Initiative zurück, aber ebenso der bequeme *Womb Chair* von Saarinen. Der *Womb Chair* (*womb* = Mutterleib) nahm gestresste Manager in sich auf, die sich für Momente zurück in die Gemütlichkeit vor ihrer Geburt sehnten, und er tat das, ohne die vornehme Kühle ihrer Büros zu verletzen. Ein Meisterwerk.

Unter dem Namen «Knoll International» expandierte die Firma auf den europäischen Markt und rollte ihn auf. Privat konnte man Knoll-Möbel nur auf komplizierten Wegen erwerben, die Hauptkunden waren Inneneinrichter von Unternehmen, Hotels, Kanzleien, Agenturen und Behörden. Wo immer man Wert auf Chic und Effizienz legte, kam Knoll in Betracht. Das Design markierte die schlanke Seite des Wirtschaftswunders und entsprach dem Geist des teamorientierten Büros. Hier, in der Verwaltung der modernen Welt, fand Florence Knoll ihre wahre Berufung. Aktenschränken, Drehstühlen, Ablagesystemen, Karteimöbeln galt ihre große Leidenschaft. Eine typische Knoll-Erfindung war der leicht elliptische, bootförmige Konferenztisch, an dem sich eine Gruppe besser im Auge behalten konnte als an einem reinen Rechteck. Auch der in zwei Metallrahmen eingehängte Schreibtisch entsprach den Erfordernissen flexibler Büros: Beim Herumschieben drohten nicht mehr die Beine abzubrechen.

Von den eleganten Büros aus traten die Knoll-Möbel ihren Siegeszug in die Wohnungen der fortschrittlich fühlenden Oberschicht an und beeinflussten bald auch die Kollektionen preiswerterer Firmen. Die zeitgemäßen Wohnzimmer sollten aussehen wie die schicken Schaltzentralen der Macht und des Marktes: edel, geradlinig, funktional, unsentimental. Nichts sollten sie gemein haben mit dem Gelsenkirchener Barock der Neckermänner. Dass Büros zum Vorbild für Wohnzimmer werden konnten, zeigt das Maß der Zustimmung, die das Arbeitsleben trotz Stress und Leistungsdruck hervorrief. Den Traum vom modernen Wohnen umzusetzen, gelang aber nur den wenigsten, schon weil die nötigen Quadratmeter fehlten, die Panoramafenster und das Geld. Irgendwo stand immer ein Ding von gestern herum.

Ein bisschen teutonischer und protestantischer stellten sich die Objekte dar, die im Zusammenhang der Ulmer Schule produziert wurden. Auch hier ging es um mehr Übersichtlichkeit in einer chaotischen, stressgeplagten Welt des Leistungsdrucks. Berühmt wurde Otl Aichers Erscheinungsbild für die Lufthansa, das mit dem Gestaltungswirrwarr der Airline 1962 aufräumte. Der aufsteigende Kranich wurde in einen Kreis gesperrt, die Wortmarke *Lufthansa* «gemischt», also mit Klein- und Großbuchstaben geschrieben, was dem Wortbild optisch mehr Prägnanz verlieh, aber auch bescheidener und beruhigender wirkte. Gesetzt in der nüchternen Helvetica, sollte es aussehen, wie das Land zu sein wünschte: in der Luft so sicher wie am Boden.

Als ein Segen für unzählige Hotelfachkräfte erwies sich das in der Ulmer Schule entwickelte Systemgeschirr TC 100. Es war nicht gerade atemberaubend elegant, ließ sich aber unglaublich hoch stapeln und brachte es vor allem in Kantinen, Jugendherbergen und Krankenhäusern zu jahrzehntelanger Verwendung. Und wie ein frischer Regenguss brach der Look der Braun-Radiogeräte in die Schwüle des historisierenden Kitsches hinein, der bis dahin die

Schlicht, schnörkellos und beliebig stapelbar: Das Geschirr TC 100 von Hans Roericht aus der «Ulmer Schule». Entwickelt 1959 ganz im Geist schlichter Funktionalität, wurde es schon wenige Jahre später in die Sammlung des Museum of Modern Art in New York aufgenommen.

Radioempfänger eingekleidet hatte. Das unter dem Spitznamen «Schneewittchensarg» berühmt gewordene Modell SK4 aus hellem Metall, Seitenwänden aus Ahornholz und einem Deckel aus Plexiglas wurde zum Muss der intellektuellen Wohnkultur. Günter Grass kaufte die Lifestyle-Ikone gleich von seinem ersten Honorar, das er für eine Radiolesung erhalten hatte.

Das gesamte Braun-Design, vom Reisewecker über den Küchenmixer bis zum Diaprojektor, erlangte in seiner Verbindung von Zweckmäßigkeit, Einfachheit und Harmonie Kultstatus. Es gab sogar eine Zeitung für Braun-Sammler, die sich ausschließlich mit Braun-Produkten beschäftigte.[27] Für Braun-Enthusiasten bedeutete der Entsafter oder die schlichte Küchenuhr eine existenzielle

Befreiung: Der Silberschmied und studierte Philosoph und Kunsthistoriker Rudolf Schönwandt empfand das ab 1955 gebaute Radio «Phonosuper SK2» als eine so tiefe Offenbarung, dass er sich bei Braun in der PR-Abteilung einstellen ließ: «Die Geräte sprachen alles in mir an, was sich frei machen wollte von Obsessionen, von gesellschaftlichen oder auch nur muffig-konventionellen Zwängen, von kraftlosen Abhängigkeiten, von dem Bedürfnis, sich durch aufgetakelte Produkte anmachen zu lassen.»[28] «Gestaltung aus dem Geist der Aufklärung», frohlockte Schönwandt. Es war zumindest der Geist der jungen Bundesrepublik. Alle Sorgen, die sich die gehobenen Stände über die moralischen und sozialen Folgen des ausufernden Konsumismus machten, schienen in der Kombination von Qualität, Vernunft und optischer Askese gebannt. Wenn das Wirtschaftswunder so aussah, nur weiter damit![29]

Neue Heimat – Wiederaufbau und Gedächtnisverlust

Unablässig röhrten Presslufthämmer. Die Nachkriegszeit war eine Periode der Bagger, Baukräne und Abrissbirnen, der Mörtelkellen und der Baugerüste. IG Bau-Steine-Erden hieß eine der mächtigsten Gewerkschaften; ihr Name könnte sinnbildlich stehen für die ganze Republik, so sehr war sie gestrafft und gleichgestimmt im Aufbauwerk. Hans Scharoun, seit 1945 Stadtbaurat in Berlin, pries die durch den Bombenkrieg gesparten Abrisskosten: «Die mechanische Auflockerung durch Bombenkrieg und Endkampf gibt uns jetzt die Möglichkeit einer großzügigen, organischen und funktionellen Erneuerung.»[30] Die Überlebenden waren entschlossen, die Zerstörung als Chance zu nutzen. Kein bloßer Wiederaufbau, sondern ein Neubeginn, etwas Besseres als das Verlorene sollte geschaffen werden, frei von Rücksichten auf die alte Stadtstruktur. Besonders gründlich kam damit Hannover voran, wo der Stadtbaurat Rudolf Hillebrecht unermüdlich Entflechtung und Entmischung predigte und von «aufgeständerten Hochstraßen» und

«Unterpflasterbahnen» schwärmte, die es ermöglichen würden, kreuzungsfrei von der Autobahn bis zur Innenstadt und wieder hinauszufahren.

Beherzt wurde dafür die im Mittelalter entstandene sternförmige Struktur Hannovers aufgebrochen und durch breite Schnellstraßen zerschnitten. Ein Innenstadtring schnürte bald mehrspurig die City ein, parallel dazu ein Kranz von Tangenten. Kreuzungen wurden durch riesige Kreisel ersetzt, mit einem leeren, unzugänglichen Raum in der Mitte, was gewaltige Flächen verbrauchte. Waren auch viele Bürger schockiert über die Brutalität, mit der sich die Bulldozer durch ihre Viertel fraßen, den Stadtplanern und Architekten aus aller Welt gefiel es: Die «einst behäbig-konventionell dahingluckende Provinzstadt» sei «zum Wallfahrtsziel von Architekten, Verkehrsingenieuren und ganzen Delegationen in- und ausländischer Städtebauer geworden», berichtete der «Spiegel».[31] Das Magazin war so begeistert von der Funktionalität der umgekrempelten Stadt, dass er die Abrissorgie als «Wunder von Hannover» feierte und 1959 die niedersächsische Hauptstadt schon als «Stadt des Jahres 2000» sah.[32] Eine grobe Fehleinschätzung: Heute glauben nur neun Prozent der Bundesbürger, Hannover sei eine Reise wert. In Umfragen zur hässlichsten Stadt Deutschlands landete sie zwischenzeitlich auf den vorderen Plätzen.[33]

Doch das Beispiel Hannover machte Schule. Das Konzept des autogerechten Ausbaus ließ in fast allen Städten Fußgänger wie verängstigte Hasen über viel zu breite Straßen sprinten. Wo man eben noch zu Fuß zum nächsten Supermarkt gegangen war, versperrte jetzt eine Autobahn den Weg zur einstigen Nachbarschaft. Auf dem Ruhrschnellweg in Essen verlief die Straßenbahn zwischen den Autofahrspuren; die Haltestellen waren nur durch düstere Tunnel zu erreichen. Wer auf seine Bahn wartete, umtost von den unablässig vorbeirauschenden Autos, erlebte eine Demutsübung, die den Hartgesottensten in die Schwermut treiben konnte. Der Fußgänger war zu einer vernachlässigbaren Größe geworden. Dass der Autoverkehr ungehindert floss, erschien den Planern hingegen als

Sache der Menschenwürde: Ampeln seien «gefährliche, den Menschen in seiner Würde demütigende Zeiträuber», hieß es in Hans Bernhard Reichows Plädoyer «Die autogerechte Stadt»[34] aus dem Jahr 1959.

Durch den Wiederaufbau war die Bauindustrie gleich nach dem Krieg zur wachstumsträchtigsten Branche geworden. Millionen von Ausgebombten und Geflüchteten hausten noch jahrelang zusammengedrängt in Bruchbuden, Wellblechhütten und sogar im ehemaligen Konzentrationslager Dachau. Zwischen 1949 und 1960 wurden sechs Millionen Wohnungen gebaut – eine für die heutigen Planungsverhältnisse unvorstellbare Zahl.[35] Trotzdem war der Wohnungsbedarf noch nicht gestillt, weil bis 1961 drei Millionen Flüchtlinge aus der DDR hinzuströmten. Als das Nötigste errichtet war, konnte die Bauwirtschaft nicht einfach Schluss machen, sondern widmete sich nun dem erhaltenen Baubestand. Auch was nur leicht beschädigt war, zu beengt oder zu alt erschien, wurde abgeräumt. Ganze Stadtviertel wurden planiert, um Raum für «gesundes Wohnen in Licht und Sonne» zu schaffen.

Was stattdessen entstand, ließ von der alten Stadt an vielen Stellen nichts mehr erahnen. «Er stand in einer neuen Stadt», heißt es in Ruth Rehmanns Roman «Illusionen» (1959) über eine Rückkehr in die alte Heimat, «aus deren Boden der Krieg alle Jugenderinnerungen ausgerodet hatte, eingestampft die Spuren seiner Kinderfüße, Träume und Hoffnungen desinfiziert, geräumt, planiert, die Namen der Straßen sagten ihm nichts, und was an Schutt und entblößten Kellerlöchern verschämt im Schatten moderte, hatte keine Stimme im Chor der ins Licht schießenden Fassaden.»[36] Die historischen Straßenverläufe waren genauso wenig wiederzuerkennen wie die traditionellen Bauhöhen; große «Hausscheiben» waren quer zum historischen Stadtgrundriss in parallelen Reihen errichtet worden, dazwischen wurde mit Gras und einfachem Gesträuch sogenanntes «Abstandsgrün» angelegt, das genauso aussah, wie es hieß.

Ausbau der Bundesstraße 1 zum Ruhrschnellweg mitten durch Essen. In der Mitte die Straßenbahntrasse. Wer auf der anderen Seite der Straße Freunde hatte, konnte sie zu Fuß kaum noch besuchen. Aufgenommen im Jahr 1959.

Es wäre ein Irrtum, anzunehmen, die meisten Menschen hätten dieses geschichtsvergessene Ambiente als trostlos empfunden. Viele Deutsche bezogen glücklich die Neubauten des Aufbauprogramms, vor allem die kleineren Siedlungen, die noch nichts mit den gewaltigen Trabantenstädten der sechziger Jahre gemein hatten. Simpel, anspruchslos, meist drei- bis vierstöckig unter schlichtem Satteldach, mit zwei bis drei Aufgängen, bildeten sie grau und glatt bald den Großteil unseres Baubestands. Bis heute machen sie die leicht zu übersehende Substanz unserer Städte aus. Der ganze Ehrgeiz ihrer Erbauer bestand darin, in möglichst kurzer Zeit möglichst viel einfachen Wohnraum zu schaffen, was bewundernswert schnell gelang. Diese Häuser wollten nichts sein als rationell, nicht einmal zur demonstrativen Zurschaustellung von Zweckmäßigkeit wie beim Bauhausstil reichte es. Das durchschnittliche Siedlungshaus war von erhabener Mittelmäßigkeit. Stilistisch keiner Rede wert, fand es auch keinen Eingang in die Architekturgeschichte, stieß weder auf wütende Polemiken noch auf großes Lob. Auf seine unscheinbare Art ein Meisterwerk, typisch für die junge Republik, und doch in kleinen Abwandlungen überall in Europa zu Hause, wo der Krieg gewütet hatte.

Nur wenige, meist sehr konservative Städte wie Münster, Soest oder Werl schafften es, sich bürgerschaftlich gegen den Schulterschluss von Bauwirtschaft und Politik zu stemmen und den traditionellen Stadtgrundriss zu erhalten. Nicht immer gelang es: Selbst in Lübeck, wo die Bürgerschaft 1949 den Wiederaufbau des alten Stadtbildes beschlossen hatte, riss man ganze Viertel der Altstadt für den Bau von Kaufhäusern ab. In anderen Städten schaute man teilnahmslos, oft sogar freudig zu, wie der jeweilige mittelalterliche Kern zerstört wurde. Ein ehemaliger Stadtkonservator aus Regensburg erzählte, dass ihm «mehrmals von Einwohnern dieser von Kriegsschäden weitgehend unversehrten Stadt» gesagt worden sei, «dass die eine oder andere Bombe in die Stadtmitte die städtebauliche Modernisierung doch sehr erleichtert hätte».[37] Für ein paar Bequemlichkeiten wie den Parkplatz vor der Haustür verließen die Menschen die Altstädte, überließen sie den Baggern und zogen in die Trabantensiedlungen mit Aufzug und Müllschlucker. Von «behutsamer Stadterneuerung», dem Konzept, das der Architekt Hardt-Waltherr Hämer Ende der sechziger Jahre in Berlin entwickelte, war noch nichts zu spüren.

Was stehenblieb, wurde bis zur Unkenntlichkeit modernisiert. Während die meisten Franzosen, Briten und Niederländer sorgfältig ihre Häuser instand hielten und das traditionelle Aussehen bis ins Detail bewahrten, versteckten viele Deutsche ihre Fachwerkhäuser hinter unansehnlichen Dämmfassaden aus Eternitplatten. Sie zerschlugen die gegliederten Sprossenfenster und bauten großflächige Scheiben ein, die die Häuser hohläugig machten wie Totenköpfe. Die kunstvoll getischlerten Holztüren wurden an Trödler verkauft und durch schraffiertes Plexiglas in Aluminiumrahmen ersetzt. Den meisten Dörfern rasierte die Modernisierung jeden Charme weg. Von Heimatliebe konnte hier keine Rede sein. Die missglückte Modernisierung war vielmehr Teil dessen, was der Philosoph Helmuth Plessner 1959 die «Kultivierung des nationalen Gedächtnisverlustes»[38] nannte. Scham und Schande im Blick auf die jüngste Geschichte und die gleißende Gegenwärtigkeit des Wirtschaftsaufschwungs hatten die Vergangenheit so diskreditiert, dass alles Alte bedroht war, vor das sich nicht schützend ein Denkmalpfleger stellte.

Hinzu kam, dass viele Dörfer in ärmeren Gegenden noch Ende der fünfziger Jahre in einem verwahrlosten Zustand waren. Der Sanierungsrückstand reichte weit in die Kaiserzeit zurück: die Straßen ungepflastert, fehlende Kanalisation; selbst in Schulen gab es häufig nur ein Plumpsklo. Reihenweise waren Dächer zusammengebrochen, Fenster hingen schief aus ihren Rahmen, aus unbewohnbar gewordenen Häusern lugten Gänse und Hühner heraus. Oft musste man das Wasser noch aus dem Dorfbrunnen holen und eimerweise nach Hause tragen – in eine Küche, in der womöglich das neueste Kühlschrankmodell stand. Extreme Ungleichzeitigkeiten – Wohlstand in Ruinen – prägten mancherorts den Alltag. Dass in Schmutz und Chaos zurückgebliebenen Gebieten die Sehnsucht nach einer kompletten Geometrisierung des Lebens gedieh, ist wenig verwunderlich.

Im Lauf der Sechziger aber regte sich zunehmend Kritik an der Ödnis der Neubauviertel. Die Planer reagierten darauf, indem sie höher und dichter bauten, um auf diese Weise «urbane Qualitäten» zu erzeugen. In den Großsiedlungen von der Art der «Entlastungsstadt Neuperlach» in München, der «Nordweststadt Frankfurt» oder der Siedlung «Kiel Mettenhof», die nun auf den Äckern vor den Toren der alten Städte entstanden, stapelten sich die Mieter wie die Container im Hamburger Hafen. Bauträger war zumeist die gewerkschaftseigene «Neue Heimat», die größte Baugesellschaft Europas, die in drei Nachkriegsjahrzehnten über vierhundertsechzigtausend Wohnungen realisierte, viele davon Sozialbauwohnungen. Ihre gigantischen Siedlungen zeugten auf triumphale

Weise davon, wie schnell man Massen von Menschen übereinandertürmen, aber auch, wie viel man dabei falsch machen kann.[39]

«Die Monotonie der Fensterreihung der meisten Hochhäuser und der starren Addition von Siedlungshäusern sind ein abstoßender Beweis für die schwache Fähigkeit, gestalterisch mit den biologischen Prozessen (der Vermehrung) und den technologisch ausgelösten (der Ballung) Schritt zu halten»[40], schrieb der Psychoanalytiker Alexander Mitscherlich 1965 in seinem vielbeachteten Buch «Die Unwirtlichkeit unserer Städte». Diese machte er für das Anwachsen der Kriminalität, die zunehmenden Neurosen der Kinder und das allgemeine Gefühl der Unbehaustheit verantwortlich, die die Siedlungen kennzeichne. Echte Städte hätten ein Herz, diese herzlosen Agglomerate «von Wohnstätten, Arbeitsplätzen, Essgelegenheiten und Illusionsgewerben aller Art»[41] aber bedeuteten eine Abkehr von jahrhundertelang erprobten Prinzipien städtischen Zusammenlebens. Ein Gefühl von Heimat sei in den strukturlosen Schlafstätten genauso wenig zu bekommen wie Impulse für demokratische Initiativen. Erst später und viel zu selten lernte man, genügend Gemeinschaftseinrichtungen bereitzustellen, Mitbestimmungsstrukturen für die Bewohner zu schaffen und die Siedlungen besser an die Innenstädte anzubinden. Von dort schaute man voller Furcht auf die Trabantenstädte, deren Bewohner bald übel beleumdet waren, weil sie, so rüde massiert, ein eher unheimliches Bild der «nivellierten Mittelstandsgesellschaft» abgaben. Mit dem Ideal einer Bürgergesellschaft hatte das, was man da aus der Ferne sah, wenig gemein.

Für die städtischen Intellektuellen war ein Leben in den «Fickzellen mit Fernheizung», wie Heiner Müller die vergleichbaren Plattenbauten des Ostens nannte,[42] schwer vorstellbar. Ihre Liebe zu Stuck und Gaslaterne wuchs notgedrungen, je unfähiger sich der Städtebau der Gegenwart erwies, liebenswerte Milieus von der Qualität der alten Stadt zu schaffen.[43] Doch die Rasterfassade blieb emblematisch für Jahrzehnte, die serielle Reihung entsprach dem Geist der Zeit.

Das zeigte sich besonders verblüffend in einem ganz anderen Metier: dem Verlagswesen. Mit der 1963 aus der Taufe gehobenen Taschenbuchreihe *edition suhrkamp* ersannen der Typograph und Buchgestalter Willy Fleckhaus und der Verleger Siegfried Unseld das geistige Pendant zur Rasterfassade: eine radikal vereinheitlichte Reihe, in der kein Buch ein individuelles Cover bekam. Autor, Titel, Verlag in immergleicher Größe und Schriftart, wenige gerade Linien – das war's. Der Clou bestand im Farbspektrum, das jedes Buch zum Element eines strikt gefügten Kollektivs machte. Angefangen beim dunklen Blau für Bertolt Brechts «Leben des Galilei», der Nummer eins, erschien die Reihe auf- und absteigend im Kontinuum der Spektralfarben. Über Violett, Rot, Orange, Gelb und Grün ging es mit Hesse, Beckett, Frisch, Eich, Penzoldt, Weiss, Adorno, Bloch, Wittgenstein etc. in achtundvierzig Farben weiter, um dann wieder von vorn mit Blau anzufangen. Das Farbspektrum erhöhte den Sammeltrieb; wer mit den Suhrkamp-Bänden sozialisiert worden war, stellte sie gern zusammen ins Regal und präsentierte sich stolz als Besitzer des geistigen Regenbogens. Ein soziales Gefüge, durch das die Rede von der «Suhrkamp-Kultur» als einem Diskurskosmos von Intellektuellen entstand. Links im weitesten Sinne, trat er optisch so auf, als würde er ein geschlossenes Ganzes bilden und perspektivisch einmal die kritische Summe einer geistig regen Republik bilden können.

Aus Pinschern werden Löwen

Nach dem Mauerbau versuchten mehr und mehr Westdeutsche die Freiheit, die den Legitimationskern ihres Teils des Landes ausmachte, auch wirklich in Anspruch zu nehmen. Man wurde zunehmend «freiheitlich», hatte die Demokratie inzwischen erprobt und schätzen gelernt und wollte mehr davon am Arbeitsplatz, in der Schule, in der Erziehung. Viele, die stolz waren auf das

Erreichte, wollten nun höher hinaus. Wie kam man in einer Gesellschaft, deren Mittelschicht immer breiter und gleichförmiger zu werden schien, weiter nach oben? Es war ausgerechnet der liberale Soziologe Ralf Dahrendorf, der, deutlicher als viele Linke, den von Schelsky geprägten Begriff der «nivellierten Mittelstandsgesellschaft» kritisierte. Dahrendorf war von der prinzipiellen Ungleichheit der einzelnen Menschen wie der sozialen Schichten überzeugt. Erst wer diese als Tatsache anerkenne, sei auch bereit, entschieden für gerechte Aufstiegsmöglichkeiten einzutreten. Die «Chancengerechtigkeit» wurde zum wichtigsten Schlagwort in den politischen Auseinandersetzungen der Zeit. Weil es so mühsam sei, auf sich allein gestellt im Gebirge der sozialen Schichtung nach oben zu kraxeln, müssten, so Dahrendorf, die «Seilbahnen der Ausbildungsinstitutionen»[44] ausgebaut werden, um mehr soziale Mobilität zu ermöglichen.

Das starre Bildungssystem war an seine Grenzen gekommen, im Hinblick auf die Glücksansprüche der Menschen, die ihren Kindern den Aufstieg nach oben eröffnen wollten, aber auch in Bezug auf den gestiegenen Bedarf an Hochschulabsolventen in Forschung und Industrie. In den Zwergschulen der Dörfer unterrichtete vielfach noch ein Lehrer eine Klasse, in der sechs- bis vierzehnjährige Schüler zusammensaßen. Wurde er krank, fiel wochenlang die Schule aus. Wegen des Mangels an Kollegen hatten etliche Lehrer zwei Klassen auf einmal zu unterrichten. Sie gaben der einen Klasse eine Aufgabe, Abschreiben eines an die Tafel geschriebenen Textes beispielsweise, und gingen, während die Schüler mit der Arbeit begannen, in die Nachbarklasse, um diese mit Aufgaben zu versorgen.

Der Blick in den Ostblock machte deutlich, dass es so nicht mehr lange weitergehen konnte. Als es die Sowjets und nicht die USA waren, die 1957 mit «Sputnik 1» den ersten Satelliten ins All schossen und um die Erde kreisen ließen, dämmerte es dem Westen, dass er den Kommunismus in seiner technologischen Leistungsfähigkeit unterschätzt hatte. Der sogenannte Sputnikschock führte in den Vereinigten Staaten zu einer radikalen Bildungsoffensive. Mit etlichen Jahren Verspätung folgte in der Bundesrepublik die Ausrufung des «Bildungsnotstands», auch hier mit sorgenvollem Blick auf das leistungsfähige Schulsystem der DDR. Die dörflichen Zwergschulen wurden abgeschafft, Mittelpunkt- und Gesamtschulen gebaut, die Durchlässigkeit zwischen den Schulformen erhöht, die Zahl der Abiturienten vervielfacht, der zweite Bildungsweg eröffnet. Zum Symbol des Aufstiegs der Arbeiterkinder zu Akademikern wurde die Ruhr-Universität Bochum, Mitte der sechziger Jahre der größte Bauplatz der Republik: dreizehn identische Hochhäuser, jeweils zweihundert Meter lang, siebzig Meter breit und zwölf Stockwerke hoch, und eine im gleichen Stil erbaute Wohnstadt mit Autobahnanschluss – eine Wissensfabrik und Examensmaschine, die ihresgleichen suchte.

SPD und Liberale wurden zu treibenden Kräften der Reform, während der CDU der Vorwurf bildungspolitischer Lethargie anhaftete. Als ihr Opfer galt das vielzitierte katholische Landarbeitermädchen, dessen Chancen, trotz seiner Herkunft den Aufstieg in fremde Milieus zu schaffen, gleich null seien. Und dann überwand es doch die statistisch belegten Hürden, ging täglich in die weit entfernte Mittelpunktschule, machte Abitur, studierte Germanistik und kehrte in den Sommerferien nach Hause ins Dorf zurück. Dort saßen die Eltern stumm auf der Couch in der guten Stube, staunten ihre eloquente Tochter an, die plötzlich sehr großstädtisch aussah, richtig weltgewandt, und für einen Moment schämten sie sich ihres begrenzten Horizonts. Und die Tochter schaute sich um in dem engen, kahlen Zimmer und wusste auch nicht, was sie erzählen sollte.[45]

Binnen kurzem produzierte das treibhausmäßig ausgebaute Bildungssystem viermal mehr Studenten, als es in früheren Jahrgängen der Fall gewesen war. Nie zuvor wurden so schnell so gravierende kulturelle Abstände zwischen Kindern und Eltern geschaffen wie in den sechziger und siebziger Jahren. In den Stolz über das Vorankommen des Nachwuchses mischten sich auf Seiten vieler Eltern

Unsicherheiten, Entfremdungsgefühle und Ärger über dessen in der Ferne erwachten Widerspruchsgeist.

Enorme Ungleichzeitigkeiten prägten das Land auch kulturell. Während ein Teil der Jugend immer provozierender Sitte und Anstand in Zweifel zog und das Hinterfragen von allem und jedem zum Lebenselixier machte, lebten viele Erwachsene in einem vordemokratischen Gedankenraum, der nur deshalb bislang mit der Realität nicht in Konflikt geraten war, weil es wirtschaftlich immerzu aufwärtsging. Als «unmoderne Menschen in einer modernen Gesellschaft» (Dahrendorf) reagierten sie immer gereizter auf eine öffentliche Atmosphäre, in der Widerspruch zur Währung gesellschaftlicher Anerkennung wurde. Der widerliche Spruch «Unter Hitler wärt ihr alle vergast worden» wurde zur Standardphrase ruhesüchtiger Untertanentypen, die mit der fröhlichen Unruhe einer von *Twist and Shout* ergriffenen Gesellschaft nicht zurechtkamen.

Auch die Journalisten waren freier und für die seit 1949 ununterbrochen herrschende CDU zunehmend unbequemer geworden. Staat und Justiz reagierten mit autoritären Anfällen auf Kritik, was sie in den Augen der skeptischen Leute weiter diskreditierte. Eine ernste Krise erlebte die Meinungsfreiheit während der bis heute unvergessenen «Spiegel»-Affäre. Nicht zufällig entspann sie sich in Zusammenhang mit einem Rüstungsthema im Kalten Krieg. Der «Spiegel» hatte im Oktober 1962 unter dem Titel «Bedingt abwehrbereit» über das Nato-Manöver *Fallex 62* berichtet, das erstmals einen atomaren Angriff auf Europa als Beginn des Dritten Weltkriegs simulierte. Der «Spiegel»-Bericht beklagte erhebliche Schwächen in der deutschen Verteidigungsfähigkeit beziehungsweise, so der Vorwurf, «verriet sie». Darüber hinaus thematisierte der Beitrag Planspiele der Nato, die zeigten, wie auf verschiedene Szenarien eines Angriffs der Roten Armee auf Europa reagiert werden könne. Die Varianten lasen sich allesamt schaurig, gleich zu Beginn des fünfzehnseitigen Textes wurde schon mal eine grauenhafte Zwischenbilanz gezogen, bevor es in die Details der möglichen Luft- und Bodenkämpfe ging und dem Leser vor lauter «Fesselungsangriffen», «Ausflankierungen», «Nachschublinien» und «gestaffelten Verteidigungslinien» schwindlig wurde. Hängen blieb vor allem: «Nach wenigen Tagen waren erhebliche Teile Englands und der Bundesrepublik völlig zerstört. In beiden Ländern rechnete man mit zehn bis fünfzehn Millionen Toten.»[46] Aufgrund der mangelhaften Vorbereitung und Ausrüstung der Bundeswehr seien auch die anschließenden Kämpfe zur Territorialverteidigung kaum zu gewinnen. Selbst der als Zuschauer teilnehmende Bundesinnenminister Hermann Höcherl habe zugegeben: «Unter den gegenwärtigen Umständen hat fast keiner eine Chance.»[47]

Der Bericht des «Spiegel» bot derart präzise Informationen, dass sich die Frage stellte, woher er sie wohl bezogen hatte. Gleich am nächsten Tag begann die Bundesanwaltschaft zu ermitteln und nach etwaigen geheimen Quellen des «Spiegel» zu fahnden. Am 26. Oktober wurden die Redaktionsräume des Magazins polizeilich besetzt und durchsucht, die Räume anschließend versiegelt, die Journalisten an der Arbeit gehindert. Herausgeber Rudolf Augstein, die Redakteure Claus Jacobi, Hans Schmelz und andere wurden wegen des Verdachts auf Landesverrat festgenommen. Redakteur Conrad Ahlers und seine Frau wurden im Urlaub in Torremolinos verhaftet. Die Verhaftung durch die *Guardia Civil* hatte Verteidigungsminister Franz Josef Strauß, seit Jahren in inniger Fehde mit dem «Spiegel» verstrickt, an allen Amtswegen vorbei persönlich über den Militärattaché in Madrid, einen alten Freund, veranlasst.[48] Auch die richterlich verhängte Untersuchungshaft entsprach den Methoden einer Bananenrepublik: Redakteur Hans Schmelz wurde für einundachtzig Tage, Herausgeber Augstein für hundertdrei Tage in Haft genommen.

Womit Strauß nicht gerechnet hatte, war die Heftigkeit des öffentlichen Protests, der sich gegen die Schikanierung des Nachrichtenmagazins erhob. Die gesamte Presse solidarisierte sich;

in der «Frankfurter Allgemeinen Zeitung», die den Rechtsstaat bedroht sah und dem Hamburger Magazin beisprang, hieß es: «Was da stinkt, geniert nicht nur den ‹Spiegel› (...), es geniert die Demokratie in unserem Land, die ohne freie Presse (...) nicht leben kann.»[49] Dass der zuständige Bundesjustizminister Wolfgang Stammberger (FDP) von Strauß übergangen wurde, führte zur Regierungskrise: Die FDP-Minister verließen das Kabinett; die Liberalen fanden sich erst zur Rückkehr in die Koalition bereit, als Strauß seinen Rücktritt erklärte. Dessen Rückzug erschien ohnehin unumgänglich, nachdem die Staatsanwaltschaft gegen ihn wegen Amtsmissbrauch und Freiheitsberaubung zu ermitteln begann und er am Ende der hierzu anberaumten dreitägigen «Fragestunde» des Bundestags am 9. November 1962 der Lüge überführt wurde.

Das ARD-Magazin «Panorama» interviewte damals an einem Zeitungskiosk einzelne Käufer und befragte sie zur «Spiegel»-Besetzung. Erschreckend oft war die Meinung zu hören, sie hätte schon früher erfolgen müssen, es wäre an der Zeit, solchen Schreihälsen den Mund zu stopfen. Umgekehrt gab die Affäre vielen Menschen Anlass, die Demokratie als ein Gut zu begreifen, das notfalls auch gegen den Staat verteidigt werden muss. Ein großer Teil der Intellektuellen begann, in der kritischen Opposition zum «CDU-Staat» eine wenn auch lose Gemeinsamkeit zu sehen. *Links* und *intellektuell* waren auf dem Weg, Synonyme zu werden. Dass sich vor dem Untersuchungsgefängnis in Hamburg zahlreiche Demonstranten versammelten und lautstark die Freilassung Augsteins verlangten, kann man als vorzeitigen Startschuss für die APO, die außerparlamentarische Opposition, betrachten. In vielen Städten der Republik wurde für die Verteidigung der Pressefreiheit demonstriert.

Die Affäre beschäftigte die Republik jahrelang. Erst im Mai 1965 entschied der Bundesgerichtshof, dass kein Verrat von Staatsgeheimnissen vorläge; die waffentechnischen und militärstrategischen Details, die der «Spiegel» genannt hätte, seien bereits zuvor zu einem beträchtlichen Teil von anderen Medien veröffentlicht

Bundesweit kommt es zu Demonstrationen gegen die polizeiliche Besetzung der Hamburger «Spiegel»-Redaktion und die Verhaftung von Redakteuren im Zuge der «Spiegel»-Affäre. Hier in München am 2. November 1962.

worden, unter anderem sogar in einem offenen Bericht des Verteidigungsausschusses des Bundestags. Peinlicher konnte die Blamage für Strauß und Adenauer nicht ausfallen.

Im Juli 1965 fanden die Spannungen zwischen der CDU und «den Intellektuellen» – dass es zu dieser verkürzten Formel kam, hatte sich die Partei selbst zuzuschreiben – ihren nächsten Höhepunkt: Ludwig Erhard sah die Gelegenheit gekommen, sich an Rolf Hochhuth für dessen scharfe Bemerkungen zum angeblichen Luxusbungalow zu rächen. Hochhuth gehörte zu einer Gruppe von Schriftstellern, die sich mit dem Buch «Plädoyer für eine neue Regierung oder Keine Alternative»[50] in den Bundeswahlkampf einmischten.

Sein Pamphlet gegen die «Dressur des Arbeiters zum handzahmen Haustier»[51] durch den Sozialstaat war allerdings derart holzschnittartig geraten, dass es Entrüstung in der Presse auslöste. Beispielsweise hatte Hochhuth ausgeführt, der Arbeiter würde «mit staatlicher Unterstützung raffiniert (...) zum Konsum»[52] verführt, um ihn daran zu hindern, ein – wenn auch noch so kleines – Vermögen aufzubauen, das ihn etwas selbständiger machen könnte. Der allgemeinen Zustimmung sicher, ließ sich Erhard dazu hinreißen, auf einer Wirtschaftstagung der CDU Hochhuth einen «kleinen Pinscher» zu nennen. Und damit nicht genug, schalt er die ganze Bande CDU-müder Schriftsteller gleich mit, die neuerdings «unter die Sozialpolitiker und Sozialkritiker» gegangen seien: «Banausen und Nichtskönner, die über Dinge urteilen, von denen sie einfach nichts verstehen. (...) Das ist alles dummes Zeug. Die sprechen von Dingen, von denen sie von Tuten und Blasen keine Ahnung haben. (...) Nein, so haben wir nicht gewettet. Da hört der Dichter auf, da fängt der ganz kleine Pinscher an.»[53]

Der Schriftsteller Hans Habe empfahl seinen Kollegen, nicht so empfindlich zu sein, wenn man sich in den Wahlkampf begebe. Schließlich hatte Hochhuth den Kanzler zuvor als «Bonns obersten Phrasendrescher» bezeichnet. Aber der NS-Staat, der ständig von oben herab Menschen mit Tieren verglichen hatte, war gerade mal zwanzig Jahre Geschichte. Da Erhard kurz zuvor auch noch über «Entartungserscheinungen der modernen Kunst»[54] schwadroniert hatte, haftete ihm nun das Goebbels-Etikett an wie mit Kraftkleber. Künstler, Wissenschaftler und Schriftsteller vieler Couleur solidarisierten sich mit den als Hunde Geschmähten. Sogar der New Yorker James Baldwin verkündete nach einem Gastspiel des *American Negro Theatre* in Hamburg solidarisch: «Ich bin ein Pinscher.»[55]

Günter Grass, für die SPD auf Wahlkampfreise, beschloss, eine «Pinscherrede» zu halten. In den Würzburger Hutten-Sälen besang er im Geiste Walt Whitmans «heiter und gelassen, begeistert und erzürnt» die Demokratie, «die geliebte, penetrante, die immerfort unzulängliche, zum Überdruss reizende, in Kerkern ersehnte, komplizierte und immer auf Wandel und Wechsel sinnende, ermüdende, teuer erkaufte, heilig-nüchterne Demokratie».[56] Während der Rede kampfeslustig das Publikum musternd, hatte sich der vermeintliche Pinscher in einen Löwen verwandelt, sich knurrend zu seinem Staat bekannt und diesen mit gekonntem Pathos gegen den Kanzler verteidigt. Von nun an konnte die oppositionelle SPD die Rolle der Verfassungshüterin für sich in Anspruch nehmen, während die CDU immer stärker in den Ruch einer autoritären und verknöcherten Partei geriet, die zur Not auch die demokratischen Regeln suspendierte, wenn es ihr zum Vorteil geriet. Grass' Rede war einer von vielen kleinen Momenten, die Stück für Stück dafür sorgten, dass sich der Zeitgeist wie ein riesiger Tanker langsam nach links bewegte. Im Dezember 1966 wird Willy Brandt Vizekanzler im Kabinett Kurt Georg Kiesingers. Vier Monate später stirbt Konrad Adenauer im Alter von einundneunzig Jahren.

Die Geburt des Jungfilms aus dem Geist der Vergnügungssteuer

Im Februar 1962 verabschiedeten sechsundzwanzig Filmemacher auf den Oberhausener Kurzfilmtagen unter dem Motto «Papas Kino ist tot» ein Manifest, das Geschichte machen sollte, obwohl es inhaltlich ziemlich dünn war und eigentlich nur behauptete, dass «der alte Film» am Ende sei und es nun an ihnen, den Jungen, läge, den «neuen Film» zu machen. Und dazu bräuchten sie Geld. Im Manifest hieß das «Freiheit von der Beeinflussung durch kommerzielle Partner». Unterzeichnet von: Alexander Kluge, Hans-Jürgen Pohland, Edgar Reitz, Peter Schamoni, Haro Senft, Herbert Vesely und vielen anderen, die heute weniger bekannt sind.

Einer der ersten Langfilme, die die Unterzeichner ins Kino brachten, hieß bezeichnenderweise «Abschied von gestern». Der 1966 erschienene Film von Alexander Kluge hatte in der Tat nicht viel mit dem gemein, was man sonst im Kino sah. «Bestürzend neu», urteilte die Filmkritikerin Frieda Grafe.[57] Eine junge Frau, Anita G, stiehlt einen Pullover, das Stück soll sie wärmen. Sie ist über die Grenze aus dem Osten gekommen und versucht vergeblich, in Frankfurt Fuß zu fassen. Für die Justiz ist sie das, was man eine Streunerin nennt, für den Film eine Art Sonde zur Erforschung der Wirklichkeit. «Den offenen Blick aus einem verschlossenen Gesicht gerichtet»[58], zieht sie, mit einem Koffer in der Hand, durch das nach allen Regeln der Neuen Heimat hochgezogene Frankfurt und Köln.

Kluges Film war offen für Zufälle und Ungeplantes, fürs Dreinreden der Schauspieler und für die Macht des Settings: die Betonpiste am Kölner Dom, die Rheinbrücke, die halbfertigen Neubaufassaden, die Baukräne, der Autoverkehr. Immer wieder verlässt die Kamera die Geschichte, die hier erzählt werden soll, schweift ab und fängt ein, was links und rechts so alles zu sehen ist während der Dreharbeiten, der Karneval zum Beispiel, eine betagte Kellnerin, die für den Moment wichtiger ist, als dass es mit der Handlung weitergeht. Was sonst nur Kulisse ist, wird hier selbst zum Sujet, zum aufmerksam gemusterten Gegenüber der ratlos hindurcheilenden Hauptfigur.

Das Halbdokumentarische, hungrig nach Wirklichkeit, kennzeichnet viele Filme der Oberhausener, wie sie bald genannt werden, obwohl in Wahrheit fast alle in München zu Hause waren. Vieles ist von der Nouvelle Vague aus Frankreich inspiriert, vor allem von Jean-Luc Godard und Louis Malle.

Auch die Brüder Peter und Ulrich Schamoni öffneten den geschlossenen Raum ihrer Filmerzählungen für die reale Umwelt, in der sie spielten. Während sie filmten, ging das normale Leben in ihren Settings einfach weiter: Die Teilnehmer eines Gottesdienstes, einer Tanzschulstunde oder die Besucher einer Kneipe wurden Teil des Films und brachten sich nach Kräften ein. In «Schonzeit für Füchse» (1966) von Peter Schamoni war es eine Treibjagd des Düsseldorfer Industrieadels mit all ihren merkwürdigen Ritualen, in «Alle Jahre wieder» (1967) von Bruder Ulrich Schamoni das

Bürgertum Münsters, das in besonders skurrilen Exemplaren auftaucht. Ein Fremdenführer erklärt den westfälischen Menschenschlag («Das Bodenständige schlägt immer wieder durch»), ein Kaplan nuschelt sich durch die Messe, die Stimme verschliffen durch jahrzehntelange Routine, Tanzschulschüler bedanken sich beim Abschlussball mit gestelzten Reden bei ihrer Lehrerin. Selbst die Feier der verzweigten Familie wirkt dokumentarisch, so lebensnah quellen die Sprüche hervor, mit denen man sich bei Laune hält: «Auf einem Bein steht man schlecht», lautet die Begründung fürs zweite Glas Korn, und am Ende steht die Einsicht: «Gott gibt uns die Nüsse, aber er knackt sie nicht auf.»

Das Oberhausener Manifest ist eines der ersten Beispiele der sechziger Jahre, in denen das Neue als Generationenprojekt formuliert wurde. Es ging nicht um links oder rechts, kritisch oder affirmativ, sondern um «jung». Um die dreißig waren die Jungfilmer 1961, als sie Unabhängigkeit von den Alten forderten. Als «Autorenfilmer» wollten sie autonom sein: Drehbuch und Regie in der eigenen Hand behalten und sich auch beim Rest der Produktion von keinen alten Hasen reinreden lassen. Die Routinen der großen Filmteams, die dafür sorgten, dass noch der gedankenloseste Streifen ordentliches Licht hatte, erschienen den Jungfilmern übermächtig. Sie fürchteten Bevormundung, wollten alle Fehler selbst machen und hielten sich deshalb von den großen Produzenten und ihren geübten Profis fern – ein Vorgeschmack auf das Autonomiestreben der antiautoritären Bewegung, die sich selbst von routinierten Kellnern unterdrückt fühlte und Restaurants mit «repressionsfreier Bedienung»[59] durch Aushilfen bevorzugte.

Der Antiprofessionalismus machte die Filme holprig, aber in vielen Fällen auch spaßig. Selbst die großen Erfolgsfilme wie «Es» (1965) oder «Quartett im Bett» (1968) hatten etwas Gebasteltes, das die Tücken des Materials nie vergessen ließ. Gerade deshalb waren die Kritiker entzückt. Während die Jungfilmer routiniert über mangelnde Beachtung und fehlende Zuwendung klagten, regnete es in Wahrheit Preise am laufenden Band. Papas Jurys nahmen den aufmüpfigen Nachwuchs gerührt in die Arme und belohnten ihn kräftig – «Abschied von gestern» bekam das Filmband in Gold in vier Kategorien und den Silbernen Löwen von Venedig. «Schonzeit für Füchse»: Silberner Bär bei der Berlinale, Filmband in Gold in zwei Kategorien. «Alle Jahre wieder»: Silberner Bär und Filmbänder in Gold und Silber in drei Kategorien. «Das Brot der frühen Jahre»: fünf Filmbänder in Gold. Auch international erregte der Neue Deutsche Film Aufsehen. Volker Schlöndorffs «Der junge Törless» erhielt 1966 den Kritikerpreis bei den Filmfestspielen in Cannes.

Die Selbstvermarktung der Autorenfilmer gelang so gut, dass «Papas Kino» plötzlich als ausnahmslos verkorkst galt. Zusammen mit der «Sissi», der «Försterliesel» und dem «Schatz im Silbersee» wurden auch Filme in den Orkus der Verachtung gespült, die, obgleich von Älteren gedreht, ihre Gesellschaft wesentlich bitterer und kritischer zeigten, als es etliche der Newcomer taten. Helmut Käutners «Schwarzer Kies» von 1961 zum Beispiel, ein düsterer Actionfilm vor dem Hintergrund des Baus der Ramstein Air Base, fiel bei einer wie von Blindheit befallenen Filmkritik durch, weil sie sich begeistert dem Aufstand der Jungen angeschlossen hatte, mit demselben Hochmut, der sechs Jahre später zu den unsympathischen Seiten der Studentenbewegung gehörte. Der inzwischen als Meisterwerk erkannte Streifen war bei jenen Oberhausener Kurzfilmtagen, während derer das berühmte Manifest entstand, mit dem Antipreis «für den schlechtesten Film eines bekannten Regisseurs» ausgezeichnet worden. Es mussten fast sechzig Jahre vergehen, bis anlässlich der Premiere der restaurierten Filmfassung auf der Berlinale 2017 deutlich wurde, welches Filmjuwel da ausgegrenzt und anschließend vergessen worden war.[60]

Der Junge Deutsche Film zog die Aufmerksamkeit magnetisch an, weil er aufregend neu, frisch und anders war. Die willkürlichen Schnitte, das Collagenhafte, Ausprobierte, Überdrehte war bisweilen anstrengend, lehrte aber auch, Dinge neu zu sehen. Es ging zu wie in einem Baukasten der Emotionen. Wie soll man leben, wie Gefühle zeigen, wie Begehren gestehen? Nicht nur Papas Art, Filme zu drehen, war ja in Verruf geraten, sondern auch seine Art, zu leben und zu lieben. Die Galanterie, mit der im handelsüblichen UFA-Film Verführungs- und Liebesszenen absolviert wurden, war den jungen Filmern ein Gräuel und zunehmend auch den Zuschauern. Das weltmännische Gebrumm eines Curd Jürgens und das Gesäusel eines Dieter Borsche kam den Jungen allzu peinlich herüber. Stattdessen kultivierte man die Unbeholfenheit. Zum internationalen Rollenmodell geriet der dreiste Charme, mit dem Jean-Luc Godard und Jean-Paul Belmondo ihren Pariser Kleinkriminellen Michel in «Außer Atem» (1960) ausgestattet hatten. Bei ihm klang ein Liebesgeständnis so: «Es ist komisch, ich habe zwei Mädchen gehabt, seit wir das letzte Mal zusammen waren, aber es hat nicht hingehauen. Es war traurig. Also kommst du nun mit oder nicht?»

Besonders deutlich wurde die kunstvoll stilisierte Flapsigkeit in Peter Schamonis «Schonzeit für Füchse». Ein junges Paar hat sich gefunden, weiß aber nicht recht, wie viel es wirklich voneinander will. Die eingespielten Umgangsformen der Alten lehnen sie ab, neue sind noch nicht da. Nichts stimmt, nichts will passen. Unsicher, rastlos, tastend und nervös erlebt man sie auf der Straße und auf der Couch: abweisend, wenn sie sich nach Zärtlichkeit sehnen; zärtlich, wenn sie Distanz bräuchten. Das war weniger quälend, als es sich anhört. Wie viel ästhetisches Kapital man aus der Unsicherheit schlagen kann, hatte man bei Godard gesehen, bei dem man gespannt verfolgte, wie ein Paar sich langweilte, unschlüssig in der Gegend herumstiefelte, dies und das beiläufig in die Hand nahm und irgendein nebensächliches Zeug erzählte.

Aufregend war der Autorenfilm, weil er aus der künstlichen Sphäre der Studios herausführte und den Zuschauern ihre eigene Realität zeigte. Die Republik war dem Illusionismus der fünfziger Jahre entwachsen und verspürte verstärkten Realismusbedarf auf allen Ebenen. Die artifiziellen Studiofiktionen erschienen da plötzlich schal und abgeschmackt. Dass man nun ins Kino gehen

Der Junge Deutsche Film auf der Suche nach neuen Perspektiven für Liebesszenen. Aus Peter Schamonis Film «Schonzeit für Füchse» mit Andrea Jonasson und Helmut Förnbacher, 1966.

konnte, nicht um der eigenen Welt zu entfliehen, sondern um sie dort zu finden, machte den Autorenfilm eine Zeitlang zum Leitmedium der jungen Bundesrepublik. Geholfen hat dabei bezeichnenderweise das Steuerrecht. Denn es war auch das Finanzamt, das dem deutschen Spielfilm zu seinem aufsehenerregenden Drall ins Dokumentarische verhalf. Diese gern übersehene Pointe entwickelte sich so:

Fast alle der Unterzeichner des berühmten Oberhausener Manifests verdienten bis dahin ihr Geld, wenn überhaupt, mit kurzen Dokumentar- und Industriefilmen. Dabei entwickelte man einen spezifischen Kamerablick auf die Wirklichkeit und ihre besonderen Schauwerte.[61] Es gab in der Nachkriegszeit einen gewaltigen

Bedarf an Kurzfilmen, weil es üblich war, im Kino vor dem Hauptfilm zusätzlich zur aktuellen Wochenschau auch einen sogenannten Vorfilm zu bringen. Kinobesitzer, die einen Kurzfilm mit dem Prädikat «Besonders wertvoll» zeigten, mussten keine Vergnügungssteuer abführen.[62] «Besonders wertvoll» waren Filme mit künstlerischem Anspruch. So kam es, dass auch die Zuschauer von «Mädchen für die Mambo-Bar» oder «Der Bucklige von Soho» erst einmal einen avantgardistischen Kurzfilm anschauen mussten, bevor endlich der Hauptfilm begann. Verständlicherweise scheuten Kinobesitzer die «abstrakten Filme», in denen sich Säure über irgendwelche Negative hermachte, Bindfäden herumzappelten oder mehrere Bilder übereinander zu sehen waren. Lieber griffen sie zu einem Genre, das sich, chic unterlegt mit coolem Jazz, in kühnen Bildern der Anbetung der allerneusten Bundesrepublik widmete. In den sogenannten «Baukranfilmen» liebkoste die Kamera die Wirtschaftswunderarchitektur, glitt an den Fassaden hoch, ließ die Kräne tanzen, Glas spiegeln, Flugzeuge starten, Kähne tuckern und irgendwelche Maschinenhebel allerlei Zischendes und Dampfendes in Aktion bringen. Wilfried Berghahn, einer der besten Kenner der jungen Filmszene, schrieb 1963: «Weder die deutsche Nachkriegsliteratur, noch das Theater, vom Spielfilm ganz zu schweigen, bekennen sich so konsequent dazu, ein Kind der Bundesrepublik zu sein, wie der Münchener Kurzfilm» à la Oberhausen. «Ohne die durch das Wirtschaftswunder geschaffenen sozialen und politischen Normen wäre er undenkbar.»[63] Berghahn erkannte, dass die jungen Kurzfilmer «bereitwilliger als die meisten der geschmähten Regisseure von Papas Kino der bundesdeutschen Gesellschaft den schönen Glanz» abkauften, «durch den sie sich so gerne repräsentiert fühlen möchte. Wenn ich Ludwig Erhard wäre und einen Werbefilm über das Wirtschaftswunder drehen wollte, würde ich alles tun, um Wolf Wirth als Kameramann zu gewinnen.»[64]

Wirth stand in fast allen Filmen Herbert Veselys hinter der Kamera. Die beiden brachten nicht nur die visuell waghalsigsten Filme der Oberhausener zustande, sondern auch die affirmativsten. Ihr faszinierender Kurzfilm «Düsseldorf – modisch, heiter im Wind verspielt» (1962), ein Werbefilm für die Landeshauptstadt, ist so poppig, lässig und ideenreich, dass man glaubt, die Kamera sei schwerelos geworden wie ein Luftballon.

Anders Berlin: Vesely und Wirth waren so hingerissen von dem düsteren Chic, den ihre Kamera noch den gewöhnlichsten Ecken Berlins abgewinnen konnte, dass ihr erster Spielfilm, «Das Brot der frühen Jahre» (1962) nach einer Erzählung von Heinrich Böll, in Schönheit hoffnungslos ertrank. «Wo hätte man je in einem deutschen Film der letzten Jahre Bilder von solcher Apartheit gesehen, wo Einstellungen von solchem Raffinement, Schwenks von ähnlicher Verwegenheit?»[65], schrieb Günter Rohrbach in der «Filmkritik» 1962 und vergab mit größtem Bedauern dennoch nur ein «annehmbar», weil Vesely den Zuschauer mit den Bildern alleinlasse und eine sinnfällige Erzählung nicht zustande bringe. Im Einzelnen hinreißend, im Ganzen ungenießbar – brillanter ist der existenzialistische Chic dieser Jahre nicht zum Ausdruck gekommen als in diesen Berliner Nachtaufnahmen in grobkörnigem Schwarz-Weiß, in dessen Dunkel sich die Gesichter Vera Tschechowas und Karen Blanguernons immer wieder verlieren, zumal sie sich zum Verwechseln ähnlich sehen.

Einschränkungslos zauberhaft ist hingegen Veselys Kurzfilmstudie «Menschen im Espresso»: eine visuelle Beschreibung eines gelassenen, genießerischen, wohlwollenden Lebensgefühls, das man den fünfziger Jahren so entspannt nicht zugetraut hätte. Menschen im Straßencafé, darunter viele Bekannte des Regisseurs, Zeitung lesend, einander musternd, sinnierend, plaudernd und pausierend – Vesely sieht im «Espresso» einen Ort der Demokratie, «Zentrum einer neuen Geselligkeit». Aus dem Off heißt es: «Italien hat begonnen, sich auszudehnen, über die Alpen hinweg und hinweg auch über die traditionellen Formen unserer Geselligkeit. Etwas Erstaunliches hat sich ereignet. Wir beginnen, auf der Straße zu leben. Wir setzen die Ferien fort, mitten in Deutschland, auf der Elbchaussee, in Schwabing, auf der Königsallee oder dem Kurfürstendamm. Italien ist überall, und das Zentrum einer neuen Geselligkeit sind nicht mehr Hofbräuhaus und der Ratskeller, sondern die Eisdiele und die Espressobar.» Liebevoll streicht die Kamera über die Espressomaschinen, Ricard-Krüge und Pastis-Gläser, die zierlichen Stühle, die skeptischen Zeitungsleser und die Gesichter betonter Gleichgültigkeit, während die Stimme fortfährt mit dem Lobpreis einer sozialen Nonchalance, die mit den Wirtshäusern alten Stils nichts mehr gemein hat: «Das ‹Espresso› hat eine demokratische Note. (...) Wenn man den Besucher fragte, was er im ‹Espresso› sucht, könnte er antworten: Gesichter, Gebärden, Menschen, denn darum geht es. Der Film der Erscheinungen, der vor seinen Augen abläuft, wäre uninteressant, wenn er ihn nicht mit Informationen über Menschen versorgte. Das ist die wichtigste Begründung für die jugendliche Kundschaft der Lokale. Ihr Verhalten ist noch nicht endgültig geprägt. Sie sammelt noch Eindrücke, sie braucht Leitbilder und Beispiele zum Aufbau der eigenen Person. (...) Die Erwartungsstimmung an den Tischen dieser Lokale ist der Ausdruck einer Generation, die sich noch nicht engagiert hat.»

Das war 1958. Engagieren wird sich diese Generation noch, mehr als den Alten lieb ist, und Leitbilder entwerfen wird sie auch. In den folgenden zehn Jahren entwickelte sich die Demokratie von einer parlamentarischen Regierungsform zu einer Devise des Alltags, in dem Mitspracherechte auf allen Ebenen eingefordert und gewährt wurden. Leicht zu haben war das nicht in einem Land, dessen Väter und Mütter vom diktatorischen Furor des NS-Regimes geprägt, oft sogar aktiv darin verstrickt waren, und deshalb den Jungen als Vorbilder nur in den verborgensten Winkeln ihrer Seelen taugen mochten.

NEUNTES KAPITEL

Zum Rückblick gezwungen: Eichmann in Jerusalem, Auschwitz in Frankfurt

«Es gibt kein Recht und es gibt keine Pflicht, Verbrechen zu begehen.»

GENERALSTAATSANWALT FRITZ BAUER, 1961

Eines Abends im Frühjahr 1960 lässt der hessische Generalstaatsanwalt Fritz Bauer zwei Akten gut sichtbar auf seinem Schreibtisch liegen. Als Michael Maor in der Nacht in Bauers Frankfurter Büro einbricht, muss er nicht lange suchen. Der Mossad-Agent weiß, was er zu fotografieren hat. In den beiden Akten befinden sich Unterlagen über eine Schlüsselfigur des Holocaust, den ehemaligen SS-Obersturmbannführer Adolf Eichmann, nach dem der israelische Geheimdienst schon seit langem fahndet, genau wie Fritz Bauer. Den Staatsanwalt quälen Gewissensnöte, seit er den Israelis den Aufenthaltsort Eichmanns verraten hat; jetzt übermittelt er ihnen auch noch die Informationen, die sie für ihre Anklage benötigen. Viel lieber würde er ihn selbst verhaften lassen und in Deutschland vor Gericht stellen, wo er seiner Überzeugung nach hingehört. Aber Bauer kann seiner eigenen Dienststelle nicht trauen, schon gar nicht dem Bundeskriminalamt, dem er mitteilen müsste, was er über Eichmanns Versteck in Buenos Aires herausgefunden hat, damit diese ihn über Interpol verhaften lassen könnte. Denn die Gefahr ist groß, dass alte Nazis in den Reihen der Polizei Eichmann warnen, sobald er enttarnt ist. Die Polizeibehörden sind so durchsetzt mit alten Kumpanen aus dem NS-Regime, dass der «Nazijäger» Bauer für besonders wichtige Gespräche nicht einmal sein Diensttelefon benutzt, sondern zum Telefonieren lieber in eine benachbarte Kneipe geht, die über eine diskrete Zelle verfügt.

Der sechsundfünfzigjährige Staatsanwalt, als Sozialdemokrat 1933 zwischenzeitlich inhaftiert und 1936 nach Dänemark geflohen, war als Remigrant unter seinen Kollegen ein weitgehend isolierter Mann, und er wäre es noch mehr gewesen, wenn er sich offen dazu bekannt hätte, dass er Jude war und dazu noch homosexuell. Bauer trug in Formularen mit Fragen nach der Konfession regelmäßig «glaubenslos» ein. Obwohl er als junger Mann noch rege am jüdischen Gemeindeleben teilgenommen hatte, antwortete er später auf die Frage, ob er Jude sei, allenfalls mit: «Im Sinne der Nürnberger Gesetze: ja.»[1] Bauer vermutete zu Recht, dass ein offenes Bekenntnis zum Judentum seine Position in NS-Prozessen schwächen würde. Er wollte nicht als Rächer gelten, der aus persönlicher Betroffenheit Vergeltung übt, sondern als ein Jurist, der Recht und Gesetz in Deutschland wieder Geltung verschafft und deshalb NS-Verbrechen nicht ungesühnt lässt.

Umso mehr schmerzte es ihn, dass er die Ergreifung Eichmanns den Israelis überlassen musste, zumal dort die Todesstrafe herrschte. Dass sie mit seinen Überzeugungen nicht vereinbar war, störte ihn weniger; aber dass Eichmann im Falle der Vollstreckung nicht mehr als Zeuge zur Verfügung stehen würde, wurmte ihn sehr. Adolf Eichmann, ein Bürokrat, der als Planer der Holocaust-Logistik mit zahllosen NS-Verwaltungen zusammengearbeitet hatte, besaß enorme Kenntnisse über die behördliche Organisation des millionenfachen Mordes. Für die Aufnahme weiterer Strafverfahren wäre er für den Staatsanwalt eine wertvolle Quelle.

Genau das aber machte es so wahrscheinlich, dass Eichmann vor einer Verhaftung aus den Reihen der deutschen Justiz und Polizei gewarnt worden wäre. Er hatte in den oberen Etagen des Mordapparats Hinz und Kunz gekannt, die jetzt vielfach wieder in hohen Ämtern arbeiteten und fürchten mussten, Eichmann könne sie bei Verhören belasten. Die Schaltstelle der Ex-Nazis arbeitete nicht im Untergrund, sondern in Bonn, mitten im Regierungsviertel: die 1950 gegründete «Zentrale Rechtsschutzstelle» für NS-Verdächtige, geleitet von einem ehemaligen Staatsanwalt am NS-Sondergericht Breslau. Offiziell diente sie dem Rechtsbeistand im Ausland inhaftierter deutscher Kriegsgefangener und NS-Beschuldigter, insgeheim schützte sie – auf Steuerzahlerkosten – auch NS-Verbrecher, nach denen die deutschen und internationalen Behörden fahndeten. An potenziellen Helfern mangelte es in Polizei und Justiz nicht. Im Bundeskriminalamt beispielsweise hatten 1958 von den siebenundvierzig leitenden Beamten dreiunddreißig früher der SS angehört.[2]

Also vertraute Fritz Bauer notgedrungen dem Mossad an, dass Eichmann sich unter dem Namen Ricardo Klement in Argentinien verkrochen hatte. Dort hatte er unter anderem als Leiter einer Kaninchenfarm gearbeitet. Erste Hinweise auf ihn kamen von dem jüdischen Emigranten Lothar Hermann, dessen Tochter sich in einen der Eichmann-Söhne verliebt hatte.[3] Der entscheidende Tipp folgte im November 1959 vom Duisburger Geologen Gerhard Klammer, der schon Anfang der Fünfziger mit Eichmann zusammen in Argentinien gearbeitet hatte und ihm im Jahr zuvor zufällig an einer Bushaltestelle wiederbegegnet und heimlich nach Hause gefolgt war. Am 11. Mai 1960 wurde Eichmann von israelischen Agenten entführt und nach Tel Aviv gebracht.[4]

Das internationale Echo auf die Nachricht der Verhaftung war groß, wurde aber noch weit übertroffen von der Erregung, die die Welt ergriff, als deutlich wurde, wie gründlich der Prozess ausfallen würde, den Israel Adolf Eichmann zu machen gedachte. Das polizeiliche Vernehmungsprotokoll umfasste dreitausend Seiten, die Staatsanwaltschaft hatte eintausendsechshundert belastende Dokumente zusammengetragen. Über hundert Zeugen sollten vernommen werden, in der Mehrzahl jüdische Überlebende. Da Eichmann als «Spediteur des Todes» – so genannt vom Chefankläger Gideon Hausner – für die europaweite Verschleppung der Juden verantwortlich war, sollten die Folgen seines Tuns in der gesamten räumlichen Ausbreitung zur Darstellung kommen.

Mit der Vorbereitung des Prozesses begann die Ära der Zeitzeugen. Der israelische Premierminister David Ben-Gurion wollte der Welt so detailliert und umfangreich wie möglich vor Augen führen, welches Leid dem jüdischen Volk von Deutschen zugefügt worden war und wie viele Helfershelfer sie in anderen Nationen gehabt hatten. «Wir wollen», sagte er vor Beginn des Prozesses, «dass die Nationen der Welt (all dies) erfahren ... und dass sie sich schämen.»[5] Er erhoffte sich von dem Prozess mehr internationales Ver-

Fritz Bauer, hessischer Generalstaatsanwalt und treibende Kraft hinter dem Frankfurter Auschwitzprozess, 1962: «Wir können aus der Erde keinen Himmel machen. Aber jeder von uns kann etwas tun, dass sie nicht zur Hölle wird.»

ständnis für die Gründung des Staates Israel, der es erstmals Juden ermöglicht habe, «sich zur Wehr zu setzen und zu kämpfen – im Unabhängigkeitskrieg, im Suez-Abenteuer, in den fast täglichen Zwischenfällen an Israels friedlosen Grenzen»[6]. Zugleich wollte er die aus vielen Weltgegenden eingewanderten Juden durch eine umfassende Vergegenwärtigung der erlittenen Verfolgung einen, ihre Wehrbereitschaft stärken und insbesondere der Jugend die Vorgeschichte ihrer Gesellschaft und ihrer Familien vor Augen führen. Der Eichmann-Prozess gehörte für Israel zum *nation building* des jungen Staates und wurde entsprechend groß inszeniert.

Das Ende des Schweigens

Deutschland ging angesichts der erwarteten Dimensionen des Prozesses in Deckung. «In den kommenden Monaten wird uns nichts geschenkt werden», prophezeite die «Zeit» im März 1961: Wir müssen «alle noch einmal – zum wievieltenmal eigentlich schon? – vor das große Weltgericht treten, das uns begnadigt, aber nicht freigesprochen hat», hieß es in einem Text von Walter Gong, der den Lesern empfahl, «die großen Bitternisse mannhaft (zu) schlucken – wie es sich für Deutsche gehört, die keine Feiglinge sind. (...) An der Eichmann-Affäre ist nicht zu rütteln und nichts zu deuten. Sie steht für unsere Vergangenheit. Wir müssen das hinnehmen. Mit möglichst viel Anstand, Würde und Einsicht. (...) Wer irgendwann einmal für Hitler gestimmt, wer irgendwann einmal dem ‹Führer› zugejubelt hat, wer irgendwann einmal geglaubt hat, dass er die deutsche Erlösung bringe – er wird mit angeklagt sein.»[7] Im Fernsehen berichtete Peter von Zahn aus New York, dass Zeitungshändlern alle Blätter aus den Händen gerissen würden, die Eichmann auf dem Titel zeigten. «Es kann gar nicht ausbleiben, dass Misstrauen, Angst und Antipathien wachgerufen werden, wenn einem wieder vor Augen geführt wird, was die Nazis in Deutschland (...) gemacht haben», sprach ihm ein amerikanischer Kollege der «New York Post» ins Mikrofon.[8] Und die «Zeit» befürchtete: «Der Schock, den der Eichmann-Prozess auslösen wird, kann so ungeheuerlich werden, dass die von Israel angestrebte, endgültige Geschichtsschreibung eines erreicht (...): ein Weltgericht.»[9]

Man ahnte, die Zeit des unbeschwerten Genusses purer Gegenwart ging dem Ende zu. In den Wonnen des Aufschwungs hatte sich Deutschland hoch über seine jüngste Geschichte erhoben und sich den Freuden des Vergessens ergeben. Zwar hatte es an Andeutungen über den Holocaust nicht gefehlt, 1960 sogar mehr als das: In der fünfteiligen Fernsehverfilmung des Romans «Am grünen Strand der Spree» wurde in einer zweiundzwanzigminütigen Szene zum Entsetzen des Publikums die Ermordung der rund zweitausend

Bewohner des Ghettos von Orscha in der Sowjetunion gezeigt. Und kein Theaterstück wurde 1957 mehr gespielt als die dramatisierte Fassung des «Tagebuch der Anne Frank»; das Buch selbst wurde in Deutschland bis dahin siebenhunderttausendmal verkauft. Aber in der Regel herrschten hartnäckiges Schweigen oder verdruckste Umschreibungen vor. Der Schriftsteller Gerd Gaiser deutete in seinem Roman «Schlußball» (1958) die Ermordung der Juden an, ohne sie zu benennen. Dass er sie gemeint haben könnte, überlas man leicht: «Alles vergisst sich rasch. Dass man Menschen wie Ratten totmacht und dass die selbst wieder totgemacht werden, die damit anfangen, und dass andere weiterleben, die es angefangen haben, und andere, die bloß dabei waren, das vergisst sich. Ein paar Jahre, und der Kontoauszug ist das große Thema.»[10]

Und wie leicht es sich vergaß. Viele Deutsche hatten sich eingeredet, mit dem Nürnberger Prozess gegen die vierundzwanzig «Hauptkriegsverbrecher» ab November 1945 sei das Hitlerregime gesühnt. Sie selbst hätten schließlich genug bezahlt: Mehr als eine halbe Million Zivilisten waren bei den Flächenbombardements der Alliierten umgekommen, die Städte lagen in Schutt und Asche. Auch treue Anhänger Hitlers waren im Stillen ins Grübeln gekommen, als die SS in den letzten Kampfmonaten dem kriegsmüden Volk mit offener Verachtung begegnete. Kinder und Greise wurden in einen aussichtslosen Kampf gepresst, Unwillige nach Gutdünken an den Laternen aufgehängt und alle mit dem Tod bedroht, die überleben wollten, statt mit der NS-Führung in den Tod zu gehen.

So fiel es selbst vielen Parteimitgliedern leicht, sich nach der Kapitulation als Opfer Hitlers darzustellen. Hitler habe sie hinters Licht geführt, ihre Begeisterungsfähigkeit und ihren Idealismus ausgenutzt, sie wie ein Dämon berauscht und in den Krieg getrieben. Indem man sich zum Opfer Hitlers stilisierte, wurden die wahren Opfer in den Hintergrund gedrängt, selbstmitleidig von der Bühne der Erinnerung geworfen und dem Schweigen anheimgegeben.[11] Das war moralisch unerträglich, faktisch ermöglichte es den Start in die erstaunlich harmonische Zukunft der sozialen Marktwirtschaft. Es erlaubte Abermillionen eben noch überzeugter Nazis, sich in die Bundesrepublik und in die DDR integrieren zu können, ohne sich ehrlos, feige und opportunistisch zu fühlen.[12] In stiller Übereinkunft vermied man es, zurückzuschauen, und machte sich mit zäher Energie ans Wegräumen der Trümmer.

Viele der wahren Opfer, die überlebt hatten, schlossen sich dem dumpfen Schweigen an. Wer nach Kriegsende erwartet hatte, dass die NS-Gegner, die das Regime überstanden hatten, nicht länger ruhen würden, bis die vermeintlichen Herrenmenschen und ihre Knechte hinter Gitter säßen, sah sich getäuscht. Die totale Kapitulation war auch eine der Gerechtigkeit. Viele NS-Verfolgte schluckten die Bitterkeit hinunter und überließen die Entnazifizierung den Alliierten, die im Zuge des Kalten Kriegs jedoch rasch ihren diesbezüglichen Elan verloren. Die Amnestiegesetze von 1949 und 1954, die fast allen verurteilten NS-Angehörigen ermöglichten, wieder ins bürgerliche Leben zurückzukehren, wurden sogar mit den Stimmen der Sozialdemokraten verabschiedet. Sie stimmten letztlich Adenauer zu, der in einer Kabinettssitzung im September 1949 erklärt hatte: «Wir haben so verwirrte Zeitverhältnisse hinter uns, dass es sich empfiehlt, generell tabula rasa zu machen.»[13] Dieser Opportunität folgte man im Großen wie im Kleinen: An vielen Arbeitsplätzen arbeiteten KZ-Überlebende mit ehemaligen Nazis Seite an Seite zusammen und mehrten das unaufhörlich steigende Bruttosozialprodukt.

Zwar wurde viel über den Krieg geredet, bisweilen sogar über den Terror gegen Kommunisten und Sozialdemokraten – über die Juden so gut wie nie. Der Holocaust sprengte die Grenzen dessen, was nach dem Krieg zu besprechen war. Die «Grenzen des Sagbaren» lautet die inzwischen gern gebrauchte, allzu nachsichtige Formel. Sagbar war es nämlich durchaus, nur hören wollte es niemand. Auf der Basis hartnäckiger Ignoranz fand Deutschland die Kraft, sich energisch an den Wiederaufbau zu machen, Familien zu gründen und Kinder zu erziehen, ganz so, als hätte man die moralische Legitimität behalten, jemandem beizubringen, was gut und was böse ist.

Die am häufigsten gebrauchte Metapher für die Verdrängung entstammt nicht von ungefähr dem Bereich des Rechnungswesens und des Kalküls: der «Schlussstrich», der endlich unter die Vergangenheit gezogen werden müsse. Das berühmte «bleierne Schweigen», das daraus folgte, ähnelte also einer beschlossenen Sache, gehorchte mehr rationaler Übereinkunft als psychischer Not und Scham, wie der Begriff «Verdrängung» es suggeriert. Zäh legte sich das Schweigen in den fünfziger Jahren über die NS-Verbrechen, nachdem sich die Alliierten aus der strafrechtlichen Verfolgung zurückgezogen hatten. Deren Urteile kassierte die Bundesrepublik um der gesellschaftlichen Harmonie willen wieder ein. Kriegsverbrecher hießen nun offiziell nur noch «Kriegsverurteilte» und erhielten sogar Haftentschädigung; die Amnestierten wurden geräuschlos in den ökonomischen Aufschwung und seine Verwaltung integriert.

Der 1958 begonnene Ulmer Prozess[14] gegen Mitglieder des «Einsatzkommandos Tilsit» und die diskrete Gründung der Ludwigsburger «Zentralstelle zur Aufklärung nationalsozialistischer Verbrechen»[15] änderten an der Schlussstrichmentalität wenig. «Bumm, bumm!», machte Heinz Erhardt in der Komödie «Mein Mann, das Wirtschaftswunder» (1961) und stellte mit seinen Patschepfötchen auf dem Nierentisch einen kleinen Schusswechsel nach – das Grauen war bei verbreitet guter Laune ins Lustige eingewandert.

Dann begann der Eichmann-Prozess. «Leugnen wir es nicht», berichtete die «Zeit»: «Dem Deutschland von heute ist schon jetzt übel davor, was aus dem Deutschland von gestern alles hochgeschwemmt werden wird.»[16]

«All die Dissertationen, die über mich geschrieben werden» – der Prozess in Israel

Der Prozess, eröffnet am 11. April 1961 im Jerusalemer Haus des Volkes, war ein Medienereignis. Mehrere Hundert Journalisten aller großen Zeitungen der Welt berichteten regelmäßig über seinen Fortgang. Nach jedem Sitzungstag wurde Filmmaterial aus dem Gerichtssaal mit dem Flugzeug von Tel Aviv nach New York gebracht und von dort aus verschiedenen Sendern zur Verfügung gestellt. Während der gesamten viermonatigen Dauer des Prozesses strahlte die ARD zweimal wöchentlich nach der «Tagesschau» die Sendung «Eine Epoche vor Gericht» aus, die laufend aus Jerusalem berichtete. Laut Infratest wurden die zweiunddreißig Folgen im Durchschnitt von der Hälfte der Zuschauer gesehen, die ersten vier sogar von sechzig Prozent. Täglich wurde über die Zeugenvernehmungen und Gutachteraussagen in den Hörfunksendern der ARD gesprochen, mehrfach debattierte Werner Höfer im «Internationalen Frühschoppen» über den Prozess.

Eichmann saß im Gericht in einem kugelsicheren Glaskasten, bewacht von zwei Polizisten, ein emblematisches Bild der Zeitgeschichte.[17] Er war unter dem ersten von fünfzehn Punkten der «Verursachung des Todes von Millionen von Juden durch Vernichtungslager, Einsatzgruppen, Arbeitslager, Konzentrierung und Massendeportation» angeklagt.[18] Der Glaskasten war zwar zu Eichmanns Schutz konstruiert worden, er wirkte aber wie ein Käfig zur Einsperrung einer Bestie. Das Untier schien jedoch keins zu sein, sondern ein bescheiden wirkender Biedermann, stets korrekt gekleidet mit Anzug und Krawatte, der die gläserne Zelle ausstaffierte wie ein Büro, indem er jede Menge Bücher und Akten mitbrachte, die er angeblich zu seiner Verteidigung brauchte. Der israelische Generalstaatsanwalt Hausner war anfangs bemüht, Eichmann als Ungeheuer darzustellen, aber der Mann, der dort saß, versicherte treuherzig, «persönlich» niemandem weh tun zu können. Dass er trotzdem einmal Dr. Löwenherz, dem Amtsdirektor der Jüdischen

Adolf Eichmann im Glaskasten während des Prozesses in Jerusalem, der vom 11. April bis zum 15. Dezember 1961 dauerte.

Gemeinde in Wien, im Zorn «eine Ohrfeige verabreicht»[19] habe, schien ihn mehr zu belasten als die sechs Millionen Ermordeten.

Eichmann wirkte dennoch verblüffend normal, mit Ausnahme vielleicht seiner Neigung, hochtrabende Sätze zu bilden und das Gericht mit verschachtelten Satzungeheuern zu quälen. In den Memoiren, die er im Gefängnis zu schreiben begann, fand er zum Datum seiner Geburt die gewundenen Worte: «Heute, 15 Jahre und einen Tag nach dem 8. Mai 1945, beginne ich meine Gedanken zurückzuführen bis zu jenem 19. März des Jahres 1906, als ich in Solingen, Rheinland, um 5 Uhr morgens in das irdische Leben als Erscheinungsform Mensch eintrat.»[20]

Schien Eichmann während der polizeilichen Vernehmung anfangs noch verängstigt, gewöhnte er sich bald an die Sicherheit eines rechtsstaatlichen Verfahrens und entwickelte eine verblüffende Redseligkeit und Großspurigkeit. Das Haus des Volkes, eigentlich als Veranstaltungsort konzipiert und zum Gerichtssaal vorübergehend umfunktioniert, bot die Situation einer Bühne, und als solche benutzte sie Eichmann mit zunehmendem Elan. Großspurig hielt er Kollegs über Verantwortung und Befehlsgewalt im Deutschland von damals, über das Innenleben der nationalsozialistischen Verwaltung, und korrigierte den Staatsanwalt bei kleinsten Fehlern pedantisch. Er machte sich keine Illusionen, der Todesstrafe entgehen zu können, genoss aber sichtlich die Tatsache, zuvor im Zentrum der Weltöffentlichkeit zu stehen. So durchkreuzte er wiederholt seine Verteidigungsstrategie, sich als kleines Rädchen im Getriebe darzustellen, hob stattdessen zu großspurigen Reden über den ursprünglichen Idealismus des Regimes an, wollte den «Finger der Warnung recken»[21] und die Jugend vor falschen Götzen mahnen. Ihm gefiel die Vorstellung, dass noch Generationen über ihn nachdenken würden. «Die Materie (ist) gewaltig», schrieb er in seine Notizkladde, und es würde ihn «reizen», all die Dissertationen lesen zu können, die «in den nächsten hundert Jahren» über ihn und den Prozess geschrieben würden.[22]

Auf den Anfang seiner Karriere bezog sich der Anklagepunkt 7: «Durchführung der Ausplünderung von Juden durch unmenschliche Maßnahmen, einschließlich Raub, Zwang, Terror und Quälerei». Eichmann hatte in der ersten Phase des Holocaust als Geschäftsführer der «Reichszentrale für jüdische Auswanderung» die systematische Vertreibung der Juden aus Deutschland organisiert. Anfangs wurden sie durch demütigende Verordnungen schikaniert, aus dem öffentlichen Leben ausgeschlossen, durch Pogrome, Misshandlungen und willkürliche Verhaftungen terrorisiert; das Land konnten sie nur gegen Herausgabe ihres Vermögens verlassen.

Persönlich habe er keinen Hass gegen Juden empfunden, erklärte Eichmann vor Gericht. Mit Begeisterung habe er Theodor Herzls «Judenstaat» gelesen, das klassische Werk des Zionismus. Mit der Ausweisung der Juden wollte er an einer Lösung gearbeitet haben, die «beiden Seiten gerecht» werden könne, indem er «Bezug» genommen habe «auf die selbst im Judentum vorhandenen Bestrebungen und Wünsche, eigenen Grund und Boden, ein eigenes Land unter die Füße zu bekommen».[23] Die Juden und seine Dienststelle hätten insofern «an einem Strang gezogen» – eine ungeheuerliche Verdrehung angesichts der Verbrechen, die den in Deutschland bleibenden Juden drohten. Zu dieser Politik des für ihn «ursprünglichen» Nationalsozialismus bekannte sich Eichmann in Jerusalem ohne Einschränkung; die um 1941 beginnende Phase der sogenannten «Endlösung» jedoch, die systematische Vernichtung der Juden, hätte er als eine Abkehr vom «echten Nationalsozialismus» empfunden. Gleichwohl setzte er sie mit gewohntem Diensteifer um. Vor Gericht berief er sich auf Weisungsgebundenheit, Unkenntnis und Unzuständigkeit und behauptete, lediglich für «transporttechnische Angelegenheiten» verantwortlich gewesen zu sein, also dafür, wie der Historiker David Cesarani formuliert, «Juden von A nach B zu befördern. Wenn B ein Todeslager war, dann gingen ihn die Vorgänge dort nichts an.»[24] Andererseits hatte sich Eichmann gegen Ende des Krieges vor anderen Nationalsozialisten damit gebrüstet, «freudig in die Grube springen» zu können, «denn das Bewusstsein, fünf Millionen Juden (...) auf dem Gewissen zu haben», verleihe ihm «ein Gefühl großer Zufriedenheit».[25]

Die Philosophin und Publizistin Hannah Arendt, die für den «New Yorker» über den Jerusalemer Prozess berichtete, hielt diese ungeheuerliche Bemerkung Eichmanns für eine «reine Angeberei»[26]. Sie passte nicht zu dem biederen Gehabe, dessen Eichmann sich befleißigte. Arendt arbeitete stattdessen das Gewöhnliche an seinen Haltungen und Motiven heraus. Nicht fanatischer Judenhass sei sein wesentlicher Antrieb gewesen, sondern starker persönlicher Ehrgeiz, skrupellose Pflichterfüllung und die Sorge, von

Konkurrenten überflügelt zu werden: «Nichts hätte ihm ferner gelegen, als (...) zu beschließen, ‹ein Bösewicht zu werden›. Außer einer ganz ungewöhnlichen Beflissenheit, alles zu tun, was seinem Fortkommen dienlich sein konnte, hatte er überhaupt keine Motive; und auch diese Beflissenheit war an sich keineswegs kriminell, er hätte bestimmt niemals seinen Vorgesetzten umgebracht, um an dessen Stelle zu rücken. Er hat sich nur, um in der Alltagssprache zu bleiben, *niemals vorgestellt, was er eigentlich anstellte.* (...) Es war gewissermaßen schiere Gedankenlosigkeit – etwas, was mit Dummheit keineswegs identisch ist –, die ihn dafür prädisponierte, zu einem der größten Verbrecher jener Zeit zu werden.»[27]

Dass Hannah Arendt das Banale Eichmanns betonte, ist als Verharmlosung missverstanden worden. Dabei war ihr Gedanke, dass kein Ungeheuer, getrieben von dämonischem Hass, die Verbrechen organisiert hatte, sondern ein gewissenhafter Bürokrat in routinierter Erfüllung seines Dienstes, noch viel beunruhigender als die Vorstellung, dass es eine abnorme Bestie gewesen wäre.

Allerdings hatte Eichmann vor Gericht bekannt, er hätte sich erschossen, wäre er in die Hölle von Auschwitz abkommandiert worden. Konnte man ihm dann glauben, er habe sich über die Konsequenzen seines Tuns keine Gedanken gemacht? Eichmann hatte nahezu alle größeren Vernichtungslager persönlich inspiziert und war sich der ungeheuerlichen Verbrechen im Detail bewusst. Wie konnte man ihm vor dem Hintergrund all dessen seine Aussage, nie Hass gegenüber Juden empfunden zu haben, auch nur ansatzweise abnehmen?

Ein Mord aus eigener Hand war Eichmann nicht nachzuweisen, auch keine direkte Mitwirkung, aber ein solcher Versuch durch die Anklage wäre dem Ausmaß des Verbrechens, das sich in der «Herrschaft des Niemand»[28], der Bürokratie versteckte, auch gar nicht angemessen gewesen. Im abschließenden Urteil hieß es denn auch folgerichtig: «In diesem gigantischen und weitverzweigten Verbrechen, das vor uns zur Behandlung steht und an dem viele Personen in verschiedenen Befehlsstufen und in vielen Tätigkeitsausmaßen teilgenommen haben (...), ist es nicht zweckmäßig, die üblichen Begriffe des Anstifters und Gehilfen in Anwendung zu bringen. Die gegenständlichen Verbrechen sind ja Massenverbrechen, nicht nur, was die Zahl der Opfer anlangt, sondern auch in Bezug auf die Anzahl der Mittäter, sodass die Nähe oder Entfernung des einen oder des anderen dieser vielen Verbrecher zu dem Manne, der das Opfer tatsächlich tötet, überhaupt keinen Einfluss auf den Umfang der Verantwortlichkeit haben kann. Das Verantwortlichkeitsausmaß wächst vielmehr im allgemeinen, je mehr man sich von demjenigen entfernt, der die Mordwaffe mit seinen Händen in Bewegung setzt.»[29] Gefühl- und Gedankenlosigkeit, das Verdrängen des Verbrechens im Moment seiner Organisierung, machte Eichmann zu dem unscheinbaren Monstrum, das er war, von Hannah Arendt mit beklemmender Präzision beschrieben.

Am 15. Dezember 1961 verkündete das Gericht das Todesurteil, nachdem es sich monatelang zur Beratung zurückgezogen hatte. Am 31. Mai 1962 um Mitternacht wurde Eichmann durch den Strang hingerichtet, seine Asche über dem Mittelmeer verstreut.

«Es war der Apparat» – Reaktionen der deutschen Presse

Der Eichmann-Prozess änderte das Bild, das die Deutschen von sich und dem Nationalsozialismus hatten, tiefgreifend. Zwar stand nur ein Einzelner vor Gericht, aber seine Aussagen machten von Mal zu Mal deutlicher, wie viele neben ihm hätten sitzen müssen. Alle großen Tageszeitungen berichteten regelmäßig über den Jerusalemer Prozess. Erstaunlich ist, wie intensiv dabei Einsichten über den Holocaust verbreitet wurden, die man für gewöhnlich erst späteren Phasen der Aufarbeitung zutraut. So wurde der Massencharakter nicht nur des Nationalsozialismus, sondern auch der monströsen Verbrechen selbst betont. «Wer hat die Juden verfolgt und schließlich umgebracht?», fragte etwa Albert Wucher, der für die «Süddeutsche Zeitung» aus Jerusalem berichtete: «Es war der Apparat, der anonyme Mechanismus eines totalitären Regimes, zu dessen Funktionieren schier alle etwas beigetragen haben.»[30] Hatte man bis dahin den stiernackigen Schläger und verkniffenen Sadisten vor Augen, wenn man an den «typischen Nazi» dachte, rückte mit Adolf Eichmann ein scheinbar beherrschter Tätertyp in den Fokus. Ähnlich wie Hannah Arendt, deren Buch «Eichmann in Jerusalem» ja erst 1964 auf Deutsch erschien, betonten viele Berichterstatter und Kommentatoren auch schon 1961 das Normale in der Erscheinung des Täters. Keine Neigung zum Gewaltexzess charakterisiere ihn, sondern ein ausgeprägter Diensteifer, der zum Wertekanon fast aller Deutscher gehöre. Damit kam der Apparat selbst ins Bild, die Heere der Beamten und Angestellten, die sich darauf herausredeten, nie persönlich einen Mord begangen zu haben. Es sei die Konkurrenz miteinander wetteifernder Behörden gewesen, die den Vernichtungselan der Diktatur angetrieben hätte, berichteten viele Journalisten als eine ihrer wichtigsten Erkenntnisse aus Jerusalem: «Sich auf viele zu stützen, Machtbefugnisse immer wieder zu teilen, zum Ansporn wie auch zur besseren Kontrolle, gehört zur Kunst der Diktatoren», erkannte Bernd Nellessen, der für die «Welt» in Jerusalem war.[31] «Ein Dickicht von Zuständigkeiten, die sich überschneiden und deren Träger eifersüchtig über ihren Bereich wachen», sah Karlheinz Treiß vom «Rheinischen Merkur».[32]

Aber für die meisten Berichterstatter war die biedere Normalität Eichmanns das, was sie im Prozess am meisten beschäftigte. «Das für mich zutiefst Erschreckende, Beunruhigende am Fall Eichmann (oder am Fall Hoess, um den Auschwitz-Kommandanten zu nennen)», schrieb Klaus Mehnert in der «Christ und Welt», «liegt gerade darin, dass es sich bei ihnen um Menschen handelt, die sich äußerlich und zum großen Teil wahrscheinlich sogar innerlich gar nicht so sehr von uns anderen unterschieden.»[33] Mit der «Normalität» des Angeklagten geriet diese selbst in Verdacht. Man fragte sich, wie viel einen von diesem Typen, der den millionenfachen Mord so mustergültig organisiert hatte, eigentlich trennte:

«Die Frage ist», überlegte Hermann Schreiber in der «Stuttgarter Zeitung», «ob wir uns vor der Vergangenheit sicher fühlen dürfen (...), nur weil wir uns in fünfzehn Jahren daran gewöhnt haben, daran gewöhnt worden sind, uns wieder als solide, zahlungskräftige, dringend gebrauchte Partner der freien Welt zu sehen; ob das Bild, das wir von uns haben, nicht eine Fata Morgana ist.»[34]

Der geschärfte Blick in die Vergangenheit verunsicherte den auf die Gegenwart. Auch deshalb wühlte der Prozess die Menschen auf. Erstmals wurde in dieser Breite offen darüber nachgedacht, dass Massen scheinbar friedfertiger Menschen, die überhaupt nicht ins klassische Nazi-Klischee passten, totalitäre Herrschaft arbeitsteilig ausgeübt und nicht einfach nur hingenommen hatten. Die «Normalität» Eichmanns wurde zum zentralen Thema in der Kommentierung des Prozesses in Deutschland. War Eichmann wirklich nur der pflichteifrige Bürokrat, der gar keinen Hass auf Juden verspürte, wie er sich selbst vor Gericht inszenierte, ein «Aktenschrank auf Leichenhügeln»[35], wie die FAZ schrieb, «ein Roboter auch des Schrecklichsten»[36], so Robert Pendorf in der «Zeit»? Oder war er nicht doch ein überzeugter Antisemit, ein karrieristischer Judenhasser, der mit besonderer Leidenschaft zum «Vollstrecker» der von Hitler und Heydrich formulierten Wünsche wurde? Ein «Verbrecher aus Mordlust», der seine vernichtende Macht in einer bürokratischen Mordmaschine genoss und deshalb zu Recht als «Architekt des Holocaust» und nicht nur als «Spediteur» bezeichnet werden sollte?

Die Frage war: Wie abnorm waren die Defekte, die Eichmann zum millionenfachen Mörder machten? Teilte er sie nur mit wenigen, oder waren sie symptomatisch für einen großen Teil des Volkes, der sich, wenn er ehrlich mit sich war, in «Bruder Eichmann» wiederfinden müsste, wie der Autor Heinar Kipphardt sein 1983 uraufgeführtes Theaterstück über Eichmann nannte. Mit Recht schrieb der Historiker Hans Mommsen, dass viele der in Hannah Arendts Eichmann-Buch «enthaltenen Einsichten und Herausforderungen für die breite Öffentlichkeit zu früh und zu unvorbereitet kamen»[37].

Lieferwagen der Londoner «Evening News» warten 1961 auf den Druck der aktuellen Ausgabe. Der Eichmann-Prozess war ein internationales Medienereignis, das während vieler Monate die Menschen in Bann hielt.

Umso bemerkenswerter ist es daher, dass ein Teil ihrer Einschätzungen, wenn auch weniger vielschichtig, radikal und schonungslos, schon vor Arendts Buch von den deutschen Korrespondenten aus Jerusalem formuliert wurden.[38]

Das galt sogar für den «Hanswurst», für den Arendt heftig kritisiert wurde. Joachim Schwelien von der «Frankfurter Allgemeinen Zeitung» hatte Eichmann als einen «durchschnittlichen Typ» bezeichnet, der trotz des grauenhaften Ausmaßes seiner Taten als «Hanswurst» gelten könne.[39] Hannah Arendt empfand ganz ähnlich: «Trotz der Bemühungen des Staatsanwalts konnte jeder sehen, dass dieser Mann kein ‹Ungeheuer› war, aber es war in der Tat sehr schwierig, sich des Verdachts zu erwehren, dass man es mit einem Hanswurst zu tun hatte.»[40]

Arendt wandte sich allerdings dagegen, die Gewöhnlichkeit des Angeklagten so zu banalisieren, dass vor lauter Versuchen, «den Eichmann in jedem von uns» zu entdecken, am Ende das ganze Volk und «schließlich das gesamte Menschengeschlecht gleichsam unsichtbar mit auf der Anklagebank» sitze. Die Rede vom Apparat dürfe nicht zu einer Entschuldungsstrategie verdreht werden, dank derer jeder Einzelne aus seiner Verantwortung fliehen könne. Tatsache aber sei, «dass er [Eichmann] ‹normal› und keine Ausnahme war und dass unter den Umständen des Dritten Reiches nur ‹Ausnahmen› sich noch so etwas wie ein ‹normales Empfinden› bewahrt» hätten.[41]

Und was hieß das für die Normalität des Nachfolgestaats? Summierten sich die Einzelfälle in der jungen Bundesrepublik zu einer Gesellschaft, der man wieder trauen konnte? Ben-Gurion, der israelische Premierminister, hatte zu Beginn des Prozesses dem Gedanken der Kollektivschuld entschieden widersprochen und dem Adenauer-Deutschland ein gewisses Vertrauen ausgesprochen: «Es besteht kein Zweifel, dass vor den Nazis ein anderes Deutschland bestand, und es gibt ein anderes Deutschland nach den Nazis. Jeder soll verantwortlich gemacht werden für das, was er getan hat. Wir wollen nicht die Kinder verantwortlich machen für die Taten der Väter.»[42] Das Gros der deutschen Presse hatte sich nicht dazu verleiten lassen, die aufwühlenden Fragen, die sich aus dem Prozess ergaben, mit abwehrenden Diskursen abzubügeln, wie etwa dem Mantra der ja durchaus richtigen Aussage «Nicht alle Deutsche waren Nazis». Sie berichtete vielmehr mit einer Ehrlichkeit und Offenheit über den Prozess, die man ihr nach den Jahren zähen Beschweigens nicht zugetraut hätte. Auch die Fragen, die sich aus dem Prozess für die Gegenwart ergaben, insbesondere die nach der Stabilität der jungen Demokratie, wurden mit einem Nachdruck gestellt, von dem viele glauben, er hätte sich erst 1968 entwickelt.

Die katholische «Rheinische Post» formulierte 1961 als Fazit des Prozesses eine deutliche Handlungsanweisung an ihre Leser: «Andere Eichmänner sind unter uns. Vielen Bürgern hat erst der Prozess in Jerusalem die Augen geöffnet für diesen Typ Mensch. Hat gezeigt, wie klein und verkniffen solche Menschen sind, aber auch, wie groß und katastrophal ihre Wirkungsweise werden kann. Sie an die Kette zu legen, ihnen Zivilcourage beizubringen, dafür sind alle zuständig.»[43]

«Da hat es schon Ohrfeigen gegeben» – der Frankfurter Auschwitzprozess

Mit den Erschütterungen durch den Eichmann-Prozess in Jerusalem nahm in Deutschland die Bereitschaft, NS-Verbrecher vor Gericht zu stellen, spürbar zu. Für die Ahndung aller Verbrechen unterhalb von Mord und Beihilfe zum Mord kam das allerdings zu spät, weil sie seit 1960 verjährt waren. Alle, die sich des Totschlags ohne nachweisbare Mordabsicht schuldig gemacht hatten, konnten jetzt sicher sein, nie mehr für ihre Verbrechen belangt werden zu können.

Die vermehrte staatsanwaltliche Verfolgung von NS-Verbrechen hing allerdings nicht nur mit einem gestiegenen Interesse in Teilen der Gesellschaft zusammen; sie diente auch der Beruhigung des Auslands, das seit der Verhaftung Eichmanns wieder genauer beobachtete, wie Westdeutschland mit seiner Vergangenheit umging. Dass am Weihnachtsabend 1959 die neu eingeweihte Kölner Synagoge mit Hakenkreuzen beschmiert worden war, hatte weltweit für Empörung und Beunruhigung gesorgt. Hinzu kam der Druck aus der DDR, die mit immer neuen Kampagnen versuchte, die Bundesrepublik als Hort alter Nazis darzustellen und sie damit zu delegitimieren.

Deshalb konnte der hessische Generalstaatsanwalt Fritz Bauer ziemlich aus dem Vollen schöpfen, als er die «Strafsache gegen

Mulka und andere» verhandeln ließ, besser bekannt unter dem Namen «Auschwitzprozess». Für Bauer waren die didaktischen Aspekte des Prozesses, der von Dezember 1963 bis August 1965 dauerte, von großer Bedeutung. Bei der Eröffnung durfte deshalb gefilmt werden, mehr als zweihundert Journalisten machten sich Notizen. Das Landgericht tagte, nachdem der ursprünglich genutzte Saal im Frankfurter Römer wieder anderweitig benötigt wurde, in einer Art öffentlichem Raum – im soeben fertiggestellten Bürgerhaus Gallus. In der Paulskirche wurden währenddessen Exponate aus dem Konzentrationslager ausgestellt. Die Gerichtsprotokolle wurden auf Nachfragen Siegfried Unselds umgehend dem Suhrkamp Verlag zur Verfügung gestellt, dessen Autor Peter Weiss daraus das Stück «Die Ermittlung» fertigte, ein «Oratorium in 11 Gesängen», das nur wenige Monate nach der Urteilsverkündung Premiere hatte. Im Oktober 1965 fand eine beispiellose Ring-Uraufführung statt: An fünfzehn west- und ostdeutschen Theatern sowie in der Royal Shakespeare Company London kam der Auschwitzprozess gleichzeitig auf die Bühne.

Bauer ging es nicht um die Besserung der Angeklagten, sondern um die der Gesellschaft. Er wollte maximale Breitenwirkung, um über die Vergangenheit aufzuklären und Demokratie und Menschenrechte stärker in den Herzen der Menschen zu verankern. Schritt für Schritt baute er deshalb mit seinem kleinen Mitarbeiterkreis einen exemplarischen Prozess auf, der umfassend über Auschwitz aufklären sollte – «und nicht nur jene einzelnen Ausschnitte der Wahrheit, die zufällig durch Strafanzeigen auf dem Tisch der Staatsanwaltschaft landen»[44]. Fünf Historiker beauftragte er mit Gutachten, um den Hintergrund auszuleuchten, der das Grauen von Auschwitz möglich gemacht hatte. Sie hatten unmittelbar mit den Angeklagten nichts zu tun, gaben aber dem Prozess die notwendige Tiefe und brachten die Erforschung des Holocaust einen großen Schritt weiter. Die Gutachten wurden nach Ende des Prozesses in zwei Bänden verlegt; sie bildeten unter dem Titel «Anatomie des SS-Staates» ein Grundlagenwerk der NS-Forschung.[45]

Nach einem jahrelangen Ermittlungsverfahren, das zu einer siebenhundertseitigen Anklageschrift führte, wurde der Prozess gegen zweiundzwanzig Angeklagte am 20. Dezember 1963 eröffnet. Alle wurden wegen gemeinschaftlichen Mordes mittels des Gases Zyklon B in Tausenden von Fällen angeklagt, der Beihilfe hierzu sowie weiterer Morde durch Misshandeln, Erschießen, Ertränken, Erwürgen, Tottreten und Vergiften. Insgesamt waren etwa 1,1 Millionen Menschen in Auschwitz ermordet worden, viele unmittelbar nach der Ankunft. Die durchschnittliche Überlebenszeit im Lager betrug drei Monate.

Die zweiundzwanzig Angeklagten führten längst wieder ein intaktes Zivilleben als «gute Bürger» und waren zufällig von ihrer Vergangenheit eingeholt worden – zweiundzwanzig von achttausend Personen, die in Auschwitz ihren mörderischen Dienst verrichtet hatten. Dass «die Mörder mitten unter uns» waren, wurde in den Gerichtspausen besonders deutlich. Dann versammelten sich Zuschauer und Prozessbeteiligte im Foyer wie bei einer Theaterpause, um einen Kaffee oder einen Wein zu trinken, darunter die vierzehn Angeklagten, die auf freiem Fuß waren. Sie verzehrten ein belegtes Brötchen, debattierten erregt mit manchen Prozessbesuchern oder tuschelten mit ihresgleichen. Nur einer, der Lagerarzt Franz Lucas, für den einige Zeugen trotz seiner Teilnahme an Selektionen ein gutes Wort einlegten, hielt sich abseits. Nach jedem Verhandlungstag gingen die Angeklagten noch kurz in ihr Geschäft, sahen nach ihren Patienten oder schauten in ihrer Stammkneipe vorbei. Sie waren alle aus einem gutbürgerlichen Alltag hierherzitiert worden und hofften, bald wieder ihrem Beruf als Apotheker, Ingenieur, Kaufmann, Hausmeister, Buchhalter oder Bankkassierer nachgehen zu können. Aber im Unterschied zu Eichmann waren es keine Verwaltungstäter, die sich in schockierender Weise auf ihre Schreibtischarbeit berufen konnten, sondern Täter aus unmittelbarer Nähe: Folterer, Henkersknechte, Menschenschinder von besonderer Bestialität. «Wir haben uns ganz bewusst auf die unerträglichen Fälle konzentriert», erklärte der an den Prozessvorbereitungen beteiligte Oberstaatsanwalt Heinrich Anton Wolf. Man hätte nicht nach jedem SS-Mann fahnden können, der «vom Wachtturm herab einen angeblich flüchtenden Häftling erschossen hatte».[46]

Zu den zweiundzwanzig Frankfurter Angeklagten gehörte der SS-Oberscharführer Wilhelm Boger, der an Gefangenen den Genickschuss übte und in Auschwitz die berüchtigte Foltermethode «Boger-Schaukel» eingeführt hatte, bei der die Opfer gefesselt und mit dem Kopf nach unten an einer Stange hingen und oftmals zu Tode geprügelt wurden. Bei Prozessbeginn war er kaufmännischer Angestellter in Stuttgart-Zuffenhausen. Oder Klaus Dylewski, ehemals Mitglied der Lagergestapo, jetzt Diplomingenieur in Düsseldorf, beschuldigt unter anderem der sogenannten «Bunkerentleerung»: War der Strafbunker überfüllt, suchte er sich nach Gutdünken Einzelne heraus und erschoss sie gleich neben dem Eingang.

Zu den besonders abscheulichen Figuren des KZ-Personals gehörte auch der mittlerweile als Krankenpfleger tätige SS-Unterscharführer Oswald Kaduk. Er hatte es sich ebenfalls zur Aufgabe gemacht, Funktionsräume zu «leeren», und zwar die überfüllte Krankenstation, aus der er einzelne Patienten auswählte, um sie zu ermorden. Im Baderaum der alten Lagerwäscherei erschien er mit einem Spazierstock. «Mit dem gebogenen Griff zog er diejenigen beim Hals heraus, die in den Tod sollten.»[47] Auschwitz-Überlebende bezichtigten Kaduk zahlloser Quälereien, die im Detail zu schildern sie kaum über sich brachten. Er habe Häftlinge zu Tode getrampelt, im Bottich ersäuft, habe zusammengeschlagenen Opfern eine Stange auf den Hals gelegt und sich dann mit beiden Beinen daraufgestellt, bis sie tot waren. Der Zeuge Alexander Princz, der in Auschwitz als Transportkutscher eingesetzt war, berichtete über den Abbau einer Kiesgrube: «Es war für Kaduk eine liebe Unterhaltung, die jungen weiblichen Häftlinge, die Sand aufluden und sehr geschwächt waren, zu malträtieren und Frauen, die sich während der Arbeit ausruhten, zu erschießen. Ich habe das achtmal gesehen.»[48] Kaduk stritt alles ab, gab lediglich zu, «ein harter Hund» gewesen zu sein.[49] Selbst seine Ausflüchte dokumentierten die rohe Brutalität: «Wenn ich einen mit einer Flasche Schnaps erwischt habe, der bekam vielleicht 25 am Arsch. Oder fünf Wochen Kiesgrube. Das ist öfter passiert bei Kaduk, jawohl! Aber ich habe grundsätzlich niemanden erschossen wegen Organisieren. Aber ich bin ja nicht glaubwürdig, ich bin ja ein Verbrecher, ein Mörder», jammerte er beleidigt.[50] Totschlag wurde in seiner Darstellung zur Ohrfeige: «Da waren 17 000 Häftlinge in Auschwitz, die mussten wir kurzhalten, nicht wahr? Da hat es schon Ohrfeigen gegeben.» – «Davon fällt doch niemand um», wandte der Staatsanwalt ein. – «Mancher ist schon umgefallen, wenn ich nur die Hand gehoben habe», antwortete Kaduk stolz.[51] «Ich gebe zu, ich habe eine feste Hand, und wenn ich da geschlagen habe, dann war bald einer weg.»[52]

Auch Wilhelm Boger verriet in seiner Verteidigung genug von seiner Persönlichkeit, als er erklärte: «Ich weiß schon, wie man Widerspenstige zur Räson bringt. Prügeln hilft immer.»[53] Von Scham oder Reue keine Spur. Dass auf seiner bestialischen Vorrichtung jemand zu Tode gekommen sei, bestritt er: «In dem Moment, wo das Blut aus den Hosen herauslief, ist die Vernehmung abgebrochen worden.»[54] Sogar die beabsichtigten Verharmlosungen durch die Angeklagten offenbarten das Grauen, das sie zu verantworten hatten.

Im Prozess wurden zwei Versionen mörderischer Gewalt deutlich, die die Opfer zu erwarten hatten, sobald sie in Auschwitz ankamen: die qualvolle industrielle Vernichtung durch das Gas, mit kalter Brutalität gefühllos organisiert, und die «privaten Folterungen und Morde»[55], über die das KZ-Regime hinwegsah, obwohl alle SS-Angehörigen eine Erklärung unterschrieben hatten, die sie dazu verpflichtete, «eigenmächtige Misshandlungen und Tötungen» zu unterlassen. Die Abgründe von Auschwitz sickerten aufgrund der intensiven Berichterstattung beharrlich in die Wohnstuben und durchschlugen mit geballter Intensität die allgemeine Nachrichtenlage. In den zwanzig Monaten, die man in Frankfurt verhandelte, wurde Cassius Clay Boxweltmeister, die Peking Oper gastierte in Deutschland, die Stiftung Warentest wurde gegründet, Siw Malmkvists Schlager «Liebeskummer lohnt sich nicht» führte die Hitparade an, und die Wirtschaftsinstitute sahen erneut optimistisch in die Zukunft: Das Tempo des Wirtschaftswachstums werde auch 1965 weiterhin bei zehn Prozent bleiben. Dazwischen immer wieder Gaskammern, Krematorien, Leichenberge. Es gab keine Routinen, damit fertigzuwerden. Auschwitz machte fassungslos.

Auch hinsichtlich der haarsträubenden Ausreden der Angeklagten. Willy Frank, SS-Mitglied und Zahnarzt in Auschwitz, beteuerte, er habe «nichts unversucht gelassen, um den Häftlingen den Aufenthalt so angenehm wie möglich zu machen. Sie haben maßgeschneiderte Anzüge und lange Haare getragen. Ich habe mich immer für das Wohl meiner Häftlinge eingesetzt.»[56] Tödliches Schinden wurde als Freiluftübung bezeichnet, Zyklon B als Desinfektionsmittel, das man nur zum Schutz der Insassen eingesetzt habe. Sogar der Adjutant des Lagerkommandanten Richard Baer, Karl Höcker, behauptete, er habe bis zuletzt nicht geahnt, dass in Auschwitz getötet worden sei. Sein Vorgänger Robert Mulka erklärte, auch ohne dieses Wissen hätten «die Dinge, die sich dort abspielten (…), eine Schockwirkung» auf ihn gehabt. Was sich denn abgespielt habe, fragte der Vorsitzende. «Na, die Leute dort in den gestreiften Kleidern.» – «Nur die Kleidung?» – «Nein, das war nicht alles: der ganze Ton», erklärte Mulka. Man habe «eben keine Form» gehabt.[57] SS-Hauptsturmführer Franz Hofmann erzählte, er habe einen Spielplatz angelegt, «mit Sand für die Kleinen». Auf die Frage nach dem Verbleib der Kinder, gab er vor, ihn nicht zu kennen, konnte aber das Aktenkürzel hinter jedem ihrer Namen sofort entschlüsseln: B/II/F Birkenau Feuerstelle 2.

Am 19. und 20. August 1965 wurden nach hundertdreiundachtzig Verhandlungstagen die Urteile verkündet. Nur sechs der Angeklagten erhielten lebenslänglich Zuchthaus, die anderen geringere

Die drei weiblichen Geschworenen kurz vor ihrer Vereidigung im Frankfurter Auschwitzprozess, der im Dezember 1963 eröffnet wurde. Hinter ihnen der Lageplan des Stammlagers Auschwitz 1.

Strafen, weil ihnen die unmittelbare Beteiligung am Mord nicht nachgewiesen werden konnte, einer zehn Jahre Jugendstrafe: SS-Untersturmführer Hans Stark, als besonders brutal geltend und angeklagt wegen gemeinschaftlichen Mordes in vierundvierzig Fällen an mindestens dreihundert Menschen, war mit nur neunzehn Jahren nach Auschwitz gekommen.

Der Prozess hatte die deutsche Öffentlichkeit verändert, sie ratloser, ehrlicher und nachdenklicher gemacht. Der «Spiegel» zeigte sich mit dem Urteil einverstanden. Sein Bericht vom Tag der Verkündung war nicht namentlich gezeichnet, stammte aber wohl vom legendären Gerichtsreporter Gerhard Mauz, der ein Jahr zuvor von der «Welt» zum «Spiegel» gewechselt war. Mauz zeigte sich erleichtert darüber, dass der Vorsitzende Richter der Versuchung widerstanden habe, neben der faktisch bewiesenen persönlichen auch die «moralische und politische Schuld» zu ahnden. Er endete mit einem Satz, der seinen Lesern eine Menge zumutete: «Von den Verurteilten distanziere sich, wer kann. Sie büßen auch für jene, die das Glück hatten, nicht in Befehle zur Unmenschlichkeit verstrickt zu werden; für jene, die schwiegen, wo sie hätten fragen müssen.»[58] Das entsprach einer Haltung, die seine Nachfolgerin Gisela Friedrichsen später im Nachruf auf ihn als besondere Größe festhalten wollte: Er habe «gelehrt, dass in jedem Angeklagten, selbst wenn ihm das Grässlichste vorgeworfen wird, man sich immer auch selbst begegnet und der Fähigkeit zu jeglicher Straftat»[59]. Das war im Fall «Mulka und andere» eine besonders schwer zu akzeptierende Vorstellung.

Sie zu formulieren, lag in der Konsequenz dessen, was den Deutschen auf dem Gewissen lag oder hätte liegen müssen. Gerhard Mauz war zum Zeitpunkt der Urteilsverkündung neununddreißig Jahre alt. Als Schüler war er noch vor dem Abitur zur Wehrmacht eingezogen worden. Er erzählte, dass er im Krieg zwei junge Polen hätte erschießen sollen und ein Hauptmann ihm die Waffe mit den Worten weggenommen habe: «Komm, Junge, das ist nichts für dich, das erledige ich.»[60] Auch aufgrund solchen «Glücks» war er Gerichtsreporter geworden.

Der Schriftsteller Horst Krüger hatte den Auschwitzprozess besucht, weil er glaubte, es sei die letzte Gelegenheit, Tätern und Opfern als Zeitgenossen zu begegnen: «Es ist eine letzte Chance … Es ist eine unwiederholbare Möglichkeit, die Vergangenheit in Fleisch und Blut, der Geschichte in ihren Akteuren zu begegnen, die Täter und ihre Opfer nicht als Standbilder des Schreckens oder des Leidens, sondern als Menschen wie du und ich. Ich will dieses Drama der Zeitgenossen sehen, bevor es in den Abgrund der Geschichte versinkt. Nach dieser Prozesswelle wird der Vorhang der Zeit für immer geschlossen.»[61] Zum Glück irrte er. Nach der Aufhebung der Verjährungsfrist für Mord wurden noch neunzig NS-Täter verurteilt – eine immer noch beschämend geringe Zahl.

Dafür begann der Prozess in den Familien. Für viele Eltern waren Fernseher und Radio während der Gerichtsverhandlung in Frankfurt zum Fluch geworden. Bohrende Fragen meldeten sich; wo sie nicht laut gestellt werden durften, arbeiteten sie in den Köpfen der Kinder im Stillen weiter. Scheue Blicke trafen sich, man schlug die Augen nieder und schaute weg. «War halt Krieg» war eine Antwort, die keine war. Es wurde schwer, diese Eltern zu lieben. Noch zwei Jahre darauf, dann schlug, was lange verdrängt worden war, mit Härte und Verzweiflung zurück.

Zwar nahm die 1967 ausbrechende «Jugendrevolte» ihren Anlauf fast gleichzeitig in vielen Zentren der westlichen Welt, in San Francisco, New York, Paris und Tokio, in Deutschland aber bekam deren vornehmlich gegen den Vietnamkrieg gerichtete Stoßrichtung einen zusätzlichen Dreh: «Machen wir Schluss damit, dass nazistische Rassenhetzer, dass die Juden-Mörder, die Slawen-Killer, die Sozialisten-Schlächter, dass die ganze Nazi-Scheiße von gestern weiterhin ihren Gestank über unsere Generation bringt», hieß es auf einem Flugblatt 1967.[62] Das hört sich nach aufrechtem Zorn an und ist doch nur eine Neuauflage der Schlussstrichmentalität («Machen wir Schluss damit») mit dem Ziel, unbelastet von der Geschichte seine Jugend genießen zu können. Eine Verdrängung in zweiter Generation.

In der Nacht zum 9. November 1969 legten die linksradikalen «Tupamaros Westberlin» unter Anführung des Bankierssohns Dieter Kunzelmann, Bewohner der Kommune 1, eine mit Zeitzünder versehene Bombe ins Haus der Jüdischen Gemeinde Berlin. Sie sollte am Morgen um elf Uhr explodieren, zu einem Zeitpunkt, an dem sich zweihundertfünfzig Menschen zum Gedenken an die Pogrome vom 9. November 1938 versammeln wollten. Die Aktion sollte auf die Leiden des palästinensischen Volkes hinweisen. Zum Glück weigerte sich die überalterte Zündkapsel, ihren Dienst zu tun.[63]

ZEHNTES KAPITEL

Die Jugend drückt die Pausetaste

«Wahr sind nur die Gedanken,
die sich selber nicht verstehen.»

THEODOR W. ADORNO

Im Treibhaus: Die Beatles in Hamburg

Wenige Monate nach Adolf Eichmanns Gefangennahme in Buenos Aires im Mai 1960 gingen fünf sehr junge Engländer in Hamburg an Land. Der Zirkusartist, Kino- und Kneipenbesitzer Bruno Koschmider hatte sie in Liverpool angeheuert, wo es eine Menge junger Bands gab, die bereit waren, für wenig Geld aufzutreten, egal wo und vor wem. Koschmider, eine Kiezgröße auf St. Pauli, hatte eine neue Kneipe aufgemacht, das «Indra», halb Musikschuppen, halb Stripclub; hier sollten die fünf täglich Musik machen. Am 17. August 1960 war es so weit: Müde von der Reise standen John, George, Paul, Stuart und Pete, der jüngste gerade mal siebzehn, auf der Reeperbahn. Sie hatten in Arnheim noch den Kriegsfriedhof besucht, wo über eintausendsiebenhundert britische Soldaten begraben lagen, die dort im September 1944 gefallen waren. Gekonnt überspielten die Liverpooler Boys, dass die raue Atmosphäre St. Paulis sie ziemlich verunsicherte. Ein Schock war das Zimmer, in dem sie die nächsten Monate zubringen sollten: ein fensterloser Hinterraum des «Bambi-Kinos», keine Heizung, zwei Etagenbetten. Nicht mal ein Waschbecken gab es, nur eins auf dem Kinoklo, das man sich mit den Besuchern teilen musste.

Zum ersten Mal standen die fünf, die sich die Beatles nannten, auf eigenen Beinen, fern von zu Haus. Bis zu sechs Stunden täglich mussten sie spielen vor einem Publikum, das sich aus Betrunkenen, Prostituierten, Zuhältern und Rockern zusammensetzte. Die Bagage war zu stolz, zuzuhören, geschweige denn, Beifall zu spenden. Im «Indra» sah sich das Publikum als Held, die Musiker als seine Diener. Sie hatten wie eine lebende Jukebox ihr Zeug herunterzuspielen und konnten froh sein, wenn niemand sie anpöbelte. Waren sie mit ihrem Repertoire am Ende, begannen sie wieder von vorn.

Eines Abends platzte mit Astrid, Jürgen und Klaus unpassender Besuch ins «Indra», angelockt von der Musik, die schon auf der Straße phantastisch klang. Die drei waren «Exis», also eher nach Frankreich orientierte Künstlertypen mit wuscheligem Haar – es war ein Wunder, dass sie nicht gleich Prügel bezogen von der munteren Rockerschar, die solche Snobs von Herzen hasste. Die Exis nahmen mutig Platz am leeren Tisch rechts von der Bühne; sie waren die Einzigen, die an diesem Abend nach jedem Song klatschten und an allen folgenden auch – die ersten deutschen Beatles-Fans. Da sie auch fast die Einzigen waren, die im näheren Umkreis Englisch sprachen, freundete man sich schnell an. Astrid Kirchherr und Jürgen Vollmer waren Fotografen, von ihnen stammen die ersten professionellen Fotos der Band, von Jürgen und Klaus Voormann (der später das Cover zum Album «Revolver» zeichnen sollte) zudem die Frisuren der Band, die zu ihrem Markenzeichen werden sollten. Bis dahin trugen die Beatles den typischen Rockerlook: die Haare nach hinten zu einer Tolle gekämmt, auf Krawall gebürstet und im Nacken zu einem fettigen Entenbürzel auslaufend – die in die Jahre gekommene Halbstarkentracht. Voormann und Vollmer trugen die Haare dagegen locker nach vorn in die Stirn fallend – ein Look, den sie Kunststudenten bei einem Besuch in Paris abgeschaut hatten. Es dauerte eine Weile, dann wollten Stuart Sutcliffe, John Lennon, Paul McCartney, Pete Best und schließlich auch George Harrison genau einen solchen Moppkopp tragen. Er wirkte weich, mädchenhaft und versponnen – provozierend deplatziert bei einem Mann. Astrid Kirchherr schnitt Stuart und George die Haare, Jürgen Vollmer machte Paul und John zurecht – in die Stirn musste es noch etwas wachsen, dann war der «Pilzkopf» geboren, der zum Synonym für einen Beatle werden sollte.

Noch kannte die Beatles fast niemand. Als das trübe «Indra» zumachte, zog man in den «Kaiserkeller», einen zweiten, größeren Schuppen Koschmiders. Hier traten sie abwechselnd mit Rory Storm & The Hurricanes auf, einer Band, in der ein gewisser

Ringo Starr Dienst tat, der bald gegen den weniger ambitionierten Pete Best ausgetauscht werden sollte. Stuart Sutcliffe verließ die Beatles, um in Hamburg Kunst zu studieren; er starb 1962 mit einundzwanzig Jahren an einer Hirnblutung.

Inzwischen stand die Band bis zu acht Stunden täglich auf der Bühne. Noch spielten sie keine eigenen Stücke, sondern coverten Nummern von Chuck Berry, Little Richard oder Gene Vincent, vorzugsweise unbekanntere B-Seiten, damit es etwas origineller wirkte. Mehr als zwei Jahre wurde Hamburg für die Beatles zur zweiten Heimat, mit nur kurzen Unterbrechungen in Liverpool, teils sogar dorthin abgeschoben von der Polizei. Koschmider hatte sie wegen angeblicher Brandstiftung angezeigt, weil die Band im konkurrierenden «Top Ten» anheuerte. Achtundvierzigmal waren sie im «Indra» aufgetreten, achtundfünfzigmal im «Kaiserkeller», nun zweiundneunzig Nächte ohne Unterbrechung im «Top Ten Club». Um die Schinderei durchzuhalten, schluckten sie das auf St. Pauli zirkulierende Preludin, ein inzwischen vom Markt genommener Appetitzügler mit aufputschender und euphorisierender Wirkung.

Von April bis Mai 1962 und anschließend noch einmal am Jahresende spielten die Beatles im Hamburger «Star-Club», der soeben unter dem Motto «Die Zeit der Dorfmusik ist vorbei» eröffnet worden war und sich als Teil einer neuen Ära verstand. Mit den Beatles lag er da genau richtig. Diese wussten jetzt, wie man ein Lied dreihundertmal so spielen kann, dass es immer noch Spaß macht, selbst den Musikern. Sie hatten gelernt, ihre Wirkung Abend für Abend perfekt zu justieren. «In Liverpool wurde ich geboren, aber in Hamburg wurde ich erwachsen»[1], sagte John Lennon später. Für George Harrison wirkten die Hamburger Clubs wie Gewächshäuser: «Wir wurden zum Wachsen gezwungen wie Rhabarber im Treibhaus.»[2] Zurück in Großbritannien waren sie reif für eine beispiellose Karriere.

Aus der unbekannten Kapelle im schäbigen «Indra» wurde eine Band, die den Gefühlshaushalt der halben Welt so stark verän-

Die Beatles, 1962 im Hamburger «Star-Club», wo sie monatelang fast täglich auftreten müssen, eine noch fast unbekannte Band, die fremde Songs covert.

derte, wie es nicht einmal Elvis Presley gelungen war. Mit Songs wie «Eight Days A Week» oder «Can't Buy Me Love», beide 1964 veröffentlicht, trafen die Beatles den Nerv der Zeit – und die jaulte auf, kreischte und jubelte, wie man es noch nicht erlebt hatte. Die Beatles lösten eine Pop-Explosion aus: Aufgestaute Energien des Begehrens und der Identitätssuche entluden sich in weltweiten Stürmen der Zustimmung.[3] In ihnen fanden sich Menschen unterschiedlichster Herkunft erlösend zum Ausdruck gebracht, sie erzeugten ein schwer bestimmbares Gefühl für das Besondere ihrer Jugend und ihrer Zeit. Dem jungen Peter Handke bescherte die Musik der Beatles, als er sie aus der Jukebox im Parkcafé hörte, eine «Levitation», eine Auffahrt, die «alles Gewicht der Welt» von ihm nahm: «Mit diesen Stimmen, diesen Harmonien bin ich, wie noch nie im Leben, der geworden, der ich bin; wie dieser Gesang ist, so bin ich, ganz!»[4]

Natürlich waren die Beatles mehr als die Summe ihrer Teile, aber jeder für sich war von einer so individuellen Attraktivität, dass für alle etwas dabei war. Man war entweder John-, Paul-, George- oder Ringo-Fan und liebte die anderen notgedrungen gleich mit. Das demokratisch verteilte Charisma war ein wichtiges Element ihres Erfolgs, musikalisch reflektiert durch die außerordentliche Harmonie ihrer Stimmen. Heiter, entschlossen, kristallklar gespielt bildete jeder Song eine poetische Attacke. Weil Begierde, Depression und Wut ihnen ganz fremd zu sein schienen, handelten sie sich immer wieder den Vorwurf des Chorknabenhaften ein. Als die Queen die Band 1965 mit dem «Most Excellent Order of the British Empire» auszeichnete, schien deren Harmlosigkeit sogar von höchster Stelle beglaubigt. Die Fans der 1962 gegründeten Rolling Stones feixten und sahen ihr Urteil bestätigt: Die Beatles seien halt konformistische Weicheier. Dabei lag in der Arglosigkeit der Beatles ihr progressivstes Element.

Als die Liverpooler 1963 «All My Loving» sangen, war dies pures Glücksempfinden, ohne Schmalz und Schmachten. Kein Drängen und Sülzen, kein Klagen und Wimmern. Kein frustriertes «I Can't Get No Satisfaction». Nichts an ihnen war übergriffig, keiner schwenkte sein Becken, Jungs, die in sich ruhten und die Welt in Ruhe ließen. Nach solchen Männern hatten sich die Frauen offenbar ein halbes Jahrhundert lang verzehrt – wie sonst soll man sich die weibliche Masseneuphorie erklären, zu der es in Gegenwart der Beatles regelmäßig kam? Als sie 1966 für ein Konzert nach Hamburg zurückkehrten, erwartete sie in der riesigen Ernst-Merck-Halle das, was sie inzwischen überall empfing: ohrenbetäubendes Kreischen junger, aber auch erwachsener Frauen. Kein Papst, kein Operngott und kein Führer war wohl je mit so gellendem Lärm gefeiert worden wie die Beatles. «Orkanartig» hieß es in allen Zeitungen. Augenrollen und Gliederzucken stellten sich ein, ein kollektives, übermenschlich langes Entzücken, das nicht selten zur Ohnmacht führte.[5]

Viele dachten, es ginge mit dem Teufel zu; in Georgia und Texas

Die internationale «Beatlemania» kündigt sich an, hier noch ohne ohrenbetäubendes Geschrei. Besucherinnen eines Konzerts in Hull im November 1963.

wurden Schallplatten der Beatles dem Scheiterhaufen übergeben. Mitglieder des Ku-Klux-Klan nagelten ein Plattencover ans Kreuz und zündeten es an.[6] Derweil schwoll das Kreischen von Konzert zu Konzert immer mehr an und hörte schließlich bis zum Ende der Auftritte nicht für eine Minute mehr auf. Es schien, als pilgere man zu den Beatles, um vor allem sich selbst zu hören; die Songs kannte man sowieso. Als die Beatles auf der Bühne ihre eigene Musik nicht mehr vernehmen konnten, gaben sie auf. Am 29. August 1966 veranstalteten sie in San Francisco ihr letztes offizielles Konzert – Opfer der Begeisterung, die sie selbst entfacht hatten.

Musikalische Selbstermächtigung: Die Stunde der Amateurbands

Der Beat war ansteckend; er animierte nicht nur zum Tanzen, sondern zum Selbermachen. Zur «Poprevolution» wurde die Beatbegeisterung erst dadurch, dass sie Konsumenten in Akteure verwandelte. Bands wie die Monkees, Animals, Small Faces, Hollies oder Kinks, die man inzwischen sogar im deutschen Fernsehen sah, bei Uschi Nerke im «Beat-Club», inspirierten Abertausende Jugendliche dazu, selbst Musik zu machen. Mit nur drei oder vier Gleichgesinnten ein derartiges Tosen veranstalten zu können, schien jeder Nachahmung wert. Überall fanden sich Jugendliche zusammen, um ihre Lieblingssongs nachzuspielen oder gar eigene zu komponieren. Wie die Hausmusik im Biedermeier die bürgerliche Familie gestärkt hatte, sorgte jetzt umgekehrt gemeinsames Musizieren für die Ablösung von ihr. Der Beat betonte die Exklusivität der Jugend: Diese Musik ist unsere!

Durch die massenhafte Gründung von Schüler- und Amateurbands vertiefte sich der Einfluss der Popmusik auf die junge Generation und ging weit über die übliche Berieselung hinaus. Sie wurde nicht nur ihre passiv genossene Begleitmusik, sondern ihre aktive Expression. 1966 soll es zweihundert Beatbands allein in Köln, eintausendfünfhundert im Ruhrgebiet und zehntausend in der Bundesrepublik gegeben haben.[7] Die Pädagogen waren sich uneins, ob sie den Enthusiasmus der Jugend fördern oder lieber ersticken sollten. Wo immer ein verständiger Pfarrer oder Schulleiter es zuließ, traten die jungen Musiker auf Schulfesten und in Gemeindesälen auf. Nun boomte auch der Instrumentenhandel; durch den Verkauf von E-Gitarren, Verstärkern, Lautsprecherboxen und Effektgeräten wie dem Wah-Wah vervielfachte sich der Umsatz. Stolze Eltern verausgabten sich für eine Fender Stratocaster oder schenkten wenigstens eine Triumphator Electric, die es bei Quelle schon für 198 D-Mark gab. Bei genügend Musikalität kam man auch ohne Noten aus und half sich mit «Heraushören»: Man spielte einen Song wieder und wieder vom Tonband ab, bis man Text und Melodie halbwegs draufhatte.

Bands, die sich bereits einen kleinen Namen gemacht hatten, trafen sich am Wochenende in der Vestlandhalle Recklinghausen zum Beatfestival. Dutzende von Gruppen und Tausende von Zuschauern jeden Samstag – für den städtischen Jugendpfleger Kurt Oster war das «vorbeugender Jugendschutz». Liverpool hatte es fünf Jahre zuvor vorgemacht; dort war die Kriminalitätsrate, insbesondere die Zahl der Schlägereien, auffällig gesunken, nachdem die Rivalitäten der Jugendlichen sich aufs Musikmachen konzentriert hatten. Die deutschen Amateurbands hießen Frederic & The Rangers, Percy & The Gaolbirds oder Didi & His ABC-Boys; sie arbeiteten vornehmlich daran, sich gegenseitig den Rang abzulaufen.

So verwegen sich die Beatgruppen gaben, rebellisch waren sie nicht. Im Gegenteil, in ihren Rivalitäten zeigte sich eine leistungsorientierte, lebensbejahende Jugend, die ihre Stunde für gekommen hielt. «Bewusste, tendenziös junge Menschen» mit einer «Eigenkultur, wie sie noch nie so weltumfassend in Erscheinung trat», nannte sie der deutsche Philosoph und Soziologe Arnold Gehlen.[8] Ob konsumistisch oder gegenkulturell eingestellt, konformistisch oder kritisch – jung zu sein, war ihnen das Wichtigste; das Jungsein mauserte sich zu einer Art kultureller Qualität, die von den Älteren eher mit Staunen als mit sofortiger Ablehnung bedacht wurde. Das «Time Magazine» wählte deshalb zum «Man of the Year 1966» bezeichnenderweise keinen General oder Präsidenten wie ein Jahr zuvor und danach, sondern schlicht die Jugend: *The Inheritors*, die Erben.

In Duisburg gründete sich 1965 die vermutlich erste deutsche Girl-Beatband: die Rag Dolls. Das jüngste Bandmitglied war gerade mal sechzehn, das älteste neunzehn. Kein Manager hatte sie zusammengebracht, sondern sie hatten sich selbst ins Rampenlicht getraut, sich selbst entworfen und einige ihrer Songs auch selbst geschrieben. Alle waren bereits in der Lehre, wollten Drogistin, Friseurin und kaufmännische Angestellte werden, eine machte eine

Ausbildung als Polizistin. Sie sahen ihre Musik nicht als Protest oder Auflehnung, sondern als Moment der Selbstverwirklichung. «Die erste Spaßgesellschaft waren wir», erinnert sich eine Musikerin in dem Dokumentarfilm «Halbstark an Rhein und Ruhr». Die Rag Dolls probten zuerst in einem Raum des Pestalozzi-Kinderdorfs in Duisburg, sie spielten im Bürgerhaus Velbert, im Saalbau Essen, aber auch zur Einweihung eines Jugendheims der Caritas oder bei «Beat im Theater» in Oberhausen.[9] Das verdeutlicht, dass die musikalische Selbstfindung der Jugend nicht überall erkämpft werden musste, wie der Mythos der Poprebellion es will, sondern dass sie von starken gesellschaftlichen Institutionen unterstützt wurde. Der Beat grenzte die Generationen zwar deutlich voneinander ab, doch viele Ältere verfolgten den musikalischen Ehrgeiz der Jugend mit Wohlwollen, auch wenn ihnen die Musik fremd war. Der Nachwuchs konnte sich austoben, wie er wollte, solange er morgens pünktlich zur Arbeit oder zur Schule ging. Das allerdings war so selbstverständlich nicht mehr.

Gammler und Playboys trotzen dem Leistungsprinzip

Seit etwa 1964 schoben sich Jugendliche ins Blickfeld, die auf wirksamste Weise das anhaltende Wirtschaftswachstum in Frage stellten: Sie taten nichts. Das war zwar logisch gesehen schwer möglich, aber sie unternahmen viel, um die Dynamik ihres Daseins in Richtung null zu drücken. Dazu begaben sie sich auf zentrale Plätze, wo sie gut zu sehen waren, am Monopteros im Münchner Englischen Garten etwa oder an der Frankfurter Hauptwache, legten sich auf die Wiese oder aufs Pflaster, kuschelten sich zusammen, spielten ein wenig Gitarre und rauchten. Viele der jungen Männer trugen Ohrringe und Halsketten, die abgewetzten Parkas und Hosen verrieten, dass sie schon länger unter freiem Himmel lebten. Ihre Jacken hatten manche mit Filzstift beschriftet: «Die Mauer muss weg» stand da oder einfach nur «Joan Baez».

Von den geschäftig Vorbeieilenden blieben immer wieder etliche stehen, musterten die lagernde Horde teils misstrauisch, teils neugierig. Manchmal rotteten sich die Passanten ihrerseits zusammen, bauten sich vor den jungen Leuten auf, und dann begann er, der Dialog des Bürgers mit den sogenannten Gammlern, der bald zu einer Lieblingsszene des dokumentarischen Regionalfernsehens wurde: «Solange er niemanden stört, kann jeder machen, was er will. Aber ihr stört nun mal!», hieß es aus Bürgermund. «Wenn ich so was zu Hause hätt', dann wüsst' ich schon was: links und rechts und mittenrein.» – «Arbeitsnachweis müsste man einführen, und wenn er nicht vorgelegt werden kann, dann ab mit euch ins Lager!» – «Alle umbringen», zischte eine junge Frau.[10]

Die Gammler fürchteten solche Szenen und wünschten sie doch herbei; sie genossen die Konfrontation, zuckten aber auch zusammen unter dem Hass, der ihnen bisweilen entgegenschlug. «Die Luft ist frei, was soll ich da arbeiten?», antworteten sie. Oder: «Ich will nicht so ein Arbeitstier sein wie mein Vater. Ich will was haben vom Leben.» Ein junger Tramp in München drehte den Spieß um und beschuldigte die aufgebrachten Bürger der Zeitvergeudung: «Ich weiß gar nicht, warum ihr hier herumsteht und uns anglotzt, ihr müsst doch irgendwas zu tun haben. Los, geht arbeiten oder wenigstens nach Hause, Garten umgraben!»[11]

Unter den Gammlern waren entlaufene Fürsorgezöglinge wie Gymnasiasten aus begüterten Elternhäusern, denen es zu Hause zu stickig geworden war; klassische Landstreicher gesellten sich dazu und empfanden sich subkulturell aufgewertet. Es überwog ein hohes Bildungsniveau, das *on the road* allerdings wenig neue Nahrung bekam. Etliche trieb das Fernweh hinaus, sie wussten, wo sich Gammler in London, Amsterdam und Barcelona trafen, und trampten unstet von Lagerplatz zu Lagerplatz. Überall sang jemand «We Shall Overcome», «House of the Rising Sun» oder «Eve of Destruction». Der scheue Bob Dylan, der zarte Donovan oder die anarchischen Rolling Stones gaben hier den Ton vor, nicht die fleißigen Beatles.

Gammler 1967 am Georgsplatz, ihrem bevorzugten Aufenthaltsort in Hannover. Der Postbeamte bemüht sich, ihnen trotz unvollständiger Anschrift die Post zuzustellen.

Die Gammler waren ein höchst unterschiedlicher Stamm. Das um Aufklärung bemühte Fernsehen unterschied sachkundig «gebildete Protestgammler», «Freizeitgammler», «Suffgammler» und «Sturm- und Drang-Gammler». Auch «Gammlergigolos» wurden in der Horde ausgemacht, solche nämlich, in die sich regelmäßig brave Oberschülerinnen verliebten, sie mit Essen, Bier und ihrem Taschengeld versorgten und sie zum Duschen heimlich ins Haus ließen.

Eine sachte Verzweiflung strahlten sie aus, wie eine Bruderschaft von Verlorenen, was ihre Attraktivität für viele Jugendliche noch erhöhte, die sich zu Hause, in der Schule oder am Arbeitsplatz fremd und unverstanden fühlten. Die Gammler verkörperten eine echte Gegenwelt; sie waren, anders als die fröhlichen Anhänger der Beatles, nicht auf Konsum und Genuss, Geldverdienen und sozialen Aufstieg geeicht, sondern provozierten durch demonstrative Totalverweigerung. Anders als ihre engen Verwandten, die Hippies, hatten sie wenig Ehrgeiz, eine eigene Kultur hervorzubringen. Beim Denken sei wichtig, dass nichts dabei herauskomme, erklärte ihr Bruder im Geiste, Werner Enke, im Spielfilm «Zur Sache, Schätzchen». Mit dem Argument, Jesus sei der erste Gammler gewesen, stellten sie sich abgeklärt in eine lange Außenseitertradition. Niemand hatte bislang dem dynamischen Kreislauf von Arbeit und Konsum so entschieden die kalte Schulter gezeigt wie sie. Entsprechend groß war der Zorn, den sie bei Ludwig Erhard, der Vaterfigur der sozialen Marktwirtschaft, erregten: «Solange ich regiere, werde ich alles tun, um dieses Unwesen zu zerstören», ereiferte er sich auf einer Wahlkampfveranstaltung 1966.[12] Seine Untertanen folgten ihm gerne: 637 Gammler wurden in München festgenommen; in Hannover wurden sie von städtischen Arbeitern mit Wasserschläuchen, Desinfektionsmitteln und Kehrbesen von ihren Stammplätzen vertrieben.

Je mehr Beachtung die Gammler in den Medien fanden, umso mehr Zulauf hatten sie, umso brutaler geriet aber auch ihre Verfolgung. Der Münchener Kolumnist Sigi Sommer («Blasius, der Spaziergänger») sah in ihnen «schlummernden Müll»[13]. In Amsterdam, der europäischen Gammler-Hochburg, prügelte die niederländische Marine die Jugendlichen vom Dam-Platz, als übten sie für den Krieg. Freddy Quinn, der schon mit dem modernen Landsknechtslied «Eine Handvoll Reis» den Vietnamkrieg besungen hatte, schmiss sich mit dem Lied «Wir» der sogenannten schweigenden Mehrheit an die Brust: «Wer will nicht mit Gammlern verwechselt werden? Wir! / Wer sorgt sich um den Frieden auf Erden? Wir! / Ihr lungert herum in Parks und in Gassen, / Wer kann eure sinnlose Faulheit nicht fassen? Wir! Wir! Wir! / Wer hat den Mut, für euch sich zu schämen? Wir! / Wer lässt sich unsere Zukunft nicht nehmen? Wir! / (...) Denn jemand muss da sein, der nicht nur vernichtet, / Der uns unseren Glauben erhält, / Der lernt, der sich bildet, sein Pensum verrichtet, / Zum Aufbau der morgigen Welt.»

Damit hatte der Kampf um den demonstrativen Müßiggang auch den deutschen Schlager erreicht, und es klang, als hätte der Kulturbund der DDR sich der Singebewegung bemächtigt. Denn auch die DDR hatte ein Problem mit den Gammlern, zumindest in der ängstlichen Phantasie der SED. Um den Anfängen zu wehren, verbot sie den Film «Jahrgang 45» von Jürgen Böttcher gleich nach der Sichtung des Rohschnitts 1966. Die Hauptfigur Al gammelte dort zwar nur urlaubshalber, aber schon das reichte, um den Filmzensor urteilen zu lassen, er wirke «in seinem Habitus nahezu asozial» und könne «eher der kapitalistischen als der sozialistischen Lebenssphäre zugerechnet werden».[14]

Trotz gelegentlicher Vertreibungen und heftiger Anfeindungen konnten sich die Gammler vieler Sympathien im liberalen Teil des Bürgertums sicher sein, denn sie verkörperten einen Geist des Innehaltens, der in der Mitte des Jahrzehnts immer deutlicher nach Berücksichtigung verlangte. Für viele Menschen erschien die Perspektive unablässigen Wachstums längst nicht mehr so erstrebenswert zu sein wie zu Beginn des Aufschwungs. Sie pochten, inzwischen gewöhnt an stabile Verhältnisse, auf mehr Freizeit und Selbstverwirklichung, hinterfragten eine Lebensgestaltung, in der die Arbeit dominierte und Stress das Familienglück auffraß. Mit heimlicher Bewunderung blickten sie auf die Nichtstuer, die, wie die Hippies in den USA, ihre Uhren wegwarfen, ihr Zeitgefühl nur noch vom Stand der Sonne bezogen.

Dass der Zeitgeist inzwischen den Müßiggang neu entdeckte, wurde nicht zuletzt an den Beatles deutlich. Die einst so emsige Band gab sich im indischen Rishikesh der Meditation hin. John Lennon und Yoko Ono blieben 1969 je eine Woche lang im «Hilton Amsterdam» und im Montrealer «Fairmont The Queen Elizabeth»-Hotel im Doppelbett, dem Weltfrieden zuliebe, zu ihren Füßen eine große Reporterschar, die vom «Bed-in for Peace» berichtete. «Let It Be», lass gut sein, hieß die letzte Single der Gruppe, bevor sie sich im April 1970 trennte.

Betrachtet man Hippies und Gammler aus einer entfernten Perspektive von heute aus, sieht man sie an vorderster Front der gesellschaftlichen Entwicklung, die über Jahrzehnte hinweg immer mehr Muße, Genuss und Work-Life-Balance einforderte.[15] Wie eingebettet die Gammler in einen breiteren Strom des Wertewandels waren, wird an der allgemeinen Aufmerksamkeit für eine Figur deutlich, die zwar zum entgegengesetzten Ende des sozialen Spektrums gehört, aber in der ambitionierten Nichtsnutzigkeit den Gammlern ebenbürtig war. Der Playboy wurde Mitte der Sechziger zu einer öffentlichen Obsession, er beschäftigte die Phantasie mit seinen Frauengeschichten, seinen Yachten und Partys in einer giftigen Mischung aus Neid und Bewunderung. Während die Gammler das Leistungsprinzip von unten angriffen, verhöhnten es die Playboys von oben. «Arbeit? Dafür habe ich keine Zeit», prahlte der bekennende Taugenichts Porfirio Rubirosa.

Deutschlands prominentester Edelgammler, Gunter Sachs, profitierte als Teilhaber der Fichtel & Sachs AG vom Fahrradfreilauf und der Rücktrittbremse, die sein Großvater Ernst Sachs erfunden hatte. Mütterlicherseits war er durch seinen Großvater Wilhelm von Opel bestens gebettet. Sachs war meist in St. Moritz und St. Tropez zugange, auf Sylt und in Deauville. Die Boulevardpresse liebte ihn seiner prominenten Romanzen wegen und hatte ihre Leser bereits auf die Eroberung der persischen Ex-Kaiserin Soraya eingestimmt, mit der er mehrere Nächte durchgetanzt haben soll. Doch etwas Festes wurde daraus nicht. Bald darauf aber tröstete Sachs die enttäuschte Nation: Im Sommer 1966 heiratete er Brigitte Bardot, die, wie es überall hieß, «schönste Frau der Welt», der Inbegriff der französischen Marianne, die Personifikation der Nouvelle Vague. Was für eine Sensation, für viele ebenso bedeutend wie das «Wunder von Bern» zwölf Jahre zuvor.

«Nachts brausten wir mit dem Motorboot übers Meer – das Ruder auf Südkurs – und liebten uns auf dem Heck», erzählte Sachs dem «Spiegel»: «Wir wussten, dass wir jederzeit auf eine Klippe rasen könnten. Vielleicht haben wir es sogar ersehnt – mourir d'amour.»[16] Das war reichlich spätpubertär, aber der Playboy wusste, was er seinem modischen Image schuldig war. Und so traten Gunter und Brigitte in Jeans und barfuß vor den Standesbeamten. Die Haare trug Gunter zwar nicht richtig lang, aber immerhin über den Ohren und zottelig genug, um als Traumprinz und Bürgerschreck zugleich wahrgenommen zu werden. Brigitte wäre ohnehin lieber Revolutionärin geworden, wenn man denn damit viel Geld hätte verdienen können. Ein Jahr zuvor hatte sie an der Seite von Jeanne Moreau in Louis Malles Westernkomödie «Viva Maria!» eine Stripteasetänzerin gespielt, die in Lateinamerika gegen Diktatoren und korrupte Kleriker kämpfte – ein «Revolutionswestern», der in linken Studentenkinos ebenso enthusiastisch aufgenommen wurde wie in etablierten Filmpalästen. Nach dem Film nannte sich die Strategie-AG des Sozialistischen Deutschen Studentenbunds «Viva-Maria-Gruppe».[17]

Solche Details zeigen, wie tief eine Ästhetik der Verweigerung in weite Teile des bürgerlichen Publikums vorgedrungen war und seine windigsten Idole beeinflusste. Im Jetset wurde zum schönen Schein sogar der Konsum hinterfragt. Wirklich chic war nun keine Kette von Tiffany mehr, sondern eine aus Indien oder, besser noch, vom Flohmarkt.

Neben Gunter Sachs, einem durchaus agilen Kerl, der Sport trieb und zum Zeitvertreib eine Boutique gründete, erregte vor allem der schon erwähnte Arndt von Bohlen und Halbach Aufmerksamkeit. Der künftige Erbe des Krupp-Konzerns verzichtete 1966 im Alter von achtundzwanzig Jahren gegen Zahlung einer jährlichen Apanage darauf, das Erbe anzutreten, und führte fortan ein Party- und Jetset-Leben in den Kruppschen Anwesen in Palm Beach, Marrakesch, Kitzbühel, Blühnbach und auf Sylt. Nie schön genug in seinen Augen, gab er eine Menge Geld für kosmetische Operationen aus, die ihn immer glatter und blasierter wirken ließen – ein narzisstisches Drama und ein gefundenes Fressen für die Klatschpresse. Dass die Krupp-Dynastie, Inbild des Industriekapitalismus, ihr genetisches Fortleben in diesem verdrehten

Hedonisten aushauchte, der sich die Wimpern tuschte, mit Kajal schminkte und in wehende Seide kleidete, triggerte die Phantasie enorm, denn die Geschichte des reichen Taugenichts hatte eine maximale historische Fallhöhe: «Für mehr als 130 Jahre war diese Familie der Brennpunkt, das Symbol und der Nutznießer der allerbösesten Kräfte, die den Frieden in Europa bedrohen», hatte es in der Anklageschrift des Nürnberger Prozesses gegen seinen Vater Alfried Krupp von Bohlen und Halbach geheißen.[18] Die einst so mächtige Stahl- und Waffenschmiede, Inbegriff deutscher Wehrtüchtigkeit und Strebsamkeit – und nun dieser schillernd omnisexuelle Spross, ein düsterer Engel des immerzu feiernden Jetset! Der Arbeiterzeitung «Freiheit» fiel Lenins Wendung vom «parasitären und faulenden Kapitalismus» ein, Luchino Visconti das schwülstige NS-Krupp-Drama «Die Verdammten».[19] Arndt von Bohlen und Halbach selbst sah sich als Produkt seiner Zeit und seines Alters, als das, was man später einen typischen Achtundsechziger nennen sollte: «Ich gehöre eben einer Generation an, die in ihrem Drang nach Freiheit und den Möglichkeiten, die ihr dabei geboten werden, mit keiner Generation vor ihr verglichen werden kann», sagte er dem Klatschkolumnisten und Regisseur Will Tremper.

In der Presse liebte man es, immer dann, wenn es um die Eskapaden des letzten Krupp ging, einen Reporter ins Ruhrgebiet zu schicken, um empörte Stimmen von Arbeitern einzufangen, die die zwischen Marrakesch und Kitzbühel pendelnde Party ja letztlich bezahlten. Irgendeinen fanden sie immer, der bereitwillig schimpfte: «Der sonnt sich den Hintern auf Hawaii, während wir Kohle kratzen.»[20] Für die «Zeit» fuhr Willi Bongard hin, 1969, als einmal mehr die Höhe der Abgaben verhandelt wurde, die unter anderen die Krupp-Zeche Rossenray an den Playboy zahlen musste.[21] Bongard wollte wissen, was es mit der «explosiven Stimmung» auf sich hatte, die viele Kollegen im Ruhrgebiet wahrgenommen haben wollten. Nichts davon fand er. «Ich weiß nicht recht», zweifelte ein Arbeiter, «wenn man bedenkt, was die Krupps alles aufgebaut haben. Was hat der Alfried Krupp denn schon vom Leben gehabt? Erst hat er für seinen Vater im Gefängnis gesessen, dann hat er Theater mit seiner Frau gehabt. Nicht mal 'nen Chauffeur hat er sich geleistet. Und jetzt will man nicht mal, dass er seinem Sohn was vererbt. Ich weiß nicht, aber richtig is dat nich.»[22] Tief im Bergwerk war man von Sozialneid ziemlich frei.

Neues Leitbild für Männer: Der schlaffe Haro

Das künstlerisch gelungenste Zeugnis der Verweigerungshaltung, die die zweite Hälfte der sechziger Jahre erfasste, ist der Film «Zur Sache, Schätzchen» der Regisseurin May Spils, gedreht 1967 in Schwabing. Leider wird er seines dämlichen Titels wegen in die unteren Schubladen der Filmkunst eingeordnet, obwohl er zu den großen Werken des Jungen Deutschen Films gehört. Werner Enke verkörpert darin den begabten Nichtstuer Martin, der die schönsten Sätze formuliert, die die Erschlaffung dieser Jahre hervorgebracht hat. «Ich mag's nicht, wenn sich die Dinge schon am Morgen so dynamisch entwickeln», klagt er, als ihn sein Freund gegen Mittag aus dem Schlaf klingelt. Nachdem er sich von seiner neuen Bekanntschaft Barbara (Uschi Glas) zu einem Besuch im Zoo hat überreden lassen, starrt er versonnen die Tiger an: «Die haben's gut, können den ganzen Tag im Käfig rumsitzen und nachdenken. Freiheit ist bedrückend, finden Sie nicht? Den ganzen Tag irgendwo hingehen zu können, das macht mich ganz krank.» Barbara will er seinen neuen Kurzfilm zeigen. Als sie mit auf seine Bude kommt, präsentiert er ihr einen winzigen Block voller Strichmännchen – perfektes Daumenkino. Barbara will er gar nicht groß herumkriegen, höchstens «ein bisschen fummeln», obwohl schon das mehr Vitalität erfordern würde, als ihm angemessen erscheint. Natürlich ist die junge Frau von so viel Zurückhaltung zunächst entzückt; amüsiert lauscht sie seiner Erzählung vom schlaffen Haro, die sich schnell als Selbstporträt entpuppt. «Beim schlaffen Haro ist die

Grundposition erstmal so», erklärt Martin und legt sich flach auf den Boden: «Wenn er gut beieinander ist, dann kommt er mit dem Kopf hinten so ein bisschen hoch, guckt, und dann schlafft er wieder ab. So für fünf, sechs Wochen. Und dann, wenn er wieder gut beieinander ist, wirklich gut beieinander, dann kommt er richtig mit dem Kopf hoch, wird auch wirklich freier insgesamt, und dann macht er sich an seine Kniescheibe ran, fummelt so ein bisschen, grabscht sich richtig in die Kniekehlen, überprüft, ob alles locker ist, und dann schlafft er wieder ab.»

Mit über sechs Millionen Zuschauern belegte der Film die große Sympathie, die weite Teile der Bevölkerung inzwischen der Idee der Leistungsverweigerung entgegenbrachten. Er ist ein typisches Produkt der Münchner Szene, nah am Zeitgeist, aber völlig unpolitisch, lustig und renitent im Geiste Karl Valentins. Produziert von Peter Schamoni, injizierte der Film Motive der Subkultur in bürgerliche Sphären, ähnlich wie die Schamoni-Produktion «Quartett im Bett» (1968), gedreht von seinem Bruder Ulrich. In den Hauptrollen die Klamaukkapelle Insterburg & Co und die Jacob Sisters, die ihre Karriere als Schmannewitzer Heidelerchen in der DDR begonnen, ihr Können jedoch 1958 dem Sozialismus entzogen hatten. Trotz ihres bisweilen derb-chauvinistischen Humors erhielt die Komödie 1969 den renommierten Ernst-Lubitsch-Preis für ihren kundigen Blick in des «Gammlers Milieu», genauer gesagt: in die Berliner Süffelboheme. Statt Schwabing stand nun Kreuzberg auf dem Programm, erwarten durfte sich der geneigte Zuschauer einen Blick auf die Matratzenlager der Berliner Alternativszene, auf die ihn schon die Aktfotos aus der Kommune 1 neugierig gemacht hatten.

Diese haben sich tief ins kollektive Gedächtnis eingegraben. Mit einer Flut von Nackt- und Halbnacktfotos, oft im «Stern» abgedruckt, besserten die Kommunarden der linksradikalen Wohngemeinschaft, die seit Anfang 1967 enorme Publicity genoss, ihre Gemeinschaftskasse auf. Geschickt vermarkteten sie ihren Sex-Appeal und ließen die Öffentlichkeit in ihre sagenumwobene

Hamburger Kommune beim Versuch umfassender Selbstverwirklichung, 1967.

Behausung lugen. Anmutig hockte man auf dem Boden, das aus München zugezogene Model Uschi Obermaier thronte wie Pocahontas zwischen ihnen und baute einen Joint für alle. Sie war der *missing link* zwischen den braven Bürgern und den Revoluzzern. Eine von uns in der bizarren Welt der Kommunarden – selten war das Stinknormale so schön anzusehen wie die Uschi zwischen den Schraten und Zottelköpfen der Kommune 1. Mit Klassenkampf hatte sie wenig im Sinn, dem Rainer (Langhans) verbot sie das Fremdgehen, und von der Gemeinschaftskasse hielt sie gar nichts. «Ich hatte immer nur für mich gekämpft, für mein Recht auf Pop und aufs Ausschlafen in der Früh», bekannte sie später.[23]

Jukebox

In den fließenden Übergängen zwischen Pop, Jugendkult, Gegenkultur und Revoluzzertum wird deutlich, wie bunt, widersprüchlich und unüberschaubar die Lebensstile der späten Sechziger sich mischten. *Links gegen Rechts* wurde überlagert von *Jung gegen Alt* wie in einem Wackelbild: Was sich als «Jugendkultur» darstellte, schillerte zwischen Provokation und Genuss, so wie es der Werbekünstler Charles Wilp 1968 auf den Punkt brachte: «Sexy-mini-super-flower-pop-op-cola – alles ist in Afri-Cola.» Attribute einer angeblichen «Gegenkultur» konnten für Momente übernommen und dann wieder abgestreift werden, wie man eine Platte ins Regal stellt oder eine Limonade austrinkt. Brave BWL-Studenten gingen ins «Revolution» tanzen, mit einem Fuß stand man kulturell immer im «Underground». So hießen Discos in zahllosen Städten, eine *Underground*-Abteilung gab es in jedem Plattenshop, und den Schriftzug *Underground* stickten sich viele auf ihre Parkas. *Underground* gab vor, sich dem Kommerz entziehen zu können, und war doch nur eines seiner Label. Die Poprevolution umfasste Aufwärtsstrebende und Leistungsmüde, Zufriedene und Zornige. Swinging London gehörte dazu wie die Krawalle in der Waldbühne. Der Beat lieferte den Soundtrack zu einer modisch erfrischten Gesellschaft, quietschbunt wie die Carnaby Street, *shocking* im Sinne von Mary Quants Miniröcken und Twiggys Augen-Make-up. Wurde einem das zu bunt, steuerte man mit einer Prise Velvet Underground dagegen oder mit den Eigenbrötlern von Amon Düül II. Zum Spektrum dessen, was alles miteinander vereinbar war, gehörten auch die «Protestsongs», die plötzlich überall erklangen: Woody Guthries «This Land Is Your Land» aus dem Jahr 1940 verband sich mit Marlene Dietrichs «Sag mir, wo die Blumen sind», Joan Baez' «Donna Donna» und Donovans «Catch the Wind» zum Grundrepertoire einer hippiesk gestimmten Neofolklore, deren friedliche Treuherzigkeit eine erholsame Pause bildete zwischen den Aggressionen Mick Jaggers oder Pete Townshends.

Auf den Plattentellern der engagierten Jugend rotierte das alles gleichmütig hintereinander weg, zusammen mit Franz Josef Degenhardts «Spiel nicht mit den Schmuddelkindern», Canned Heats Speed-Boogie «On the Road Again», Deep Purples «Child in Time» mit dem bis dahin erschütterndsten Schrei der Musikgeschichte, Scott McKenzies «San Francisco»-Hymne, Esther und Abi Ofarims Bee-Gees-Coverversion «Morning of My Life», Simon & Garfunkels Gespräch mit der Dunkelheit «The Sound of Silence», Jacques Brels verzweifeltem «Ne me quitte pas», Georges Moustakis beschaulichem «Ma Solitude» und dem Partisanenlied «Bella Ciao» – und immer noch wäre der Soundtrack der späten Sechziger nicht annähernd umrissen. Er verdeutlicht, welche Vielfalt an unterschiedlichen Lebensgefühlen plötzlich erwacht war, die allesamt unter dem Etikett «Jugend» rubriziert wurden, so widersprüchlich sie auch waren. Fast alle kündeten von Unruhe und Aufbruch, wohin auch immer. Und ganz am Rand war sogar etwas Platz für Weisheit: Die zwanzigjährige Françoise Hardy, die leiseste unter den populären Stimmen, verweigerte sich dem Jugendkult konsequent und hauchte 1964 «Mon Amie La Rose», nur scheinbar verträumt: «Wie wenig wir doch sind / Meine Freundin, die Rose, / sprach mir heute Morgen davon / Sieh, Gott, der mich erschaffen hat, / ließ mich den Kopf neigen / Und ich fühle, dass ich falle.»[24]

Aufstand der Sorglosen

Auf diesem bewegten Meer von Moden und Suggestionen schwamm etwas herum, das sich als Motor der Geschichte fühlte und doch nur von den Wogen einer viel breiteren Erregung getragen wurde: die linksradikale Studentenbewegung. Resultat einer kulturellen und mentalen Unruhe, die alle westlichen Industrienationen erfasst hatte. Ein durch zwei Jahrzehnte Konsumrausch entwickelter Hedonismus drängte nach mehr Lebensgenuss und stellte alles in Frage, was ihn bedrohte. Selbst eine Limo wie Afri-Cola beanspruchte, revolutionär zu sein, schockte im Werbeauftritt mit schmachtenden Nonnen und verhieß freie Liebe: Heirat oder nicht, das sei nicht mehr die Frage. Die Wortführer der Studentenbewegung sahen sich als Speerspitze der Befreiung, in Wahrheit aber waren die Energien der kulturellen Libertinage viel größer als ihre, sie wurden von mehr Menschen getragen, und sie waren früher entstanden.

Das Wachstum hatte sich so verstetigt, dass man sich dem Gefühl hingab, es ginge auch mit weniger Einsatz immer nur aufwärts. Die Lust, die Früchte der Arbeit zu genießen, meldete sich nun häufiger, die Ansprüche ans Dasein differenzierten sich immer mehr aus, und der Unzufriedenheit wurde mehr Raum gegeben. Der Selbstverwirklichung halber riskierte man Konflikte mit Eltern, Ehepartnern, Vorgesetzten und Lehrern. Die Menschen wurden mutiger, weil sie ökonomische Sicherheit fühlten; Arbeitslosigkeit gab es kaum noch. Auf Basis dieser umfassenden Sorglosigkeit ließ sich gut «Born to Be Wild» singen.

Endlich gab es Zeit, Sinnfragen zu stellen, und besonders gründlich tat es die Jugend. Durch den Fleiß der Eltern hatten sich in solcher Breite bis dahin ungekannte Vermögen angehäuft und warteten darauf, von den Kindern verzehrt zu werden. Diese genehmigten sich die längste Pubertät der Geschichte. Studienzeiten von dreißig Semestern waren keine Seltenheit; nach der Parole «forever young» wurde die Jugend auf Kosten der Älteren radikal ausgedehnt. Man zelebrierte Verantwortungsferne noch in einem Alter, in dem frühere Generationen schon für ihre Großeltern gesorgt hatten. Nächtelang diskutierten die progressiven Studenten in frustrierenden Sitzungen die Zwänge «kleinbürgerlicher» Hemmungen, unterwarfen sich der Kritik an der «Zweierkiste» und gestanden zerknirscht ihre charakterlichen «Abpanzerungen» gegen das innere Triebleben ein. Davon hatten sie bei Wilhelm Reich gelesen, dessen «Die Sexualität im Klassenkampf» aus dem Jahr 1934 zu dem am häufigsten raubgedruckten Text der Studentenbewegung

Tabubrüche wirken 1968 umsatzfördernd: Nonnen im Cola-Rausch, wirr wie ein LSD-Trip. Die berühmte Afri-Cola-Werbung von Charles Wilp verspricht die volle Dosis Seinserfahrung: «lustvolle Gefilde afri-colahungriger Gefühle».

avancierte. Der Kapitalismus wurde als Urheber des autoritären Zwangscharakters ausgemacht, den man auch im eigenen Inneren wüten sah, wo er alles erstickte, was an Lust und Befriedigung angelegt war. In endlosen Lektüresitzungen mit Dr. Freud und Dr. Marx bekamen die Studenten eine Ahnung davon, was aus ihnen Herrliches hätte werden können, wenn die kleinbürgerliche Familie ihnen nicht psychische Fesseln angelegt hätte.

Jede ausufernde Demonstration gegen irgendein Hochschulrahmengesetz, das zu lesen man gar nicht für nötig gehalten hatte, geriet zu einer Befreiung des eigenen Ich, verband sich mit dem

Kampf des vietnamesischen Volkes, der Verliebtheit in die Freundin und der Musik der Doors zur Illusion, man hielte hier und jetzt die Geschichte an und stürze die Verhältnisse um, wenn man dem Wasserwerfer nur mutig genug trotzte. «Wir haben nicht mehr viel Zeit (...). Wir haben eine historisch offene Möglichkeit. Es hängt primär von unserem Willen ab, wie diese Periode enden wird», rief Rudi Dutschke, Galionsfigur des Studentenprotests und der APO, den Genossen im Februar 1968 auf dem großen Vietnamkongress zu: «Die Revolutionierung der Revolutionäre ist die entscheidende Voraussetzung für die Revolutionierung der Massen. Es lebe die Weltrevolution und die daraus entstehende freie Gesellschaft freier Individuen!»[25]

Es ist unschwer zu erkennen, dass diese Einschätzung mit der Realität wenig zu tun, ja dass sie mit Politik im engeren Sinne, wie sie in den Parlamenten verhandelt und von den «normalen» Bürgern in der «Tagesschau» beobachtet wurde, nichts gemein hatte, sondern dass sie auf eine artifizielle Agenda zurückging, die weitgehend kollektiven Autosuggestionen einer angeblich «revolutionären Situation» folgte. Dutschkes größtes Kapital war seine mitreißende, unverwechselbare Stimme. Ausgezeichnet durch eine ganz eigene Sprachmelodie verschliffener Rhythmen, war Rudi gewissermaßen der erste Rapper.

Sicher gab es auch eine dezidiert politische Entstehungsgeschichte der Studentenbewegung, aber die liest sich dürrer als die mentalitätsgeschichtliche, in die sie eingebettet ist. Sie hängt neben der Empörung über den Vietnamkrieg mit der Bildung der Großen Koalition nach dem Rücktritt Ludwig Erhards 1966 zusammen. Der als Kanzler eigentümlich glücklose Erhard war von der ersten leichten Konjunkturdelle, die das Land seit 1949 erwischt hatte, nach nur drei Jahren aus dem Amt gedrängt geworden. Hunderttausend Arbeitslose bei sechshunderttausend offenen Stellen sind von heute aus gesehen wahrhaftig kein Drama, aber selbst dieser so gut wie nicht spürbare Rückgang der Wirtschaftsdaten ließ in der stabilitätsverwöhnten Republik erhebliche Unruhe aufkom-

Rudi Dutschke, Galionsfigur der APO und bekannt als flammender Redner, beim Einkaufen 1968.

men. Der verstärkt der Melancholie zuneigende Erhard war auffällig freizeitbedürftig geworden und genoss in der CDU kaum noch Vertrauen. Franz Josef Strauß hatte «fünf Us» ausgemacht, in die Erhard die Republik hineinmanövriert hätte: «Unwissenheit, Unbehagen, Unsicherheit, Unruhe, Unzufriedenheit».[26] Als der Kanzler auch außenpolitisch ohne Fortune blieb und es ihm nicht gelang, die Amerikaner von ihrer Drohung abzubringen, weniger Mittel für Deutschlands Verteidigung aufzuwenden, fiel selbst die eigene Partei über ihn her. Erhard, das Gesicht des Wirtschaftswunders, dieser – wie die Schlote des Ruhrgebiets – unablässig Zigarre qualmende Mann der Fülle, gab mitten in der Legislaturperiode auf.

Erhards Nachfolger Kurt Georg Kiesinger, ebenfalls CDU, wollte rasch aus dem Stimmungstief heraus, kündigte das Bündnis mit der FDP auf und ging eine Große Koalition mit der SPD ein, um die Vertrauensbasis der künftigen Regierung in der Bevölkerung zu verbreitern. Doch das Gegenteil trat ein; statt der Zustimmung in der Breite wuchs der Misserfolg an den Rändern. Rechts befand sich die NPD im Aufwind, links der SDS, der Sozialistische Deutsche Studentenbund, von dem sich die SPD schon 1961 getrennt hatte. In der Regierung vermochte die SPD nicht mehr die Unzufriedenen an sich zu binden. Wieder einmal würden die Sozialdemokraten ihren historischen Auftrag verraten, behauptete Dutschke. Statt in der historischen Stunde, da endlich der «CDU-Staat ins Wanken geraten» sei, «die Massen zu mobilisieren und sie für den Sozialismus zu gewinnen», steige sie ein «ins verrostete Geschäft der CDU».[27] Dass mit der Großen Koalition, «dieser miesen Ehe»[28], der verhasste Franz Josef Strauß auf die Regierungsbühne zurückkehrte, gab vielen Linken den Rest. Sie verloren ihre in die SPD gesetzten Hoffnungen und mithin ihre politische Heimat. Das änderte sich erst 1969 wieder, als Willy Brandt Kanzler wurde und eine Koalition mit der FDP einging. Sie stabilisierte die innenpolitische Lage deutlich, indem sie die klare Unterscheidbarkeit der politischen Lager wiederherstellte.

Bis dahin aber inszenierte die Studentenbewegung erheblichen Aufruhr, verstärkt durch die Medien, die dankbar die fotogenen Krawalle in langen Bildstrecken in die Blätter hoben und einen enormen Resonanzraum der Ereignisse bildeten. Knüppelnde Polizisten, die Jagd auf Blumenkinder machten; ein Kreuz, das aus der Gischt der Wasserwerfer herausragte; blutende Intellektuellenstirnen; Uschi Obermaier, die allein einer Kette uniformierter Polizisten entgegenstand. Die liberale Öffentlichkeit war tief bewegt von diesen Bildern. Sie ließ sich beeindrucken von einer Jugend, die offensichtlich vom fernen Krieg in Vietnam stark berührt wurde und zugleich den Eltern Gleichgültigkeit, Tatenlosigkeit und Mittäterschaft im Nationalsozialismus vorhielt. Die Kriegsgeneration war damit in die Ecke getrieben und zwang sich zu einer erstaunlichen Nachsicht.

Ein zentrales Motiv der außerparlamentarischen Opposition bestand in der Solidarität mit den meist antikolonialen Aufstandsbewegungen in der «Dritten Welt», ein zweites in der Unzufriedenheit mit den in Westdeutschland noch vorhandenen Resten einer undemokratischen Obrigkeitsgesellschaft, die sie auch in der mitbestimmungsfernen Verfassung der Universitäten und in deren «vermufften» Ritualen erkannten, zum Beispiel im Einzug der Professoren zur jährlichen Immatrikulationsfeier, die sie gemeinsam im vollen Schmuck ihrer traditionellen Talare betraten.

Der Protest der Studenten nahm an Heftigkeit und Breite zu, als am 2. Juni 1967 der Student Benno Ohnesorg, Pazifist und Mitglied der Evangelischen Studentengemeinde, bei einer Demonstration gegen den Besuch des autokratischen Schahs Mohammad Reza Pahlavi aus dem Iran erschossen wurde. Die tödliche Kugel stammte aus der Pistole des Polizisten Karl-Heinz Kurras, abgefeuert aus kurzer Distanz, mutmaßlich gezielt auf Ohnesorgs Hinterkopf gerichtet. Die Tat entsetzte weite Teile der Öffentlichkeit, zumal sie eingebettet war in eine brutale Polizeistrategie, deren Gewalttätigkeit noch übertroffen wurde durch die prügelnden «Jubelperser» des iranischen Geheimdiensts und der von ihm angeheuerten Landsleute, die weitgehend ungehindert von der Polizei mit Dachlatten und Knüppeln auf die Demonstranten einschlugen. Damit erhielt der generelle Vorwurf der Neuen Linken, die Bundesrepublik hätte sich nur oberflächlich von der faschistischen Vergangenheit befreit, in vielen Köpfen eine deutliche Bestätigung, zumal die Umstände von Ohnesorgs Tod zunächst nach Kräften verschleiert wurden.

Die Lage spitzte sich weiter zu. Vor allem die zahlreichen Aktionen, die sich gegen den Springerkonzern richteten und die Auslieferung der «Bild»-Zeitung verhindern wollten, mündeten in wahren Straßenschlachten. Dem Blatt warf man vor, die Stimmung der Spießbürger gegen die Studenten anzuheizen und sie zur Gewalt gegen Demonstranten und Revolutionäre aufzustacheln. So hetzten im Februar 1968 Taxifahrer einen Autofahrer durch Berlin, den sie für Rudi Dutschke hielten. Als der Hilfsarbeiter Josef Bachmann zwei Monate später, am 11. April 1968, ein Attentat auf Dutschke verübte, während dieser vor einer Apotheke auf ein Medikament für seinen drei Monate alten Sohn wartete, schien den Aktivisten der APO klar zu sein: «Bild schoss mit.»[29] Rudi Dutschke überlebte schwer verletzt. Mehr als fünfzigtausend Menschen beteiligten sich daraufhin an den erneut aufflammenden, tagelangen Anti-Springer-Demonstrationen und Straßenschlachten, die wiederum zwei Todesopfer forderten.

Die brutalen Gewalt- und Hasserfahrungen bildeten ein zentrales Motiv für die rasante Radikalisierung vieler bislang besonnener Leute mit den militanten Teilen der APO. Verstärkt durch die erschütternden Szenen aus dem Vietnamkrieg und die ebenso vehement verlaufenden Proteste in anderen westlichen Hauptstädten, zu erleben abends im Fernsehen, entwickelte sich eine gewaltgeladene Stimmung, die etliche Beteiligte dazu brachte, ihr Alltagsleben in Kriegskategorien wahrzunehmen.

Am 22. Mai 1967 brannte in Brüssel das Kaufhaus «A l'Innovation», ein wunderbarer Jugendstilbau. Zweihunderteinundfünfzig Menschen kamen ums Leben. Da das «Inno», wie es heute heißt, eine amerikanische Woche veranstaltete, kam der Verdacht auf, es könne sich um Brandstiftung gehandelt haben. Erst später stellte sich heraus, dass ein Defekt an einer Lampe das Feuer verursacht hatte. Zwei Tage nach dem Brand verteilte die Kommune 1 unter dem Titel «Warum brennst Du, Konsument?» an der Freien Universität Berlin ein Flugblatt von beachtlichem Zynismus: «Ein ungewöhnliches Schauspiel bot sich am Montag den Einwohnern der belgischen Metropole: Ein brennendes Kaufhaus mit brennenden Menschen vermittelte zum erstenmal in einer europäischen Großstadt jenes knisternde Vietnamgefühl (dabeizusein und mitzubrennen), das wir in Berlin bislang noch missen müssen.» Weiter hieß es: «So sehr wir den Schmerz der Hinterbliebenen in Brüssel mitempfinden: Wir, die wir dem Neuen aufgeschlossen sind, können, solange das rechte Maß nicht überschritten wird, dem Kühnen und Unkonventionellen, das, bei aller menschlichen Tragik, im Brüsseler Kaufhausbrand steckt, unsere Bewunderung nicht versagen.» Vom Mitempfinden war angesichts des höhnischen Tons wenig zu spüren, auch wenn man den Verfassern zugestehen mochte, dass sie sich vor allem mehr Mitgefühl für die von Napalmbomben terrorisierten Vietnamesen wünschten. Ein weiteres Flugblatt der Kommune aber vom selben Tag, das die Überschrift «Wann brennen die Berliner Kaufhäuser?» trug, machte die Stoßrichtung deutlich: «Unsere belgischen Freunde haben endlich den Dreh heraus, die Bevölkerung am lustigen Treiben in Vietnam wirklich zu beteiligen: Sie zünden ein Kaufhaus an, zweihundert saturierte Bürger beenden ihr aufregendes Leben, und Brüssel wird Hanoi.» Es schloss mit der Parole: «Burn, warehouse, burn!»

Die Kommunarden Rainer Langhans und Fritz Teufel wurden wegen Aufforderung zur Brandstiftung vor Gericht gestellt. Ihr Anwalt Horst Mahler bat nun eine Reihe von namhaften Professoren, den Angeklagten mit Gutachten zu Hilfe zu kommen. Obwohl sie von linksradikaler Seite immer wieder als «Lilis» (linksliberale Arschlöcher) gescholten wurden und Teufel vor Gericht noch höhnte, man würde diese Professorentypen einfach nicht los, holten Peter Szondi, Eberhard Lämmert, Peter Wapnewski, Jacob Taubes und andere geisteswissenschaftliche Koryphäen die Angeklagten aus der Patsche, indem sie den satirischen Charakter der Texte herausstellten. Sie hätten sich der «Taktik der Verstellung und Übertreibung» bedient, um zu «Reflexionen herauszufordern».[30] Das Ganze sei, wenn auch missraten, ein Kunstwerk, sicher aber keine politische Aufforderung zur Tat. Selbst einige SDSler sahen das anders: «Für jeden, der zwischen den Zeilen lesen konnte», schrieb Peter Schneider in seinen Erinnerungen an 1968, «lag es auf der Hand, dass irgendwelche Kunstbanausen, die ebenso satireunkundig waren wie der Staatsanwalt, ‹das Kunstwerk› der Kommune wörtlich nehmen würden.»[31]

Knapp zwei Wochen nach dem Freispruch für die Flugblattautoren Teufel und Langhans war es so weit: Am 2. April 1968 legten Gudrun Ensslin, Thorwald Proll, Andreas Baader und Horst Söhnlein drei Brände in den Kaufhäusern Schneider und Kaufhof in Frankfurt, die glücklicherweise wenig Schaden anrichteten. Wieder fand die Tat erstaunliches Verständnis unter zugewandten Bürgern, vorneweg Gudrun Ensslins Vater, der evangelische Pfarrer Helmut Ensslin. Gegenüber einem Fernsehreporter zollte er dem verirrten Kind seltsame Bewunderung: «Für mich ist erstaunlich gewesen, dass Gudrun, die immer sehr rational und klug überlegt hat, fast den Zustand einer euphorischen Selbstverwirklichung erlebte, einer ganz heiligen Selbstverwirklichung, so wie geredet wird vom heiligen Menschentum. Das ist für mich das größere Fanal als die Brandlegung selbst, dass ein Menschenkind, um zu einer Selbstverwirklichung zu kommen, über solche Taten hinweggeht.»[32]

Es ist kein Zufall, dass Kaufhausbrände am Beginn der rasch eskalierenden Gewaltserie standen, die über die Gründung der Terrorgruppe RAF zur «Bewegung 2. Juni» führte und insgesamt vierundfünfzig Leben kostete, zwanzig davon aus den eigenen Reihen. Und es ist kein Zufall, dass eine Pfarrerstochter dafür den halben Segen ihres Vaters bekam. In der kruden Heiligsprechung durch ihn äußerte sich nicht nur Vaterliebe, sondern der überhebliche Rigorismus einer Weltanschauung, die vom Beginn des Wirtschaftsaufschwungs an gegen Konsum, Materialismus und Amerikanismus gewettert hatte. Aufs Haar gleicht die radikalkonservative Konsumkritik der Vätergeneration aus den fünfziger Jahren dem Kaufhaushass ihrer militanten Kinder in den späten Sechzigern; beide trafen sich in der hochmütigen Verachtung des «simplen Glücks der Kleinbürger».

«Das Maul des Zivilisationsdrachen kotzt Meere von wohlverpackten Gütern auf die (…) manipulierten Verbraucher» hatte der spätere Kommunarde Dieter Kunzelmann schon 1961 gedichtet. In der Weihnachtszeit 1964 hatte er in Kaufhäusern Flugblätter verteilt, auf denen zu lesen stand: «Und die ‹Liebe› gebar die Waren und wickelte sie in falsche Träume und legte sie in die Schaufenster, damit die Menschen ihre wahren Wünsche nicht mehr sehen.»[33] Er aber glaubte, ihre wahren Bedürfnisse zu kennen, und stürzte sich in den Kampf, Leute zu befreien, die sich gar nicht unterdrückt fühlten. Es begann als Klamauk und heiterer Rechtsbruch, dem allerdings schon innewohnte, dass er eine einsame Sache bleiben und kein Funke auf die Massen überspringen würde.[34] «Machen Sie was aus Ihrem Leben, gehen Sie ins Gefängnis!» lautete gallig der letzte Satz in Klaus Lemkes Spielfilm «Brandstifter» (1969), eine vom Prozess gegen Ensslin, Baader, Proll und Söhnlein angeregte Milieustudie.[35] In der Überzeugung, die Gesellschaft sei längst reich genug, um die Waren verschenken zu können, die sie herstellte, veranstalteten Berliner Spontis nach dem Motto «Nimm dir, was du brauchst» sogenannte Klau-ins. «Wer den Spießer nicht enteignet, bleibt es selbst»[36], behauptete auch die Kommune 1 und rief zu Ladendiebstahl und Zechprellerei auf.

Das Wirtschaftswachstum ließ sich davon nicht stören. 1968 erreichte es nach kurzer Ermüdung wieder eine Rate von 5,5 Prozent, ein Jahr später sogar 7,5 Prozent. Die Arbeiter zeigten den Studenten die kalte Schulter. Als aber im September 1969 eine Welle wilder Streiks in der Stahlindustrie die Republik beunruhigte, bildeten die Führer der APO sich tatsächlich ein, ihre Agitation habe im Proletariat endlich Früchte getragen. Doch rasch wurde deutlich, dass auch hinter diesem revolutionär wirkenden Ungehorsam nur ein normaler Tarifstreit steckte, wegen des vorangegangenen Lohnverzichts lediglich wütender als sonst geführt.

Wie folgenlos die Unruhen an den Universitäten und die vielen Demonstrationen auf der Straße für die politischen Verhältnisse blieben, zeigten die Ergebnisse der Bundestagswahl von 1969. Das links der SPD entstandene Wahlbündnis «Aktion Demokratischer Fortschritt», in dem sich unabhängige Linke und die soeben neugegründete DKP zusammengefunden hatten, erzielte niederschmetternde 0,6 Prozent. Die außerparlamentarisch orientierten Studenten interessierte das zwar nicht, weil sie normale Politik langweilig fanden, aber die extreme Wahlschlappe war doch bezeichnend dafür, wie gering die politische Zustimmung für die Revolutionäre war. Ihre Utopie der klassenlosen Gesellschaft teilte so gut wie niemand, große Sympathien genossen sie jedoch als auffällige Akteure einer gesellschaftlichen Selbstbefreiung, die viele Menschen auf sehr unterschiedliche Weise erfasst hatte. Das Politchinesisch der Studenten hielten sie dagegen für eine Mode unter vielen – belebend wie die Miniröcke, die aufblasbaren Sessel, die Saisonfarbe Orange, die Italowestern, «Das Wunder der Liebe» von Oswalt Kolle und der neue Peugeot 504, das Auto des Jahres 1969.

«Arbeit am Begriff»

Wenn die jungen Revolutionäre mal ausnahmsweise allein durch die Stadt streiften und sahen, wie die Menschen von der Arbeit kamen, Skat droschen, Lastwagen fuhren, ihre Autos wuschen, Kinderwagen schoben und die Schaufenster betrachteten, spürten sie, um wie viel peripherer ihr eigenes Engagement war als das vermeintlich entfremdete Tun dieser Leute. Nur in der Aufgeregtheit der geisteswissenschaftlichen Basisgruppen, nicht einmal in der gesamten Universität, die voller Juristen, Mediziner und Physiker mit «systemkonformen Interessen» war, fühlten sie sich im Zentrum der Welt und auf der Höhe der Ereignisse – Avantgardisten der Geschichte, deren Widerstand sie durch fleißige Theoriearbeit brechen könnten. In der «Arbeit am Begriff», wie sie es nannten, vermochten sie aufs Ganze zu gehen, Totalität zu denken und am Ende, so überspannt sie nach außen auch wirken mochten, doch noch zu

Helden zu werden. Mit romantischen Parolen wie «Das Leben ist anderswo», «Unterm Pflaster liegt der Strand» oder «Seid Realisten, verlangt das Unmögliche» umkränzten sie die Mühen der verzweigten Theoriearbeit, die immer verstiegenere Formen annahm. Mit Adornos Hauptwerk, «Negative Dialektik» (1966), befand sich die Kritische Theorie in einem Spannungsbogen von Denken und Erkennen, der das Begreifen stets aufs Neue in die nächste Zukunft verschob; ein ständiger Befriedigungsaufschub, der viele Studenten zu emsigen Exegeten einer nach außen hin komplett unverständlich wirkenden Fremdsprache machte. Viele verloren sich darin wie in einer Sucht, brüteten in Arbeitsgruppen jahrelang über dem Buch, schwankend zwischen Momenten der Euphorie und den Nebeln geistiger Bruchlandung. In solchen Augenblicken tröstete man sich mit Adornos früher Erkenntnis: «Wahr sind nur die Gedanken, die sich selber nicht verstehen.»[37]

Einer der versiertesten Schüler Adornos, Hans-Jürgen Krahl, blickte auf eine bezeichnende Biographie zurück: Geboren 1943, verlor er ein Auge bei einem Bombenangriff, wurde später Mitglied im rechtsradikalen Ludendorffbund, mäßigte sich in der Jungen Union, trat kurzzeitig einer monarchistischen Gruppierung bei, bis er 1964 im Sozialistischen Deutschen Studentenbund landete. Ein Suchender, der sich, wo auch immer, unverstanden fühlte, fremd und abgestoßen. Seiner außerordentlichen Bildung und hohen Eloquenz wegen wurde er zum Lieblingsgesprächspartner Adornos.

Als Beispiel für Krahls verknappt in sich gekehrten Stil sei die für seine Verhältnisse keineswegs besonders anspruchsvolle «fünfte These zu Marcuse» zitiert – im typischen SDS-Theoriesound, der klingt wie ein parteichinesischer Arbeitsgruppen-Rap: «Die spätkapitalistische Gesellschaftsformation schlägt alle institutionalisierten Organisationsformen der Opposition, des Widerstandes und der Revolution mit dem Signum der Integration. Der anschauliche Beweis dafür ist das massenorganisatorisch deformierte Schicksal der Leninschen Kaderpartei in der Naturgeschichte der westeuropäischen Arbeiterbewegung; als deren abstrakte Negation lehrt Marcuse die emanzipatorische Renitenz des sich triebstrukturell umwälzenden Individuums und des seine bedürftige Vitalität revolutionierenden Einzelsubjekts.»[38] Das ging damals runter wie Öl – ein Text, der in sich selber rotierte, weil sein Verfasser kein offenes Ohr mehr suchte bei diesem oder jenem «Einzelsubjekt», sondern die Erlösung allein in einem versiert kondensierten Rechthaben fand, und auch das stets nur vorübergehend.

Spätestens mit der Besetzung des Instituts für Sozialforschung unter Anführung seines Musterschülers Krahl, die in einen für beide Seiten quälenden Gerichtsprozess mündete, erkannte Adorno: «Im Krahl hausen die Wölfe.»[39] Am Abend des 13. Februar 1970 starb der Siebenundzwanzigjährige in einem Wagen, der auf schneeglatter Fahrbahn auf einer Landstraße ins Schleudern geraten war. Bei seiner Beerdigung eine Woche darauf kam ein großer Teil der Neuen Linken zusammen. Die Veranstaltung am Grab geriet, bei aller Trauer, wieder nur zu einer uferlosen Disputation von Abgrenzungen, Irrtümern und Notwendigkeiten im politischen Kampf. «Seine Beerdigung misslang», resümierte der Schriftsteller Wolf Wondratschek, allerdings hauptsächlich wegen des Pfarrers, der «diese Beerdigung theatralisch zum genauen Ritual eben jener bürgerlichen Gesellschaft» gemacht habe, «die Hans Jürgen Krahl politisch abzuschaffen versuchte».[40] Einen Monat später löste sich der SDS auf.

Selbst Hans Magnus Enzensberger, als Herausgeber der Zeitschrift «Kursbuch» in den sechziger Jahren einer der versiertesten Moderatoren der sektiererischen Debatten, scheiterte bei dem Versuch, sich an die Ereignisse in der APO in Form einer zusammenhängenden Erzählung zu erinnern: «Jeder Versuch, den Tumult intelligibel zu machen, endete notwendig im ideologischen Kauderwelsch. Die Erinnerung an das Jahr 1968 kann deshalb nur eine Form annehmen: die der Collage.»[41] Ein bitteres Fazit für diese stolze Flotte gestrandeter und gesunkener Theoriedampfer. Die meisten ihrer Kapitäne und Offiziere blieben jedoch wohlauf,

Die Anführer der Studentenbewegung kämpfen gegen die Bequemlichkeit ihrer Anhänger: «Die Pflicht jedes Revolutionärs ist es, die Revolution zu machen.» Vietnamkongress im Audimax der Technischen Universität Berlin, Februar 1968.

reüssierten in Politik und Verwaltung, in den Medien, in Versicherungskonzernen, im Goethe-Institut und in der Universität. Sie machten es sich in einer gelebten Bürgerlichkeit gemütlich, die sie zuvor vehement kritisiert hatten. Die Entwicklung blieb zunächst weitgehend unreflektiert. Bis weit in die achtziger Jahre hinein hatte es das Ideal der bürgerlichen Gesellschaft schwer, in intellektuellen und künstlerischen Kreisen Anhänger zu finden, auch wenn sie selbst Teil von ihr waren.

Damit einher ging eine Verachtung des Normalen auch bei vielen, die ganz normal lebten. Dem Irren, Außerordentlichen und Grenzüberschreitenden gehörte das Interesse der Kunst. Das Publikum war dankbar für jede Provokation. Das berühmteste Theaterstück jener Jahre wurde die «Publikumsbeschimpfung» des dreiundzwanzigjährigen Peter Handke, bezeichnenderweise John Lennon gewidmet und uraufgeführt 1966 durch Claus Peymann im Frankfurter Theater am Turm. Nach einer sprachlich artistischen Vermessung all dessen, was zwischen Bühne und Publikum sich ereignen könnte, wenn das vierköpfige Ensemble denn bereit wäre zu spielen, statt nur monologisch vor sich hin zu zetern, begann die versprochene Beschimpfung nach allen Regeln der Beleidigung von wem auch immer: «Ihr Atheisten, ihr Liederjahne, ihr Strauchritter, ihr Saujuden. (...) ihr Stiernacken, ihr Kriegstreiber, ihr Untermenschen, ihr roten Horden, ihr Bestien in Menschengestalt, ihr Nazischweine. (...) ihr Quertreiber, ihr Effekthascher, ihr Antidemokraten, ihr Selbstbezichtiger, ihr Applausbettler, ihr vorsintflutlichen Ungeheuer, ihr Claqueure, ihr Cliquenbildner, ihr Pöbel (...). Ihr Siebengescheiten. Ihr Neunmalklugen. Ihr Lebensbejaher. Ihr Damen und Herren ihr, ihr Persönlichkeiten des öffentlichen und kulturellen Lebens ihr, ihr Anwesenden ihr, ihr Brüder und Schwestern ihr, ihr Genossen ihr, ihr werten Zuhörer ihr, ihr Mitmenschen ihr.»[42]

Peymann und Handke inszenierten Bußexerzitien für Bürger, denen die eigene Bürgerlichkeit nicht geheuer war, sei es, dass ihnen der Auschwitzprozess noch im Nacken saß und sie die eigene Zivilisiertheit nur als dünnen Firnis empfanden, sei es, dass ihnen ihr Wohlstand noch immer wunderlich und unverdient erschien, oder dass sie einfach mal wieder gehörig angebrüllt werden wollten und so ihre Zeit und Geduld der Verstörung opferten, die zum Goldenen Kalb des Kulturbetriebs geworden war. Niemand ließ sich gern vom unerhörten Glück des Nachkriegsbooms zu Demut und Dankbarkeit zwingen. Vermutlich trug die aggressiv zur Schau gestellte Antibürgerlichkeit der Kulturszene als Ventil dazu bei, dass die bürgerliche Gesellschaft sich so verblüffend stabil entwickelte. Intellektuelle Fürsprecher fand sie zwar im Rahmen der tonangebenden Suhrkamp-Kultur zunächst nur wenige, doch de facto stand die Demokratie wie ein Fels. 1969 vertrug sie sogar den politischen Wechsel.

Stabilität und Experiment – die Ära Brandt resümiert das Wirtschaftswunder

Nach der Bundestagswahl am 28. September 1969 gerieten CDU und CSU erstmals seit der Staatsgründung 1949 in die Opposition, obwohl sie zusammen noch immer die stärkste Fraktion stellten. Sie kamen auf 46,1 Prozent der Stimmen, die SPD auf 42,7, die FDP auf 5,8. Alle anderen Parteien scheiterten an der Fünf-Prozent-Hürde, einschließlich der NPD, die 4,3 Prozent erhielt. Ein von heute aus gesehen unglaubliches Staatsvertrauen sprach sich hier aus. Die zwanzigjährige Phase kontinuierlicher CDU-Herrschaft war zu Ende, Willy Brandt ging mit der FDP unter Walter Scheel noch am Abend ein sozialliberales Bündnis ein, die Widerstände auf Seiten Herbert Wehners und Helmut Schmidts fast handstreichartig überrennend. Auf Seiten der FDP entsprang die Koalition nicht nur machttaktischem Kalkül, die Partei hatte sich unter dem Einfluss reformfreudiger Linksliberaler wie Ralf Dahrendorf oder Hildegard Hamm-Brücher zu einem geeigneten Partner für die SPD entwickelt.

Die Zeit von Adenauers Diktum «Keine Experimente» war abgelaufen. Die fröhliche Experimentierfreude, die sich in die deutsche Mentalität eingeschlichen hatte, schlug sich nun, wenn auch denkbar knapp, im parlamentarischen Ergebnis nieder. Willy Brandt trug in seiner berühmten Regierungserklärung «Mehr Demokratie wagen» dem geänderten Zeitgeist durch die Ankündigung eines neuen Politikstils Rechnung: «Wir haben so wenig Bedarf an blinder Zustimmung, wie unser Volk Bedarf hat an gespreizter Würde und hoheitsvoller Distanz. Wir suchen keine Bewunderer; wir brauchen Menschen, die kritisch mitdenken, mitentscheiden und mitverantworten. (...) Wir stehen nicht am Ende unserer Demokratie, wir fangen erst richtig an.»

Brandt läutete damit weniger eine neue Ära ein, wie es oft heißt, sondern er fasste die Stimmung der vergangenen Jahre zusammen: Er wurde den demokratischen Bedürfnissen und Ansprüchen gerecht, die im Laufe der sechziger Jahre immer lauter geworden waren. Das Land hatte sich, so stabil es in den verstrichenen vierzehn Jahren auch wirkte und so störungsfrei es vorangeschritten war, rasant verändert seit 1955. Nur weil man sich an das Tempo des Wachstums gewöhnt hatte und die meisten Deutschen sich kaum aus ihrer Neigung zur Gemütlichkeit herausdrängen ließen, war selten spürbar geworden, wie stürmisch die Entwicklung tatsächlich verlaufen war.

Und entsprechend wenig glichen die Menschen des Jahres 1969 noch denen von 1955: Aus den innerlich ausgebrannten, peinlich um Unauffälligkeit bemühten Kriegsentronnenen waren Menschen geworden, die sich wieder einmischen wollten, Konflikten nicht mehr aus dem Weg gingen, Meinungsverschiedenheiten zu schätzen begannen. In der Mehrheit achteten und verteidigten sie das Recht des Anderen, auch wenn dieser sich anstößig und obskur verhielt. Die Mittelschicht war zur dominierenden Daseinsform geworden, aber sie bot der Individualität so viel Raum, dass von einem kulturell fest umrissenen Milieu nicht mehr gesprochen werden konnte, anders als im Fall der schrumpfenden Arbeiterklasse oder der wirtschaftlichen Eliten. Die Lebensstile stoben auseinander. Die Popkultur hatte den deutschen Empfindungshaushalt internationalisiert und ihn weit geöffnet für westliche und fernöstliche Gefühlswelten. Das Fernsehen hatte dagegen ein neues «Nahsehen» ermöglicht, indem es die verschiedenen Varianten deutschen Daseins ausleuchtete und den Zuschauer in das Leben von seinesgleichen hineinlugen ließ. Talkshows und Debattenrunden hatten die Gesprächskultur kultiviert und zur medialen Selbstbegegnung eingeladen. Eine glückliche Entwicklung hatte auch die Architektur genommen, indem sie die demonstrative Bescheidenheit der prosperierenden Nation in Bauten von großer Gelassenheit hüllte und die auf Maß und Ausgleich beruhende Marktwirtschaft elegant zum Ausdruck brachte. Die Kunst nahm es – wie Gerhard Richter – mit der Fotografie und dem allgegenwärtigen Zeitungsdruck auf oder verzichtete – wie die Fluxusbewegung mit

Willy Brandt, hier noch als Berliner Bürgermeister 1959, wird zehn Jahre später Bundeskanzler. Für seinen bekanntesten Wahlkämpfer, den Schriftsteller Günter Grass, war er einer, «der seiner Melancholie Termine einräumt (…), dessen Ausflüchte versperrt sind, der sich nach vorwärts zurückzieht».

ihren Happenings – auf das klassische Werk gleich ganz. Fast alle ihre bisherigen Grenzen verlassend, hatte es sich die Kunst immer schwerer gemacht, erhabene Momente zu erzeugen, und schaffte es doch immer wieder aufs Neue.

Die Verhandlung der nationalsozialistischen Vergangenheit vor Gericht hatte die Deutschen zu schmerzhaften Selbstbefragungen gedrängt, aber letztlich ihr Selbstbewusstsein gestärkt im Sinne einer ehrlichen Auseinandersetzung mit ihrem katastrophalen Versagen. Die besonnenen Reaktionen auf die Studentenbewegung, die Proteste gegen übermäßige Ausübung von Polizeigewalt aus den Reihen des liberalen Bürgertums zeigten, dass viele Lektionen gelernt worden waren.

Durch die stetig zunehmenden Steuereinnahmen hatte der Staat ungewöhnlich große Gestaltungsspielräume bekommen, die er für eine dringend benötigte «Bildungsoffensive» nutzte, für den Ausbau der Sozialversicherung, für die Absicherung der Renten, den sozialen Ausgleich und die Förderung von Kunst und Kultur, die in den Siebzigern zur «Kultur für alle» wurde. Der Anteil der staatlichen Bediensteten an der Gesamtzahl der Beschäftigten wuchs derart an, dass es irgendwann fraglich wurde, ob die amtlichen Verwaltungsapparate eine ernsthafte Krise überstehen könnten, ohne sich allein zum Zweck der Selbsterhaltung erheblich verschulden zu müssen – auch das ein Erbe des «Wirtschaftswunders», das uns bis heute prägt und belastet.

Man konnte sich fragen, was geschähe, wenn das Land in eine ernste wirtschaftliche Krise geriete. Würde das Selbstvertrauen, das im Boom entstanden war, auch dem Mahlwerk von Ängsten und Sorgen standhalten, wenn keine Wachstumsperspektive mehr Halt böte? Noch war keine große Krise in Sicht. Aber das bisher Geschaffene stimmte zuversichtlich.

Woran allerdings kaum jemand gedacht hatte, waren die Umweltkosten des Wohlstands. Nie zuvor waren so viele Menschen so schnell so wohlhabend geworden. Nie zuvor hatten sie aber auch so viel Energie verbraucht, so viel Müll produziert und dem Erdball so viel Gift zugemutet. Zu den Hinterlassenschaften der großen Wirtschaftsbeschleunigung gehört der Klimawandel, unter dessen Folgen die nächsten Generationen ächzen werden. Beabsichtigt hatte das niemand; wie gravierend die langfristigen Folgen der «glorreichen Jahre» waren, wurde erst nach und nach erkannt. «Denn sie wissen nicht, was sie tun» hieß der legendäre Halbstarken-Film mit James Dean aus dem Jahr 1955. Dass der Titel auf die Erwachsenen genauso gut passte, wussten diese auch nicht.

Als die Besatzung der Apollo-8-Mission an Weihnachten 1968 den Mond umkreiste, waren es nicht die zurückgebrachten Fotos seiner recht tristen Oberfläche, die die Menschen faszinierten, sondern das Bild, das die Erde aus dem Weltraum bot. Blau leuchtend schwebte sie in der düsteren Unendlichkeit des Alls, einzigartig und enorm verletzlich. Die Erde bot die wahre Sensation, nicht das kalte, graue, lebensfeindliche Ding, das wir in Mondnächten anzuhimmeln pflegen. «Earthrise», das Bild der Erde, die strahlend über dem Mond aufging, fotografiert vom Astronauten William Anders, gehörte zu den meistgedruckten Fotos des 20. Jahrhunderts. «Wir flogen hin, um den Mond zu entdecken», erklärte Anders später einmal, «aber was wir wirklich entdeckt haben, ist die Erde.»

Anhang

Anmerkungen

Vorwort: Die große Beschleunigung

1 Bundesarchiv B122, 869, zit. nach Wolfram Werner (Hg.): Theodor Heuss. Hochverehrter Herr Bundespräsident! Der Briefwechsel mit der Bevölkerung 1949–1959. Stuttgart 2010, S. 463.
2 Ebd. S. 464.
3 Rüdiger Altmann: Das Erbe Adenauers. Stuttgart 1960. Auszugsweise in: Eberhard Rathgeb: Deutschland kontrovers. Debatten 1945 bis 2005. Bonn 2005, S. 110.
4 Ralf Dahrendorf: Gesellschaft und Demokratie in Deutschland. München 1965, S. 110.
5 Wilhelm Röpke: Die Massengesellschaft und ihre Probleme (1957). Zit. nach Axel Schildt: Medien-Intellektuelle in der Bundesrepublik. Göttingen 2020, S. 305.
6 Vgl. Manfred Görtemaker: Geschichte der Bundesrepublik Deutschland. Von der Gründung bis zur Gegenwart. München 1999, S. 475.

Erstes Kapitel Die Heimkehr der letzten Zehntausend: Ankunft in einem fremden Land

1 Detaillierte Informationen zum Empfang in Herleshausen, auch in Form von Zeitzeugenberichten, sammelte der Geschichtsverein GrenzBahnhof für Zeitgeschichte Herleshausen e. V. sowie der Werratalverein Zweigverein Südringgau e. V. Ersterer betreibt ein Onlineportal, Letzterer gab eine Broschüre zum Thema heraus: Werratalverein (Hg.): Wo der Grenzzaun seinen Schatten warf. Bd. 2: Erlebte Geschichte an der Grenze zwischen Gerstungen, Herleshausen, Pferdsdorf, Ifta, Heldrastein 1945–1989. Herleshausen 2022.
2 Vgl. Elke Scherstjanoi: Russlandheimkehrer. Die sowjetische Kriegsgefangenschaft im Gedächtnis der Deutschen. München 2012, S. 19.
3 Vgl. Paul Carell / Günter Böddeker: Die Gefangenen. Leben und Überleben deutscher Gefangener hinter Stacheldraht. Berlin 1994. Die Todesrate der sowjetischen Kriegsgefangenen in deutscher Hand war noch weit höher. Von den über fünf Millionen Gefangenen kamen 3,3 Millionen um. Vgl. Christian Streit: Keine Kameraden. Die Wehrmacht und die sowjetischen Kriegsgefangenen 1941–1945. Bonn 1997, S. 10.
4 Rückkehr oder Heimkehr. In: Die Zeit, Nr. 38 / 1955.
5 Zit. nach Marius Prill: Die «Heimkehr der Zehntausend» und das Grenzdurchgangslager Friedland. Der öffentliche Diskurs um die Rückkehr von Kriegsgefangenen in den 1950er-Jahren. In: Regina Löneke / Ira Spieker (Hg.): Hort der Freiheit. Ethnographische Annäherungen an das Grenzdurchgangslager Friedland. Göttingen 2014, S. 36.
6 Zit. nach Felix Bohr / Eva-Maria Schnurr (Hg.): Kriegsgefangene. Die vergessenen Soldaten des Zweiten Weltkriegs. München 2023, S. 166.
7 Adenauers Biograph zitiert Libet Werhahn, die jüngste Tochter Adenauers: «Wir hatten wirklich Angst, dass ihm da in Moskau etwas zustößt. (…) Es war doch damals

sehr gefährlich, und keiner von uns war dabei; er wollte niemanden von uns mitnehmen – genau aus diesem Grund, weil ihm das viel zu unsicher war. Er hat damals selbst diese Ängstlichkeit in uns geweckt.» Werner Biermann: Konrad Adenauer. Ein Jahrhundertleben. Berlin 2017, S. 412.

8 Vgl. ebd., S. 417.

9 Vgl. die Erinnerungen Gerd Ruges, der als Beobachter an den Verhandlungen teilgenommen hatte: «Chruschtschow schob die Frage der Kriegsgefangenen (...) zunächst an den Rand der Diskussion, um sie für die Endphase der Verhandlungen bereitzuhalten. Er hatte in den letzten Wochen vor der Adenauer-Reise die DDR-Regierung darauf vorbereiten lassen, dass Moskau bereit sei, das Thema einzubringen. Die meisten Gefangenen hatten inzwischen an der etwas verbesserten Versorgung bemerkt, dass sich eine Änderung der Lage abzeichnete. Das allerdings war Adenauer und den deutschen Unterhändlern nicht bekannt.» Gerd Ruge: Unterwegs. Politische Erinnerungen. Berlin 2013, S. 98.

10 Vgl. Presse- und Informationsamt der Bundesregierung: Deutschland im Wiederaufbau. Tätigkeitsbericht der Bundesregierung 1955. Bonn 1956, S. 96.

11 Michael Stolle: Das Wunder von Friedland. Die Heimkehr der letzten deutschen Kriegsgefangenen und das Radio. In: Rundfunk und Geschichte. Mitteilungen des Studienkreises Rundfunk und Geschichte 3–4 / 2005, S. 25.

12 Zit. nach Gesa Snell: Zwischen Hilfsbereitschaft und Konflikt. Göttinger Bürger und ihr Verhältnis zum Grenzdurchgangslager Friedland und den Flüchtlingen in Göttingen. In: Heike Müns und Theodor Kohlmann (Hg.): Jahrbuch für deutsche und osteuropäische Volkskunde. Bd. 39 (1996), S. 69.

13 Theodor Heuss: Tagebuchbriefe 1955–1963. Eine Auswahl. Tübingen und Stuttgart 1970, S. 78.

14 Zit. nach Bohr / Schnurr: Kriegsgefangene, S. 163.

15 Bundesarchiv: Kabinettsprotolle 1956. 115. Kabinettssitzung am 25. 1. 1956. Tagesordnungspunkt: Behandlung der von den Sowjets nicht amnestierten Kriegsgefangenen. https://www.kabinettsprotokolle.bundesarchiv.de/protokoll/b8d9c5df-c5cc-4431-bfc5-fd7cc118674c

16 Rudolf Walter Leonhardt wandte sich 1955 in der «Zeit» gegen die Unterscheidung von politischen und soldatischen Heimkehrern: «Der Unterschied, den unsere Behörden und wohl gar wir selber zwischen weißen und schwarzen, zwischen militärischen und zivilen, zwischen unpolitischen und politischen Spätheimkehrern gemacht haben, ist einfach nicht zu rechtfertigen. Er beruht allzusehr auf Vorurteilen und Missverständnissen. Ein weitverbreitetes Vorurteil – das muss doch einmal gesagt werden – entspringt der unterbewussten Koppelung von «soldatisch» mit «ehrenvoll», von «politisch» mit «schmutzig». Rudolf Walter Leonhardt: Viele sagen: Heimkehren ist schwerer als Weggehen. In: Die Zeit, 50 / 1955.

17 Hans Magnus Enzensberger: Gedichte 1950–1995. Frankfurt am Main 1996, S. 13.

18 Friedrich Sieburg: Die Lust am Untergang. Selbstgespräche auf Bundesebene. Frankfurt am Main 2010 (1954), S. 88.

Zweites Kapitel Unter vollem Dampf – Kohle, Öl und Gastarbeiter: die Zutaten des Wirtschaftswunders

1 Heinrich Böll / Chargesheimer: Im Ruhrgebiet. Köln 1958, S. 6.

2 Hannah Arendt: Besuch in Deutschland. Die Nachwirkungen des Naziregimes. In dies.: Zur Zeit. Politische Essays. München 1989, S. 51.

3 Vgl. Die Zeit ist reif. In: Der Spiegel 19 / 1955.

4 Ebd.

5 Die Währungsreform hatte schon 1948 für einen spektakulären Take-off gesorgt, der die Bundesrepublik mit Zuversicht berauschte, flächendeckend hatte der reale Aufschwung aber erst noch Anlauf zu nehmen. 1950 war die Zahl der Arbeitslosen sogar noch einmal auf zwei Millionen gestiegen, immerhin über elf Prozent der Arbeiterschaft. Dann aber setzte der historisch beispiellose Aufschwung ein.

6 Hans-Ulrich Wehler: Deutsche Gesellschaftsgeschichte. Band 5: 1949–1990. München 2008, S. 53.

7 Vgl. Volker Wörl: Der zentrale Plan – Fessel für die Freiheit. In: Haus der Geschichte (Hg.): Markt oder Plan. Wirtschaftsordnungen in Deutschland 1945–1961. Frankfurt am Main / New York 1997, S. 188.

8 Vgl. Heinz D. Stuckmann: Wenn die Kohlen nicht mehr stimmen. Das Dilemma der deutschen Energiepolitik. In: Die Zeit 49 / 1964. Bis 1964 wurde die Förderleistung sogar noch um 63 Prozent von 1500 auf 2600 Kilo pro Mann und Schicht gesteigert. Der Rekord wurde dank intensiver Technisierung mit Großraumgerät 2005 erreicht: 6,7 Tonnen Kohle pro Bergmann und Schicht.

9 Herbert Berger: Als Neuling im Pütt. In: Walter Köpping: Lebensberichte deutscher Bergarbeiter. Frankfurt am Main / Olten / Wien 1984, S. 433.

10 Der Tod fuhr täglich mit in den Schacht. Eine kleine Auswahl an Grubenunglücken: 405 Tote bei der Schlagwetterexplosion in der Zeche Monopol 1946, 48 Tote beim Grubenbrand in Zwickau 1952, 33 Tote 1955 in der Wismut, 41 Tote in Gelsenkirchen, ebenfalls 1955, 123 Tote 1960 wieder in Zwickau. Nach diesem schwersten Grubenunglück der DDR wurden auch im Westen die Fahnen auf halbmast gesetzt und eine Schweigeminute abgehalten.

11 Werner Bräunig: Rummelplatz. Roman. Berlin 2007, S. 45.

12 So der Titel eines WDR-Features vom 14. November 1961.

13 Vgl. K. P. Faerber / A. Hoffmann / G. Schmitz: Untersuchungen zum Nachweis schädigender Einflüsse von Luftverunreinigungen auf die Gesundheit des Menschen an größeren Bevölkerungsgruppen. In: Der öffentliche Gesundheitsdienst 12 / 1959, S. 493 ff.

14 Christian Pfister (Hg.): Das 1950er Syndrom. Der Weg in die Konsumgesellschaft. Bern / Stuttgart / Wien 1995.

15 Zur Diskussion um die Datierung des Anthropozäns und der «großen Beschleunigung» in den Fünfzigern vgl. Christoph Antweiler: Anthropologie im Anthropozän. Theoriebausteine für das 21. Jahrhundert. Darmstadt 2022, S. 120 ff.

16 Wolfram Eilenberger: Das Ruhrgebiet. Versuch einer Liebeserklärung. Stuttgart 2021, S. 64.

17 Hier und heute, WDR, 6. Dezember 1962, https://www.ardmediathek.de/video/wdr-retro-hier-und-heute/luftverschmutzung-und-die-folgen/wdr/Y3JpZDovL3

dkci5kZS9CZWlocmFnLWE1YzkoZDJkLWRhZDgtNGNkNyo5YTNiLTE5 MWYzNDBkYTJiNA

18 Das Herunterspielen der Smoggefahren hat eine lange Tradition. In England versicherte man sich in der zweiten Hälfte des 18. Jahrhunderts, der beißende Kohlerauch in London hätte eine desinfizierende Wirkung. Ohne den heilsamen Qualm der Öfen und Werkstätten, aus dem das «Gegengift des Steinkohledampfes» dränge, würden noch viel mehr Menschen von den leidigen Seuchen dahingerafft werden. Vgl. Rolf Peter Sieferle: Der unterirdische Wald. Energiekrise und Industrielle Revolution. München 1982, S. 228. In Peking hingegen tröstet man sich bei Smogalarm mit dem Spruch, die dicke Luft habe auch viel Gutes, man werde durch sie satt, ohne etwas essen zu müssen. Zwei Briketts habe man schon im Magen. Vgl. Johnny Erling: Wie viel Kohlenstaub hast du heute geschluckt? Witze über Chinas Smog. In: Die Welt, 8. Dezember 2015. https://www.welt.de/politik/ausland/article149759043/Wie-viel-Kohlenstaub-hast-du-heute-geschluckt.html

19 Vgl. William A. Owens: Gusher at Spindletop. The Story of The First Great Texas Oil Well, Which Ushered in a New Century and a New Age, as Remembered by Participants. In: American Heritage. Trusted Writing on History, Travel and American Culture since 1949. 4 / 1958.

20 Die erste gezielte erfolgreiche Ölbohrung der Welt wurde 1859 in Titusville in Pennsylvania vorgenommen. Damals war man noch auf der Suche nach einem preiswerten Brennstoff für die Öllampen; das in Amerika gebräuchliche Walöl war unverhältnismäßig teuer. Vgl. Bertram Brökelmann: Die Spur des Öls. Sein Aufstieg zur Weltmacht. Berlin 2010, S. 45 ff.

21 Vgl. Stuckmann: Wenn die Kohlen nicht mehr stimmen.

22 Walter Köpping: Zukunftsaspekte der Energiewirtschaft. In: Gewerkschaftliche Monatshefte 15 / 1964, S. 526.

23 Ebd., S. 528.

24 Das meiste deutsche Öl kam aus Schleswig-Holstein und Niedersachsen, mit einem Schwerpunkt im Emsland. Hier werden auch heute noch etwa zwei Prozent des deutschen Bedarfs gedeckt – gefördert mithilfe der unablässig nickenden «Pferdeköpfe», Pumpen, die man in der Regel mit Texas, nicht aber mit dem Emsland assoziiert. Das wichtigste Ölfeld der DDR lag unter der Insel Usedom bei Lütow. Hier und auf Rügen wurden bis 1996 jährlich zweihunderttausend Tonnen Öl gefördert. Das klingt nach viel – ist es aber nicht bei einem DDR-Jahresbedarf von achtzehn bis einundzwanzig Millionen Tonnen.

25 Ab 1962 wurde die Bundesrepublik wegen der amerikanischen Embargopolitik nach der Kubakrise vertragsbrüchig und lieferte keine Rohre mehr. Erst 1967 wurde auf Drängen der deutschen Außenpolitik das Embargo aufgehoben. Die Handelsbeziehungen zwischen der Bundesrepublik und der Sowjetunion konnten wieder aufgenommen werden, allerdings nur zögerlich wegen des Vertrauensverlusts, den die Beziehungen auf Seiten der Sowjets erlitten hatten. Dennoch kam es ab 1970 zu mehreren Erdgasröhrenabkommen, die den Bau weiterer Pipelines ermöglichten. Vgl. Dietmar Bleidick: Die Ruhrgas 1926–2013. Aufstieg und Ende eines Marktführers. Berlin 2017, S. 289.

26 Der Bau wurde 1961 begonnen und fünf Jahre später abgeschlossen. In der Zwischen-

zeit wurde eine zweite Pipeline über die Alpen gebaut, die vom Hafen Triest ebenfalls nach Ingolstadt führte, um den Benzindurst Süddeutschlands zu stillen. Während der Oleodotto 1990 wegen etlicher Umweltprobleme geschlossen wurde, ist die Transalpine Pipeline weiterhin in Betrieb und soll in Zukunft durch eine weitere Alpenpipeline ergänzt werden.

27 Vgl. Alexander Klose / Benjamin Steininger: Erdöl. Ein Atlas der Petromoderne. Berlin 2020, S. 42.

28 Wolfgang Koeppen: Wahn. In: Wolfgang Weyrauch (Hg.): Ich lebe in der Bundesrepublik. Fünfzehn Deutsche über Deutschland. München 1960, S. 34.

29 Heute, da Umweltbelastungen zum Dauerthema geworden sind, kann man sich kaum noch vorstellen, wie sauber den Menschen das Auto einmal erschienen war. Unbekümmert fuhr man samstags an die Flussufer zur Autowäsche. Die Wagen standen dann aneinandergereiht an Main und Mosel und wurden eimerweise mit Flusswasser geschrubbt.

30 Ähnliches gilt für den Film. In zahllosen Filmen dient die Tankstelle als Dreh- und Angelpunkt dramatischer Entwicklungen, unvergesslich in «Es geschah am hellichten Tag» aus dem Jahr 1958; Heinz Rühmann mietet als Polizist eine Tankstelle, um einen Kindermörder zu finden. Die Tankstelle ist der Ruhepol inmitten ständiger Passage, unablässigen Vorübergleitens von Gut und Böse.

31 Von 1950 bis 1965 wuchs die Zahl der Tankstellen in Deutschland um 146 Prozent, von 18 200 auf 44 600.

32 Schreiben an Herrn Präsident Dr. Seifriz, Landesarbeitsamt Baden-Württemberg, Verona 19. März 1960, Bundesarchiv Koblenz (BArch), B 119/3055. Zit. nach Grazia Prontera: Das Emigrationszentrum in Verona. Anwerbung und Vermittlung italienischer Arbeitskräfte in die Bundesrepublik Deutschland 1955–1975. In: Jochen Oltmer / Axel Kreienbrink / Carlos Sanz Díaz (Hg.): Das «Gastarbeiter»-System. Arbeitsmigration und ihre Folgen in der Bundesrepublik Deutschland und Westeuropa. Schriftenreihe der Vierteljahrshefte für Zeitgeschichte 104 / 2012, S. 94.

33 Hedwig Richter: Übergangszeit – «Gastarbeiter» im Wirtschaftswunderland. In: Stiftung Haus der Geschichte (Hg.): Immer bunter. Einwanderungsland Deutschland. Begleitbuch zur Ausstellung im Haus der Geschichte Bonn. Mainz 2014, S. 36.

34 Franziska Dunkel / Gabriella Stramagli-Faggion: «Für 50 Mark einen Italiener». Zur Geschichte der Gastarbeiter in München. München 2000, S. 84.

35 Ebd.

36 Landesarbeitsamt Südbayern an Bundesanstalt, 9. Januar 1957. Zit. nach Dunkel / Stramagli-Faggion: «Für 50 Mark einen Italiener», S. 92.

37 Oberfinanzdirektion München, Niederschrift vom 18. November 1963 über die Besprechung von Luftschutzbaumaßnahmen in München. Zit. nach ebd., S. 93.

38 «Selbst VW-Generaldirektor Nordhoff sprach mit Blick auf die Unterkünfte in Wolfsburg von ‹Baracken› und einem ‹Lager›. Im Bewusstsein über die historische Bedeutung seiner Wortwahl ließ er aber alle Betriebsabteilungen bitten, ‹nicht von Baracken oder einem Lager zu sprechen. Bei der Unterkunft handelt es sich um zweigeschossige Holzhäuser in Leichtbauweise, die aus vorgefertigten Bauelementen konstruiert sind und auf Fundamente gesetzt sind. Das Wort Lager könnte Assoziationen hervorrufen, die wir im allseitigen Interesse vermeiden möchten.›» Archiv VW-Werk.

Interne Mitteilung der Sozialabteilung vom 5. Januar 1962. Sozialabteilung 13/3. Zit. nach Anne von Oswald: Volkswagen, Wolfsburg und die italienischen «Gastarbeiter» 1962–1975. In: Archiv für Sozialgeschichte. 42 / 2002, S. 58.

39 Der Spiegel 37 / 1963, S. 44.

40 Aus einem der Interviews, das Aytaç Eryilmaz mit rund hundert türkischen Migranten der ersten Generation führte. In: Aytaç Eryilmaz / Mathilde Jamin: Fremde Heimat, Yaban Silan, olur. Eine Geschichte der Einwanderung aus der Türkei. Essen 1998, S. 228.

41 Zur Gründung Wolfsburgs, das zwischen 1939 und 1945 noch «Stadt des Kraft-durch-Freude-Wagens bei Fallersleben» hieß, vgl. Harald Jähner: Wolfszeit. Deutschland und die Deutschen 1945–1955. Berlin 2019, S. 262 ff.

42 Vgl. von Oswald: Volkswagen, Wolfsburg und die italienischen «Gastarbeiter» 1962–1975, S. 69.

43 Die erste Pizzeria Deutschlands war das Restaurant «Sabbie di Capri» in Würzburg, 1952 eröffnet von dem ehemaligen GI Nicolino di Camillo in der Elefantengasse. Deren Zielgruppe waren jedoch keine Deutschen, sondern die in Würzburg zahlreich vertretenen amerikanischen Soldaten, die Pizza aus der Heimat kannten. Das Würzburger Restaurant blieb lange ein Einzelfall; rapide wuchs die Zahl der Pizzerien erst Ende der sechziger Jahre. Häufiger gab es zunächst die italienischen Eiscafés. Vgl. Maren Möhring: Die italienische Gastronomie in der bundesdeutschen Wahrnehmung. In: Oliver Janz / Roberto Sala (Hg.): Dolce Vita? Das Bild der italienischen Migranten in Deutschland. Frankfurt am Main / New York 2011, S. 153 ff. Und Ralph Bauer: GIs rissen sich um die erste Pizza in Deutschland. In: Die Welt, 26. 3. 2012.

44 Ralf Rothmann: Milch und Kohle. Roman. Frankfurt am Main 2000, S. 65.

45 Eine solche Begegnung wurde 1965 vom WDR prägnant dokumentiert für die Sendung «Hier und heute». Vgl. Türkische Gastarbeiter und deutsche Senioren feiern gemeinsam Advent: https://www.ardmediathek.de/video/wdr-retro-hier-und-heute/tuerkische-gastarbeiter-und-deutsche-senioren-feiern-gemeinsam-advent/wdr/Y3JpZDovL3dkci5kZS9CZWlocmFnLTU3NWVjN2U4LWQxNjMtNDUwNS04ZTY4LWUoZDUwNDI4NTYxNQ

46 Emine Sevgi Özdamar: Die Brücke vom Goldenen Horn. Köln 1998, S. 45.

47 Karl Bingemer / Edeltrud Meistermann-Seeger / Edgar Neubert: Leben als Gastarbeiter. Geglückte und mißglückte Integration. Köln und Opladen 1970, S. 49.

48 Ebd., S. 50.

49 Ebd.

50 Ebd., S. 62.

51 Im Vorwort zu Alexander J. Seiler: Siamo Italiani. Gespräche mit italienischen Arbeitern in der Schweiz. Zürich 1965.

52 Ein Gang Makkaroni war dabei. In: Darmstädter Echo vom 5. 4. 1956. Zit. nach Barbara Sonnenberger: Gastarbeit oder Einwanderung? Migrationsprozesse in den Fünfziger- und Sechzigerjahren am Beispiel Südhessen. In: Archiv für Sozialgeschichte 42 / 2002, S. 84.

53 Heute beginnt bereits die Arbeit. In: Darmstädter Tageblatt vom 5. 4. 1956. Zit. nach ebd.

54 Hans Stirn (Hg.): Ausländische Arbeitgeber im Betrieb. Ergebnisse der Betriebserfah-

rung. Frechen / Köln 1964, S. 47. Zit. nach Ulrich Herbert: Geschichte der Ausländerpolitik in Deutschland. Saisonarbeiter, Zwangsarbeiter, Gastarbeiter, Flüchtlinge. München 2001, S. 210.

55 Ebd.

56 Vgl. Wochenschau: Youtube Kalenderblatt 515: https://www.youtube.com/watch?v=oIoRMVCsQto . Vom weiteren Schicksal des Portugiesen nehmen die Medien weniger Notiz. Er erleidet einen Arbeitsunfall, verträgt das deutsche Essen nicht und kehrt 1970 krank nach Hause zurück. Der Arzt im Heimatdorf rät ihm: «Wenn du zurück nach Deutschland gehst, wirst du deine Knochen da lassen.» Vgl. Frankfurter Allgemeine Zeitung vom 9. 9. 2004: https://www.faz.net/aktuell/gesellschaft/ein-nagelneues-moped-als-gastgeschenk-fuer-den-neuankoemmling-1180077.html. 1979, im Alter von dreiundfünfzig Jahren, stirbt Rodrigues de Sá an einem Krebsleiden.

57 Ulrich Herbert betont, die Ölkrise sei nur «ein verstärkendes Moment und zudem ein günstiger Anlass» gewesen, den Anwerbestopp zu verkünden. Angesichts der Abschwächung der Konjunktur und der steigenden Integrationskosten durch die wachsende Tendenz der Gastarbeiter, sich niederzulassen und Familienangehörige nachziehen zu lassen, sei in der Bundesregierung ohnehin die Bereitschaft gestiegen, den Zuzug ausländischer Arbeitnehmer zu begrenzen. Mit dem «Ölschock» habe man ein hervorragendes Argument bekommen, die drastischen Beschränkungen als alternativlos erscheinen zu lassen. «Der Zusammenhang zwischen der jahrelangen Kosten-Nutzen-Diskussion und dem Anwerbestopp wurde auf diese Weise in den Hintergrund gedrängt, der ‹Ölschock› schien die Ursache für die Wende in der deutschen Öffentlichkeit zu sein. ‹So verderben die Araber mit ihrem Ölboykott›», schrieb zum Beispiel die «Frankfurter Rundschau», «‹auch so manchem türkischen Glaubensbruder den Traum vom Taxibetrieb in Deutschland.›» Vgl. Herbert: Geschichte der Ausländerpolitik in Deutschland, S. 229.

58 Ebd., S. 228.

59 Für alle Bürger der Europäischen Gemeinschaft regelte eine Verordnung im Oktober 1968 die Rahmenbedingungen der Arbeitnehmerfreizügigkeit, also das Recht, sich in einem anderen Mitgliedstaat niederzulassen und einer Beschäftigung nachzugehen. Im Gegensatz zum Anwerbestopp für Ausländer fünf Jahre später hatte das keine Auswirkungen auf die Zahl der Arbeitsmigration in Deutschland.

Drittes Kapitel Habenichtse im Supermarkt: Deutschland lernt einkaufen – und über seine Verhältnisse zu leben

1 Ernest Zahn: Soziologie der Prosperität. Wirtschaft und Gesellschaft im Zeichen des Wohlstands. München 1964, S. 91.

2 Zit nach: Handelskette Spar. Auslagen wie Marilyn. In: Der Spiegel 47/1969.

3 Ebd.

4 Alexander Rüstow: Die Kehrseite des Wirtschaftswunders. Hamburg 1961, S. 9.

5 Alfred Pohl: So verkauft man Lebensmittel und Kolonialwaren. München / Innsbruck / Zürich 1955, S. 53.

6 So kommentierte Rudolf Egerer, Vizepräsident der Industrie- und Handelskammer München, die Absicht des Hertie-Konzerns, zwanzig bis dreißig Filialen seiner

Kleinpreiskette Bilka (Abkürzung für «Billigkaufhaus) zu errichten, mit den Worten: «Sollte es in der Bundesrepublik einen oder mehrere Warenhauskonzerne geben, die glauben, einem Expansionismus huldigen zu können, der sich lediglich auf das Schlagwort vom freien Wettbewerb glaubt berufen zu können, so befänden sich diese in einem Irrtum. Die Erinnerung an die Einflüsse, die die Warenhausexpansion in den Jahren vor der ‹Machtübernahme› auf die Entstehung und Ausbreitung des Nationalsozialismus gehabt haben, ist noch in weiten Kreisen lebendig.» Kölnische Rundschau vom 24.4.1955. Zit. nach Detlef Briesen: Warenhaus, Massenkonsum und Sozialmoral. Zur Geschichte der Konsumkritik im 20. Jahrhundert. Frankfurt am Main / New York 2001, S. 214.

7 Georg Seeßlen: Wirtschaftswunderwarenwelten. Der Katalog als Hausbibel. Vor siebzig Jahren wurde die Neckermann KG gegründet. In: Zeit Online, 16.9.2018.

8 Josef Neckermann: Erinnerungen. Frankfurt am Main / Berlin, 1990, S. 67.

9 Vgl. Kristin Feireiss: Wie ein Haus aus Karten. Die Neckermanns – meine Familiengeschichte. Berlin 2012, S. 119.

10 Ebd., S. 122.

11 Neckermann: Erinnerungen, S. 103.

12 Ebd., S. 149.

13 Hans Otto Eglau: Die Kasse muss stimmen. So hatten sie Erfolg im Handel. Von der Kleiderdynastie Brenninkmeyer über die Discountbrüder Albrecht bis zur Sexversenderin Beate Uhse. Düsseldorf / Wien 1972, S. 75.

14 Neckermann: Erinnerungen, S. 207.

15 Eglau: Die Kasse muss stimmen, S. 77.

16 Vgl. Florian Huber: Hinter den Türen warten die Gespenster. Das deutsche Familiendrama der Nachkriegszeit. München / Berlin 2017, S. 171.

17 Hans Magnus Enzensberger: Unsere kleinbürgerliche Hölle. Der Herbstkatalog eines deutschen Versandhauses. Eine ungewöhnliche, aber nicht unergiebige Rezension. In: Die Zeit 48 / 1960.

18 Neckermann: Erinnerungen, S. 228.

19 Zit. nach Eglau: Die Kasse muss stimmen, S. 145.

20 Vgl. Wirtschaftswunder auch im Leihhaus. In: Honnefer Volkszeitung vom 13.9.1956.

21 Frank Trentmann: Herrschaft der Dinge. Die Geschichte des Konsums vom 15. Jahrhundert bis heute. München 2017, S. 555.

22 Walter Andreas Schwarz, der jüdischer Abstammung war, verlor nur knapp gegen Lys Assia. Das Lied ist in vieler Hinsicht bemerkenswert. In deutlicher Anspielung auf die Verdrängung der NS-Vergangenheit hieß es dort: «Und man baute am Kai der Vergangenheit / Einen Saal mit Blick auf das Meer / Und mit Wänden aus Träumen gegen die Wirklichkeit / Denn die liebte man nicht sehr.» Der erfolgreiche Hörspielautor und -sprecher Schwarz hatte das Lied vor dem Hintergrund eigener Erfahrungen komponiert. Er war zusammen mit seinen Eltern in das KZ-Außenlager Holsten verschleppt worden. Während die Eltern ermordet wurden, überlebte Schwarz, weil der KZ-Kommandant ein ehemaliger Schulfreund war.

23 Peter Sloterdijk: Streß und Freiheit. Berlin 2011, S. 12.

24 Gerd Gaiser: Schlußball. Frankfurt am Main 1961, S. 142.

25 Curt Bley: Tatsachen über Kredit und Kreditmissbrauch, Köln 1954, S. 5. Zit. nach

Peter Horvath: Die Teilzahlungskredite als Begleiterscheinung des deutschen «Wirtschaftswunders». Zeitschrift für Unternehmensgeschichte 1/1992, S. 36.

26 Zit. nach Der Spiegel 16/1965 vom 13. 4. 1965.

27 Vgl. dazu das hervorragende Kapitel über die «Rhetorik des Essens» in: Michael Wildt: Am Beginn der ‹Konsumgesellschaft›. Mangelerfahrung, Lebenshaltung, Wohlstandshoffnung in Westdeutschland in den fünfziger Jahren. Hamburg 1994, S. 236.

28 Ebd.

29 Dieses Beispiel stammt wie die vorangegangenen aus Michael Kriegeskorte: 100 Jahre Werbung im Wandel. Eine Reise durch die deutsche Vergangenheit. Köln 1995, S. 88 ff.

30 Gereimt wurde auch die ernst gemeinte Behauptung, Zucker mache schlank: «Ach, wie wär das Leben hässlich, gäbe es keinen Zucker mehr / So ein hübsches junges Mädchen wäre dicklich, rund und schwer / Zucker zaubert, ihre Linie bleibt so schlank wie eine Pinie.» Oder dieser gereimte TV-Spot: Eine Frau bringt ihrem Mann mit bezauberndem Lächeln noch schnell das Frühstück, den Hut und die Aktentasche ans Auto und «die Overstolz vom Rhein, später rauchen, steck sie ein – ach, beinahe hätt ich's vergessen, was willst du heute Abend essen?» Der Mann antwortet: «Wenn du mich so reizend fragst, koch doch, was du selbst gern magst, leicht bekömmlich muss es sein, wie die Overstolz vom Rhein.» Besonders schön auch «Herr Unrentabel»: «Es ist bekannt in aller Welt, Herr Unrentabel stiehlt dein Geld.» In einem Clip macht er einen alten Ofen teuer, bis ihm die Renovierung das Handwerk legt: «Denn wo ein Ofen steht, ein guter neuer, ist's aus mit Unrentabels Abenteuer.»

31 Zur Noblessse als dem herausragenden Ideal der Fünfziger-Jahre-Werbung finden sich viele Beispiele in: Hanns W. Brose: Die Entdeckung des Verbrauchers. Ein Leben für die Werbung. Düsseldorf 1958.

32 Vgl. Christian Kleinschmidt: Konsumgesellschaft. Göttingen 2008, S. 138.

Viertes Kapitel Kaum wieder satt, hadern Deutschlands Intellektuelle mit dem Wohlstand

1 Frau Kaufmann, Jahrgang 1931, zit. nach Lutz Niethammer: Normalisierung im Westen. Erinnerungsspuren in die 50er Jahre. In: Dan Diner (Hg.): Ist der Nationalsozialismus Geschichte? Zu Historisierung und Historikerstreit. Frankfurt am Main 1987, S. 177. Und in: Kaspar Maase: Bravo Amerika. Erkundungen zur Jugendkultur der Bundesrepublik in den fünfziger Jahren. Hamburg 1992, S. 65.

2 Zit. nach Schildt: Medien-Intellektuelle in der Bundesrepublik, S. 316.

3 Carlo Schmid antwortet William S. Schlamm. In: Stern vom 1. 8. 1959. Abgedruckt im Innenumschlag der Bertelsmann-Lizenzausgabe von William S. Schlamm: Die Grenzen des Wunders. Ein Bericht über Deutschland. Zürich 1959. Die ungewöhnliche Maßnahme, eine teils sehr kritische Stellungnahme zu einem streitbaren Autor einem Buch beizulegen, zeigt die – angesichts der verbreiteten Vorurteile – verblüffend lebendige Diskussionskultur der fünfziger Jahre.

4 Zit. nach Helmut Böttiger: Die Gruppe 47. Als die deutsche Literatur Geschichte schrieb. München 2012, S. 256.

5 Gisela Elsner: Die Riesenzwerge. Roman. Reinbek bei Hamburg 1985 (1964), S. 7.
6 Hans Magnus Enzensberger: Mittelmaß und Wahn. Gesammelte Zerstreuungen. Frankfurt am Main 1988, S. 256.
7 Peter Rühmkorf: Das lyrische Weltbild der Nachkriegsdeutschen. In: Hans Werner Richter (Hg.): Bestandsaufnahme. Eine deutsche Bilanz 1962. München / Wien / Basel 1962, S. 462.
8 Ruth Andreas-Friedrich: Der Schattenmann. Tagebuchaufzeichnungen 1938–1948. Berlin 2000, S. 366.
9 Ernst Glaeser: Glanz und Elend der Deutschen. Roman. Wien / München / Basel 1960, S. 254.
10 Sieburg: Die Lust am Untergang, S. 88.
11 Neckermann: Erinnerungen, S. 279.
12 Schelsky sprach sowohl von «Mittelstand» als auch von «Mittelschicht».
13 Helmut Schelsky: Der gesellschaftliche Umwandlungsprozeß der Gegenwart. In: Universitas, 11. Jg, 1956, S. 450.
14 Ebd.
15 Röpke: Die Massengesellschaft und ihre Probleme. Zit. nach Schildt: Medien-Intellektuelle in der Bundesrepublik, S. 305.
16 «Der Mann im grauen Flanell» («The Man in the Gray Flannel Suit») heißt ein Roman von Sloan Wilson aus dem Jahr 1955, der einem dieser scheinbar konformistischen Durchschnittsmenschen ein Denkmal setzte. 1956 verfilmt mit Gregory Peck und Jennifer Jones. Als «Der Mann im grauen Anzug» wurde das Buch 1956 auch in der deutschen Übersetzung ein Bestseller.
17 Zit. nach Thomas Hecken: Das Versagen der Intellektuellen. Eine Verteidigung des Konsums gegen seine deutschen Verächter. Bielefeld 2010, S. 110.
18 René König: Kleider und Leute. Zur Soziologie der Mode. Frankfurt am Main 1967, S. 137.
19 Schildt: Medien-Intellektuelle in der Bundesrepublik, S. 306.
20 Friedrich Sieburg: Arme deutsche Literatur. In: Deutsche Zeitung und Wirtschaftszeitung, Nr. 31, 17. 4. 1954.
21 Gaiser: Schlußball, S. 210.
22 Jürgen Habermas: Die Masse – das sind wir. Bildung und soziale Stellung kein Schutz gegen den Kollektivismus? In: Handelsblatt vom 29. 10. 1954. Zit. nach Roman Yos: «Die Masse – das sind wir.» Jürgen Habermas' demokratietheoretische Einsatzstelle in der frühen Bundesrepublik. In: Alexander Gallus, Sebastian Liebold und Frank Schale (Hg.): Vermessungen einer Intellectual History der frühen Bundesrepublik. Göttingen 2020, S. 318.
23 Wilhelm Röpke: Der Preis der Prosperität. In: Universitas. Zeitschrift für Wissenschaft, Kunst und Kultur 7 / 1956, S. 673.
24 Ebd., S. 674.
25 Willy Haas: Sind wir schon erotisch «gleichgeschaltet»? In: Die Welt, 14. 11. 1960.
26 Erich Kuby: Camping 1953. Zit. nach Schildt: Medien-Intellektuelle in der Bundesrepublik, S. 306.
27 Schildt: Medien-Intellektuelle in der Bundesrepublik, S. 306.
28 Hans Paul Bahrdt: Wohlstands-Tabus. In: magnum 36/1961, S. 54.

29 David Riesman: The Lonely Crowd. New Haven 1950 (dt. Die einsame Masse, 1956); John Kenneth Galbraith: The Affluent Society. Boston 1958 (dt. Gesellschaft im Überfluss, 1959); Vance Packard: The Hidden Persuaders. New York 1957 (dt. Die geheimen Verführer, 1958); Vance Packard: The Waste Makers. New York 1960 (dt. Die große Verschwendung, 1961).

30 Vgl. Briesen: Warenhaus, Massenkonsum und Sozialmoral. «Erstaunlich, (...) wie sehr die Rede von der Wohlstandsgesellschaft die Debatte zu bestimmen begann, noch bevor die Etablierung der entsprechenden Zustände überhaupt abgeschlossen war.» Ebd., S. 240.

31 Paul Schallück: Nachruf auf Weihnachten (1960). In ders.: Zum Beispiel. Essays. Frankfurt am Main 1962, S. 28.

32 John Kenneth Galbraith: Gesellschaft im Überfluss. München / Zürich 1963 (1959), S. 161.

33 Ebd., S. 163.

34 Vgl. Eberhard Müller: Werbung für den Gemeinsinn – Erfahrungen und Probleme. In: Aus Politik und Zeitgeschichte. Beilage zur Wochenzeitung Das Parlament 38/1977, S. 3.

35 *Admen* nennt man im Englischen die Werbeleute. Daraus wurde *Mad Men* als zweideutiges amerikanisches Wortspiel, weil in der New Yorker Madison Avenue besonders viele Werbeagenturen beheimatet waren. *Mad Men* nannte sich eine legendäre Fernsehserie, die in sieben Staffeln von 2007 bis 2015 mit dem charismatischen Helden Don Draper im Zentrum den Werbern der sechziger Jahre ein Denkmal setzte.

36 Vgl. Vance Packard: Die große Verschwendung. Düsseldorf 1961, S. 282. Packard behauptete, die Überausstattung des Haushalts mit Maschinen entrechte die Frauen, weil es ihnen «viele gewohnte und zeitraubende Hausarbeiten» abnehme. In der Folge langweilten sie sich, sähen sich nach Berufstätigkeit um und vernachlässigten die Kinder. Es käme noch so weit, fürchtete er, dass man wie in Europa «Einrichtungen für die Kinderbetreuung unter der Leitung von Fachkräften schaffen müsse». Ebd.

37 Vgl. ebd., S 284. Dass «so viele der amerikanischen Männer, die in Gefangenschaft gerieten, Kollaborateure wurden, eine erschreckende Selbstsucht an den Tag legten oder einfach nur aufgaben und starben», schrieb Packard der materialistischen Sozialisation durch die Konsumgesellschaft zu.

38 Sieburg: Die Lust am Untergang, S. 94.

39 Ebd.

40 Das Ding aus Dingolfing. In: Der Spiegel 21/1957.

41 Zahn: Soziologie der Prosperität, S. 20.

42 Ebd., S. 21.

43 König: Kleider und Leute, S. 160.

44 Zahn: Soziologie der Prosperität, S. 56.

45 Lüdwig Erhard: Wohlstand für Alle. Berlin 2020 (1957), S. 226.

46 Ebd., S. 231 f.

47 Ebd., S. 231.

48 Zit. nach Verbraucherzentrale Niedersachsen: Die Geschichte des Verbraucherschutzes: https://www.verbraucherzentrale-niedersachsen.de/die-geschichte-des-verbraucherschutzes

49 Zit. nach Angela Merkel: Rede auf der Festveranstaltung zum 50-jährigen Bestehen der Stiftung Warentest am 4. 12. 2014 in Berlin. Bulletin der Bundesregierung Nr. 145/3, 6. 12. 2014.
50 Kai-Uwe Hellmann: Der Konsum der Gesellschaft. Studien zur Soziologie des Konsums. Wiesbaden 2013, S. 107.
51 Ebd.
52 Neckermann: Erinnerungen, S. 279.
53 Ebd.
54 Ebd.
55 Riesman: Die einsame Masse, S. 19.
56 Ebd.
57 Helmut Schelsky: Die skeptische Generation. Eine Soziologie der deutschen Jugend. Düsseldorf / Köln 1957, S. 488.
58 Vgl. https://www.konrad-adenauer.de/seite/25-dezember-1962-weihnachtsansprache-ueber-alle-deutschen-rundfunksender/
59 Vgl. zur Geschichte der Aktion Gemeinsinn: Müller: Werbung für den Gemeinsinn, S. 3 ff.
60 Ebd.

Fünftes Kapitel Ohnemichels Familie

1 Die in der Presse häufig genannte Datierung des Babybooms von 1946 bis 1964 bezieht sich auf die USA und wird fälschlicherweise oft für Deutschland übernommen.
2 In Hildegard Knefs Lied «Eins und eins, das macht zwei» heißt es: «Der Mensch an sich ist einsam / und bleibt verlassen zurück, / sucht man sich nicht gemeinsam / ein kleines Stück von dem Glück.»
3 Vgl. Hans Dieter Schäfer: Das gespaltene Bewußtsein. Über deutsche Kultur und Lebenswirklichkeit 1933–1945. München 1981, S. 139: «Vom Reichsparteitag 1936 kehrten neunhundert BdM-Mädchen zwischen fünfzehn und achtzehn Jahren schwanger nach Hause zurück.»
4 Vgl. Faksimile des Himmlerschen «Zeugungsbefehls» in: Münchner Stadtmuseum (Hg.): Vater Mutter Kind. Bilder und Zeugnisse aus zwei Jahrhunderten. München 1987, S. 46.
5 Zit. nach Dagmar Herzog: Die Politisierung der Lust. Sexualität in der deutschen Geschichte des 20. Jahrhunderts. München 2005, S. 65.
6 Unzucht in der Soldatenzeit. In: Das Schwarze Korps vom 5. 3. 1936. Zit. nach Herzog: Die Politisierung der Lust, S. 44.
7 Zit. nach ebd., S. 62.
8 «Alles Gerede von Natürlichkeit und Leibesschönheit», schrieb der katholische Priester Matthias Laros, «könne die Folge nicht aufheben, dass auf der männlichen Seite ein verstärkter Sexualtrieb entsteht und auf der weiblichen, wenn sie ihre echte Weiblichkeit bewahrt hat, die feinste Leibesscham verletzt und das sittliche Gefühl abgestumpft wird.» Zit. nach ebd.
9 Vgl. Herzog: Die Politisierung der Lust, S. 65.

10 Vgl. Henry Picker: Hitlers Tischgespräche im Führerhauptquartier 1941–1942. Herausgegeben von Gerhard Ritter, Bonn 1951, S. 301 f.

11 Vgl. Bertrand Michael Buchmann: Österreicher in der Deutschen Wehrmacht. Soldatenalltag im Zweiten Weltkrieg. Wien 2009, S. 162.

12 Margret Boveri: Tage des Überlebens. Berlin 1945. Berlin 2004 (1968), S. 9.

13 Zit. nach Friedrich Prinz / Marita Krauss (Hg.): Trümmerleben. Texte, Dokumente, Bilder aus den Münchner Nachkriegsjahren. München 1985, S. 56.

14 Zit. nach Christian de Nuys-Henkelmann: «Wenn die rote Sonne abends im Meer versinkt …» Die Sexualmoral der fünfziger Jahre. In: Anja Bagel-Bohlan und Michael Salewski (Hg.): Sexualmoral und Zeitgeist im 19. und 20. Jahrhundert. Opladen 1990, S. 110.

15 Ebd., S. 111. 1949 stellte Ludwig von Friedeburg in einer «Umfrage in der Intimsphäre» fest, dass 69 Prozent der Frauen und 89 Prozent der Männer vorehelichen Geschlechtsverkehr praktizierten. Nur knapp die Hälfte der Frauen glaubte, nur eine verheiratete Frau könne glücklich sein. Vgl. Ludwig von Friedeburg: Die Umfrage in der Intimsphäre. Beiträge zur Sexualforschung 4 / 1953.

16 Vgl. Merith Niehuss: Familie, Frau und Gesellschaft. Studien zur Strukturgeschichte der Familie in Westdeutschland 1945–1960. Göttingen 2001, S. 313: «Der Bruch in dem Bekenntnis zu nichtehelichen bzw. vorehelichen sexuellen Beziehungen vollzieht sich nahezu trennscharf etwa im Jahr 1950.»

17 Friedrich E. Freiherr von Gagern: Die Zeit der geschlechtlichen Reife. Frankfurt am Main 1952. Zit. nach Peter Kuhnert / Ute Ackermann: Jenseits von Lust und Liebe? Jugendsexualität in den 50er Jahren. In: Heinz-Hermann Krüger (Hg.): «Die Elvis-Tolle, die hatte ich mir unauffällig wachsen lassen.» Lebensgeschichte und jugendliche Alltagskultur in den fünfziger Jahren. Opladen 1985, S. 49.

18 Von Scham und christlicher Vergangenheitsbewältigung handelte auch der erste Roman der dreiunddreißigjährigen Autorin Christine Brückner: Ehe die Spuren verwehen. Gütersloh 1954. Es geht um eine junge Gärtnerin, die schwerste Gewissensqualen durchmacht wegen ihrer romantischen, leidenschaftlich durchlebten Liebesbeziehungen, erzählt vor dem Hintergrund der Euthanasieverbrechen der Nazis. In Selbstgesprächen versucht sie, ihr Gewissen zu entlasten: «Wir tun, als ob es nur die eine Sünde gäbe. Warum nur bringen wir immer ‹das Böse› mit der Liebe in Zusammenhang?» (S. 303). Der Roman wurde 1954, im Jahr seines Erscheinens, fast vierhunderttausendmal verkauft, die Pfarrerstochter Brückner eine der beliebtesten Schriftstellerinnen der Bundesrepublik («Jauche und Levkojen»). Ihr Erfolg zeigt, wie ernst viele Deutsche die Gewissensqualen nahmen, die die wiedererstarkte Religion ihrem Begehren auferlegte.

19 Herzog: Die Politisierung der Lust, S. 129.

20 Franz-Josef Wuermeling: Das muß geschehen! Die Familie fordert vom Bundestag. Kirchenzeitung Köln, 1953. Zit. nach Uta G. Poiger: Krise der Männlichkeit. Remaskulinisierung in beiden deutschen Nachkriegsgesellschaften. In: Klaus Naumann (Hg.): Nachkrieg in Deutschland. Hamburg 2001, S. 234.

21 Hans-Jürgen Wirth: Die Schärfung der Sinne. Jugendprotest als persönliche und kulturelle Chance. Frankfurt am Main 1984, S. 80. Zit. nach Maase: Bravo Amerika, S. 65.

22 Zit. nach de Nuys-Henkelmann: Wenn die rote Sonne abends im Meer versinkt, S. 129.
23 Joachim Bodamer: Der Mann von heute. Seine Gestalt und Psychologie. Freiburg / Basel / Wien 1964. Zit. nach: Die gefallene Natur. Der Spiegel 19/1966.
24 Kuhnert / Ackermann: Jugendsexualität in den 50er Jahren, S. 48.
25 Helmut Schelsky: Wandlungen der deutschen Familie in der Gegenwart. Darstellung und Deutung einer empirisch-soziologischen Bestandsaufnahme. Stuttgart 1954, S. 282.
26 Ebd.
27 Ebd., S. 283 f.
28 «Wir haben einen besorgniserregenden Überschuss an Frauen. Da nicht alle heiraten können, müssen sie sich nach einem Beruf umsehen. Ist es zu vertreten, dass aus Prinzipienreiterei gut versorgte Ehefrauen den unversorgten Frauen die Arbeitsplätze wegnehmen?» Kölnische Rundschau vom 5. 5. 1952.
29 Max von der Grün: Irrlicht und Feuer. Roman. Recklinghausen 1963, S. 160.
30 Ebd., S. 167.
31 Ebd., S. 82.
32 Max Horkheimer: Dämmerung. Notizen in Deutschland. Frankfurt am Main 1974 (1934), S. 36.
33 Frauenarbeit. Die Männer sind müde. In: Der Spiegel 16/1965.
34 Wirtschaft und Statistik, 6. Jg., 1954, S. 328.
35 Selbst der Bundespräsident schaltete sich in die Debatte über die berufstätigen Mütter ein. Heinrich Lübke sagte in einer seiner Fernsehansprachen an das deutsche Volk: «Weder Berufsfreude noch Genugtuung über einen hohen Lebensstandard dürfen darüber hinwegtäuschen, daß alles dies mit dem Verlust innerer Werte bezahlt werden muß. Je besessener sich beide Eltern im Beruf abrackern, um reich zu werden, desto ärmer werden sie und ihre Kinder.» Der Spiegel 16/1965, 13. 4. 1965.
36 Vgl. Merith Niehuss: Kontinuität und Wandel der Familie in den 50er Jahren. In: Axel Schildt / Arnold Sywottek (Hg.): Modernisierung und Wiederaufbau. Bonn 1993, S. 327.
37 Martha Maria Gehrke: Selbst ist die Frau. München 1958, S. 11.
38 Vgl. Galeere des Glücks. In: Der Spiegel 27/1962.
39 SWR Zeichen der Zeit: Die unzufriedenen Frauen. Gesendet am 7. Februar 1963. https://www.ardmediathek.de/video/swr-retro-zeichen-der-zeit/die-unzufriedenen-frauen/swr/Y3JpZDovL3N3ci5kZS9hZXgvbzExNjU1MDE.
40 Vgl. Volker Zastrow: «Wir waren die Asozialen», Frankfurter Allgemeine Zeitung, 14. 12. 2004. Gerhard Schröder sah erstmals 2007 ein Bild seines Vaters, als seine Schwester dessen Gemeinschaftsgrabstätte im rumänischen Ceanu Mare ausfindig gemacht hatte und zuvor auf Verwandte gestoßen war, die ein Bild von ihm verwahrten: ein ernster Mann unter einem Stahlhelm. Vgl. Götz Aly: Ehre für Fritz Schröder. Der Kanzler am Grab seines Vaters, Süddeutsche Zeitung, 17. 5. 2010.
41 Vgl. Gregor Schöllgen: Gerhard Schröder. Die Biographie. München 2015, S. 25.
42 Zit. nach Wilfried F. Schoeller (Hg.): Diese merkwürdige Zeit. Leben nach der Stunde Null. Frankfurt am Main 2005, S. 52.
43 Der große Erfolg der Autorin Sabine Bode mit ihren Büchern über die «vergessene

Generation» der Kriegskinder und der später geborenen «1950er Jahrgänge und ihrer Soldatenväter» zeugt davon, wie weit verbreitet die empfundenen Defizite sind; in Bodes Worten: «wie gravierend sich das Schweigen der Väter auswirkte, wie es die eigene Wahrnehmung und die Entscheidungsfähigkeit irritierte, wie es die Menschenkenntnis schwächte und spätere Partnerschaften belastete und nicht selten zu einer seelischen Erkrankung führte». Sabine Bode: Nachkriegskinder. Die 1950er Jahrgänge und ihre Soldatenväter. Stuttgart 2019 (2011), S. 29.

44 Edgar Selge: Hast du uns endlich gefunden. Hamburg 2021, S. 33.

45 Ingrid Müller-Münch: Die geprügelte Generation. Kochlöffel, Rohrstock und die Folgen. Stuttgart 2012, S. 13.

46 Biermann: Konrad Adenauer, S. 33.

47 Alan Posener: John F. Kennedy. Reinbek bei Hamburg 2013, S. 162.

48 Vgl. Maureen Callahan: Ask Not. The Kennedys and the Women They Destroyed. London 2024.

49 «Der wäre sofort mein Freund gewesen» – Kennedy in Berlin. In: Spiegel Geschichte, Juni 2013: https://www.spiegel.de/geschichte/kennedy-1963-in-berlin-a-951167.html Vgl. auch: Anita Lochner im Zeitzeugenportal online: https://www.zeitzeugen-portal.de/zeitraeume/jahrzehnte/1960/jf-kennedy-in-der-geteilten-stadt/STcBAsfTEZM

50 In Europa war es ähnlich: Der Piratensender Radio Caroline, ein für die Entwicklung der Popkultur überaus wichtiger «progressiver» Sender der sechziger Jahre, der von der Irischen See aus sendete, hatte sich nach Kennedys Tochter benannt, weil sie der PR des Weißen Hauses zufolge im *Oval Office* herumtoben und ihren Vater stören durfte.

51 Wendungen wie «Die Rettung der Nation und der Rasse ist gelegt in die Hände der Frauen», die Johanna Haarer 1934 gebrauchte (Die deutsche Mutter und ihr erstes Kind, München 1934, S. 8), kamen in den Nachkriegsausgaben nicht mehr vor. Auch die Anweisung, das Kind nachts einfach schreien zu lassen, wurde in der Ausgabe von 1951 relativiert, bezeichnenderweise aber nicht wegen einer empathischeren Haltung gegenüber dem Kind, sondern weil die Wohnraumnot der Nachkriegszeit für die Isolierung schreiender Kinder keinen Platz hatte. Vgl. dies: Die Mutter und ihr erstes Kind. München 1951, S. 179.

52 Müller-Münch: Die geprügelte Generation, S. 75.

53 Zit. nach Stephan Wackwitz: Die Bilder meiner Mutter. Frankfurt am Main 2015, S. 141. Wackwitz weiter: «In Wirklichkeit begriffen die Säuglinge der dreißiger, vierziger und fünfziger Jahre gar nichts. (...) Sie hatten, während sie hungrig und allein in ihren Kinderzimmern weinten, vermutlich das Gefühl, sterben zu müssen. Und in allen Verlassenheitserlebnissen ihres späteren Lebens würde sich der Abgrund frühkindlicher Todesangst noch einmal auftun.» Ebd.

54 Müller-Münch: Die geprügelte Generation, S. 76.

55 Vgl. Till van Rahden: Demokratie. Eine gefährdete Lebensform. Frankfurt am Main 2019, S. 89 ff.

56 Zit. nach ebd., S. 90.

57 Zit. nach ebd., S. 99.

58 Zit. nach: Twen – Sechs über Sex. In: Der Spiegel 32/1961.

59 Ebd.
60 Zit. nach Veronika Springmann: Vom Allgemeinen zum Besonderen. Oskar Tischer – mehr als nur ein Fall? In: Alexander Zinn (Hg.): Homosexuelle in Deutschland 1933–1969. Beiträge zu Alltag, Stigmatisierung und Verfolgung. Göttingen 2020, S. 170. Der Name wurde von der Autorin geändert, um Anonymität zu wahren.
61 Hans-Joachim Schoeps: Überlegungen zum Problem der Homosexualität. In: Hermanus Bianchi (Hg.): Der homosexuelle Nächste. Ein Symposion. Hamburg 1963, S. 74.
62 Zit. nach Michael Schwartz: Mehrheits-Gesellschaften und Homosexualitäten. In: Michael Mayer und Michael Schwartz (Hg.): Verfolgung – Diskriminierung – Emanzipation. Homosexualität(en) in Deutschland und Europa 1945 bis 2000. Berlin / München 2023, S. 27.
63 Ebd.
64 Bundesverfassungsgerichtsurteil vom 10. Mai 1957.
65 Urteil des Landgerichts Halle vom 18. Mai 1949. Zit. nach Alexander Zinn: «Gegen das Sittengesetz». Staatliche Homosexuellenverfolgung in Deutschland 1933–1969. In ders. (Hg.): Homosexuelle in Deutschland 1933–1969, S. 37.
66 Vgl. Heinrich Ackermanns Überlegungen zur «Frage der Strafwürdigkeit des homosexuellen Verhaltens des Mannes» in: Fritz Bauer u. a. (Hg.): Sexualität und Verbrechen. Beiträge zur Strafrechtsreform. Frankfurt am Main / Hamburg 1963, S. 159. «Eine feste Bindung zwischen zwei Homosexuellen, die (...) eheähnlich zusammenleben, will der Entwurf (Regierungsentwurf zur Strafrechtsreform vom November 1960 im Einklang mit der bestehenden Rechtssprechung), wie ausdrücklich betont, verhindern. Anstatt dem nun einmal so empfindenden Manne die Möglichkeit der Liebe zu einem anderen und der Bindung an ihn zu geben, wird er in die Promiskuität gedrängt.»
67 Name wurde geändert.
68 Zit. nach Elmar Kraushaar (Hg.): Hundert Jahre schwul. Eine Revue. Berlin 1997, S. 118.
69 Jürgen Baumann (Hg.): Programm für ein neues Strafgesetzbuch. Der Alternativ-Entwurf der Strafrechtslehrer. Frankfurt am Main 1968, S. 25.
70 14. Sitzung des Deutschen Bundestags vom 13. 11. 1966, Plenarprotokoll, S. 551.

Sechstes Kapitel Vom Ohrenwesen zum Zuschauer: Der Fernseher übernimmt das Familienleben

1 Wolfram Brockmeier: Funkdichter über das Hören. Zit. nach Clas Dammann: Stimme aus dem Äther – Fenster zur Welt. Die Anfänge von Radio und Fernsehen in Deutschland. Köln / Weimar / Wien 2005, S. 19.
2 Ebd.
3 Friedrich Luft: Ich lerne fernsehen. In: Der Monat 86 / 1955, S. 55.
4 Zit. nach Axel Schildt: Moderne Zeiten. Freizeit, Massenmedien und «Zeitgeist» in der Bundesrepublik der 50er Jahre. Hamburg 1995, S. 250.
5 Ähnlich empfand auch der Schriftsteller Hans Sahl die Einsamkeit des Hörers, der durch das Medium Radio vergesellschaftet werde: «‹Atomisierung› und ‹Kollektivierung›, ‹Privatisierung› und ‹Uniformierung› sind nicht mehr Gegensätze,

sondern Kennzeichen desselben Tatbestandes.» Hans Sahl, Glanz und Elend der Television. In: Rufer und Hörer 7 / 1954, S. 303.

6 Zit. nach Schildt: Moderne Zeiten, S. 240.

7 Ebd.

8 Vgl. Konrad Dussel: Hundert Jahre Rundfunk und Politik – eine komplexe Beziehung. In: Technoseum (Hg.): Auf Empfang! Die Geschichte von Radio und Fernsehen. Katalog zur großen Sonderausstellung. Darmstadt 2022, S. 53.

9 So zum Beispiel Ernst Glaeser 1928 über die Radiohörer: «Während ihre Hände verloren an den verwaisten Gegenständen ihrer Zimmer spielen, wachsen in ihren Augen neue Landschaften und Gestalten hoch, stürzen Ätherwellen auf Ätherwellen in ihre sonst so behüteten Ohren, und alles, was an gehemmter Phantastik ihnen noch innewohnt, flammt auf wie ein afrikanisches Götzenbild.» Ernst Glaeser: Radioeinsamkeit. Werag-Bücherei Heft 1, Köln 1928, S. 5.

10 Rudolf Arnheim: Rundfunk als Hörkunst. Frankfurt am Main 2001 (1936), S. 89.

11 Zit. nach Susanne Weichselbaumer: Das Hörspiel der fünfziger Jahre. «Regionalliga Süd» und «Championsleague». Frankfurt am Main u. a. 2007, S. 47.

12 Schildt: Medien-Intellektuelle in der Bundesrepublik, S. 120. Ab 1956 stieg Walter Dirks dann fest ins öffentlich-rechtliche Radio ein und leitete das Kulturressort des WDR bis 1967.

13 «Träume» wurde erstmals 1951 gesendet. Die Verstörung der Hörer gelang Günter Eich perfekt. Die fünf dort umgesetzten Albträume waren derart bedrückend, dass die Zuschauer noch während der Ausstrahlung beim NDR anriefen und die sofortige «Einsperrung» des Autors verlangten. Insbesondere beim zweiten Traum, in dem ein alter Chinese mit den Innereien getöteter Kinder gefüttert wird, weil er sich davon Heilkräfte verspricht, mochten viele Zuhörer ihren Ohren nicht trauen und reagierten fassungslos. Fünfzehn Jahre lang wurde die Produktion daraufhin nicht gesendet, obwohl eingesprochen von so prominenten Schauspielern wie Inge Meysel oder Erich Schellow.

14 Erst 1995 wurden die Typoskripte für «Die Radiofamilie» im Nachlass von Bachmanns Kollegen Mauthe entdeckt, fünfzehn von ihnen konnten eindeutig der Urheberschaft der Autorin zugeordnet werden. Ingeborg Bachmann: Die Radiofamilie. Herausgegeben und mit einem Nachwort von Joseph McVeigh, Berlin 2011.

15 Ingeborg Bachmann: Der gute Gott von Manhattan. Frankfurt am Main und Wien 1995 (1958), S. 63.

16 Ebd., S. 58. Dem Umarmungswunsch der Skelette voran geht im Hörspiel eine anatomisch-bakteriologische Liebeserklärung: «Ich möchte ein Buch haben, aus dem ich erfahre, was in dir vorkommt, Klima, Vegetation und Fauna, die Erreger deiner Krankheiten und ihre stummen verbissenen Gegner in deinem Blut, und die Lebewesen, die allerkleinsten, die ich mir herüberhole mit meinen Küssen. Ich möchte einmal sehen, was jetzt ist, abends, wenn dein Körper illuminiert ist und warm und aufgeregt ein Fest begehen möchte. (…) Alle Schichten bloßgelegt. Die Decken feinen Fleisches, weiße seidige Häute, die deine Gelenke umhüllen, die entspannten Muskeln, schön polierte Knochen und den Lack auf den bloßen Hüftkugeln. Das rauchige Licht in deiner Brust und den kühnen Schwung dieser Rippen. Alles sehen, alles schauen.» Ebd., S. 57.

17 Bei der Premiere am 29. Mai 1958 wurden gleich zwei Produktionen gesendet: eine des SWF in Zusammenarbeit mit Radio Bremen und RIAS Berlin in der Regie von Gert Westphal und eine Fassung des NDR in Zusammenarbeit mit dem BR in der Regie von Fritz Schröder-Jahn. Diese erhielt den Hörspielpreis der Kriegsblinden. In der Dankesrede formulierte Bachmann ihren berühmten Satz: «Die Wahrheit ist dem Menschen zumutbar.»

18 Friedrich Knilli: Das Hörspiel. Mittel und Möglichkeiten eines totalen Schallspiels. Stuttgart 1961.

19 Der Schriftsteller Günter Herburger veröffentlichte in der «Zeit» eine heftige Polemik gegen das «Neue Hörspiel» als «inzestuösen Literaturtyp». So neu sei das «Neue Hörspiel» gar nicht, meinte Herburger, «vielmehr jongliert es nur etwas behender mit radiophonischen Möglichkeiten, die schon lange vorhanden sind und von jedem Radiobesitzer, der an der Skala dreht, als Kurzwelleneffekt, Geräuschsalat und Sinnverzerrung erlebt werden.» Günter Herburger: Hörspiele für Blindenhunde. Polemische Anmerkungen zu einem inzestuösen Literaturtyp. In: Die Zeit 1 / 1972. Der Beitrag löste eine leidenschaftliche Kontroverse aus; in den folgenden Ausgaben der «Zeit» reagierten der Hörspielautor Uwe Friesel und der Rundfunkredakteur Heinz Schwitzke; in der «Süddeutschen Zeitung» Jörg Drews. Sie warfen Herburger Hetze gegen Minderheiten vor; er diene mit seiner Kritik den reaktionären Kräften in der Politik, die dem fortschrittlichen Radio die Mittel kürzen wollten.

20 Rühmkorf: Das lyrische Weltbild der Nachkriegsdeutschen, S. 471.

21 Vgl. Anja Schäfers: Mehr als Rock 'n' Roll. Der Radiosender AFN bis Mitte der sechziger Jahre. Stuttgart 2014, S. 310.

22 David Ewen: All the Years of American Popular Music. A Comprehensive History. Englewood Cliffs 1977, S. 554.

23 Zit. nach Maase: Bravo Amerika, S. 185.

24 Ausführlich und mit zahllosen Selbstzeugnissen und Interviews dokumentiert in: Krüger (Hg.): «Die Elvis-Tolle, die hatte ich mir heimlich wachsen lassen.»

25 Eine anschauliche Phänomenologie der «Halbstarkenkrawalle» findet sich in Günther Kaiser: Randalierende Jugend. Eine soziologische und kriminologische Studie über die sogenannten «Halbstarken». Heidelberg 1959, S. 24 ff.

26 H. Krammer: Der Himmel lacht zum Münchner Faschingszug: In: Süddeutsche Zeitung vom 4. 3. 1957. Zit. nach Schäfers: Mehr als Rock 'n' Roll, S. 226.

27 Schäfers: Mehr als Rock 'n' Roll, S. 366.

28 Das Gedicht des anonymen Autors hat eine erstaunliche Publikationsgeschichte hinter sich. Es wurde von einer Frau Dr. Engels im Dezember 1956 in einer Fachausschusssitzung «Betriebliche Sozialarbeit» der Wirtschaftsvereinigung Eisen- und Stahlindustrie in Duisburg verteilt. Frau Engels hielt einen Vortrag mit dem Titel «Die Jugend braucht Führung und Leitbild». In der Folge wurde es 1957 in den illustrierten «Werkmitteilungen der Stahl- und Röhrenwerk Reisholz GmbH», Nummer 27, Mai 1957, veröffentlicht. Auch die «Bild am Sonntag» brachte es. Helmut Schelsky nahm den Text 1957 ins Nachwort zu seinem soziologischen Bestseller «Die skeptische Generation. Eine Soziologie der deutschen Jugend» auf, allerdings nur in der ersten Auflage. Er verzichtete später darauf, vermutlich weil das jugendliche Alter des unbekannten Autors nicht zweifelsfrei feststand. (Vgl. Franz-Werner Kers-

ting: Helmut Schelskys «Skeptische Generation» von 1957. Zur Publikations- und Wirkungsgeschichte eines Standardwerkes. In: Vierteljahrshefte für Zeitgeschichte 50/2002, S. 482.) Schließlich sprach der Filmregisseur Herbert Vesely das Gedicht in seinem dokumentarischen Filmessay «Die Stadt» (1960) aus dem Off. Dazu sieht man Bilder von Krawallen nach einem Bill-Haley-Konzert.

29 Neues Leben 1/1957, S. 1–4.

30 Die klingende Monatsschau der Amiga, Februar 1959.

31 Neues Deutschland, 7. 2. 1959.

32 Der Sonntag 5/1959, S. 6.

33 Vgl. Zum Städtele hinaus. In: Der Spiegel 9/1961.

34 Neben AFN und BFBS gehörten zu den alliierten Armeesendern noch die kanadische Station CFN (Canadian Forces Network), angesiedelt in Zweibrücken, und der französische Sender FFB (Radio Forces Françaises de Berlin).

35 Publikumsbefragung: Das Lob der Hausfrau. In: Der Spiegel 19/1953.

36 Manfred Koch: Zum Ersterlebnis des Fernsehens, 1953. Zit. nach Dammann: Stimme aus dem Äther – Fenster zur Welt.

37 Geschätzte Zahl; angemeldet waren Mitte 1953 etwa zehntausend Geräte.

38 Carl Haensel: Fernsehlehren aus dem Krönungstag. Frankfurter Allgemeine Zeitung vom 6. 6. 1953, S. 18. Zit. nach Konrad F. Baier: In der Ferne sieht man die Demokraten. Das Fernsehen in der Ära Adenauers und die Entwicklung der politischen Kultur. Saarbrücken 2007, S. 123.

39 Vgl. Knut Hickethier: Geschichte des deutschen Fernsehens. Stuttgart 1998, S. 108. Demnach gab es in der DDR genau 2231 Fernsehgeräte.

40 Axel Schildt gebrauchte den Ausdruck für das Radio. Vgl. ders.: Moderne Zeiten, S. 261.

41 Die Anzeige ließ offen, wer mit «Fernseher» gemeint war – der Zuschauer, wie es dem damaligen Sprachgebrauch noch am geläufigsten war, oder bereits das Gerät, wie es der heutigen Redeweise entspricht.

42 Luft: Ich lerne fernsehen, S. 56.

43 Hans-Joachim Lange: Das trojanische Pferd in unserer Wohnung. In: magnum 23/1959, S. 52.

44 Robert Jungk: Das Zeitalter der Seelenkontrolle. In: magnum 18/1958, S. 51.

45 Günther Anders: Der sanfte Terror. In: Merkur 3 / 1964, S. 212.

46 Zit. nach Bayerischer Rundfunk: Wer wir sind: Petra Schürmann. Grande Dame des Bildschirms. https://www.br.de/unternehmen/inhalt/organisation/geschichte-des-br/schuermann-petra-102.html

47 Andreas Maier: Ich. Frankfurter Poetikvorlesungen. Frankfurt am Main 2006, S. 121.

48 1963 beispielsweise Hans-Dietrich Genscher, Franz Josef Strauß, Rainer Barzel und Helmut Schmidt auf der einen, Reinhard Appel, Johannes Gross und Theo Sommer auf der anderen Seite.

49 Ebd., S. 164.

50 Manfred Delling: Bonanza & Co. Fernsehen als Unterhaltung und Politik. Eine kritische Bestandsaufnahme. Reinbek bei Hamburg 1976.

51 Vgl. Sebastian Dalkowski: Der unwahrscheinlichste Youtube-Hit. In: Rheinische Post vom 30. 12. 2017.

52 Martin Heidegger: Gelassenheit. Rede zum 175. Geburtstag von Conradin Kreutzer. Pfullingen 1959, S. 17.

53 Vgl. Stavros Arabatzis: Feindselige Mediengesellschaft. Krieg der Öffentlichkeit. Wiesbaden 2019, S. 104.

Siebtes Kapitel Im Kalten Krieg: Ost- und Westdeutschland finden ihre Identität in Feindschaft

1 Vgl. Heinrich Thies: Weit ist der Weg nach Zicherie. Die Geschichte eines geteilten Dorfes an der deutsch-deutschen Grenze. Hamburg 2005, S. 18.

2 Andere Bezeichnungen lauteten «Aktion Grenze», «Aktion G» oder «Aktion Frische Luft».

3 Vgl. Thies: Weit ist der Weg nach Zicherie, S. 38.

4 Vgl. Agitationsplakate für die LPG: https://www.mdr.de/geschichte/lpg-ddr-agitation-plakate100.html

5 Ebd.

6 Vgl. Thomas Rohkrämer: Der Militarismus der «kleinen Leute». Die Kriegervereine im Deutschen Kaiserreich 1871–1914. München 1990.

7 Eine gründliche Untersuchung des Falles Lichtenstein unternimmt Rainer Zunder. Er geht auch der Möglichkeit nach, Lichtenstein könne von den DDR-Behörden ausgeforscht, auf seiner Reportagereise beobachtet und gezielt als Verräter ermordet worden sein. Beweisbar ist diese Hypothese allerdings nicht. Vgl. Rainer Zunder: Erschossen in Zicherie. Vom Leben und Sterben des Journalisten Kurt Lichtenstein. Berlin 1994.

8 Thies: Weit ist der Weg nach Zicherie, S. 83.

9 Zit. nach Zunder: Erschossen in Zicherie, S. 124.

10 Ebd., S. 183.

11 Vgl. Wilfred G. Burchett: Partisanen contra Generale. Südvietnam 1964. Düsseldorf 1965, S. 83 ff.

12 Zit. nach Die Zeit 44/1962.

13 Zit. nach Die Zeit 43/1962.

14 Vgl. Bernd Stöver: Der Kalte Krieg. Geschichte eines radikalen Zeitalters 1947–1991. München 2003, S. 244.

15 Bill Haley & His Comets: 13 Women. Der Song war ursprünglich die A-Seite. Erst nachdem die B-Seite «Rock Around the Clock» im Film «Blackboard Jungle» («Saat der Gewalt») Verwendung fand und eine phänomenale Wirkung erzielte, machte die Plattenfirma bei der Neuauflage die B- zur A-Seite und erzielte den bekannten Welterfolg.

16 Vgl. Stöver: Der Kalte Krieg, S. 247.

17 Hannelore Valencak: Die Höhlen Noahs. Roman. St. Pölten / Salzburg / Wien 2012 (1961), S. 37.

18 Vgl. Jeder hat keine Chance. In: Der Spiegel 21/1962.

19 Vgl. Ulrich Herbert: Geschichte Deutschlands im 20. Jahrhundert. München 2017, S. 799 ff.

20 Ernst Bloch: Das Prinzip Hoffnung. Frankfurt am Main 1971 (1959), S. 775.

21 Walter Ulbricht: Aufbau und Aufgaben der KVP. Rede auf einer Parteikonferenz der KVP. In: Christoph Nübel (Hg.): Dokumente zur deutschen Militärgeschichte 1945–1990. Bundesrepublik und DDR im Ost-West-Konflikt. Berlin 2019, S. 171.

22 Wolfdietrich Schnurre: Das falsche Gleis. In: Martin Walser (Hg.): Die Alternative oder Brauchen wir eine neue Regierung? Reinbek bei Hamburg 1961, S. 70.

23 Plenarprotokolle des 2. Deutschen Bundestags 1955, S. 5607.

24 Proklamation: Soldaten zweier Weltkriege rufen das deutsche Volk. Rundbrief der Arbeitsgemeinschaft Gesamtdeutsche Soldatengespräche vom 5. 7. 1955. In: Nübel (Hg.): Dokumente zur deutschen Militärgeschichte 1945–1990, S. 181.

25 Zit. nach Heinrich August Winkler: Kurt Schumacher und die nationale Frage. In ders.: Streitfragen der deutschen Geschichte. Essays zum 19. und 20. Jahrhundert. München 1997, S. 97.

26 Vgl. Herbert: Geschichte Deutschlands im 20. Jahrhundert, S. 631: «Angesichts der von ihm immer wieder betonten politischen Wankelmütigkeit der Deutschen und angesichts der massiven sowjetischen Bedrohung gab es dazu für Adenauer keine Alternative: Ein wiedervereintes, neutralisiertes Gesamtdeutschland würde sich dem Westen entfremden, im Innern einen neuen Nationalismus hervorbringen und unweigerlich in den Bannkreis der sowjetischen Hegemonialpolitik geraten.»

27 Hans Josef Mundt: Kant zur politischen Situation 1961. In: Walser (Hg.): Die Alternative oder Brauchen wir eine neue Regierung?, S. 51.

28 Vgl. Jens Hacke: Die Bundesrepublik als Idee. Zur Legitimationsbedürftigkeit politischer Ordnung. Hamburg 2009, S. 21.

29 Adolf Cillien in der 100. Sitzung des 2. Deutschen Bundestags, 16. 7. 1955. In: Plenarprotokolle des 2. Deutschen Bundestags, S. 5584.

30 Sieburg: Die Lust am Untergang, S. 87.

31 Zit. nach Schildt: Medien-Intellektuelle in der Bundesrepublik, S. 337.

32 Zit. nach Kai Bird: Deutschlands Prokonsul 1949. McCloy und die entstehende Bundesrepublik. In: Sebastian Lorenz / Marcel Machill (Hg.): Transatlantik. Transfer von Politik, Wirtschaft und Kultur. Opladen und Wiesbaden 1999, S. 147.

33 Vgl. Rubrik Zitat. In: Der Spiegel 14/1956.

34 Vgl. Eva Ladipo: Adenauer und der Osten. Bei Magdeburg begann für ihn Asien. In: Frankfurter Allgemeine Zeitung vom 14. 8. 2023.

35 Der ironische Unterton verhinderte nicht, dass eine Vielzahl von Zeitungen forderte, Kulenkampff nicht mehr vor die Kamera zu lassen; die vom Intendanten des Hessischen Rundfunks eingeleitete Untersuchung ging auch der Frage nach, ob der Moderator in Ulbrichts Diensten stünde. Vgl. Der Spiegel 43/1959.

36 Eine wunderbare Gesamtschau des innerdeutschen Abkürzungs- und Bezeichnungskampfes liefert Manfred W. Hellmann: Das «kommunistische Kürzel BRD». Zur Geschichte des öffentlichen Umgangs mit den Bezeichnungen für die beiden deutschen Staaten. In: Irmhild Barz / Marianne Schröder (Hg.): Nominationsforschung im Deutschen. Festschrift für Wolfgang Fleischer zum 75. Geburtstag. Frankfurt am Main 1997, S. 93 ff.

37 Vgl. «Wer BRD sagt, richtet Unheil an.» In: Der Spiegel 39/1978.

38 Zit. nach Silke Satjukow / Rainer Gries: Unsere Feinde. Konstruktionen des Anderen im Sozialismus. Leipzig 2004, S. 119.

39 Zit. nach ebd.

40 Vgl. Herbert: Geschichte Deutschlands im 20. Jahrhundert, S. 669.

41 Zit. nach Ilko-Sascha Kowalczuk: Stasi konkret. Überwachung und Repression in der DDR. München 2013, S. 125. Ulbricht wird hier wiederum von seinem mächtigsten Parteifunktionär Hermann Matern in einer zentralen Dienstkonferenz der Stasi zitiert, die den massiven Hass offenbart, mit dem Andersdenkende verfolgt wurden: «Genossen, ihr habt in eurer Arbeit nur mit Strolchen, mit Verbrechern und Lumpen, mit negativen Erscheinungen zu tun. (...) Das sind gewissermaßen – wie kann man sagen – Abfallprodukte.»

42 Zit. nach Falco Werkentin: Politische Strafjustiz in der Ära Ulbricht. Berlin 1995, S. 254.

43 Vgl. Werner Filmer / Heribert Schwan: Opfer der Mauer. Die geheimen Protokolle des Todes. München 1991, S. 240.

44 Zit. nach Ursula Weidenfeld: Das doppelte Deutschland. Eine Parallelgeschichte 1949–1990. Berlin 2024, S. 169.

45 Ebd.

46 Fritz Klein: Drinnen und draußen. Ein Historiker in der DDR. Frankfurt am Main 2000, S. 213.

47 Vgl. Weidenfeld: Das doppelte Deutschland, S. 172: «Der Bau der Berliner Mauer ist in all seiner Brachialität insofern vielleicht der eigentliche Gründungsakt der DDR als Nationalstaat gewesen.»

48 Jugendkommuniqué der SED vom 17. 9. 1963. Zit. nach Herbert: Geschichte Deutschlands im 20. Jahrhundert, S. 732.

49 Zit. nach Manfred Jäger: Kultur und Politik in der DDR 1945–1990. Köln 1994, S. 120.

50 Ulbricht am 16. 2. 1970 im Neuen Deutschland. Zit. nach Herbert: Geschichte Deutschlands im 20. Jahrhundert, S. 742.

51 Ebd., S. 742.

52 Margret Boveri: Mauern, die wir selber bauen. In: Die Zeit 6/1962.

53 Kennedy selbst ließ durch seinen Botschafter Dowling ausrichten, «die Stimmung in der amerikanischen Öffentlichkeit könnte die USA zum Rückzug aus Europa veranlassen». Görtemaker: Geschichte der Bundesrepublik Deutschland, S. 380.

54 Vgl. ebd., S. 427 ff.

55 Karl Jaspers: Wohin treibt die Bundesrepublik? Tatsachen, Gefahren, Chancen. München 1966, S. 192.

56 Johannes Gaitanides: Von der Ohnmacht unserer Literatur. In: Weyrauch (Hg.): Ich lebe in der Bundesrepublik, S. 10.

57 Ernst Forsthoff: Die Bundesrepublik Deutschland. Umrisse einer Realanalyse. In: Merkur, Jg. 9, 1960. Zit. nach Schildt: Medien-Intellektuelle, S. 623.

58 Jens Hacke: Die Bundesrepublik als Idee. Zur Legitimationsbedürftigkeit politischer Ordnung. E-Book Hamburg 2015, Pos. 281.

59 Rüdiger Altmann: Soziale Bewegung in unserer Zeit. Typoskript, Hessischer Rundfunk 1963. Zit. nach Schildt: Medien-Intellektuelle, S. 624. Vgl. zur Planungseupho-

rie der sechziger Jahre auch Herbert: Geschichte Deutschlands im 20. Jahrhundert, S. 805.

60 Schildt: Medien-Intellektuelle, S. 627.

61 Ebd., S. 626.

62 Paul Schallück: Zwölf Fragen. In: Weyrauch (Hg.): Ich lebe in der Bundesrepublik, S. 104.

63 Vgl. Margret Boveri: «Viel wäre schon gewonnen, wenn Klischeeausdrücke wie ‹Konzentrationslager› und ‹siebzehn Millionen Sklaven› aus dem täglichen Vokabularium des Westens wegfielen.» Dies.: Mauern, die wir selber bauen.

64 Manfred Sack: Ich bin ein Russe. Ivan Rebroff begann in Nürnberg eine Tournee. In: Die Zeit 3/1972. Sack, ein Kenner des russischen Liedguts, fügte allerdings hinzu, dass ihn Rebroff auch an einen «abtakelnden Teppichhändler» erinnere, der Industrieware als handgeknüpft verkaufe – ein Karl-May-Russe, der das russische Lied zerdehne und zerkoche zu einem Mustopf «aufgequollener Sentimentalität». Damals hatte die Kritik noch Gelegenheit zur Publikumsverachtung. Rebroff könne es eigentlich besser, räumte Sack ein, er wisse halt, wie dumm die Zuhörer seien. Was das Publikum aber am russischen Volkslied zu Millionen faszinierte, was es mit der «russischen Seele» verband, fragte sich der Kritiker nicht. Erstaunlicher als die Toleranz gegenüber allzu effekthaschender Phrasierung war doch, dass es mitten im Kalten Krieg überhaupt so innig mitschwang im Kosakenblues.

65 Friedrich Klenk: Der englische Mittelweg und das Schicksal Europas. In: Stimmen der Zeit 168/1960. Zit. nach Schildt: Medien-Intellektuelle in der Bundesrepublik, S. 336.

66 Vgl. Gerd Koenen: Der Russland-Komplex. Die Deutschen und der Osten. München 2023. Koenen beschreibt minutiös das «weitläufige Changieren zwischen Angst und Bewunderung, phobischer Abwehr und emphatischer Zuwendung», das die historische Beziehung zwischen Russland und Deutschland kennzeichnet. Über weite Strecken glich sie einem «Verhältnis von Hassliebe, wie es vielleicht in der Geschichte einzig dasteht», aufeinander bezogen «durch ein ganzes System gegenseitiger Entlehnungen und Übertrumpfungen; und fast immer im expliziten oder impliziten Bezug auf etwas Drittes: ‹den Westen›». Ebd., S. 20.

67 André Müller: Im Gespräch mit … Reinbek bei Hamburg 1989, S. 85.

68 Ebd., S. 185.

69 Auch der kriegsgefangene Helmut Gollwitzer schwelgte in den Erinnerungen an die russischen Frauen: «Der andere starke Eindruck war von Anfang an der der unglaublichen Gesundheit, der körperlichen wie der geistigen. (…) Man muss so eine Schar russischer Mädel gesehen haben, wie sie in der bittersten Winterkälte einen LKW mit schweren Zementsäcken abladen und die kräftigen Scherzworte hin- und herfliegen, und sie dann unermüdet und singend abfahren, während die Landser ihnen kopfschüttelnd nachsehen: ‹Die haben doch auch nicht viel mehr zu essen als wir.› (…) Oft wirken sie wie Rohstoff der Natur, ungebildet und unverbildet, ungehemmt in Hass und Liebe, noch nahe am kräftigen Tiersein, und wären sie es nicht, sie hätten das alles nicht so überstehen können, was im Laufe der Geschichte und erst recht in den letzten drei Jahrzehnten über sie hinweggegangen ist.» Helmut Gollwitzer:

«... und führen, wohin du nicht willst». Bericht einer Gefangenschaft. München 1951, S. 280.

70 Heinz G. Konsalik: Der Arzt von Stalingrad. Roman. Starnberg 2021 (1956), S. 438.

71 Gollwitzer: «... und führen, wohin du nicht willst». Bericht einer Gefangenschaft, S. 276.

72 Vgl. Albrecht Lehmann: Gefangenschaft und Heimkehr. Deutsche Kriegsgefangene in der Sowjetunion. München 1986, S. 91 ff. So berichtet ein ehemaliger Gefangener: «Die Russen waren eigentlich sehr nett zu uns. Natürlich, wenn man an so einen Politiker da rankam und Politoffizier, der war natürlich ganz anders zu uns, aber das Volk an sich ist gut. (...) Der Kommunismus, der hat die Russen so zum Schlechten erzogen.» Ebd., S. 97.

73 Sieburg: Die Lust am Untergang, S. 194. Selbst dieser für gewöhnlich sehr nobel formulierende, zwei Jahre später zum Literaturchef der «Frankfurter Allgemeinen Zeitung» avancierte Autor ließ sich 1954 in der «Sorge um die wenigen geistigen Maßstäbe, die uns noch geblieben sind», und das in einer Zeit, in der aus Amerika kommende «grüne Augenschirme sich durchsetzen und Hemden über der Hose getragen werden», zu verstörend wütenden Ausfällen gegen Amerika hinreißen. Die Amerikaner bildeten eine «Rasse, die mühelos Primitivität und Degeneration in sich vereinigt». Der «gutherzig strahlende Dilettantismus eines sehr reichen und mächtigen Volkes, dessen fast hektischer Weg an die Rampe der Zeit manchmal wie ein beunruhigendes Geschichtswunder anmutet, verwandelt sich in qualvolle Verblödung, wenn wir ihn uns aneignen und auf unsere komplizierten und überreifen Zustände zu pfropfen versuchen». Ebd., S. 195.

Achtes Kapitel Der Chic der frühen Jahre – das Design der Demokratie

1 Zit. nach Dietmar Elger: Gerhard Richter, Maler. Köln 2008, S. 27.

2 Ebd., S. 36.

3 Jost Hermand: Kultur im Wiederaufbau. Die Bundesrepublik Deutschland 1945–1965. München 1986, S. 477.

4 Vgl. Alain Borer: Beweinung des Joseph Beuys. In: Lothar Schirmer (Hg.): Joseph Beuys. Eine Werkübersicht. München / Paris / London 2001, S. 13.

5 Heiner Stachelhaus: Joseph Beuys. Berlin 2006, S. 98.

6 Interview mit Jan Thorn-Prikker. In: Dietmar Elger / Hans Ulrich Obrist (Hg.): Gerhard Richter. Text 1961 bis 2007. Köln 2008, S. 484.

7 Vgl. Zentrales Werk «Onkel Rudi». In: Rheinische Post vom 6.2.2012.

8 Gerhard Richter im Gespräch mit Robert Storr. Zit. nach Robert Storr: Gerhard Richter. Malerei. Ostfildern-Ruit 2002, S. 290.

9 Gerhard Richter im Interview mit Rolf Schön. Zit. nach Elger / Obrist (Hg.): Gerhard Richter, S. 61.

10 Gerhard Richter: Notizen, 23.4.1988. Zit. nach Martin Henatsch: Gerhard Richter. 18. Oktober 1977. Das verwischte Bild der Geschichte. Frankfurt am Main 1998, S. 43.

11 Die Ausstellung fand im Rahmen der Berliner Festwochen 1967 unter dem Motto

«Berlin: Mittler zwischen Ost und West» statt. Die beteiligten Künstler stifteten die gezeigten Bilder einem geplanten Museum, das neben der Gedenkstätte Lidice, die an den vernichteten Ort erinnerte, entstehen sollte. Außer Gerhard Richter gehörten Joseph Beuys, Dieter Roth, Wolf Vostell, Günther Uecker, Gotthard Graubner, Blinky Palermo, Sigmar Polke, KP Brehmer, Karl Horst Hödicke, Jörg Immendorff dazu. Die meisten der Werke befinden sich heute in der Nationalgalerie Prag und im dortigen Museum der schönen Künste.

12 Zit. nach Christine Mehring: Ob Osten, ob Westen, zu Hause ist's am besten: Freunde, Familie und Design in Richters frühen Jahren. In: Mark Godfrey und Nicholas Serota (Hg.): Gerhard Richter. Panorama. München / London / New York 2012, S. 37.

13 Vgl. Creamcheese TV – the early years with Eberhard Kranemann: https://www.youtube.com/watch?v=o8EqfCEUyJg

14 Zit. nach Detlef Siegfried: Time Is On My Side. Konsum und Politik in der westdeutschen Jugendkultur der 60er Jahre. Göttingen 2006, S. 474.

15 Vgl. Babel in Beton. In: Der Spiegel 15/1958.

16 Vgl. Judith Koppetsch: Der Kanzlerbungalow in der öffentlichen Diskussion. In: Wüstenrot Stiftung / Stiftung Haus der Geschichte (Hg.): Kanzlerbungalow. München 2009, S. 54.

17 Zit. nach ebd.

18 Zit. nach Elisabeth Plessen: Bauten des Bundes 1949–1989. Zwischen Architekturkritik und zeitgenössischer Wahrnehmung. Berlin 2019, S. 158.

19 Zit. nach Koppetsch: Der Kanzlerbungalow, S. 60.

20 Vgl. ebd., S. 63.

21 Ebd., S. 60.

22 Zit. nach ebd.

23 Plessen: Bauten des Bundes 1949–1989, S. 294.

24 Zit. nach Thomas Lackmann: Die schlafende Schöne. Schauplatz Moderne. In: Der Tagesspiegel, 8.5.2010.

25 Inge Scholl: Eine neue Gründerzeit und ihre Gebrauchskunst. In: Richter (Hg.): Bestandsaufnahme, S. 421 ff.

26 Vgl. ebd., S. 422.

27 Die von Jo Klatt herausgegebene Zeitschrift erschien zwischen 1987 und 1999 erst unter dem Namen «Der Braun-Sammler», dann «BraunDesign», schließlich «Braun+Design» und bis 2010 weitergeführt als «Design+Design». Auch sie erreicht heute in Antiquariaten Spitzenpreise, wenn auch nicht vergleichbar mit denen der historischen Produkte selbst.

28 Rudolf Schönwandt: Was ist gut am Braun Design? Produktgestaltung und Menschenbild. In: Jo Klatt und Günter Staeffler (Hg.): Braun+Design Collection. Eine Dokumentation von Braun+Design, der unabhängigen Zeitschrift für Design-Sammler. Hamburg 1990, S. 12.

29 Nicht weiter ging es allerdings für die Hochschule für Gestaltung in Ulm. Sie überlebte das Jahr 1968 nicht, das auch für die Ulmer Schule durch innere Querelen um das richtige Verhältnis von Theorie, Praxis und Forschung geprägt war. Die heftigen Streitereien kamen der Landesregierung in Baden-Württemberg unter Hans Filbinger

gerade recht. Sie sperrte der geschäftsführenden Geschwister-Scholl-Stiftung die Mittel, sodass diese den Betrieb zum 31. Dezember 1968 einstellen musste. Welch kreatives Potenzial da stillgelegt worden war, dämmerte den folgenden Landesregierungen erst viel später. Die Hinterlassenschaften der Ulmer Schule können in einer vorzüglichen Dauerausstellung des HfG-Archivs Ulm im ehemaligen Hochschulgebäude auf dem Oberen Kuhberg besichtigt werden.

30 Zit. nach Ulrich Conrads (Hg.): Die Städte himmeloffen. Reden und Reflexionen über den Wiederaufbau des Untergegangenen und die Wiederkehr des Neuen Bauens 1948/49. Berlin 2002, S. 37.

31 Das Wunder von Hannover. In: Der Spiegel 23/1959.

32 Ebd.

33 Mittlerweile hat die Stadt wieder etwas gewonnen. In der im Januar 2025 aktualisierten Liste der hässlichsten Städte Deutschlands der Online-Reise-Plattform «Meine Orte» lag sie auf Platz 24, eine Position hinter Gelsenkirchen. Vgl. https://www.meineorte.com/p/zl2hxj/das-sind-die-haesslichsten-staedte-deutschlands

34 Hans Bernhard Reichow: Die autogerechte Stadt. Ein Weg aus dem Verkehrs-Chaos Ravensburg 1959.

35 Vgl. Reinhart C. Bartholomäi: Die Entwicklung des Politikfelds Wohnen. In: Björn Egner u. a.: Wohnungspolitik in Deutschland. Positionen – Akteure – Instrumente. Darmstadt 2004, S. 18 ff.

36 Ruth Rehmann: Illusionen. Roman. Berlin 2021 (1959), S. 113.

37 Markus Harzenetter: Wiederaufbau – ein europäisches Thema. In: Landschaftsverband Westfalen-Lippe / Denkmalpflege, Landschafts- und Baukultur in Westfalen (Hg.): Eine neue Stadt entsteht. Planungskonzepte des Wiederaufbaus in der Bundesrepublik Deutschland nach 1945 an ausgewählten Beispielen. Münster 2015, S. 17.

38 Helmuth Plessner im 1959 geschriebenen Vorwort zur Neuausgabe von: Die verspätete Nation. Über die politische Verführbarkeit bürgerlichen Geistes. Stuttgart 1959, S. 17.

39 Vom Triumphalismus der puren Masse beim Wiederaufbau zeugt eine nicht nur in ihrem pathetisch-überdrehten Ton denkbar unangenehme Äußerung des Architekten Ernst May, der 1954 die Leitung der Planungsabteilung der Neuen Heimat übernommen hatte. In den Monatsheften der Baugesellschaft verkündete er im selben Jahr: «Aus allen Wunden blutend raffte sich der Deutsche in einer alle Schichten des Volkes umfassenden Gemeinschaft auf zu unerhörter Tat, indem er aus rauchenden Trümmern innerhalb eines kurzen Decenniums eine Neuschöpfung entstehen ließ, die die Welt in Staunen versetzte, die bewies, dass selbst die Schrecken der hinter unserem Volke liegenden Götterdämmerung es nicht vermochten, die Kraft unserer Nation an der Wurzel zu treffen. Den Blick nach vorn gerichtet, erkannten wir, dass der Krieg nicht nur Zerstörer sein muss, sondern dass er auch als revolutionärer Neugestalter zu wirken vermag.» Zit. nach Michael Mönninger: «Neue Heime als Grundzellen eines gesunden Staates». Städte- und Wohnungsbau der Nachkriegsmoderne. Die Konzernzeitschrift «Neue Heimat Monatshefte» 1954–1981. Berlin 2018, S. 12. 1967 konnte in der Neuen-Heimat-Siedlung Kiel-Mettenhof die zehnmillionste Wohnung übergeben werden, die in der Bundesrepublik seit 1949 entstanden war.

40 Alexander Mitscherlich: Die Unwirtlichkeit unserer Städte. Frankfurt am Main 1965, S. 19.

41 Ebd., S. 78.

42 Heiner Müller: Germania 3. Gespenster an toten Mann. Köln 1996, S. 3.

43 Wolf Jobst Siedler beispielsweise brachte seinen streitbaren Bild- und Textband «Die gemordete Stadt» 1964 aus einer «ironischen Zuneigung zum Gestern» heraus. Sein «Requiem für die Putte» lebte vom Zorn über das Nichts, das an ihre Stelle getreten war, und der Hoffnung, Stadtplanung könne sich in Zukunft dazu durchringen, «mit neuen Mitteln alte Wohnfiguren zu verwirklichen». Wolf Jobst Siedler u. a.: Die gemordete Stadt. Abgesang auf Putte und Straße, Platz und Baum. Berlin 1964, S. 7.

44 Ralf Dahrendorf: Gesellschaft und Demokratie in Deutschland. München 1965, S. 124.

45 Situationen der Entfremdung zwischen Eltern und Kindern als Resultate der sozialdemokratischen Bildungsreform sind eindrücklich dargestellt worden von Gabriele Riedle in ihrem Roman «Überflüssige Menschen»: «Das war die erste der Entschuldigungen. Von da an haben die Eltern sich noch öfters entschuldigt, ich wollte nicht wissen, warum und wie sie auf einmal darauf gekommen waren, sie haben sich entschuldigt, mal weinerlich und selbstmitleidig, mal grimmig und voller Trotz, für dieses, für jenes und auch für ihre eigene windschiefe Angestelltenexistenz, bei der es hinten und vorne nicht reichte, wo doch Wohlstand, Sozialdemokratie, zehnprozentige Lohnabschlüsse sowie jede Menge nagelneuer Autobahnbrücken inzwischen selbstverständlich geworden waren und das ganze Land immer noch weiter und weiter unaufhaltsam vorwärtsstrebte, Mundwinkel nach oben, raumgreifender Gang, Optimismus überall, fast wie in Amerika.» Gabriele Riedle: Überflüssige Menschen. Roman. Berlin 2012, S. 18.

46 Bedingt abwehrbereit. In: Der Spiegel 41/1962.

47 Ebd.

48 Vgl. Peter Siebenmorgen: Franz Josef Strauß. Ein Leben im Übermaß. München 2015, S. 330.

49 Bruno Dechamps in der Frankfurter Allgemeinen Zeitung vom 30. Oktober 1962. Vgl. auch Görtemaker: Geschichte der Bundesrepublik Deutschland, S. 383.

50 Hans Werner Richter (Hg.): Plädoyer für eine neue Regierung oder Keine Alternative. Reinbek bei Hamburg 1965. Der in der Reihe rororo aktuell erschienene Band war eine Fortsetzung des 1961 ebenfalls zum Wahlkampf herausgekommenen Buches «Die Alternative oder Brauchen wir eine neue Regierung?», herausgegeben von Martin Walser. In dem neuen Band erschrieben sich u. a. Carl Amery, Jürgen Becker, Hubert Fichte, Erich Fried, Peter Härtling, Helmut Heißenbüttel, Walter Jens, Siegfried Lenz, Reinhard Lettau, Christa Reinig, Peter Rühmkorf, Paul Schallück, Klaus Wagenbach, Peter Weiss und Dieter Wellershoff eine Wunschregierung anhand ihnen vorbildlich erscheinender Politiker der SPD. Eingeleitet wurde das Buch durch ein Gedicht von Günter Grass, dessen letzte Zeile lautete: «Ich rat Euch, Es-Pe-De zu wählen.»

51 Ebd., S. 70.

52 Ebd.

53 Vgl. Die Worte des Kanzlers. Eine aktuelle Zitatensammlung zum Thema «Der Staat und die Intellektuellen». In: Die Zeit 31/1965.

54 Ebd.

55 Ebd.

56 Eine gekürzte TV-Aufzeichnung ist abrufbar unter: https://www.ardmediathek.de/video/br-retro/pinscher-rede-von-guenter-grass-im-spd-wahlkampf-1965/br/Y3JpZDovL2JyLmRlL3ZpZGVvLzk3ODhkNjhjLWNjNjUtNDcyNi05MWRk-LTUwNjkzYTM5YWY4NA

57 Zit. nach Beibuch der Edition: Alexander Kluge. Sämtliche Kinofilme. Frankfurt am Main 2007, S. 7.

58 Verena Lueken: Das Gesicht des (ganz) Jungen Deutschen Films. Zum Tod von Alexandra Kluge. Frankfurter Allgemeine Zeitung vom 13.7.2017.

59 Mit dem Versprechen «Repressionsfreie Bedienung» warb eine Pizzeria in Schöneberg in den frühen siebziger Jahren um antiautoritäre Kundschaft. Sollte heißen: Unsere Kellner verzichten auf Erziehungsmaßnahmen.

60 Käutners «Schwarzer Kies» fiel auch deshalb durch, weil er zu actiongeladen war und den bildungsbürgerlichen Usancen nicht entsprach, die damals noch weite Teile der Filmkritik beherrschten. Auch jüngere Filmemacher, die sich dem vitalen Drang hingaben, spannende Geschichten knallhart zu erzählen, ohne Angst vor Schmutz und Gefühlen, trafen beim Kuratorium Junger Deutscher Film wie bei vielen Kritikern auf dünkelhafte Ablehnung. Will Trempers hervorragendes Filmdrama «Flucht nach Berlin» (1961) beispielsweise wurde wegen «Kintopp-Vorbildern» und «Reißer-Effekten» getadelt. Die damals verbreitete Intoleranz gegenüber dem Thriller- und Unterhaltungsgenre wäre in der heutigen Filmkritik unvorstellbar.

61 Wie aufwendig und experimentierfreudig man beim Industriefilm in die visuellen Qualitäten investierte, erfährt man in den Erinnerungen des Filmemachers Edgar Reitz. Ders.: Filmzeit, Lebenszeit. Erinnerungen. Berlin 2022, S. 155 ff.

62 Vgl. Edgar Reitz im Gespräch: «Wenn ein Kino einen Kurzfilm spielte, der ein Prädikat ‹Wertvoll› oder ‹Besonders wertvoll› besaß, konnte er diese Steuer mindern oder ganz umgehen. Dadurch entstand quasi ein Markt für Kurzfilme. Das heißt, man konnte sich – wenn man konnte – von seinem Papa 5000 Mark leihen und damit einen Film machen, denn es gab eine echte Chance, solche Beträge durch den Verkauf eines prädikatisierten Films wieder zurückzubekommen. So hangelte man sich von einem Kurzfilm zum anderen.» Zit. nach: Das Oberhausener Manifest war unser Rütli-Schwur. Ein Gespräch mit Edgar Reitz. In: Ralph Eue / Lars Henrik Gass (Hg.): Provokation der Wirklichkeit. Das Oberhausener Manifest und die Folgen. München 2012, S. 263.

63 Wilfried Berghahn: Ansichten einer Gruppe. Die «Münchner Schule» (1963). In: Eue / Gass (Hg.): Provokation der Wirklichkeit, S. 62.

64 Ebd., S. 67.

65 Günter Rohrbach: Im Strudel der Bilder. Über den Film «Das Brot der frühen Jahre». Filmkritik 6/1962. In: ders.: In guter Gesellschaft. Texte über Film und Fernsehen. Herausgegeben von Hans Helmut Prinzler. Berlin 2008, S. 274.

Neuntes Kapitel Zum Rückblick gezwungen: Eichmann in Jerusalem, Auschwitz in Frankfurt

1 Vgl. Ronen Steinke: Fritz Bauer oder Auschwitz vor Gericht. München 2013, S. 31.

2 Ebd., S. 17.

3 Vgl. Gedenk- und Bildungsstätte Haus der Wannsee-Konferenz u. a. (Hg.): Der Prozess – Adolf Eichmann vor Gericht. Berlin 2011, S. 98.

4 Vgl. dazu die genauen Recherchen von Bettina Stangneth und Willi Winkler: Der Mann, der Adolf Eichmann enttarnte. In: Süddeutsche Zeitung vom 20.8.2021.

5 Zit. nach Hannah Arendt: Eichmann in Jerusalem. Ein Bericht von der Banalität des Bösen. München 2011 (1964), S. 84.

6 Ebd.

7 Walter Gong: Eichmann, das große Weltgericht und wir. Der düstere Schatten des Prozesses in Jerusalem fällt weit voraus. In: Die Zeit 12/1961.

8 Vgl. https://www.ardmediathek.de/video/swr-retro-report-chronik/echo-auf-den-eichmann-prozess/swr/Y3JpZDovL3N3ci5kZS9hZXgvbzE0NDEyMjU

9 Gong: Eichmann, das große Weltgericht und wir.

10 Gaiser: Schlußball, S. 130. Anders Günter Grass: In seiner «Blechtrommel» (1959) kommt zumindest eine Szene vor, in der die Pogromnacht im November 1938 aus Kinderaugen geschildert wird: SA-Männer demolieren den Spielzeugladen, aus dem das Oskarchen seine Trommeln bezieht. Dass sie ihre Hosen heruntergezogen und «braune Würste, in denen noch halbverdaute Erbsen zu erkennen waren», auf die geliebten Trommeln gedrückt hatten, ist für den autistischen Oskar das Schlimmste, viel schlimmer als die Qual des Kaufmanns.

11 Das Selbstmitleid führte in Einzelfällen zu einer regelrechten Opferkonkurrenz, als hätten die Deutschen mehr gelitten als die Juden. Ein besonders frivoles Beispiel bietet der Gulag-Film «Der Teufel spielte Balalaika» von Leopold Lahola aus dem Jahr 1961. Der junge Götz George verkörpert darin den in einem sibirischen Schreckenslager ausharrenden Kriegsgefangenen Peter Joost. Der Deutsche verliebt sich in die Frau eines russischen Wachoffiziers, eine Jüdin. Der Zufall will es, dass Elena ein deutsches Konzentrationslager überlebt hat. Mit ihr diskutiert der Deutsche ernsthaft darüber, wen das Schicksal schlimmer getroffen habe, die Juden im KZ oder die Deutschen im sowjetischen Lager. Der Deutsche ist sich sicher, ihm gehe es weit schlechter, denn die Juden hätten im Konzentrationslager immerhin eine Hoffnung gehabt: «Gewiss, Sie waren auch in Haft, aber auf der ganzen Welt wurde gekämpft für Sie. (...) Aber wir hier? Wer lässt sich schon für uns in seinem Schlaf stören?» Eine atemberaubende Verdrehung der Verhältnisse, die der Film keineswegs relativiert.

12 Der Philosoph Hermann Lübbe nannte diesen Prozess der Integration der Parteigenossen in eine demokratisch verfasste Gesellschaft angemessen paradox «kommunikatives Beschweigen». Er definierte das Schweigen als «das sozialpsychologisch und politisch nötige Medium der Verwandlung unserer Nachkriegsbevölkerung in die Bürgerschaft der Bundesrepublik». (Hermann Lübbe: Der Nationalsozialismus im politischen Bewusstsein der Gegenwart. In: Martin Broszat u. a. [Hg.]: Deutschlands Weg in die Diktatur. Internationale Konferenz zur nationalsozialistischen Machtübernahme im Reichstagsgebäude zu Berlin. Ein Protokoll. Berlin 1983, S. 334.)

Lübbes nüchterne Beschreibung wurde anfangs als anhaltende Rechtfertigung der Verdrängung missverstanden. Inzwischen wird aber auch von Historikern, die ein unzweifelhaftes Interesse an einer minutiösen Aufarbeitung der NS-Verbrechen und ihrer Verleugnungspolitik antreibt, die These geteilt, dass «die politische Amnestierung und die soziale Reintegrierung des Heeres der ‹Mitläufer› ebenso notwendig wie unvermeidlich waren». (Norbert Frei: Vergangenheitspolitik. Die Anfänge der Bundesrepublik und die NS-Vergangenheit. München 1996, S. 15.)

13 Vgl. Bundeskabinett, 7. Sitzung am Montag, den 26.9.1949, 16 Uhr in der Bundeskanzlei, Museum Koenig. In: Kabinettsprotokolle der Bundesregierung 1949, 7. Sitzung am 26.9.1949, abrufbar unter: https://kabinettsprotokolle.bundesarchiv.de/band/vol_01_1949/dokument/bdd9dbb8-a359-4b99-86c1-a2890e8a6717

14 Der Ulmer Prozess richtete sich gegen zehn Angehörige des Einsatzkommandos Tilsit, das 1941 mehr als fünftausend jüdische Kinder und Erwachsene im litauisch-deutschen Grenzgebiet ermordet hatte. Die ehemaligen Gestapo-, SD- und Polizeiangehörigen wurden zu Zuchthausstrafen zwischen drei und fünfzehn Jahren verurteilt. Der Prozess gilt als ein Wendepunkt in der Geschichte der Aufarbeitung der NS-Verbrechen.

15 Die Ludwigsburger Zentralstelle – mit vollem Namen «Zentrale Stelle der Landesjustizverwaltungen zur Aufklärung nationalsozialistischer Verbrechen» – nahm Ende 1958 ihre Arbeit auf und setzte bereits im ersten Jahr vierhundert Vorermittlungsverfahren in Gang. Ihre Gründung war eine Folge der beim Ulmer Prozess zutage getretenen Unzulänglichkeiten im Wissen und in den Methoden der Behörden. Vgl. Annette Weinke: «Bleiben die Mörder unter uns?» Öffentliche Reaktionen auf die Gründung und Tätigkeit der Zentralen Stelle Ludwigsburg. In: Jörg Osterloh / Clemens Vollnhals (Hg.): NS-Prozesse und deutsche Öffentlichkeit. Besatzungszeit, frühe Bundesrepublik und DDR. Göttingen 2012, S. 268.

16 Gong: Eichmann, das große Weltgericht und wir.

17 Vgl. Gerhard Paul: Die Bundesrepublik. Eine visuelle Geschichte. Darmstadt 2023, S. 164: «De facto war der Glaskasten die kleine Privatbühne des Angeklagten auf der größeren Bühne des Gerichts, auf der Eichmann als Schauspieler dem Publikum seine eigene Deutung des Holocaust vortrug. Eichmann war ein durchaus begabter Laiendarsteller, der es verstand, sich sowohl für das Gericht als auch für die Kameras und damit für die Weltöffentlichkeit in Szene zu setzen, eine Show abzuziehen. Gekonnt inszenierte er sich in der Rolle des eifrigen und gehorsamen Bürokraten, indem er sich Notizen anfertigte, in Unterlagen blätterte, einen Berg von Akten vor sich auftürmte und unterwürfig Fragen beantwortete.»

18 Gedenk- und Bildungsstätte Haus der Wannsee-Konferenz u.a. (Hg.): Der Prozess, S. 140.

19 Vgl. Arendt: Eichmann in Jerusalem, S. 137.

20 Zit. nach ebd., S. 110.

21 Vgl. Fabien Théofilakis: Eichmanns Worte und Schriften während des Prozesses. Ein Spiegel seines Selbstbildes. In: Frank Bajohr / Sybille Steinbacher (Hg.): Eichmann und der Holocaust. Ein Überblick. Berlin 2023, S. 147.

22 Vgl. ebd., S. 144.

23 Ebd., S. 151.

24 David Cesarani: Der Prozess gegen Adolf Eichmann. In: Gedenk- und Bildungsstätte Haus der Wannsee-Konferenz u. a. (Hg.): Der Prozess, S. 14.
25 Arendt: Eichmann in Jerusalem, S. 151.
26 Ebd., S. 136.
27 Ebd., S. 58.
28 Ebd., S. 62.
29 Ebd., S. 419.
30 Albert Wucher: So viele Fragen an das deutsche Volk. Begegnungen und Gespräche in Jerusalem. In: Süddeutsche Zeitung, 25. 5. 1961.
31 Bernd Nellessen: Eichmanns Schuld. In: Die Welt, 23. 6. 1961.
32 Karlheinz Treiß: Technik des Massenmords. Eichmann und das Zuständigkeitschaos des Dritten Reichs. In: Rheinischer Merkur, 28. 7. 1961.
33 Klaus Mehnert: Was haben wir mit Eichmann zu tun? In: Christ und Welt, 21. 4. 1961.
34 Hermann Schreiber: Wir sind allzumal Deutsche. In: Stuttgarter Zeitung, 16. 6. 1961.
35 Joachim Schwelien: Eichmanns Wahrheit. In: Frankfurter Allgemeine Zeitung, 29. 7. 1961.
36 Robert Pendorf: «Weil ich Treue geschworen hatte». In: Die Zeit, 21. 7. 1961.
37 Hans Mommsen: Hannah Arendt und der Prozess gegen Adolf Eichmann. In: Arendt: Eichmann in Jerusalem, S. 33.
38 Den Eindruck der Übereinstimmung vieler Presseberichte mit den später veröffentlichten Thesen Hannah Arendts von der «Banalität des Bösen» teilt auch Peter Krause: «Eichmann und wir». Die bundesdeutsche Öffentlichkeit und der Jerusalemer Eichmann-Prozess 1961. In: Osterloh / Vollnhals (Hg.): NS-Prozesse und deutsche Öffentlichkeit, S. 283 ff.
39 Zit. nach Peter Krause: Das Bild Eichmanns in der deutschen Presse. In: Bajohr / Steinbach (Hg.): Eichmann und der Holocaust, S. 161.
40 Arendt: Eichmann in Jerusalem, S. 148.
41 Ebd., S. 110.
42 Zit. nach Fred Hold: Mahnung aus Jerusalem. In: Die Allgemeine Sonntagszeitung, 16. 4. 1961.
43 Die Maschine Mensch. In: Rheinische Post, 29. 7. 1961.
44 Steinke: Fritz Bauer oder Auschwitz vor Gericht, S. 189.
45 Vgl. Norbert Frei: Der Frankfurter Auschwitz-Prozess und die deutsche Zeitgeschichtsforschung. In: Fritz Bauer Institut (Hg.): Auschwitz. Geschichte, Rezeption und Wirkung. Jahrbuch 1996 zur Geschichte und Wirkung des Holocaust. Frankfurt am Main / New York 1996, S. 128 ff.
46 Zit. nach: Auf der Rampe. In: Der Spiegel 51/1963.
47 Hermann Langbein: Der Auschwitz-Prozess. Eine Dokumentation. Band 1. Wien 1965, S. 268.
48 Ebd., S. 259.
49 Zit. nach: Auf der Rampe.
50 Langbein: Der Auschwitz-Prozess. Band 1, S. 263.
51 Ebd., S. 273.
52 Ebd., S. 266.
53 Dietrich Strothmann: Im Schatten des Galgens. In: Die Zeit 17/1964.
54 Ebd.

55 Auf der Rampe.
56 Zit. nach: Feuerstelle 2. In: Der Spiegel 6/1964.
57 Langbein: Der Auschwitz-Prozess. Band 1, S. 166.
58 «Kleine Leute waren nötig für den Massenmord». In: Der Spiegel 35/1965.
59 Gisela Friedrichsen: Gerhard Mauz. In: Der Spiegel 34/2003.
60 Ebd.
61 Horst Krüger: Das zerbrochene Haus. Eine Jugend in Deutschland. München 1986 (1966), S. 150.
62 Flugblatt, ca. 1967. Zit. nach Norbert Frei: 1968. Jugendrevolte und globaler Protest. Erweiterte Neuausgabe. München 2017, S. 87.
63 Dass die Bombe von Peter Urbach, einem V-Mann des Verfassungsschutzes, geliefert wurde, macht die Sache nur noch unheimlicher. Bis heute weigert sich dieser, zu dem von Wolfgang Kraushaar enthüllten Vorgang Stellung zu nehmen. Man mag sich mit der immer noch skandalösen Vorstellung beruhigen, der Verfassungsschutz habe vom Defekt der Bombe gewusst und die Linke mit dem Anschlag diskreditieren wollen. Sicher ist das keinesfalls. Vgl. Wolfgang Kraushaar: Die Bombe im jüdischen Gemeindehaus. Hamburg 2005.

Zehntes Kapitel Die Jugend drückt die Pausetaste

1 Zit. nach Jill Lepore: Beatleland. In: Paul McCartney: 1964. Augen des Sturms. Fotografien und Betrachtungen. München 2023, S. 22.
2 Ebd.
3 Vgl. Greil Marcus' Definition der «Popexplosion», die die Beatles ausgelöst hätten wie zuvor nur Elvis Presley: «A pop explosion is an irresistible cultural upheaval that cuts across lines of class and race (in terms of sources, if not allegiance), and, most crucially, divides society itself by age. The surface of daily life (walk, talk, dress, symbolism, heroes, family affairs) is affected with such force that deep and substantive changes in the way large numbers of people think and act take place. Pop explosions must link up with, and accelerate, broad shifts in sexual behavior, economic aspirations, and political beliefs.» Greil Marcus: The Beatles (1979). Abrufbar unter: https://greilmarcus.net/2014/07/11/the-beatles-1979/
4 Peter Handke: Versuch über die Jukebox. Frankfurt am Main 1993 (1990), S. 88.
5 Vgl. Bodo Mrozek: Yeah, yeah, yeeeeeeaaaah! Vor 50 Jahren erreichte die Beatlemania ihren Höhepunkt. In: Die Zeit 31/2014: «Eine (...) Krankenschwester sprach Medien gegenüber aus, was viele Fernsehzuschauer vermuteten: ‹Die weiblichen Fans durchlebten in aller Öffentlichkeit echte Orgasmen, ausgelöst durch das sexuell stimulierende Zusammenspiel der Musik mit der körperlichen Bühnenpräsenz der männlichen Musiker.›»
6 Vgl. ebd.
7 Vgl. Werner Kubny, Per Schnell: Halbstark an Rhein und Ruhr. Dokumentarfilm WDR 2006, DVD Essen 2008.
8 Zit. nach: Übertriebene Generation. In: Der Spiegel 41/1967.
9 Vgl. Ulrike Gramann: «Wir haben es einfach gemacht». Ilse Jung war Gitarristin bei einer der ersten Beatgirlbands Deutschlands. In: Neues Deutschland vom 14.10.2017.

10 Vgl. entsprechende Szenen in Peter Fleischmanns Dokumentarfilm «Herbst der Gammler» aus dem Jahr 1966.
11 Ebd.
12 Zit. nach: Wiar a Kropf. In: Der Spiegel 44/1967.
13 Zit. nach: Gammler – Schalom aleichem. In: Der Spiegel 39/1966.
14 Zit. nach DEFA-Stiftung / Verlag Das Neue Berlin (Hg.): apropos: Film 2001. Das Jahrbuch der DEFA-Stiftung. Berlin 2001, S. 22.
15 Vgl. Siegfried: Time Is on My Side, S. 405.
16 Nach den Sternen greifen. Gespräch mit Gunter Sachs. In: Spiegel 40/1997.
17 Vgl. Alexander Sedlmaier: Konsum und Gewalt. Radikaler Protest in der Bundesrepublik. Berlin 2018, S. 63.
18 Zit. nach Kim Christian Priemel: Der Sonderweg vor Gericht. Angewandte Geschichte im Nürnberger Krupp-Prozess. In: Historische Zeitschrift 2/2012, S. 403.
19 Der Schriftsteller Hubert Fichte, selbst ziemlich queer, ätzte gegenüber Kritiker Fritz J. Raddatz, nachdem sie dem zarten Arndt auf einer Sylter Party begegnet waren: «Da haben nun Generationen dieses Dicke-Berta-Imperiums in einer gigantischen Blutpresse Hunderttausende zerquetscht – und herausgekommen ist das da – nicht Löwe noch Zahn, eine Pusteblume, die beim ersten Anhauch zerstiebt in lauter sinnlos schunkelnde Pollen.» Zit. nach Fritz J. Raddatz: Mein Sylt. Hamburg 2006.
20 Willi Bongard: Kohlen für den kleinen Krupp. In: Die Zeit 34/1969.
21 Über die Abgaben war ein Streit entstanden, weil die Zeche in die Ruhrkohle-AG eingegliedert werden sollte, die sich dagegen sträubte, ihren Teil der Leibrente künftig in der vorgegebenen Höhe übernehmen zu müssen.
22 Bongard: Kohlen für den kleinen Krupp.
23 Zit. nach Siegfried: Time Is on My Side, S. 517.
24 Françoise Hardy: «On est bien peu de chose / Et mon amie la rose / Me l'a dit ce matin / Vois le dieu qui m'a faite / Me fait courber la tête / Et je sens que je tombe.»
25 Vgl. SDS Westberlin und Internationales Nachrichten- und Forschungs-Institut / INFI (Hg.): Der Kampf des vietnamesischen Volkes und die Globalstrategie des Imperialismus. Dokumentation des Internationalen Vietnam-Kongresses, 17./18. Februar 1968. Redaktion: Sibylle Plogstedt. Berlin 1968. Zit. nach Ann-Dorit Boy: Idiotismus der Politikaster. In: Die Zeit 8/2008.
26 Zit. nach Katharina Schmidt: Der Wundermann Ludwig Erhard. Mythos, Selbstdarstellung und Öffentlichkeitsarbeit. Köln 2024, S. 517.
27 Zit. nach: «Genosse Rau, es hat sich manches geändert in diesem Land.» In: kultur.west. Magazin für Kultur und Gesellschaft in NRW. 1. Mai 2008. https://www.kulturwest.de/inhalt/genosse-rau-es-hat-sich-manches-geaendert-in-diesem-land/. Vor Beginn der Diskussion überreichte Johannes Rau Dutschke einen roten Strampelanzug, denn kurz zuvor war Dutschkes Sohn Hosea Che auf die Welt gekommen. Wenn er tüchtig strampele, dürfe er mit achtzehn Mitglied der SPD werden, sagte Rau bei der Überreichung des Geschenks. Dutschke antwortete: «Wenn der achtzehn ist, gibt es keine SPD mehr.» Ebd.
28 Zit. nach Dietrich Thränhardt: Geschichte der Bundesrepublik Deutschland. Frankfurt am Main 1986, S. 168.
29 Wolfgang Kraushaar: Achtundsechzig. Eine Bilanz. Berlin 2008, S. 154.

30 Vgl. Ulrich Ott / Friedrich Pfäfflin (Hg.): Protest! Literatur um 1968. Marbacher Kataloge 51. Marbach am Neckar 1998, S. 171.

31 Peter Schneider: Rebellion und Wahn. Mein '68. Eine autobiographische Erzählung. Köln 2008, S. 195.

32 Zit. nach Kraushaar: Achtundsechzig, S. 283.

33 Zit. nach Sedlmaier: Konsum und Gewalt, S. 58.

34 Herbert Marcuse, einer der Mentoren der neomarxistischen Bewegung, gestand als einer der wenigen Wortführer freimütig ein, dass die antiautoritäre Bewegung auf «eine Opposition gegen die Majorität der Bevölkerung, einschließlich der Arbeiterklasse», hinauslief. Vgl. Herbert Marcuse: Ziele, Formen und Aussichten der Studentopposition. In: Das Argument 45/1967, S. 401. Er empfahl deshalb das Bündnis mit der Boheme und allerlei entwurzelten Drop-outs.

35 Der Film von Klaus Lemke mit Margarethe von Trotta, Iris Berben und Veith von Fürstenberg in den Hauptrollen aus dem Jahr 1969 fing den oft ruppig-muffeligen Ton der unorganisierten APO-Szene ziemlich witzig ein. Interessant sind, wiederum im Sinne des verständnisvollen Langmuts, den die Institutionen den Studentenprotesten entgegenbrachten, die Auftraggeber des Films. Peter Märthesheimer und Günter Rohrbach produzierten ihn für die ARD.

36 Zit. nach Sedlmaier: Konsum und Gewalt, S. 65.

37 Theodor W. Adorno: Minima Moralia. Reflexionen aus dem beschädigten Leben. Frankfurt am Main 1975 (1951), S. 254. Häufig wurde die hermetisch sich gegen leichtes Verständnis abkapselnde Komplexität der Theorie als eine Art poetischer Schönheit genossen. Vgl. dazu Philipp Felsch: «‹Theorie›, wie man jetzt im Singular sagte, hatte sich der Dichtung so erfolgreich anverwandelt, dass sie im Begriff stand, ihr den Rang abzulaufen.» Ders.: Der lange Sommer der Theorie. Geschichte einer Revolte 1960–1990. München 2015, S. 30.

38 Hans-Jürgen Krahl: Konstitution und Klassenkampf. Zur historischen Dialektik von bürgerlicher Emanzipation und proletarischer Revolution. Frankfurt am Main 1971, S. 298.

39 Vgl. Detlev Claussen: Konflikt mit Teddie. In: Rolf Tiedemann (Hg.): Frankfurter Adorno Blätter VI. München 2000, S. 141.

40 Wolf Wondratschek: Trauerfeier 20. Februar 1970. Frankfurter Rundschau vom 1. August 1970. Zit. nach: krahl-seiten.de (https://krahl-seiten.de/krahls-tod-beerdigung-und-grab). Vgl. auch Wolfgang Kraushaar: Frankfurter Schule und Studentenbewegung. Von der Flaschenpost zum Molotowcocktail 1946 bis 1995. Band 2. Berlin 1998, S. 715.

41 Hans Magnus Enzensberger: Erinnerungen an einen Tumult. Zu einem Tagebuch aus dem Jahre 1968. In: Text+Kritik 49/1985, S. 6 ff. Zit. nach: Kraushaar: Frankfurter Schule und Studentenbewegung, S. 52.

42 Peter Handke: Publikumsbeschimpfung. In: ders.: Prosa, Gedichte, Theaterstücke, Hörspiele, Aufsätze. Frankfurt am Main 1969, S. 209.

Literatur

Abelshauser, Werner: Die Langen Fünfziger Jahre. Wirtschaft und Gesellschaft der Bundesrepublik Deutschland 1949–1966. Düsseldorf 1987.

Adam, Christian: Der Traum vom Jahre Null. Autoren, Bestseller, Leser. Die Neuordnung der Bücherwelt in Ost und West nach 1945. Berlin 2016.

Adorno, Theodor W.: Minima Moralia. Reflexionen aus dem beschädigten Leben. Frankfurt am Main 1975 (1951).

Adorno, Theodor W.: Negative Dialektik. Frankfurt am Main 1966.

Aicher, Otl: Die Welt als Entwurf. Berlin 1991.

Aly, Götz: Unser Kampf 1968. Ein irritierter Blick zurück. Frankfurt am Main 2008.

Andreas-Friedrich, Ruth: Der Schattenmann. Tagebuchaufzeichnungen 1938–1948. Berlin 2000.

Antweiler, Christoph: Anthropologie im Anthropozän. Theoriebausteine für das 21. Jahrhundert. Darmstadt 2022.

Arabatzis, Stavros: Feindselige Mediengesellschaft. Krieg der Öffentlichkeit. Wiesbaden 2019.

Arendt, Hannah: Eichmann in Jerusalem. Ein Bericht von der Banalität des Bösen. München 2011 (1964).

Arendt, Hannah: Besuch in Deutschland. Die Nachwirkungen des Naziregimes. In dies.: Zur Zeit. Politische Essays. München 1989.

Arnheim, Rudolf: Rundfunk als Hörkunst. Frankfurt am Main 2001 (1936).

Bachmann, Ingeborg: Der gute Gott von Manhattan. Frankfurt am Main und Wien 1995 (1958).

Bachmann, Ingeborg: Die Radiofamilie. Herausgegeben und mit einem Nachwort von Joseph McVeigh. Berlin 2011.

Bagel-Bohlan, Anja / Michael Salewski (Hg.): Sexualmoral und Zeitgeist im 19. und 20. Jahrhundert. Opladen 1990.

Baier, Konrad F.: In der Ferne sieht man die Demokraten. Das Fernsehen in der Ära Adenauers und die Entwicklung der politischen Kultur. Saarbrücken 2007.

Bajohr, Frank / Sybille Steinbacher (Hg.): Eichmann und der Holocaust. Ein Überblick. Berlin 2023.

Bangert, Albrecht: Die 50er Jahre. Möbel und Ambiente. Design und Kunsthandwerk. München 1990.
Bauer, Fritz u. a. (Hg.): Sexualität und Verbrechen. Beiträge zur Strafrechtsreform. Frankfurt am Main und Hamburg 1963.
Baumann, Jürgen (Hg.): Programm für ein neues Strafgesetzbuch. Der Alternativ-Entwurf der Strafrechtslehrer. Frankfurt am Main 1968.
Bianchi, Hermanus (Hg.): Der homosexuelle Nächste. Ein Symposion. Hamburg 1963.
Biermann, Werner: Konrad Adenauer. Ein Jahrhundertleben. Berlin 2017.
Bingemer, Karl / Edeltrud Meistermann-Seeger / Edgar Neubert: Leben als Gastarbeiter. Geglückte und mißglückte Integration. Köln und Opladen 1970.
Bleidick, Dietmar: Die Ruhrgas 1926–2013. Aufstieg und Ende eines Marktführers. Berlin 2017.
Bloch, Ernst: Das Prinzip Hoffnung. Frankfurt am Main 1971 (1959).
Bode, Sabine: Nachkriegskinder. Die 1950er Jahrgänge und ihre Soldatenväter. Stuttgart 2019 (2011).
Boehncke, Heiner / Michael-Dieter Crone (Hg.): Radio Radio. Studien zum Verhältnis von Literatur und Rundfunk. Frankfurt am Main u. a. 2005.
Böll, Heinrich / Chargesheimer: Im Ruhrgebiet. Köln 1958.
Böll, Heinrich: Billard um halb zehn. Roman. Köln 1959.
Böll, Heinrich: Das Brot der frühen Jahre. Erzählung. Köln 1959.
Böttiger, Helmut: Die Gruppe 47. Als die deutsche Literatur Geschichte schrieb. München 2012.
Bohr, Felix / Eva-Maria Schnurr (Hg.): Kriegsgefangene. Die vergessenen Soldaten des Zweiten Weltkriegs. München 2023.
Boveri, Margret: Tage des Überlebens. Berlin 1945. Berlin 2004 (1968).
Bräunig, Werner: Rummelplatz. Roman (1959–1966). Berlin 2007.
Briesen, Detlef: Warenhaus, Massenkonsum und Sozialmoral. Zur Geschichte der Konsumkritik im 20. Jahrhundert. Frankfurt am Main und New York 2001.
Brökelmann, Bertram: Die Spur des Öls. Sein Aufstieg zur Weltmacht. Berlin 2010.
Brose, Hanns W.: Die Entdeckung des Verbrauchers. Ein Leben für die Werbung. Düsseldorf 1958.
Brückner, Christine: Ehe die Spuren verwehen. Roman. Gütersloh 1954.
Buchmann, Bertrand Michael: Österreicher in der Deutschen Wehrmacht. Soldatenalltag im Zweiten Weltkrieg. Wien 2009.

Bude, Heinz: Das Altern einer Generation. Die Jahrgänge 1938–1948. Frankfurt am Main 1995.

Burchett, Wilfred G.: Partisanen contra Generale. Südvietnam 1964. Düsseldorf 1965.

Callahan, Maureen: Ask Not. The Kennedys and The Women They Destroyed. London 2024.

Carell, Paul / Günter Böddeker: Die Gefangenen. Leben und Überleben deutscher Gefangener hinter Stacheldraht. Berlin 1994.

Claussen, Detlev: Konflikt mit Teddie. In: Rolf Tiedemann (Hg.): Frankfurter Adorno Blätter VI. München 2000.

Conrads, Ulrich (Hg.): Die Städte himmeloffen. Reden und Reflexionen über den Wiederaufbau des Untergegangenen und die Wiederkehr des Neuen Bauens 1948/49. Berlin 2022.

Conze, Eckart (Hg.): Die Herausforderung des Globalen in der Ära Adenauer. Bonn 2010.

Dahrendorf, Ralf: Gesellschaft und Demokratie in Deutschland. München 1965.

Dahrendorf, Ralf: Über Grenzen. Lebenserinnerungen. München 2002.

Dammann, Clas: Stimme aus dem Äther – Fenster zur Welt. Die Anfänge von Radio und Fernsehen in Deutschland. Köln u. a. 2005.

DEFA-Stiftung/Verlag Das Neue Berlin (Hg.): apropos: Film 2001. Das Jahrbuch der DEFA-Stiftung. Berlin 2001

Delille, Angela / Andrea Grohn (Hg.): Perlonzeit. Wie die Frauen ihr Wirtschaftswunder erlebten. Berlin 1985.

Delling, Manfred: Bonanza & Co. Fernsehen als Unterhaltung und Politik. Eine kritische Bestandsaufnahme. Reinbek bei Hamburg 1976.

Dietz, Bernhard / Christopher Neumaier / Andreas Rödder (Hg.): Gab es den Wertewandel? Neue Forschungen zum gesellschaftlich-kulturellen Wandel seit den 1960er Jahren. München 2014.

Diner, Dan (Hg.): Ist der Nationalsozialismus Geschichte? Zu Historisierung und Historikerstreit. Frankfurt am Main 1987.

Dunkel, Franziska / Gabriella Stramaglia-Faggion: «Für 50 Mark einen Italiener». Zur Geschichte der Gastarbeiter in München. München 2000.

Eglau, Hans Otto: Die Kasse muss stimmen. So hatten sie Erfolg im Handel. Von der Kleiderdynastie Brenninkmeyer über die Discountbrüder Albrecht bis zur Sexversenderin Beate Uhse. Düsseldorf und Wien 1972.

Egner, Björn / Nikolaos Georgakis / Hubert Heinelt / Reinhart C. Bartholomäi: Wohnungspolitik in Deutschland. Positionen – Akteure – Instrumente. Darmstadt 2004.

Eilenberger, Wolfram: Das Ruhrgebiet. Versuch einer Liebeserklärung. Stuttgart 2021.

Elger, Dietmar: Gerhard Richter, Maler. Köln 2008.

Elger, Dietmar / Hans Ulrich Obrist (Hg.): Gerhard Richter. Text 1961 bis 2007. Köln 2008.

Elsner, Gisela: Die Riesenzwerge. Roman. Reinbek bei Hamburg 1985 (1964).

Engels, Jens Ivo: Naturpolitik in der Bundesrepublik. Ideenwelt und politische Verhaltensstile in Naturschutz und Umweltbewegung 1950–1980. Paderborn u. a. 2006.

Enzensberger, Hans Magnus: Mittelmaß und Wahn. Gesammelte Zerstreuungen. Frankfurt am Main 1988.

Enzensberger, Hans Magnus: Gedichte 1950–1995. Frankfurt am Main 1996.

Erhard, Ludwig: Wohlstand für Alle. Berlin 2020 (1957).

Eryilmaz, Aytaç / Mathilde Jamin (Hg.): Fremde Heimat – Yaban, Silan olur. Eine Geschichte der Einwanderung aus der Türkei. Essen 1998.

Eue, Ralph / Lars Henrik Gass (Hg.): Provokation der Wirklichkeit. Das Oberhausener Manifest und die Folgen. München 2012.

Ewen, David: All the Years of American Popular Music. A Comprehensive History. Englewood Cliffs 1977.

Faerber, K. P. / A. Hoffmann / G. Schmitz: Untersuchungen zum Nachweis schädigender Einflüsse von Luftverunreinigungen auf die Gesundheit des Menschen an größeren Bevölkerungsgruppen. In: Der öffentliche Gesundheitsdienst 20/12 (1959).

Faulstich, Werner (Hg.): Die Kultur der 60er Jahre. Kulturgeschichte des 20. Jahrhunderts. München 2003.

Feireiss, Kristin: Wie ein Haus aus Karten. Die Neckermanns – meine Familiengeschichte. Berlin 2012.

Felsch, Philipp: Der lange Sommer der Theorie. Geschichte einer Revolte 1960–1990. München 2015.

Filmer, Werner / Heribert Schwan: Opfer der Mauer. Die geheimen Protokolle des Todes. München 1991.

Frei, Norbert: Vergangenheitspolitik. Die Anfänge der Bundesrepublik und die NS-Vergangenheit. München 1996.

Frei, Norbert: Der Frankfurter Auschwitz-Prozess und die deutsche Zeitgeschichtsforschung. In: Fritz Bauer Institut (Hg.): Auschwitz. Geschichte, Rezeption und Wirkung. Jahrbuch 1996 zur Geschichte und Wirkung des Holocaust. Frankfurt am Main und New York 1996.

Frei, Norbert: 1968. Jugendrevolte und globaler Protest. Erweiterte Neuausgabe München 2017.

Frese, Matthias / Julia Paulus / Karl Teppe (Hg.): Demokratisierung und gesellschaftlicher Aufbruch. Die sechziger Jahre als Wendezeit der Bundesrepublik. Paderborn u. a. 2003.
Friedeburg, Ludwig von: Die Umfrage in der Intimsphäre. Beiträge zur Sexualforschung 4 / 1953.
Fulda, Daniel / Dagmar Herzog / Stefan-Ludwig Hoffmann / Till van Rahden (Hg.): Demokratie im Schatten der Gewalt. Geschichten des Privaten im deutschen Nachkrieg. Göttingen 2010.
Gaddis, John Lewis: Der Kalte Krieg. Eine neue Geschichte. München 2007.
Gaiser, Gerd: Schlußball. Roman. Frankfurt am Main 1961.
Galbraith, John Kenneth: Gesellschaft im Überfluss. München und Zürich 1959.
Gallus, Alexander (Hg.): Helmut Schelsky – der politische Anti-Soziologe. Eine Neurezeption. Göttingen 2013.
Gallus, Alexander / Sebastian Liebold / Frank Schale (Hg.): Vermessungen einer Intellectual History der frühen Bundesrepublik. Göttingen 2020.
Gedenk- und Bildungsstätte Haus der Wannsee-Konferenz u. a. (Hg.): Der Prozess. Adolf Eichmann vor Gericht. Berlin 2011.
Gehrke, Martha Maria: Selbst ist die Frau. München 1958.
Glaeser, Ernst: Radioeinsamkeit. Werag-Bücherei. Köln 1928
Glaeser, Ernst: Glanz und Elend der Deutschen. Roman. Wien, München und Basel 1960.
Godfrey, Mark / Nicholas Serota (Hg.): Gerhard Richter. Panorama. München, London und New York 2012.
Görtemaker, Manfred: Geschichte der Bundesrepublik Deutschland. Von der Gründung bis zur Gegenwart. München 1999.
Gollwitzer, Helmut: «… und führen, wohin du nicht willst». Bericht einer Gefangenschaft. München 1951.
Grass, Günter: Die Blechtrommel. Roman. Frankfurt am Main, Wien und Zürich 1969 (1959).
Graudenz, Karlheinz: Das Buch der Etikette. Marbach am Neckar 1956.
Gries, Rainer / Silke Satjukow (Hg.): Unsere Feinde. Konstruktionen des Anderen im Sozialismus. Leipzig 2004.
Grunenberg, Nina: Die Wundertäter. Netzwerke der deutschen Wirtschaft 1942–1966. München 2006.
Günther, Sonja: Die fünfziger Jahre. Innenarchitektur und Wohndesign. Stuttgart 1994.
Haarer, Johanna: Die deutsche Mutter und ihr erstes Kind. München 1934.
Haarer, Johanna: Die Mutter und ihr erstes Kind. München 1951.

Hacke, Jens: Die Bundesrepublik als Idee. Zur Legitimationsbedürftigkeit politischer Ordnung. Hamburg 2009.
Handke, Peter: Publikumsbeschimpfung. In: ders.: Prosa, Gedichte, Theaterstücke, Hörspiele, Aufsätze. Frankfurt am Main 1969.
Handke, Peter: Versuch über die Jukebox. Frankfurt am Main 1993 (1990).
Harder, Matthias: Erfahrung Krieg. Zur Darstellung des Zweiten Weltkrieges in den Romanen von Heinz G. Konsalik. Würzburg 1999.
Hecken, Thomas: Das Versagen der Intellektuellen. Eine Verteidigung des Konsums gegen seine deutschen Verächter. Bielefeld 2010.
Heidegger, Martin: Gelassenheit. Rede zum 175. Geburtstag von Conradin Kreutzer. Pfullingen 1959.
Hellmann, Kai-Uwe: Der Konsum der Gesellschaft. Studien zur Soziologie des Konsums. Wiesbaden 2013.
Hellmann, Manfred W.: Das «kommunistische Kürzel BRD». Zur Geschichte des öffentlichen Umgangs mit den Bezeichnungen für die beiden deutschen Staaten. In: Irmhild Barz, Marianne Schröder (Hg.): Nominationsforschung im Deutschen. Festschrift für Wolfgang Fleischer zum 75. Geburtstag. Frankfurt am Main 1997.
Henatsch, Martin: Gerhard Richter. 18. Oktober 1977. Das verwischte Bild der Geschichte. Frankfurt am Main 1998.
Herbert, Ulrich: Geschichte der Ausländerpolitik in Deutschland. Saisonarbeiter, Zwangsarbeiter, Gastarbeiter, Flüchtlinge. München 2001.
Herbert, Ulrich (Hg.): Wandlungsprozesse in Westdeutschland. Belastung, Integration, Liberalisierung 1945–1980. Göttingen 2002.
Herbert, Ulrich: Geschichte Deutschlands im 20. Jahrhundert. München 2017.
Hermand, Jost: Kultur im Wiederaufbau. Die Bundesrepublik Deutschland 1945–1965. München 1986.
Hermand, Jost: Zuhause und anderswo. Erfahrungen im Kalten Krieg. Köln / Weimar / Wien 2001.
Herzog, Dagmar: Die Politisierung der Lust. Sexualität in der deutschen Geschichte des 20. Jahrhunderts. München 2005.
Heuss, Theodor: Tagebuchbriefe 1955–1963. Eine Auswahl. Tübingen und Stuttgart 1970.
Hickethier, Knut: Fernsehnachrichten als Erzählung der Welt. Überlegungen zu einer Theorie der Nachrichtenerzählung. In: Rundfunk und Fernsehen 45/1997.
Hickethier, Knut: Geschichte des deutschen Fernsehens. Stuttgart 1998.

Hoffmann, Hilmar / Walter Schobert (Hg.): Zwischen Gestern und Morgen. Westdeutscher Nachkriegsfilm 1946–1962. Frankfurt am Main 1989.
Horkheimer, Max: Dämmerung. Notizen in Deutschland. Frankfurt am Main 1974 (1934).
Horvath, Peter: Die Teilzahlungskredite als Begleiterscheinung des deutschen «Wirtschaftswunders». In: Zeitschrift für Unternehmensgeschichte 1/1992.
Huber, Florian: Hinter den Türen warten die Gespenster. Das deutsche Familiendrama der Nachkriegszeit. München und Berlin 2017.
Hünemörder, Kai F.: Die Frühgeschichte der globalen Umweltkrise und die Formierung der deutschen Umweltpolitik 1950–1973. Stuttgart 2004.
Jäger, Manfred: Kultur und Politik in der DDR. Ein historischer Abriss. Köln 1994.
Jaspers, Karl: Wohin treibt die Bundesrepublik? Tatsachen, Gefahren, Chancen. München 1966.
Jung, Ilse: RuhrgeBEATgirls. Die Geschichte der Mädchen-Beatband The Rag Dolls 1965–1969. Hamburg 2016.
Jungwirth, Nikolaus / Gerhard Kromschröder: Die Pubertät der Republik. Die 50er Jahre der Deutschen. Frankfurt am Main 1978.
Kaelble, Hartmut (Hg.): Der Boom 1948–1973. Gesellschaftliche und wirtschaftliche Folgen in der Bundesrepublik Deutschland und in Europa. Opladen 1992.
Kaiser, Günther: Randalierende Jugend. Eine soziologische und kriminologische Studie über die sogenannten «Halbstarken». Heidelberg 1959.
Kersting, Franz-Werner: Helmut Schelskys «Skeptische Generation» von 1957. Vierteljahrshefte für Zeitgeschichte 3/2002.
Kießling, Friedrich: Die undeutschen Deutschen. Eine ideengeschichtliche Archäologie der alten Bundesrepublik 1945–1972. Paderborn 2012.
Klatt, Jo / Günter Staeffler (Hg.): Braun+Design Collection. Eine Dokumentation von Braun+Design, der unabhängigen Zeitschrift für Design-Sammler. Hamburg 1990.
Klein, Fritz: Drinnen und draußen. Ein Historiker in der DDR. Frankfurt am Main 2000.
Kleinschmidt, Christian: Konsumgesellschaft. Göttingen 2008.
Klose, Alexander / Benjamin Steininger: Erdöl. Ein Atlas der Petromoderne. Berlin 2020.
Kluge, Alexander: Lebensläufe. Frankfurt am Main 1964.
Kluge, Alexander: Sämtliche Kinofilme. Frankfurt am Main 2007.
Kluge, Alexander: Russland-Kontainer. Berlin 2020.

Kniep, Jürgen: Wiederaufbau und Wirtschaftswunder. Bildband zur Bayerischen Landesausstellung. Regensburg 2009.
Knilli, Friedrich: Das Hörspiel. Mittel und Möglichkeiten eines totalen Schallspiels. Stuttgart 1961.
Knoch, Habbo (Hg.): Bürgersinn mit Weltgefühl. Politische Moral und solidarischer Protest in den sechziger und siebziger Jahren. Göttingen 2007.
Koenen, Gerd: Der Russland-Komplex. Die Deutschen und der Osten. München 2023.
König, René: Soziologische Orientierungen. Vorträge und Aufsätze. Köln 1965.
König, René: Kleider und Leute. Zur Soziologie der Mode. Frankfurt am Main 1967.
König, Wolfgang: Kleine Geschichte der Konsumgesellschaft. Konsum als Lebensform der Moderne. Stuttgart 2008.
Koeppen, Wolfgang: Das Treibhaus. Roman. Stuttgart 1953.
Koeppen, Wolfgang: Der Tod in Rom. Roman. Stuttgart 1954.
Köpping, Walter: Zukunftsaspekte der Energiewirtschaft. In: Gewerkschaftliche Monatshefte 9/1964.
Köpping, Walter: Lebensberichte deutscher Bergarbeiter. Frankfurt am Main u. a. 1984.
Koetzle, Michael (Hg.): Twen. Revision einer Legende. München 1965.
Konsalik, Heinz G.: Der Arzt von Stalingrad. Roman. Starnberg 2021 (1956).
Kowalczuk, Ilko-Sascha: Stasi konkret. Überwachung und Repression in der DDR. München 2013.
Krahl, Hans-Jürgen: Konstitution und Klassenkampf. Zur historischen Dialektik von bürgerlicher Emanzipation und proletarischer Revolution. Frankfurt am Main 1971.
Kraushaar, Elmar (Hg.): Hundert Jahre schwul. Eine Revue. Berlin 1997.
Kraushaar, Wolfgang: Frankfurter Schule und Studentenbewegung. Von der Flaschenpost zum Molotowcocktail 1946 bis 1995. Band 2. Berlin 1998.
Kraushaar, Wolfgang: Die Bombe im jüdischen Gemeindehaus. Hamburg 2005.
Kraushaar, Wolfgang: Achtundsechzig. Eine Bilanz. Berlin 2008.
Kriegeskorte, Michael: 100 Jahre Werbung im Wandel. Eine Reise durch die deutsche Vergangenheit. Köln 1995.
Krüger, Heinz-Hermann (Hg.): «Die Elvis-Tolle, die hatte ich mir unauffällig wachsen lassen». Lebensgeschichte und jugendliche Alltagskultur in den fünfziger Jahren. Opladen 1985.
Krüger, Horst: Das zerbrochene Haus. Eine Jugend in Deutschland. München 1986 (1966).

Kuby, Erich: Das ist des Deutschen Vaterland. 70 Millionen in zwei Wartesälen. Stuttgart 1959.
Kunsthalle Bremen (Hg.): Gerhard Richter. Bilder aus den Jahren 1962–1974. Bremen 1975.
Landschaftsverband Westfalen-Lippe – Denkmalpflege, Landschafts- und Baukultur in Westfalen (Hg.): Eine neue Stadt entsteht. Planungskonzepte des Wiederaufbaus in der Bundesrepublik Deutschland nach 1945 in ausgewählten Beispielen. Münster 2015.
Langbein, Hermann: Der Auschwitz-Prozess. Eine Dokumentation. Band 1. Wien 1965.
Larrabee, Eric / Massimo Vignelli: Knoll Design. New York 1990.
Lau, Mariam: Die neuen Sexfronten. Vom Schicksal einer Revolution. Berlin 2000.
Lehmann, Albrecht: Gefangenschaft und Heimkehr. Deutsche Kriegsgefangene in der Sowjetunion. München 1986.
Lepik, Andres / Hilde Strobl (Hg.): Die Neue Heimat (1950–1982). Eine sozialdemokratische Utopie und ihre Bauten. München 2019.
Lindinger, Herbert (Hg.): Die Moral der Gegenstände. Hochschule für Gestaltung Ulm. Berlin 1987.
Löneke, Regina / Ira Spieker (Hg.): Hort der Freiheit. Ethnographische Annäherungen an das Grenzdurchgangslager Friedland. Göttingen 2014.
Lorenz, Sebastian / Marcel Machill (Hg.): Transatlantik. Transfer von Politik, Wirtschaft und Kultur. Opladen und Wiesbaden 1999.
Lübbe, Hermann: Der Nationalsozialismus im politischen Bewusstsein der Gegenwart. In: Martin Broszat u. a. (Hg.): Deutschlands Weg in die Diktatur. Internationale Konferenz zur nationalsozialistischen Machtübernahme im Reichstagsgebäude zu Berlin. Ein Protokoll. Berlin 1983.
Maase, Kaspar: Bravo Amerika. Erkundungen zur Jugendkultur der Bundesrepublik in den fünfziger Jahren. Hamburg 1992.
Maier, Andreas: Ich. Frankfurter Poetikvorlesungen. Frankfurt am Main 2006.
Mattes, Monika: Hindernisse und Strategien der staatlichen Anwerbung von «Gastarbeiterinnen» in der Bundesrepublik 1955–1973. In: Archiv für Sozialgeschichte 42 (2002).
Mayer, Michael / Michael Schwartz (Hg.): Verfolgung – Diskriminierung – Emanzipation. Homosexualität(en) in Deutschland und Europa 1945 bis 2000. Berlin und München 2023.
McCartney, Paul: 1964. Augen des Sturms. Fotografien und Betrachtungen. München 2023.

Mehnert, Klaus: Der Sowjetmensch. Versuch eines Porträts nach 12 Reisen in die Sowjetunion 1929–1957. Stuttgart 1958.
Merz, Kai-Uwe: Zement Berlin. Eine Kulturgeschichte der frühen 1960er Jahre. Berlin 2022.
Mitscherlich, Alexander: Auf dem Weg zur vaterlosen Gesellschaft. München 1963.
Mitscherlich, Alexander: Die Unwirtlichkeit unserer Städte. Frankfurt am Main 1965.
Möhring, Maren: Die italienische Gastronomie in der bundesdeutschen Wahrnehmung. In: Oliver Janz / Roberto Sala (Hg.): Dolce Vita? Das Bild der italienischen Migranten in Deutschland. Frankfurt am Main und New York 2011.
Mönninger, Michael: «Neue Heime als Grundzellen eines gesunden Staates». Städte- und Wohnungsbau der Nachkriegsmoderne. Die Konzernzeitschrift «Neue Heimat Monatshefte» 1954–1981. Berlin 2018.
Mosley, Leonard: Weltmacht Öl. Der Kampf um das schwarze Gold. München u. a. 1974.
Mrozek, Bodo: Jugend – Pop – Kultur. Eine transnationale Geschichte. Berlin 2019.
Müller, André: Im Gespräch mit ... Reinbek bei Hamburg 1989.
Müller, Heiner: Germania 3. Gespenster am toten Mann. Köln 1996.
Müller-Münch, Ingrid: Die geprügelte Generation. Kochlöffel, Rohrstock und die Folgen. Stuttgart 2012.
Münchner Stadtmuseum (Hg.): Vater Mutter Kind. Bilder und Zeugnisse aus zwei Jahrhunderten. München 1987.
Naumann, Klaus (Hg.): Nachkrieg in Deutschland. Hamburg 2001.
Neckermann, Josef: Erinnerungen. Aufgezeichnet von Karin Weingart und Harvey T. Rowe. Frankfurt am Main und Berlin 1990.
Niehuss, Merith: Familie, Frau und Gesellschaft. Studien zur Strukturgeschichte der Familie in Westdeutschland 1945–1960. Göttingen 2001.
Nübel, Christoph (Hg.): Dokumente zur deutschen Militärgeschichte 1945–1990. Bundesrepublik und DDR im Ost-West-Konflikt. Berlin 2019.
Özdamar, Emine Sevgi: Die Brücke vom Goldenen Horn. Köln 1998.
Oltmer, Jochen / Axel Kreienbrink / Carlos Sanz Díaz: Das «Gastarbeiter»-System. Arbeitsmigration und ihre Folgen in der Bundesrepublik Deutschland und Westeuropa. Schriftenreihe der Vierteljahrshefte für Zeitgeschichte 104 (2012).

Osterloh, Jörg / Clemens Vollnhals (Hg.): NS-Prozesse und deutsche Öffentlichkeit. Besatzungszeit, frühe Bundesrepublik und DDR. Göttingen 2012.
Oswald, Anne von: Volkswagen, Wolfsburg und die italienischen «Gastarbeiter» 1962–1975. In: Archiv für Sozialgeschichte 42/2002.
Ott, Ulrich / Friedrich Pfäfflin (Hg.): Protest! Literatur um 1968. Marbacher Kataloge 51. Marbach am Neckar 1998.
Owens, William A.: Gusher at Spindletop. The Story of The First Great Texas Oil Well, Which Ushered in a New Century and a New Age, as Remembered by Participants. In: American Heritage. Trusted Writing on History, Travel and American Culture since 1949, 4/1958.
Packard, Vance: Die geheimen Verführer. Düsseldorf 1958.
Packard, Vance: Die große Verschwendung. Düsseldorf 1961.
Pagenstecher, Cord: Ausländerpolitik und Immigrantenidentität. Zur Geschichte der «Gastarbeit» in der Bundesrepublik. Berlin 1994.
Paul, Gerhard: Die Bundesrepublik. Eine visuelle Geschichte. Darmstadt 2023.
Paulus, Julia / Eva-Maria Silies / Kerstin Wolff (Hg.): Zeitgeschichte als Geschlechtergeschichte. Neue Perspektiven auf die Bundesrepublik. Frankfurt am Main 2012.
Pfister, Christian (Hg.): Das 1950er Syndrom. Der Weg in die Konsumgesellschaft. Bern u. a. 1995.
Picker, Henry: Hitlers Tischgespräche im Führerhauptquartier 1941–1942. Herausgegeben von Gerhard Ritter. Bonn 1951.
Plessen, Elisabeth: Bauten des Bundes 1949–1989. Zwischen Architekturkritik und zeitgenössischer Wahrnehmung. Berlin 2019.
Plessner, Helmuth: Die verspätete Nation. Über die politische Verführbarkeit bürgerlichen Geistes. Stuttgart 1959.
Pohl, Alfred: So verkauft man Lebensmittel und Kolonialwaren. München u. a. 1955.
Posener, Alan: John F. Kennedy. Reinbek bei Hamburg 2013.
Presse- und Informationsamt der Bundesregierung: Deutschland im Wiederaufbau. Tätigkeitsbericht der Bundesregierung 1955. Bonn 1956.
Priemel, Kim Christian: Der Sonderweg vor Gericht. Angewandte Geschichte im Nürnberger Krupp-Prozess. In: Historische Zeitschrift 2/2012.
Prinz, Friedrich / Marita Krauss (Hg.): Trümmerleben. Texte, Dokumente, Bilder aus den Münchner Nachkriegsjahren. München 1985.
Puknus, Heinz / Reinhold G. Stecher (Hg.): Heinz G. Konsalik. Leben und Werk eines Bestsellerautors. München 1981.
Raddatz, Fritz J.: Mein Sylt. Hamburg 2006.

Radkau, Joachim: Umweltprobleme als Schlüssel zur Periodisierung der Technikgeschichte. In: Technikgeschichte 57 (1990).
Rahden, Till van: Demokratie. Eine gefährdete Lebensform. Frankfurt am Main 2019.
Rathgeb, Eberhard: Deutschland kontrovers. Debatten 1945–2005. Bonn 2006.
Rehmann, Ruth: Illusionen. Roman. Berlin 2021 (1959).
Reichow, Hans Bernhard: Die autogerechte Stadt. Ein Weg aus dem Verkehrs-Chaos. Ravensburg 1959.
Reitz, Edgar: Filmzeit, Lebenszeit. Erinnerungen. Berlin 2022.
Richter, Hans Werner (Hg.): Bestandsaufnahme. Eine deutsche Bilanz. München u. a. 1962.
Richter, Hans Werner (Hg.): Plädoyer für eine neue Regierung oder Keine Alternative. Reinbek bei Hamburg 1965.
Richter, Hans Werner: Sie fielen aus Gottes Hand. Roman. München 1976 (1951).
Riedle, Gabriele: Überflüssige Menschen. Roman. Berlin 2012.
Riesman, David: Die einsame Masse. Darmstadt 1965.
Röpke, Wilhelm: Der Preis der Prosperität. In: Universitas. Zeitschrift für Wissenschaft, Kunst und Kultur 7/1956.
Rohkrämer, Thomas: Der Militarismus der «kleinen Leute». Die Kriegervereine im Deutschen Kaiserreich 1871–1914. München 1990.
Rohrbach, Günter: In guter Gesellschaft. Texte über Film und Fernsehen. Herausgegeben von Hans Helmut Prinzler. Berlin 2008.
Rothmann, Ralf: Milch und Kohle. Roman. Frankfurt am Main 2000.
Roylance, Brian (Hg.): The Beatles. Anthology. München 2000.
Rüdiger, Mark: «Goldene 50er» oder «Bleierne Zeit»? Geschichtsbilder der 50er Jahre im Fernsehen der BRD 1959–1989. Bielefeld 2014.
Rüstow, Alexander: Die Kehrseite des Wirtschaftswunders. Hamburg 1961.
Ruge, Gerd: Unterwegs. Politische Erinnerungen. Berlin 2013.
Salewski, Michael / Ilona Stölken-Fitschen (Hg.): Moderne Zeiten. Technik und Zeitgeist im 19. und 20. Jahrhundert. Stuttgart 1994.
Salter, Ernest J.: Deutschland und der Sowjetkommunismus. Die Bewährung der Freiheit. München 1961.
Schäfer, Hans Dieter: Das gespaltene Bewußtsein. Deutsche Kultur und Lebenswirklichkeit 1933–1945. München 1981.
Schäfers, Anja: Mehr als Rock 'n' Roll. Der Radiosender AFN bis Mitte der sechziger Jahre. Stuttgart 2014.
Schallück, Paul: Zum Beispiel. Essays. Frankfurt am Main 1962.
Schelsky, Helmut: Wandlungen der deutschen Familie in der Gegenwart. Dar-

stellung und Deutung einer empirisch-soziologischen Bestandaufnahme. Stuttgart 1955.
Schelsky, Helmut: Der gesellschaftliche Umwandlungsprozeß der Gegenwart. In: Universitas. Zeitschrift für Wissenschaft, Kunst und Kultur 11/1956.
Schelsky, Helmut: Die skeptische Generation. Eine Soziologie der deutschen Jugend. Düsseldorf und Köln 1957.
Schelsky, Helmut: Auf der Suche nach der Wirklichkeit. Gesammelte Aufsätze. Düsseldorf und Köln 1965.
Scherstjanoi, Elke (Hg.): Russlandheimkehrer. Die sowjetische Kriegsgefangenschaft im Gedächtnis der Deutschen. München 2012.
Schildt, Axel: Moderne Zeiten. Freizeit, Massenmedien und «Zeitgeist» in der Bundesrepublik der 50er Jahre. Hamburg 1995.
Schildt, Axel: Medien-Intellektuelle in der Bundesrepublik. Göttingen 2020.
Schildt, Axel/ Arnold Sywottek (Hg.): Modernisierung und Wiederaufbau. Bonn 1993.
Schildt, Axel / Detlef Siegfried: Deutsche Kulturgeschichte. Die Bundesrepublik 1945 bis zur Gegenwart. München 2009.
Schirmer, Lothar (Hg.): Joseph Beuys. Eine Werkübersicht. München, Paris und London 2001.
Schlak, Stephan: Wilhelm Hennis. Szenen einer Ideengeschichte der Bundesrepublik. München 2008.
Schlamm, William S.: Die Grenzen des Wunders. Ein Bericht über Deutschland. Zürich 1959.
Schmidt, Katharina: Der Wundermann Ludwig Erhard. Mythos, Selbstdarstellung und Öffentlichkeitsarbeit. Köln 2024.
Schneider, Peter: Rebellion und Wahn. Mein '68. Eine autobiographische Erzählung. Köln 2008.
Schoeller, Wilfried F. (Hg.): Diese merkwürdige Zeit. Leben nach der Stunde Null. Frankfurt am Main 2005.
Schöllgen, Gregor: Gerhard Schröder. Die Biographie. München 2015.
Schoepp, Sebastian: Seht zu, wie ihr zurechtkommt. Abschied von der Kriegsgeneration. Frankfurt am Main 2018.
Schulte, Christian / Ralph Eue / Alexandra Hesse / Jana Koch / Stefanie Schmitt (Hg.): Chiffre «Oberhausen». Suchbewegungen zwischen Ästhetik, Politik und Utopie des Neuen Deutschen Films. Berlin 2016.
Schulz, Eberhard: Deutschland heute. Der Mensch der Nachkriegszeit. Frankfurt am Main 1958.
Schwarz, Ullrich (Hg.): Neue Heimat. Das Gesicht der Bundesrepublik. Bauten und Projekte 1947–1985. München und Hamburg 2019.

Sedlmaier, Alexander: Konsum und Gewalt. Radikaler Protest in der Bundesrepublik. Berlin 2018.
Seiler, Alexander J.: Siamo Italiani. Gespräche mit italienischen Arbeitern in der Schweiz. Zürich 1965.
Selge, Edgar: Hast du uns endlich gefunden. Hamburg 2021.
Sethe, Paul / Ferdinand Fried / Hans Schwab-Felisch: Das Fundament unserer Zukunft. Bilanz der Ära Adenauer: politisch – wirtschaftlich – kulturell. Düsseldorf und Wien 1964.
Siebenmorgen, Peter: Franz Josef Strauß. Ein Leben im Übermaß. München 2015.
Sieburg, Friedrich: Die Lust am Untergang. Selbstgespräche auf Bundesebene. Frankfurt am Main 2010 (1954).
Siedler, Wolf Jobst / Elisabeth Niggemeyer / Gina Angress: Die gemordete Stadt. Abgesang auf Putte und Straße, Platz und Baum. München und Berlin 1978 (1964).
Sieferle, Rolf Peter: Der unterirdische Wald. Energiekrise und Industrielle Revolution. München 1982.
Sieferle, Rolf Peter: Rückblick auf die Natur. Eine Geschichte des Menschen und seiner Umwelt. München 1997.
Siegfried, Detlef: Time Is On My Side. Konsum und Politik in der westdeutschen Jugendkultur der 60er Jahre. Göttingen 2006.
Sloterdijk, Peter: Streß und Freiheit. Berlin 2011.
Snell, Gesa: Zwischen Hilfsbereitschaft und Konflikt. Göttinger Bürger und ihr Verhältnis zum Grenzdurchgangslager Friedland und den Flüchtlingen in Göttingen. In: Heike Müns / Theodor Kohlmann (Hg.): Jahrbuch für deutsche und osteuropäische Volkskunde 39 (1996).
Sonnenberger, Barbara: Gastarbeit oder Einwanderung? Migrationsprozesse in den Fünfziger- und Sechzigerjahren am Beispiel Südhessen. In: Archiv für Sozialgeschichte 42 (2002).
Stachelhaus, Heiner: Joseph Beuys. Berlin 2006.
Steinke, Ronen: Fritz Bauer oder Auschwitz vor Gericht. München 2013.
Stiftung Haus der Geschichte Bonn (Hg.): Immer bunter. Einwanderungsland Deutschland. Mainz 2014.
Stolle, Michael: Das Wunder von Friedland. Die Heimkehr der letzten deutschen Kriegsgefangenen und das Radio. In: Rundfunk und Geschichte. Mitteilungen des Studienkreises Rundfunk und Geschichte 31/3-4 (2005).
Stöver, Bernd: Der Kalte Krieg. München 2003.
Storr, Robert: Gerhard Richter. Malerei. Ostfildern-Ruit 2002.

Streit, Christian: Keine Kameraden. Die Wehrmacht und die sowjetischen Kriegsgefangenen 1941–1945. Bonn 1997.
Technoseum Mannheim (Hg.): Auf Empfang! Die Geschichte von Radio und Fernsehen. Katalog zur Großen Sonderausstellung. Darmstadt 2022.
Tenbruck, Friedrich H.: Alltagsnormen und Lebensgefühle in der Bundesrepublik. In: Richard Löwenthal / Hans-Peter Schwarz (Hg.): Die zweite Republik. 25 Jahre Bundesrepublik. Eine Bilanz. Stuttgart 1974.
Thies, Heinrich: Weit ist der Weg nach Zicherie. Die Geschichte eines geteilten Dorfes an der deutsch-deutschen Grenze. Hamburg 2005.
Thränhardt, Dietrich: Geschichte der Bundesrepublik Deutschland. Frankfurt am Main 1986.
Trentmann, Frank: Herrschaft der Dinge. Die Geschichte des Konsums vom 15. Jahrhundert bis heute. München 2017.
Unternehmensverband Ruhrbergbau Essen / RWE / STEAG (Hg.): Kohle über Draht. Ein Bildband aus der Energiewirtschaft, gestaltet und fotografiert von Rudi Angenendt. Essen 1963.
Valencak, Hannelore: Die Höhlen Noahs. Roman. St. Pölten u. a. 2012 (1961).
Vogel, Margrit (Hg.): Stoff zum Träumen. Wie Heinz Oestergaard Mode machte. Berlin 1996.
Vollmer, Jürgen: The Beatles in Hamburg. Photographien 1961. München 2004.
Vollmer, Jürgen: Wie ich John Lennon die Haare schnitt, vor Romy Schneider davonlief und Catherine Deneuve zum Lachen brachte. Erinnerungen eines Fotografen. Hamburg 2013.
von der Grün, Max: Irrlicht und Feuer. Roman. Recklinghausen 1964.
Wackwitz, Stephan: Die Bilder meiner Mutter. Frankfurt am Main 2015.
Waidenschlager, Christine / Gesa Kessemeier (Hg.): Uli Richter. Eine Berliner Modegeschichte. Köln 2007.
Walser, Martin: Ehen in Philippsburg. Roman. Frankfurt am Main 1957.
Walser, Martin (Hg.): Die Alternative oder Brauchen wir eine neue Regierung? Reinbek bei Hamburg 1961.
Wehler, Hans-Ulrich: Deutsche Gesellschaftsgeschichte. Band 5: 1949–1990. München 2008.
Weichselbaumer, Susanne: Das Hörspiel der fünfziger Jahre. «Regionalliga Süd» und «Championsleague». Frankfurt am Main u. a. 2007.
Weidenfeld, Ursula: Das doppelte Deutschland. Eine Parallelgeschichte 1949–1990. Berlin 2024.
Weisenborn, Günther: Auf Sand gebaut. Roman. Wien, München und Basel 1956.

Wenzl-Bachmayer, Monika (Hg.): Feminine Fifties. Die Wirtschaftswunderfrauen. Wien 2010.
Werkentin, Falco: Politische Strafjustiz in der Ära Ulbricht. Berlin 1995.
Werner, Wolfram (Hg.): Theodor Heuss. Hochverehrter Herr Bundespräsident! Der Briefwechsel mit der Bevölkerung 1949-1959. Stuttgart 2010.
Werratalverein (Hg.): Wo der Grenzzaun seinen Schatten warf. Band 2: Erlebte Geschichte an der Grenze zwischen Gerstungen, Herleshausen, Pferdsdorf, Ifta, Heldrastein 1945–1989. Herleshausen 2022.
Weyrauch, Wolfgang (Hg.): Ich lebe in der Bundesrepublik. Fünfzehn Deutsche über Deutschland. München 1960.
Wildt, Michael: Am Beginn der ‹Konsumgesellschaft›. Mangelerfahrung, Lebenshaltung, Wohlstandshoffnung in Westdeutschland in den fünfziger Jahren. Hamburg 1994.
Wilke, Jürgen (Hg.): Massenmedien und Zeitgeschichte. Konstanz 1999.
Wilson, Sloan: Der Mann im grauen Flanell. Roman. Stuttgart 1960.
Winkler, Heinrich August: Streitfragen der deutschen Geschichte. Essays zum 19. und 20. Jahrhundert. München 1997.
Winkler, Heinrich August: Der lange Weg nach Westen. Band 2: Deutsche Geschichte vom «Dritten Reich» bis zur Wiedervereinigung. München 2010.
Winkler, Willi: Das braune Netz. Wie die Bundesrepublik von früheren Nazis zum Erfolg geführt wurde. Berlin 2019.
Wörl, Volker: Der zentrale Plan – Fessel für die Freiheit. In: Haus der Geschichte (Hg.): Markt oder Plan. Wirtschaftsordnungen in Deutschland 1945–1961. Frankfurt am Main und New York 1997.
Wüstenrot Stiftung / Stiftung Haus der Geschichte (Hg.): Kanzlerbungalow. München 2009.
Zahn, Ernest: Soziologie der Prosperität. Wirtschaft und Gesellschaft im Zeichen des Wohlstands. München 1964.
Zinn, Alexander (Hg.): Homosexuelle in Deutschland 1933–1969. Beiträge zu Alltag, Stigmatisierung und Verfolgung. Göttingen 2020.
Zunder, Rainer: Erschossen in Zicherie. Vom Leben und Sterben des Journalisten Kurt Lichtenstein. Berlin 1994.

Register

Dank

Beim Schreiben über eine Zeit, die man als Kind miterlebte, kommen, ob man will oder nicht und wie indirekt auch immer, die Eltern ins Spiel. Für die Liebe, die sie mir entgegenbrachten, bin ich inzwischen naturgemäß viel dankbarer, als ich es als junger Erwachsener war. Ein junger Mensch sollte sich von Dankgefühlen nicht aufhalten, aber ein älterer sich von ihnen auch nicht blenden lassen. Wie gerne hätte ich viel mehr mit ihnen gesprochen.

Dankbar bin ich meiner Familie für den Rückhalt, den sie mir gab, dieses Buch in Ruhe und abgeschiedener Konzentration schreiben zu können. Mit Kindern, Enkeln und deren Alltagsabenteuern ist immer so viel los, dass ich an zusätzlicher Aufregung nicht viel brauche. Ihnen wünsche ich inständig, einmal so gelassen – in Frieden gelassen – auf die Vergangenheit zurückblicken zu können, wie meine Generation es kann. Birgit Lübbert-Jähner danke ich dafür, dass sie meine geistige Abwesenheit ertragen hat, die die lange Reise in die fünfziger und sechziger Jahre mit sich gebracht hat. Sie ist die beste Erstleserin, die man sich denken kann, kritisch und ermutigend zugleich.

Ungerecht wäre es, ein paar wenige von den vielen Büchern herauszustellen, die meinen Blick auf die Nachkriegsjahrzehnte beeinflusst, den Filmen, die mir die Augen geöffnet, den Musikern, die mir das Lebensgefühl dieser Jahre vermittelt haben. Und den Künstlern, denen dies ganz wortlos gelang.

Dankbar bin ich Anna Stefaniak für das Gespräch über ihren Vater. Felix Stern danke ich für die abschließende Unterstützung bei manchen Recherchen, die Klärung der Bildrechte und die Erstellung des Registers. Vor allem danke ich meinem Verleger Gunnar Schmidt. Ohne sein Gespür dafür, welche Einfälle des Autors einem Buch schaden, hätte es der Leser, der bis hierhergekommen ist, viel schwerer gehabt. Gunnar Schmidts geduldige Sorgfalt im Detail und sein umsichtiger Blick aufs Ganze verblüffen mich immer wieder. Ebenso seine freundschaftliche Diplomatie. Es ist wunderbar, von ihm redigiert zu werden. Schließlich danke ich den vielen Lesern, die mir in Briefen und Begegnungen, zustimmend oder auch kritisch, von ihren Erfahrungen mit meinen Büchern berichtet haben. Es ist ein großes Glück, zu den wechselseitigen, nie aufhörenden Versuchen beitragen zu können, herauszufinden, wer wir sind und wie wir waren.

Bildnachweis

Abbildungen: S. 2: picture alliance/SZ Photo/Alfred Strobel; S. 21: ullstein bild; S. 29: picture alliance/SZ Photo/Alfred Strobel; S. 35: picture alliance/SZ Photo/Alfred Strobel; S. 46: bpk; S. 52: bpk/Fotoarchiv Ruhr Museum/Karl Wieseler; S. 55: bpk/Fotoarchiv Ruhr Museum/Ludwig Windstosser; S. 64 f.: Aus Leonard Mosley: Weltmacht Öl. Der Kampf um das schwarze Gold. München 1973; S. 68: bpk/Fotoarchiv Ruhr Museum/Peter Kleu; S. 70: ullstein bild/Wolff & Tritschler; S. 75: picture alliance/SZ Photo/Jenö Kovacs; S. 85: picture alliance/akg-images; S. 94: picture alliance/SZ Photo/Dieter Hinrichs; S. 97: bpk/Abisag Tüllmann; S. 102: picture alliance/SZ Photo/Alfred Strobel; S. 107: Wirtschaftswundermuseum, Jörg Bohn; S. 110: Otto Group; S. 122: Aus Hanns W. Brose: Die Entdeckung des Verbrauchers. Düsseldorf 1958; S. 124: A5 Collection, Düsseldorf; S. 131: picture alliance/United Archives/Siegfried Pilz; S. 147: picture alliance/United Archives/91050/United_Archives/TopFoto; S. 149: picture alliance/SZ Photo/Kurt Schraudenbach; S. 159: Privatsammlung; S. 167: picture alliance/SZ Photo/Fotoarchiv Otfried Schmidt; S. 180: bpk/Fotoarchiv Ruhr Museum/Ludwig; S. 183: picture alliance/Keystone/Röhnert/ S. 189: picture alliance/Schulman-Sachs; S. 197: bpk/Will McBride; S. 201: Aus der «Du&Ich» I (1969), Artikel von H. F. H. Bauer: «Wer kann uns denn heute die Liebe verbieten?», Fotograf unbekannt; S. 210: United Archives GmbH/Alamy Stock Foto; S. 213: ullstein bild; S. 221: picture alliance/SZ Photo/Fritz Neuwirth; S. 225: Allstar Picture Library Ltd/Alamy Stock Foto; S. 233: picture alliance/imageBROKER/Rosseforp; S. 237: picture alliance/SZ Photo/Kurt Schraudenbach; S. 239: picture alliance/akg-images /Gert Schuetz; S. 245: picture alliance/United Archives/Kindermann; S. 251: picture alliance/AP Photo/Markus Schreiber; S. 254: picture alliance/ZB/dpa/ZB-Archiv; S. 260: picture alliance/akg-images; S. 272: picture alliance/akg-images; S. 279: picture alliance/dpa/Kurt Rohwedder; S. 297: Wandbild «Lebensfreude» von Gerhard Richter (1956) im Treppenfoyer Süd des Deutschen Hygiene-Museums; Zustand 1969 © Sammlung DHMD, Foto: Erich Auerbach/für das Wandbild: © Gerhard Richter 2025 (06062025); S. 302: © Gerhard Richter 2025 (0073); S. 306: © Foto: Hanns Hemann/© Werk: Nachlass Ferdinand Kriwet; S. 309: ullstein bild/Würth GmbH/Swiridoff; S. 315: Stapelgeschirr TC 100, Entwurf: Hans (Nick) Roericht, 1959, Hersteller: Thomas / Rosenthal AG, Waldershof, 1961. Fotograf: Wolfgang Siol, © HfG-Archiv Ulm / Museum Ulm, Inv. Nr. 61.0189;

S. 319: bpk/Fotoarchiv Ruhr Museum/Wulfran Hagemann; S. 329: picture alliance/Klaus-Dieter Heirler; S. 336: picture alliance/United Archives/United Archives/IFTN; S. 346: picture alliance/ASSOCIATED PRESS; S. 352: Smith Archive/Alamy Stock Foto; S. 359: Paul Popper/Popperfoto; S. 367: picture alliance/dpa/dpa team; S. 376: Bert Kaempfert Music – K & K; S. 378: Mirrorpix; S. 383: picture alliance/dpa/Jörg Hinninger; S. 391: bpk/Günter Zint; S. 395: bpk/Charles Wilp; S. 397: picture alliance/SZ Photo/Thomas Hesterberg; S. 407: picture alliance/zb/Agentur Voller Ernst; S. 411: picture alliance/ZB/Klaus Winkler.